江西林业统计年鉴 2010

江西省统计局
江西省林业厅 · 编

中国统计出版社
China Statistics Press

（京）新登字041号

图书在版编目（CIP）数据

江西林业统计年鉴. 2010 / 江西省统计局，江西省林业厅编. -- 北京 : 中国统计出版社，2010.11

ISBN 978-7-5037-6160-7

Ⅰ. ①江… Ⅱ. ①江… ②江… Ⅲ. ①林业经济—统计资料—江西省—2010—年鉴 Ⅳ. ①F326.275.6-66

中国版本图书馆CIP数据核字(2010)第232464号

江西林业统计年鉴-2010

作　　者/ 江西省统计局　江西省林业厅
责任编辑/ 佘竞雄　杨建萍　袁小忠　贺娟　胡弦
责任校对/ 贺娟　胡弦
封面设计/ 雷嘉琦
出版发行/ 中国统计出版社
通信地址/ 北京市丰台区西三环南路甲6号　中国统计出版社
邮　　编/ 100073
电　　话/ (010)63376907
E-mail / yearbook@gj.stats.cn
印　　刷/ 江西昌和特种票证有限公司
经　　销/ 新华书店
开　　本/ 880×1230 毫米　1/16
字　　数/ 652千字
印　　张/ 20.4
印　　数/ 1-1000册
版　　别/ 2010 年 12 月第 1 版
版　　次/ 2010 年 12 月第 1 次印刷
书　　号/ ISBN 978-7-5037-6160-7/F·2980
定　　价/ 198.00 元

《江西林业统计年鉴-2010》
编辑委员会

序一

年鉴是承上启下、继往开来、服务当代、有益后世的史料库和资料工具书。随着林业实践的不断发展，林业理论的不断创新，林业的内涵比以往任何时期都要丰富，全社会对林业的关心、重视、参与的程度比以往任何时候都高。由江西省统计局、江西省林业厅编辑，中国统计出版社出版的《江西林业统计年鉴 2010》，是林业执政成效的历史记载，也是林业发展大事要事的信息总汇。通过这样一种权威载体，把我省盛世兴林的新实践、新理论记录下来，全面、翔实、客观地反映林业改革发展的新成就、新面貌，非常必要，也很有意义。

江西是一个多山多林的省份，2/3 的国土面积是山区，2/3 的县是重点林业县，2/3 的人口生活在山区，林业在加强生态建设、服务经济社会发展、促进农民增收中具有十分重要的地位。改革开放以来特别是上世纪八十年代末期以来，江西省委、省政府组织和动员全省人民，大力实施造林"灭荒"战役，经过 20 年的艰苦努力，使全省森林覆盖率从 1988 年的 36.9%，提高到现在的 63%，森林蓄积量增加到 3.5 亿立方米，彻底改变了当时"兴国要亡'国'，宁都要迁'都'"的生态恶化状态。目前全省已建立各类林业自然保护区 184 个，其中国家级 8 个、省级 18 个；森林公园 110 个，其中国家级 43 个，省级 61 个；国家级湿地公园 6 个，自然保护区、森林公园和湿地公园面积占国土面积的比重达到 10.5%。良好的生态环境已成为我省最大的财富、最大的优势、最大的潜力、最大的品牌。特别是 2004 年以来，江西省委、省政府坚持贯彻落实科学发展观，秉承"既要金山银山、更要绿水青山"的科学理念，以创新林业发展体制机制为突破口，以彻底还权于民、彻底让利于民为核心，在全国率先开展了一场影响深远、史无前例的林业产权制度改革，极大地调动了全社会造林护林积极性，林业建设迎来了前所未有的好形势、好局面。2005 年以来，全省年均造林面积连续多年保持在 300 万亩以上，林农人平年纯收入每年增长 20%以上，江西由林业大省向林业强省转变的步伐进一步加快。

当前，江西正处在加速推进新型工业化、新型城镇化和农业现代化的关键时期，广大林业工作者要进一步增强责任感和使命感，紧紧围绕推进鄱阳湖生态经济区建设，勇于改革，开拓创新，真抓实干，团结拼搏，不断谱写科学发展、进位赶超、绿色崛起的新篇章！

在《江西林业统计年鉴 2010》正式创刊之际，写上数语，以示对编者的敬意和感谢。

中共江西省委常委
江西省人民政府副省长 

二〇一〇年十二月

序二

进入新世纪特别是2004年以来的这几年，是江西林业发展史上最为珍贵、最令人难忘、最值得记忆的时期之一。把这一时期江西林业改革发展走过的历程、发生的大事、取得的成绩真实记录下来，不仅教育当代林业人，也是给后人留下的一笔宝贵财富。在江西省统计局的大力支持下，经过全体编纂人员的辛勤工作，《江西林业统计年鉴2010》正式创刊发行。这不仅是江西林业统计工作的一大突破，更是江西盛世兴林的重要标志，可喜可贺。

这些年来，在省委、省政府的坚强领导和全省上下的共同努力下，江西务林人肩负保护青山绿水的历史责任，带着对事业、对广大林农群众的深厚感情，用改革创新的勇气和一往无前的毅力，在全国率先推开了林业产权制度改革。改革初期，很多同志有这样那样的担心，但我们始终认为，只要心里装着群众，改革为了群众，一定有生命力。特别是林权主体改革结束以后，我们深入推进各项配套改革，组建了南方林业产权交易所，加快推进林权抵押贷款、林业担保、森林保险，积极引进战略投资者，做大做强油茶、毛竹、生物质能源等林业产业。这几年，江西的林地林木大幅升值，林农经营林业的税费负担大大减轻，每年来自林业的收入显著增加，各种民间资本迅速向林业聚集，江西林业成为社会投资的“热土”，迎来了前所未有的好形势、好局面。我们还通过改革，解决了制约林业部门自身发展的一揽子问题，保障和强化了林业队伍。现在回过头来看，我们坚定不移地走林改的路子是对的，没有改革，就没有江西林业的今天。

江西生态环境好，但主要体现在山区，平原地区缺林少绿是长期以来林业的一条“短腿”。把造林绿化的重点从山区转入平原，不仅是落实科学发展观、体现以人为本的迫切需要，也是拓展林业发展空间、提升林业地位的重大机遇。2008年省委苏荣书记亲自倡导实施造林绿化“一大四小”工程建设以来，各级党政高度重视，有关部门大力支持，社会各界积极参与，短短两年时间，全省完成高速公路和国省道等通道绿化4000多公里，建成了一大批城市森林公园、湿地公园和森林乡村，城乡绿化面貌发生了看得见、摸得着的显著变化，得到了中央领导和社会各界的充分肯定。最根本的是，通过“一大四小”工程建设，将造林绿化与林业产业结合起来，把大树好树栽在居民身边，让浓浓绿色留在百姓周围，使人们亲身感受到“绿化改变环境、环境推动发展、发展构筑和谐、和谐促进文明”，增强了全社会“绿化就是文化、造林就是造福、增绿就是增收”的理念，必将对今后一个时期推进全省城乡绿化一体化带来深刻影响。

《江西林业统计年鉴2010》通过大量的图片和数据，以及这些年林业建设的大事要事，生动描绘

了这几年江西林业改革发展的不平凡历程，充分说明了今天江西林业发展成果的来之不易。总结过去是帮助我们正确地认识今天，更是希望我们清醒地展望未来。特别是在当前面临保护生态和发展经济双重压力的情况下，全省务林人要时刻保持清醒的头脑，正视林业前进和发展道路中面临的种种困难和问题，坚定不移地深化林业配套改革，坚定不移地推进城乡绿化，坚定不移地提升林业产业核心竞争力，坚定不移地繁荣林业生态文化，努力在“十二五”期末实现江西由林业大省向林业强省根本性转变的目标，为江西科学发展、绿化崛起作出新的更大贡献！

林业年鉴是记述林业发展历史的载体。希望全省林业系统干部职工认真读一读这本《江西林业统计年鉴》，并加以分析研究，从中汲取营养、总结经验。同时，要坚持不懈地把《江西林业统计年鉴》编纂下去，使江西林业事业代代相传，不断攀登新的高峰。

江西省林业厅厅长 刘礼祖

二〇一〇年十二月

2009年3月，中共中央总书记、国家主席胡锦涛参加义务植树活动

2007年4月20日，中共中央政治局常委、国务院总理温家宝在武宁县长水村调研林改工作时指出，江西集体林权制度改革最大的变化是实现了“山定权、树定根、人定心”

2006年8月24日，中共中央政治局委员、国务院副总理回良玉到新干县调研林改工作

2006年5月19日至28日，全国政协副主席、致公党中央主席罗豪才率领考察组就“林业发展与社会主义新农村建设”到江西省进行专题调研

2000年3月，时任省委书记舒惠国参加义务植树活动

2005年3月，国务委员兼公安部部长、时任省委书记孟建柱参加义务植树活动

2008年6月3日至4日，省委书记苏荣深入宜春市的高安市、上高县、奉新县、靖安县，就深化林权改革、搞好平原绿化进行调研

2006年2月15日，全国政协常委、原江西省长舒圣佑到遂川调研林改工作

2005年1月11日，时任省长黄智权到铜鼓县排埠镇永丰村调研林改工作

2008年7月6日，省长吴新雄到铜鼓县就林业产权制度配套改革工作进行调研

2004年8月9日至11日，时任省委副书记彭宏松到上犹、崇义、大余县就集体林业产权制度改革进行调研

2005年11月18至19日，国家农业部副部长、时任副省长危朝安到崇义县铅厂镇黄雀坳调研林改工作

2009年11月2日，省委常委、副省长陈达恒在吉安调研造林绿化“一大四小”工程建设情况

2006年7月，副省长熊盛文在林农家调研林业工作

2008年10月7日，国家林业局局长贾治邦在丰城市调研高产油茶产业发展工作

2007年4月16日，国家林业局副局长祝列克（左）在萍乡市调研造林绿化示范基地建设情况

2006年8月22日，国家林业局副局长张建龙在崇义县调研林改工作

2009年5月25日，国家林业局副局长印红到察鄱阳湖国家级自然保护区调研工作

2009年4月8日至9日，国家林业局副局长孙扎根在江西调研森林防火工作

2009年3月21至22日，中纪委驻国家林业局纪检组组长陈述贤在武宁县调研林改工作

2010年8月，国家林业局副局长张永利在江西调研油茶产业发展情况

厅党组书记、厅长刘礼祖在林区调研林业工作

厅党组成员、巡视员肖河在林区调研林业工作

厅党组成员、副厅长魏运华在林区调研林业工作

厅党组成员、副厅长郭家在林区调研林业工作

厅党组成员、省林科院院长黄小春在林区调研林业工作

厅党组成员、副厅长詹春森在基层森林派出所调研

厅党组成员、副厅长罗勤出席生态公益林森林火灾保险签约仪式

厅党组成员、省森林公安局政委邱水文在林区调研林业工作

厅党组成员、驻厅纪检组长李晓浩在基层调研林业工作

厅副巡视员毛赣华在基层调研林业工作

厅总工程师胡跃进在林区调研林业工作

速生丰产林工程

长江防护林工程

飞播造林工程

生态公益林工程

林业血防林工程

世行贷款造林工程

封山育林工程

中德项目造林工程

退耕还林工程

大径级材培育工程

亚行贷款造林工程

中幼林抚育工程

珍稀树种示范林工程

欧投贷款项目造林工程

◎绿色工程 Lu se gong cheng

贫困地区林业发展工程

防沙治沙工程

日元贷款造林工程

2009年，省森林公安局升格为副厅级单位

◎绿色保障之森林公安

Lu se bao zhang

保卫林改成果

开展系列保护森林“护绿”行动

调解山林纠纷

开展了以“抓基层、打基础、苦练基本功”为主要内容的“三基”工程建设

高科技、现代化的森林防火指挥中心

◎绿色保障之森林防火

Lu se bao zhang

扑救森林大火

专业森林消防队

驻赣武警森林部队

航空护林站出动飞机灭火

高程车载喷药器防治吃叶害虫

防治松毛虫

诱捕松墨天牛

种类齐全的标本室

运用先进仪器检测林业有害生物

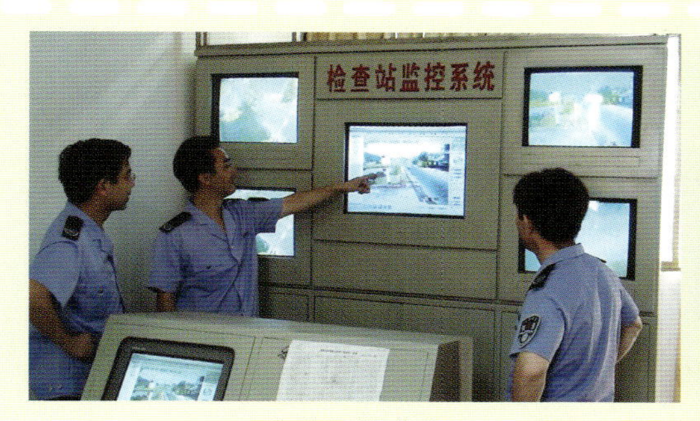

实现网络监控

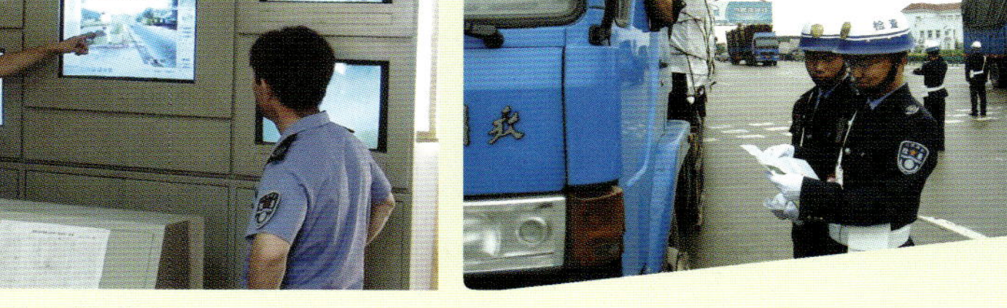

高速公路木材检查站执法

网上电子办证

◎绿色 Lu se bao zhang 保障之木材流通管理

木材运输检查站

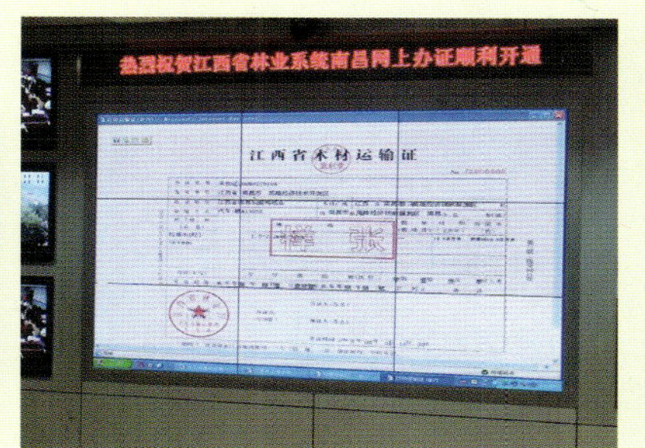

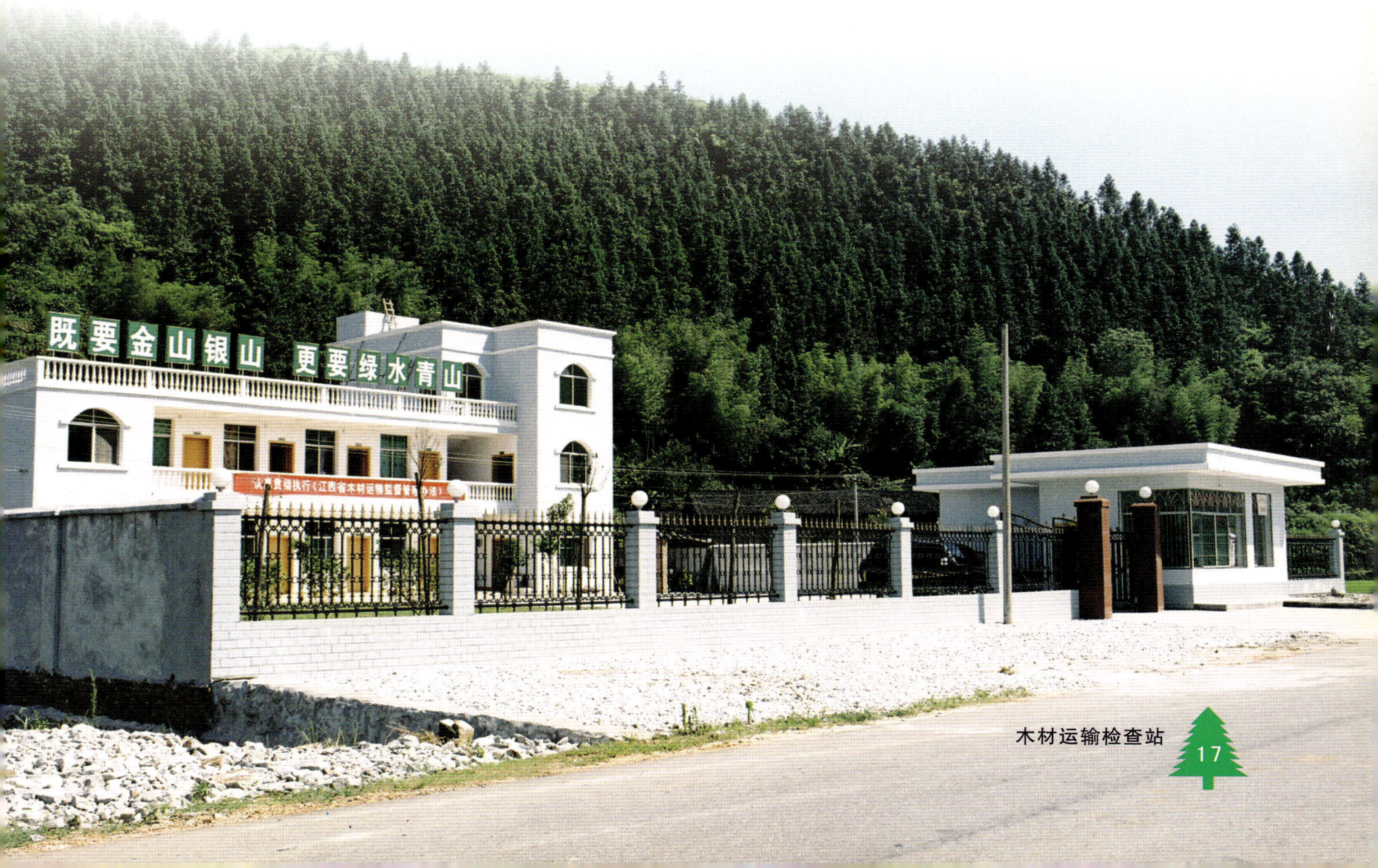

◎林权改革 Lin quan gai ge

讨论分山方案

外业踏界勾图

林权内业工作

林农喜领林权证

林权档案管理

建立南方林业产权交易所，推动林业向产业化、资本化方向发展

建立强有力的林业保障体系

建立完备的林业政策法规体系

建立高效的林业科技服务体系

建立开放的林业投融资体系

建立严格的森林资源管理体系

建立布局和结构合理的新型林业产业体系

◎造林 Zao lin lu hua 绿化“一大四小”工程建设

城市绿化　南昌红谷滩行政中心

萍乡安源区沿河路

通道绿化　吉水县乡村通道绿化

赣粤高速公路通道绿化

村镇绿化　靖安县仁首乡金田村绿化

万安县乡村绿化

园区绿化　奉新县工业园区绿化

建立南方林业产权交易所，推动林业向产业化、资本化方向发展

建立强有力的林业保障体系

建立完备的林业政策法规体系

建立高效的林业科技服务体系

建立开放的林业投融资体系

建立严格的森林资源管理体系

建立布局和结构合理的新型林业产业体系

◎造林绿化“一大四小”工程建设

Zao lin lu hua

城市绿化　　南昌红谷滩行政中心　　萍乡安源区沿河路

通道绿化　　吉水县乡村通道绿化　　赣粤高速公路通道绿化

村镇绿化　　靖安县仁首乡金田村绿化　　万安县乡村绿化

园区绿化　　奉新县工业园区绿化

抚州汝水森林公园

新余市城市绿化

新建县通道绿化

全南县通道绿化

修水县通道绿化

上高县乡镇绿化

上犹县库区绿化

南昌红谷滩新区绿化

德兴市矿区绿化

鄱阳湖湿地风光

鸿雁

东方白鹳

天鹅

◎自然保护区之鄱阳湖国家级自然保护区

Zi ran bao hu qu

候鸟云集鄱阳湖越冬

◎自然 Zi ran bao hu qu 保护区之桃红岭国家级自然保护区

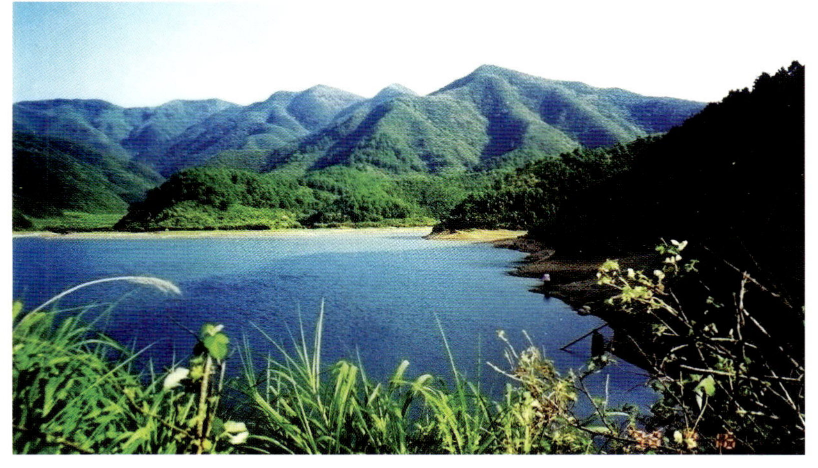

桃红岭梅花鹿自然保护区一角

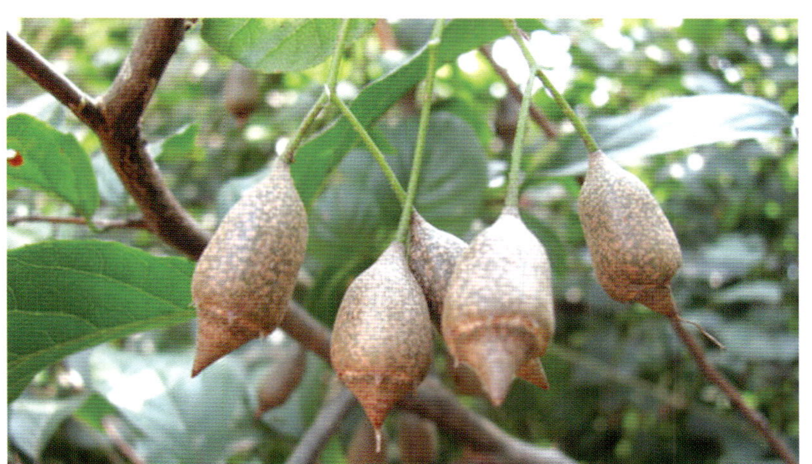

国家二级重点保护动物狭果秤锤树

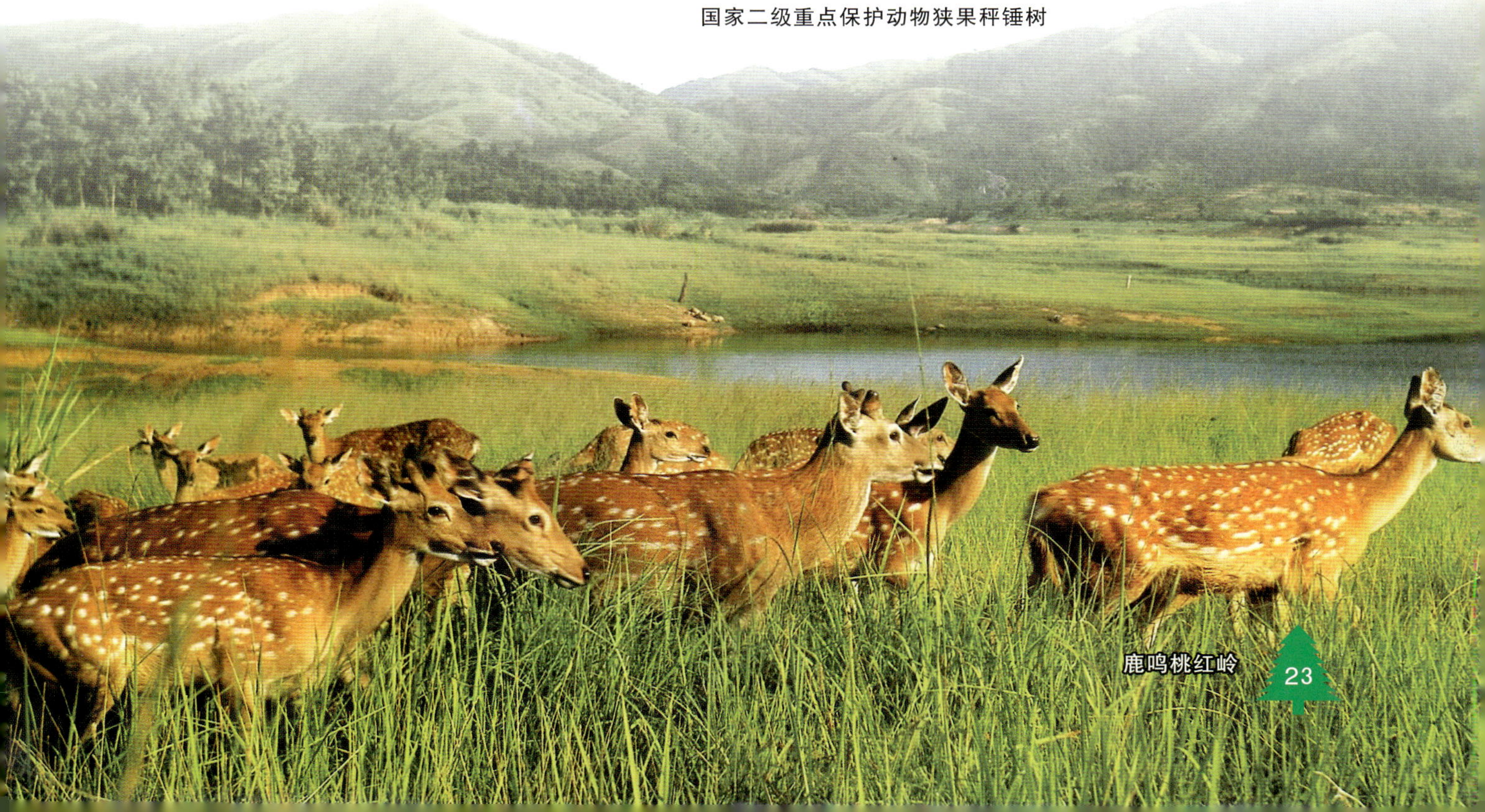

雄伟的武夷山

◎自然保护区之武夷山国家级自然保护区

Zi ran bao hu qu

江西第一高峰黄冈山

南方铁杉林群落

黄冈山界碑

九连山瀑布

四树同根

◎自然保护区之九连山国家级自然保护区

Zi ran bao hu qu

九连山原始森林

九连山板根树

九连山度假村

九连山保护区远眺

◎自然 Zi ran bao hu qu 保护区之官山国家级自然保护区

官山溪流

国家二级重点保护野生动物白鹇

国家一级重点保护野生植物南方红豆杉

国家二级重点保护野生动物猕猴

国家一级重点保护野生动物白颈长尾雉

双猴守官山

庐山瀑布

庐山植物园

庐山花径

◎自然保护区之庐山省级自然保护区

Zi ran bao hu qu

庐山含鄱口

◎自然保护区之南矶山国家级自然保护区

Zi ran bao hu qu

南荻与水蓼

南矶山候鸟齐飞

江西省花杜鹃花

国家一级重点保护野生动物金斑喙凤蝶

◎自然保护区之井冈山国家级自然保护区

Zi ran bao hu qu

马头山保护区

◎自然保护区之马头山国家级自然保护区

Zi ran bao hu qu

马头山美毛含笑

马头山保护区阔叶林

奉新县竹海

安福县竹海

崇义县竹海

◎中国四大竹子之乡

Zhong guo si da mao zhu zhi xiang

宜丰县竹海

◎古树名木 Gu shu ming mu

上饶三清山古松

井冈山行洲苦槠被誉为江西省首席寿星

南昌市人民公园的苏铁

安福枫田镇梅林村古樟林

景德镇昌江西郊阳府滩千年巨樟

奉新县金港村桥头组树令300年的苦槠

瑞金市黄柏乡柏村原始森林古树群

武夷山铁杉

遂川新江乡石坑村古楠木群

会昌县文武坝乡林岗村的古榕树

星子县五里乡詹家崖古罗汉松被称为“赣北罗汉王”

遂川县巾石乡古银杏

崇义县关田镇沙溪村南方红豆杉树令100年

靖安县中源乡古柏树

◎森林旅游 Sen lin lu you

浮梁县瑶里

井冈山五指峰

崇义县阳岭国家森林公园

世界地质公园龙虎山

靖安县三爪仑漂流

上饶三清山

新余仙女湖

江西武功山

建立全国首个林业生态文化展览馆

◎生态文化 Sheng tai wen hua

开展名人名家生态文化江西行活动

森林防火文化走进校园

创作了全国第一首林改歌曲《为了百姓好》

拍摄了全国第一部林改电影《踏界》

世界上最大的竹键盘

开通了全国首个林业生态文化网站

参与首届鄱阳湖生态文化节深受好评

电脑植树培养公民生态意识

世界上面积最大的木制活字墙

◎林业科技 Lin ye ke ji

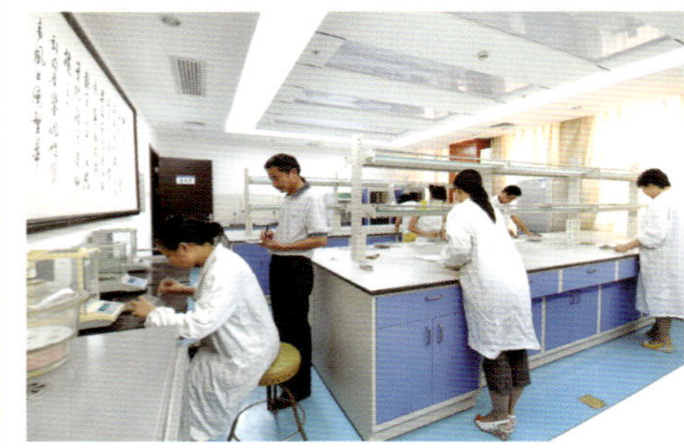
林木种苗试验

组培育苗

林业科技推广

竹腔施肥

开展林业科技特派员活动

举办科技为林改服务活动

在丰城市白土镇建立了全国首个省级高产油茶培训基地

高产油茶硕果累累

编者说明

一、《江西林业统计年鉴-2010》系统收录了全省2009年林业发展各方面的专题资料，全省和各市、县（区）林业统计数据及其他历史重要年份的主要统计数据。是一部全面反映江西省2009年林业发展情况的资料性年刊。

二、本年鉴正文内容分为五个篇章，即：林业生态成就展示、江西林业发展概述、专题资料、统计资料、林业发展政策文件。

三、本年鉴所使用的度量衡单位，均采用国际统一标准计量单位。

目 录

CONTENTS

五、政策文件

林业发展概述

2009 年全省林业发展概述

2009 年，在省委、省政府的正确领导下，全省各级林业部门坚持以科学发展观为统领，紧紧围绕中央提出的“三保一弘扬”总体要求，认真贯彻落实省委、省政府推进鄱阳湖生态经济区建设的重大部署，坚定信心，迎难而上，抢抓机遇，开拓进取，开创了我省林业改革发展的新局面，

一、造林绿化“一大四小”工程建设态势良好

2009 年春季，全省造林绿化“一大四小”工程建设实现首战“开门红”。全省完成造林绿化面积 560 多万亩，占年度任务的 112%，高速公路、铁路、国省道等各类通道绿化里程超过 2 万公里，综合造林成活率达到 87.8%；省财政 3 亿元的造林绿化投入撬动了社会资金 39.6 亿元投入林业，吸引了 110 多万农民工返乡就业，360 多家企业把资金投向林业。造林绿化“一大四小”工程取得了造林绿化氛围、造林绿化规模、造林绿化投资、造林绿化综合效应“四个超出预期”的显著成效。

为进一步推进工程建设，2009 年我们抓住鄱阳湖生态经济区建设上升为国家战略、推进新型城镇化建设的重大机遇，进一步完善思路和措施，全省造林绿化“一大四小”工程建设态势良好、氛围浓厚、形势喜人、令人鼓舞。主要表现在：**一是各级领导高度重视。**2009 年春节后上班的第一天，省委苏荣书记、吴新雄省长亲自率领省四套班子领导和省直部门党员干部来到南昌市红谷滩新区卧龙山风景区开展新春植树团拜活动，为全省推进造林绿化“一大四小”工程建设作出了表率和示范。4 月 28 日和 11 月 2 日，省委、省政府分别召开了高规格的全省“一大四小”工程建设总结表彰会和 2010 年度工程建设启动会，要求以更强的决心、更大的举措全面推进造林绿化“一大四小”工程建设。省林业厅组织全省 30 多批、500 多名市县党政领导干部，到山西、重庆、北京等地学习考察造林绿化，统一了思想，搅动了全局。各级党政领导把“一大四小”工程作为关系江西长远发展、可持续发展的一项重大生态工程、德政工程、富民工程、民生工程来抓，亲自部署、亲自实践、亲自推动，全省上下进一步掀起了工程建设的热潮。**二是资金投入力度加大。**省委、省政府将工程建设规划期由原来的 3 年延长至 5 年，每年省财政投入造林绿化资金 3 亿元。完善了财政资金补助办法，将原来的无偿供苗改为按高速公路和国道绿化每公里补助 10 万元，调动了市县积极性。在省财政资金的推动下，各地财政普遍增加了造林绿化资金的投入，仅南昌市各级投入造林绿化的资金就将近 10 亿元，有 15 个县超过 3000 万元，其中 5 个县超过 1 亿元。**三是经营机制更加灵活。**各地通道和城镇绿化，全部委托乙级以上资质的公司规划设计，由二级以上资质的园林公司组织专业队伍施工，其中，公司、大户造林占 80%以上，而且普遍采用机械化作业。各级林业部门重点把好作业设计关、整地质量关、苗木采购关、苗木栽植关和后期管护关，确保了造林质量和管护成效。**四是建设标准全面提升。**各地在工程建设中，普遍按照“常绿与落叶并举，速生与慢生兼顾，平面与立体结合”的绿化理念，坚持栽大树、栽全冠树，把造林与造景、造文化结合起来，进一步提升了通道和城市绿化水平。“一大四小”成为鄱阳湖生态经济区建设的龙头工程、造福子孙的德政工程、增收富民的民心工程、绿色崛起的品牌工程。

二、林权制度配套改革深入推进

省政府出台了《关于深化林业产权制度改革的意见》，召开了全省林业工作会议，有力推进了全省林权配套改革工作。**一是巩固了林权主体改革成果。**开展了主体改革“回头看”活动，对全省18个风景名胜区、经济技术开发区的主体改革进行了检查验收。调处山林纠纷751起、面积1.53万公顷，维护了林区稳定。着手建立全省林权管理地理信息系统，规范林权管理。**二是搭建了区域性森林资源交易平台。**采取会员制形式，整合全省县级林权交易机构，组建了南方林业产权交易所，制订了交易、会员管理办法，开展了森林资源网上远程交易，构建了全国第一家省级统一管理、辐射周边省份的区域性林权交易平台，实现了资源变资本的重大创新。全省新增林地林木流转面积8.99万公顷，占2006年以来总量的24.8%，综合流转价格比2008年增长33.5%。**三是规范了林权交易服务收费行为。**争取省发改委出台了《全省林业服务收费项目及标准》，解决了多年来林权交易收费无依据、标准不统一的问题。**四是组建了林业产业基金。**成立了江西省林业投资公司，与深圳君丰资产管理公司合作，建立了江西省林业产业基金，首期募集社会资金2亿元，筛选了8家林业优势企业，孵化林业拟上市公司。南昌、吉安、赣州等设区市组建了林业投资公司，拓宽了林业融资渠道。**五是加快推进了林权抵押贷款。**先后与人行、农发行、农行、农信社、中行等金融机构联合推出了林权抵押贷款项目。全省新增林权抵押面积5.48万公顷，贷款金额10.2亿元，累计贷款余额36.68亿元，比2008年增长14.6%，林业贷款规模和中央财政贴息资金实现3年连续增长。省级林业担保公司注册资本达到5000万元，2009年为林农和企业提供担保贷款1.25亿元。成立了江西省鄱阳湖绿色家园公益基金会。**六是全面推进了森林保险。**全省340万公顷生态公益林火灾保险实行财政统保，成为全国第2家生态公益林全省统保的省份。全省纳入保险的林地面积达到384.9万公顷，森林保险金额近300亿元。宁都县由财政安排资金，全南县由农信社和财政共同出资，袁州区以乡镇为单位，对商品林全部实行火灾统保。**七是深化了林木采伐管理改革。**国家林业局在崇义、武宁、遂川等12个县（市）开展了以“三推行、一启动”为主要内容的林木采伐管理改革试点，六项改革措施在全省推开，调动了林业经营者的积极性。**八是生态补偿机制取得了重大突破。**全省生态公益林补偿标准提高到10元/亩,补偿金额达到5.3亿元。萍乡市在全省率先对煤炭企业按每吨5元的标准开征煤炭可持续发展资金，全年征收补偿资金520万元，全部用于造林绿化。**九是林业生产组织化程度明显提高。**全省共组建各类林业专业合作组织14012个，各类木竹加工协会507个。

三、森林资源保护力度不断加大

省政府出台了《江西省生态公益林管理办法》、《江西省松材线虫病防治办法》2部政府规章。全省实现了木材采伐证和运输证网上办证“全覆盖”，开展了育林基金网上征收改革试点，113个木材检查站电子监控设施全部开通并投入使用。成立了省木材运输流动巡查执法总队，九江、宜春等5个设区市、76个县成立了木材流动巡查队伍，建立了木材固定检查与流动巡查的新机制，国家林业局在我省九江市召开了木材运输管理现场会。全省木材加工企业清理整顿圆满结束，保留合法企业4472家，关停并转率达到37%。天然林保护力度进一步加大，宜春市组织开展了为期180天的打击破坏天然阔叶树专项整治行动，靖安、宜丰、芦溪、莲花、石城、于都、南康、黎川、湾里等县（区）大力实施封山育林。开展了征占用林地执法检查，清理违法用地1068起、面积1450公顷；全年审核审批征占用林地6701公顷，征收森林植被恢复费3.94亿元。全省森林火灾发生次数、过火面积、受害森林面积实现了“三下降”，分别下降31.1%、40.4%和52.4%；全省专业森林消防队标准化建设全面完成，110支专业防火队全面达标；启动了江西森林武警部队营区项目建设，并列入省重点工程调度项目；航空护林实施飞机作业63架次、飞行145小时、人工增雨13.6亿吨。全省松材线虫病防治实现了疫情发生面积和病死树数量“双下降”。各级森林公安机关开展了“09护绿专项行动”、“绿盾三号行动”以及保护鄱阳湖候鸟行动，查处各类森林案件2.03万起，为国家挽回直接经济损失6794万元。森林资源二类调查外业工作全面结束，为加强森林资源管理提供了科学依据。

四、林业产业发展化危机为生机

2009年，全省林业企业开动脑筋，积极应对金融危机，林业产业发展逆势上扬。全年实现林业总产值930亿元，比2008年增长22%，进入全国第7位；16种主要林产品中，有11种实现产销两旺，木质活性炭、竹地板、油茶、竹胶合板产量跃居全国第2位。**一是积极出台产业扶持政策。**先后出台了鼓励和扶持林业龙头企业、杨树产业、非林地造林、民营林场以及毛竹、油茶和野生动植物产业发展的政策措施，改善林业投资经营环境，引导企业调整结构。**二是全力推进重大项目建设。**争取中央和省林业重点项目建设资金29.3亿元，增长22.9%，继续保持两位数增长。总投资3.7亿元的欧洲投资银行贷款造林项目正式启动。加大招商引资力度，引进广东大自然、国能生物发电集团、武汉凯迪、深圳飞尚、美国四风基金（绿木源）等知名企业投入12.5亿元，参与我省光皮树、桉树基地建设和松香产业开发，以及企业整合和资本运营；吸引各级金融机构投资20多亿元用于林业建设，提升了我省产业的整体水平。**三是大力发展油茶等特色产业。**党中央高度重视油茶产业，省政府下发了《关于加快油茶产业发展的意见》，吸引民营和社会资本向油茶产业聚集，老百姓经营油茶积极性空前高涨，适合种植油茶的林地价格一路攀升，油茶优质种苗供不应求，油茶开发非常火热。国家将我省50个县列入油茶示范基地，国家林业局在我省建立了全国首个油茶种质资源基因库，并召开了全国油茶产业建设现场会；省政府将油茶纳入全省科技创新“六个一”工程，安排专项资金给予扶持。全省累计建立采穗圃23个，面积266.8公顷；育苗面积148.41公顷，年产高产油茶苗木1.4亿株；全年新造高产油茶林3.89万公顷，发展油茶经营示范户8万多户；建立省级高产油茶培训中心，培训林农和大户1500人；扶持香港高氏集团等油茶龙头企业，抓紧推进油茶科技园建设。四是着力推动林业科技创新。完成毛竹竹腔施肥新技术推广面积5万公顷，立竹度同比增长24.6%，新竹量增长22.8%。大力开展杨树、泡桐、雷竹、光皮树以及樟树工程、红心杉栽培技术创新，栽植杨树9.3万公顷、泡桐2.33万公顷、陈山红心杉5.33万公顷、桉树1.4万公顷。加快发展野生动植物驯养繁殖产业，新增养殖经营单位和大户162个。建立苗木花卉基地6.67万公顷。2009年中央和省投入林业科技的资金近5000万元，增长10倍以上。

五、林业生态文化建设精彩纷呈

九岭山申报国家级自然保护区通过评审，新建18个县级自然保护区，新增保护区面积4.2万公顷，总数分别达到184个、111.73万公顷；开展了森林公园和湿地公园“两园”创建活动，新建国家森林公园2个、省级森林公园2个，森林公园总数达到109个，国家森林公园数量3年保持全国第一；组织申报了2个国家湿地公园，全省国家湿地公园上升到6处，面积55.8万公顷。抚州市2009年新建县级自然保护区12个，投资1000万元建设了汝水森林博物馆，汝水森林公园二期开工建设，得到了省委苏书记的高度称赞；新余市在全省率先成功创建“国家森林城市”；吉安市投资1.5亿元打造庐陵生态文化园；赣州市申报建设的湿地公园达到10个。成立了由省政协主席傅克诚任主任的江西省关注森林组委会，大力传播生态知识，增强全民生态理念。与北京林业大学合作，全面开展森林生态效益评估。大力创作林业生态文化作品，27

项林业影视、歌曲、新闻、文学作品荣获国家“关注森林活动奖”。改版升级中国林业生态文化网站，新增栏目 10 多个，全年点击率达到 35 万人次。联合省教育厅举办了中小学生绿色生态系列征文活动。联合共青团江西省委举办了全省“生态小学”启动仪式，扩大了青少年林业生态文化教育的影响。与省广播电台联合打造了全国首创的“惠农直播室”，播出节目 22 期，受到广大林农的普遍欢迎。

六、林业部门自身建设得到显著提升

2009 年，我们以机关效能年建设为契机，大力简化办事程序。全年精简行政审批事项 15 项、投资审批事项 3 项，精简率分别为 51.7%和 50%，审批时间缩短 50%以上，实现了省政府确定的“三个精简 30%”目标。林业信息化建设全面加速，3 月，全省林业网上办证系统代表江西接受了监察部检查，反响较好。森工企业改制和国有林场改革稳步推进。深入开展“一大四小”工程建设督导，增进了与基层群众的感情，赢得了各级党政领导的好评。林业管理职能进一步强化，省林业厅增设了林业改革处，省森林公安局升格为副厅级单位，崇义、安义、上高等县把园林局与林业局合并，为推进造林城乡一体化进程起到了示范带动作用。省森林防火大楼胜利竣工，提升了江西林业形象。组织全省林业局长到豫章监狱接受警示教育，联合省检察院开展涉林职务犯罪专项调研，加大预防涉林职务犯罪力度，2009 年全省林业基层部门涉林职务犯罪人数比 2008 年下降 70%。2009 年，江西荣获“2007—2009 年度全国森林防火工作先进单位”，这是我省首次获此殊荣；林业改革、造林绿化、油茶产业、森林公安、“三基”工程建设、木材运输管理、宣传信息、林业普法、信息化建设、生态文化建设等获得国家林业局表彰。省林业厅连续 2 次获得“省级文明单位”、机关党的建设连续 4 年荣获“特别优秀奖”，社会治安综合治理连续 4 年获得全省先进单位，2009 年还获得了中央综治委表彰。

专题资料

森林资源状况

我省“十五”期间县级森林资源二类调查工作开始于 2002 年，至 2004 年全面完成，前后历时三年。通过本期调查，查清了全省森林资源面积、蓄积、结构、质量及分布状况。

一、各类土地面积

全省土地总面积 1669.5 万公顷。其中：林业用地面积 1062.9 万公顷，占 63.7%；非林业用地面积 606.6 万公顷，占 36.3%。

1. 林业用地面积

按经营权属划分：国有 175.1 万公顷，占 16.5%；集体 681.1 万公顷，占 64.1%；其他经营类型 206.7 万公顷，占 19.4%。

按地类划分：有林地 871.7 万公顷，占 82.0%；疏林地 13.9 万公顷，占 1.3%；灌木林地 118.6 万公顷，占 11.2%；未成林造林地 32.0 万公顷，占 3.0%；苗圃地 0.33 万公顷，占 0.03%；无立木林地 13.6 万公顷，占 1.3%；宜林地 12.8 万公顷，占 1.2%；辅助生产林地 0.05 万公顷，占 0.01%。

2. 有林地面积

按植被类型：乔木林 789.3 万公顷，占 90.5%；竹林 82.4 万公顷，占 9.5%。

在乔木林面积中，纯林 548.1 万公顷，占 69.4%；混交林 241.2 万公顷，占 30.6%。

3. 乔木林面积

按起源划分：天然林 581.5 万公顷，占 73.7%；人工林 207.8 万公顷，占 26.3%。

按优势树种划分，马尾松 291.5 万公顷，占 36.9%；国外松 57.0 万公顷，占 7.2%；杉木 250.0 万公顷，占 31.7%；硬阔类 136.3 万公顷，占 17.3%；软阔类 14.8 万公顷，占 1.9%；混交林类 39.8 万公顷，占 5.0%。

按龄组划分，幼龄林 351.1 万公顷，占 44.5%;，中龄林 341.3 万公顷，占 43.2%；近熟林 64.2 万公顷，占 8.1%；成熟林 28.4 万公顷，占 3.6%；过熟林 4.4 万公顷，占 0.6%;

二、森林覆盖率

全省森林覆盖率 60.05%，其中：有林地覆盖率 52.21%，灌木林地覆盖率 7.10%，四旁树覆盖率 0.74%。

三、各类活立木蓄积

全省活立木总蓄积 35357.2 万立方米。其中：乔木林蓄积 33231.0 万立方米，占 94.0%；疏林蓄积 89.9 万立方米，占 0.3%；散生木蓄积 1505.4 万立方米，占 4.3%；四旁树蓄积 530.9 万立方米，占 1.5%。

1. 活立木蓄积按经营权属类型划分

国有 9794.0 万立方米，占活立木总蓄积的 27.7%；集体 20683.6 万立方米，占活立木总蓄积的 58.5%；其他 4879.7 万立方米，占活立木总蓄积的 13.8%。

2. 乔木林蓄积按优势树种划分

马尾松蓄积 8975.6 万立方米，占乔木林蓄积的 27.0%；国外松蓄积 2142.3 万立方米，占乔木林蓄积的 6.4%；杉木蓄积 12464.5 万立方米，占乔木林蓄积的 37.5%；硬阔类蓄积 7710.4 万立方米，占乔木林蓄积的 23.2%；软阔类蓄积 324.9 万立方米，占乔木林蓄积的 1.0%；混交林类蓄积 1613.3 万立方米，占乔木林蓄积的 4.9%。

3. 乔木林蓄积按龄组划分

幼龄林蓄积 8823.7 万立方米，占乔木林蓄积的 26.6%；，中龄林蓄积 17025.7 万立方米，占乔木林蓄积的 51.2%；近熟林蓄积 4472.9 万立方米，占乔木林蓄积的 13.5%；成熟林蓄积 2437.0 万立方米，占乔木林蓄积的 7.3%；过熟林蓄积 471.7 万立方米，占乔木林蓄积的 1.4%。

四、毛竹资源

全省竹林面积 82.4 万公顷，活立竹总株数 150148 万株。

五、设区市资源状况

1. 森林覆盖率

南昌市 16.0%，景德镇市 58.9%,萍乡市 63.0%，九江市 50.4%，新余市 52.4%，鹰潭市 55.3%，赣州市 74.2%，宜春市 52.8%，上饶市 57.7%，吉安市 65.5%，抚州市 61.1%。

2. 有林地面积占林业用地面积的比例

南昌市 70%，景德镇市 83%，萍乡市 66%，九江市 75%，新余市 62%，鹰潭市 92%，赣州市 89%，宜春市 78%，上饶市 81%，吉安市 82%，抚州市 80%。

3. 活立木蓄积

森林资源活立木蓄积按行政区域划分，南昌市 323.9 万立方米，占全省的 0.9%；景德镇市 1272.1 万立方米，占全省的 3.6%；萍乡市 607.3 万立方米，占全省的 1.7%；九江市 3118.4 万立方米，占全省的 8.8%；新余市 549.3 万立方米，占全省的 1.6%；鹰潭市 675.0 万立方米，占全省的 1.9%；赣州市 9799.6 万立方米，占全省的 27.7%；宜春市 4134.5 万立方米，占全省的 11.7%；上饶市 3836.9 万立方米，占全省的 10.9%；吉安市 6787.3 万立方米，占全省的 19.2%；抚州市 4252.9 万立方米，占全省的 12.0%。

4. 乔木林单位面积蓄积量

南昌市 31.4 立方米/公顷，景德镇市 43.9 立方米/公顷，萍乡市 38.6 立方米/公顷，九江市 40.1 立方米/公顷，新余市 53.6 立方米/公顷，鹰潭市 38.2 立方米/公顷，赣州市 36.7 立方米/公顷，宜春市 55.9 立方米/公顷，上饶市 36.3 立方米/公顷，吉安市 49.9 立方米/公顷，抚州市 45.8 立方米/公顷。

森林资源监测情况

森林资源监测是森林资源管理工作的重要组成部分，建立森林资源监测体系，开展森林资源监测是科学管理森林资源的基础工作之一。通过开展森林资源监测，能够及时掌握森林资源现状和消长变化动态，预测森林资源的发展变化，为制定和调整林业方针、政策、长远规划和计划，控制森林资源消耗，考核领导干部任期森林资源消长目标责任制提供依据。森林资源监测已成为加快林业发展、促进生态环境建设的重要基础工作。《森林法》第十四条明确规定“各级林业主管部门负责组织森林资源清查，建立资源档案制度，掌握资源变化情况。”；中共中央、国务院《关于加快林业发展的决定》中也指出“建立完善的林业动态监测体系，整合现有监测资源，对我国的森林资源、土地荒漠化及其他生态变化实行动态监测，定期向社会公布……。” 因此，建立完善的监测体系和监测工作机构，开展森林资源监测工作是法律赋予的职责。

一、森林资源监测体系建立情况

1989 年，林业部印发了《关于建立林业部区域森林资源监测中心的通知》（林人字[1989]40 号）和“关于印发《关于建立全国森林资源监测体系有关问题的决定》的通知”（林资字[1989]41 号），二个文件做出决定，为加强森林资源管理和监督工作，及时掌握森林资源现状和消长变化情况，预测森林资源的发展趋势，需要在全国范围内建立森林资源监测体系，自此，正式拉开了建立全国森林资源监测体系的序幕。林业部设立了东北、西北、中南和华东 4 个区域森林资源监测中心。建立了以调查森林资源现状、森林资源消耗量及其消耗结构、造林成活率、保存率及新成林面积、森林资源变化发展趋势等为主要内容的森林资源监测体系。

1989 年 10 月，江西省林业厅颁发了《关于建立全省森林资源监测体系的工作意见》，标志着我省建立森林资源监测体系的序幕已经拉开。成立了江西省森林资源监测中心。之后，全省陆续成立了设区市、县市区森林资源监测机构。

二、森林资源和生态状况监测工作开展情况

（一）森林资源监测：包括森林资源连续清查(简称一类调查)和森林资源规划设计调查(简称二类调查)，其中前者是国家森林资源监测的主体，后者是地方森林资源监测的基础。

1、森林资源连续清查是以掌握宏观森林资源现状与动态为目的，以省（直辖市、自治区）为总体，通过对固定样地进行定期复查的森林资源调查方法。每 5 年为一个周期。它是全国森林资源与生态状况综合监测体系的重要组成部分，是制定和调整林业方针政策、规划、计划，监督检查领导干部实行森林资源消长任期目标责任制的重要依据。同时，通过对不同时期清查成果和森林资源动态变化进行对比分析，及时提出不同时期全省森林资源培育和管理的重点及发展目标，为全省阶段性林业发展战略的制定提供科学依据。其主要任务是及时、准确查清全省宏观森林资源的数量、质量和森林生态系统的现状，掌握复查间隔期内森林资源消长动态和变化趋势，分析研究间隔期内森林生态系统现状和变化状况，对森林资源与生态状况进行综合评价，摸索变化规律，预估森林资源发展趋势。我省连清复查工作开始于 1977 年，其后，于

1983 年、1988 年、1991 年、1996 年、2001 年和 2006 年先后进行了六次复查。通过历次连清复查，查清了全省各个时期的森林资源现状和消长动态变化情况，及时、准确地掌握全省森林资源与生态系统的变化趋势，为国家宏观掌握全国森林资源现状与动态提供了丰富的信息和可靠的依据。在 2006 年的第六次复查中，为适应新形势林业发展的需要，增加了反映森林生态、森林健康、森林功能、土地退化等方面的指标和评价内容，为实现森林资源和生态状况的综合监测奠定了基础。森林资源连续清查成果全面客观反映了我国林业建设取得的巨大成就，成为社会各界了解林业、关注林业的一个重要窗口。

2、森林资源规划设计调查是以县(国有林场)为调查单位开展的森林资源调查，通常每 10 年进行一次。是以满足森林经营方案编制、总体设计、林业区划与规划设计、森林分类经营和编制森林采伐限额等需要而进行的森林资源调查。其主要任务是查清区域内森林、林地和林木资源的种类、数量、质量与分布，掌握其消长变化，客观反映调查区域自然、社会经济条件和经营管理状况，综合分析与评价森林资源与经营管理现状，提出对森林资源培育、保护、利用意见。调查成果是建立或更新森林资源档案、编制森林采伐限额、进行林业工程规划设计和森林资源管理的基础，也是制定区域国民经济发展规划和林业发展规划，实行森林生态效益补偿和森林资源资产化管理，指导和规范森林科学经营的重要依据。我省自 1974 年的“四•五”森林资源清查以来到 2009 年已开展了 7 次调查。1989 年前，全省还没有完全建立统一的森林资源二类调查制度和体系，没有一套完整的覆盖全省的二调数据。全省“八五”县级森林资源二类调查于 1993 ~ 1994 年完成，在此次调查中，全省统一了技术标准，调查时间相对集中，间距较短，覆盖全省范围，其成果材料汇总到省级后，全省森林资源二类调查数据得到广泛使用。之后，1999 年全省完成林业分类经营县级森林分类区划调查，2002 ~ 2004 年完成全省“十五”县级森林资源二类调查，2009 年完成全省“十一五”县级森林资源二类调查。

（二）荒漠化沙化土地监测：是为查清我国荒漠化、沙化土地资源的分布、面积、特点以及土地退化现状和动态变化而开展的专项监测工作。该项监测始于 1994 年，每 5 年为一个周期，2004 年完成了第三次监测。荒漠化沙化土地监测为全国和各省防沙治沙提供了重要的决策依据。

（三）湿地资源监测：是以典型调查为基础，综合运用遥感、地理信息系统、全球定位系统等高新技术，对全国的湿地资源及其生态环境进行的定期监测。湿地资源监测包括宏观调查、典型调查、湿地资源专项调查三个层次，其成果应用对我国湿地及其生物多样性的保护管理、促进湿地资源的合理利用具有重要的指导意义。湿地监测起步较晚，1995 至 2001 年完成了第一次调查。

（四）野生动植物资源监测：是为实现对我国野生动植物资源的有效保护、持续利用和科学管理，为国家宏观决策、履行国际公约或协定、开展国际交流及科学研究提供服务而开展的专项监测工作。上世纪 90 年代以前只做过一些局部的或区域性的监测，全国性的野生动植物资源监测起步较晚，1995 年至 2003 年才完成了第一次调查。

（五）森林生态定位监测：是对森林生态系统结构和功能进行定性和定量研究，以揭示森林生态系统组成、结构与气候环境之间的关系。我国的森林生态定位研究，上世纪五六十年代才起步，80 年代以后逐步得到不断发展。目前中国科学院系统已具有较深度功能监测和分析能力的监测站 23 个，其中属于林业系统管理的 15 个；我国森林生态系统定位研究网络覆盖了中国主要林区，构成了一个十字网状结构，基本反映了温度和水分驱动的森林植被梯度变化规律，其中有 5 个生态站入选国家级野外重点台站序列，有 2 个生态站（江西大岗山、海南尖峰岭）入选联合国粮农组织建设的全球陆地观测系统网络。

（六）其它专项监测

1、森林灾害监测，包括森林火灾监测、病虫鼠害监测。森林火灾监测主要通过遥感监测为主，地面巡护为辅的方法进行，可以及时发现火灾，跟踪火情，并进行预警预报；病虫鼠害监测通过实地观测、动植物检疫检查的方法进行，监测和预报森林病虫鼠害的发生和发展。

2、森林资源管理专项监测，包括营造林实绩综合核查、森林采伐限额执行情况核查、征占用林地检查、国家重点公益林区划认定核查与管护情况检查、退耕还林（草）工程建设检查、天然林资源保护工程核查等，这些专项监测属于年度监测工作。

湿地资源概况

我省位于长江中下游南岸，长江沿境北而过，境内长 151.9 公里。全省属中亚热带气候带，气候温和湿润，雨量充沛，地貌丰富，地质历史古老，林业用地面积占全省国土总面积的 63%，森林覆盖率高达 60.05%。丰富的水热资源和特殊的气候地理孕育了丰富的生物多样性，成为同纬度地区极少数森林和湿地生态系统保存完好的区域之一。

我省境内水系分水岭与行政区划分界线大致相同，境内赣江、抚河、信江、饶河和修河五大水系及 2400 多条中小河流总长度约 18，400 公里，绝大多数汇入鄱阳湖后经湖口注入长江，形成独立完整鄱阳湖水系，流域总面积 162225 平方公里，占全省总面积的 97%，占长江流域面积的 16.22%。全省平均水资源总量 1422.4 亿立方米，水资源总量约占全国 5.4%。经鄱阳湖注入长江的多年平均水量 1420 亿立方米，相当于黄河、淮河和海河三大河入海水量的总和。全省主要河流和鄱阳湖水质基本良好。截止目前，全省以湿地生态和以湿地为依托的野生动植物为主要保护对象的自然保护区有 28 个，保护总面积 2881 平方公里，占全省天然湿地面积的 24.47%。全省已建立国家湿地公园试点有 6 处，省级湿地公园试点 23 处，面积 645.98 平方公里。

江西省的湿地资源具有以下几个特点:

1. 湿地面积大

全省各类湿地共 365.17 万公顷，占国土面积 21.87%,其中水域面积 164.74 万公顷，占国土面积 9.8%;天然湿地面积为 116.61 万公顷，占国土面积 6.9%。面积大于 10 平方公里的淡水湖约 44 万公顷，约占全国同类湖泊的 15%。境内鄱阳湖是长江流域最大的通江湖泊，也是中国最大的淡水湖泊，1998 年湖口水位 22.58 米时，湖面达 4066 平方公里。

2. 湿地类型多

按国际《湿地公约》的分类系统，江西有 23 种类型的湿地，包括了除咸水湖和荒原湿地外的内陆湿地的所有类型。其中天然湿地 14 种，人工湿地 9 种。

3. 湿地生物多样性特别丰富

全省有湿地高等植物 705 种，其中属国家重点保护植物名录（第一批）的有 12 种，如中华水韭、普通野生稻等，其中分布于东乡县的普通野生稻是世界上分布纬度最北的野生稻；湿地脊椎动物 636 种，其中哺乳类 17 种，湿地鸟类 332 种，两栖类 40 种，爬行动物 44 种，淡水鱼类 203 种。湿地动物中属国家重点保护动物有 66 种，其中 I 级 13 种，Ⅱ级 53 种。其中鸟类 53 种，如白鹤、白头鹤、白枕鹤、东方白鹳、中华秋沙鸭等；哺乳动物 7 种，如江豚等；鱼类 3 种，如中华鲟等；两栖类 3 种，如大鲵、虎纹蛙等。以鄱阳湖珍稀水禽为主的江西湿地生物多样性在国际上有重要影响。据统计，在鄱阳湖越冬的白鹤数量达到全球越冬白鹤总数的 95%以上，2004 年达到 3954 只。近两年白鹤、白枕鹤、白头鹤、灰鹤等 4 种鹤的总数均在 7000 只左右；东方白鹳在 2500 只左右，数量超过国际鸟类组织统计的总数。这些在鄱阳湖越冬的珍禽种群数量都超过该种珍禽全球数量的一半以上，是名副其实的“候鸟王国”。江西鄱阳湖国家级自然保护区是我国最早列入国际重要湿地名录的 7 块国际重要湿地之一。

集体林权制度改革情况

2004年以来，我省认真贯彻落实科学发展观，坚持情为民所系、利为民所谋，在全国率先开展了以“明晰产权、减轻税费、放活经营、规范流转、综合配套”为主要内容的林业产权制度改革。这场改革涉及面之广、惠及林农之多、对江西农村经济社会发展影响之深远，都是前所未有的。经过全省上下四年的共同努力，主体改革基本完成，改革取得了显著成效，富裕了林农，激活了林业，稳定了林区，实现了活一方经济、富一方百姓、促一方和谐、保一方生态的目标，被广大农民称之为“第三次土改”。2007 年 4 月，温家宝总理亲临江西武宁视察林权改革工作时，称赞这场“山定权、树定根、人定心”的改革，“与改革开放初期的联产承包责任制具有同等重要的意义”，“要像当年宣传安徽小岗村一样宣传江西林改”。

一、主体改革任务圆满完成

针对制约我省林业发展普遍存在的产权不明晰、税费负担重、经营机制不活、流转不规范等深层次矛盾，在广泛深入调研的基础上，我省从 2004 年 9 月开始，在遂川等 7 个县（市）开展了林业产权制度改革试点，2005 年 4 月在全省全面铺开。经过 4 年多的努力，全省 93 个县（市、区）和 18 个风景名胜区、经济技术开发区的主体改革于 2008 年全部通过省级验收。

根据省级验收结果显示，全省集体林地分山到户率为 82.5%，其中自留山 2450.43 万亩，家庭承包 8341.45 万亩，国乡联营 190.19 万亩，集体统一经营 1866.42 万亩，其它方式流转 234.98 万亩。全省有 1.52 亿亩林地进行了确权输机，产权明晰率达 98.5%。共完成林地使用权发证 613.41 万本，涉及宗地 1174.39 万宗、面积 1.4787 亿亩，林地使用权发证率达到 97.6%，做到了户均 1 本证。林改期间，全省共排查出山林纠纷 63886 起，涉及纠纷面积 622.45 万亩，现已调处 62068 起，调处面积 582.37 万亩，纠纷起数和纠纷面积调处率分别为 97.2%和 93.6%，林业“三定”时遗留下来的许多历史纠纷得到了妥善解决。通过对 111 个县（市、区）、1346 个乡（镇）、2669 个行政村、2669 个村小组的 15486 户农户进行访问，反映对林改工作满意或基本满意的农户为 15258 户，群众满意率为 98.5%。通过落实林业税费减免政策，全省木竹税费负担由林改前的 56%下降到目前的 10%。2009 年全省林业总产值达到 930 亿元，同比增长 22.4%。

这场改革涉及面之广、惠及林农之多、对江西农村经济社会发展影响之深远，都是前所未有的。改革取得了显著成效，富裕了林农、激活了林业、稳定了林区，实现了活一方经济、富一方百姓、促一方和谐、保一方生态的目标。**一是**林地林木全面升值，林农收入大幅度增加。林改后，木材平均销售价格上涨了 50.42%，毛竹平均销价上涨了 79.47%，林木林地流转价格普遍翻了一番。全省农民来自林业的现金收入每年都以 20%以上的速度增长，2009 年达到 820 元。**二是**调动了林业经营者积极性，形成了全社会办林业的局面。近些年，全省每年完成人工造林都在 320 万亩以上，其中企业和个人投资造林超过 2/3。2009 年我省全面实施造林绿化“一大四小”工程，完成造林面积 560 万亩，创历史最好水平，为扩大内需、促进返乡农民工在家门口创业、就业提供了广阔平台。**三是**大量纠纷得到妥善化解，农村社会更加和谐稳定。改革过程尊重民意，维护民利、化解纠纷、构建和谐。是一次全面、深入、生动的民主法制教育过程，密切了党群干群关系，推动了农村民主法制建设。**四是**林业管理体制得到理顺，依法治林取得实质性进展。通过林改，全省林业行政事业经费纳入了财政预算。390 多家森工企业完成了改制，改制面达到 73%，分流安置职工 3.91 万人。建立了一批林业产权交易中心和森林资产评估、木材检量等中介服务组织，实现了政府职能转变和林业执法环境的优化。

二、配套改革全面推进

2009 年中央林业工作会议之后，我们迅速组织传达会议精神，及时召开全省林业工作会议，出台了《江西省人民政府关于深化林业产权制度改革的若干意见》，以中央加快推进集体林权制度改革为契机，进一步解放思想，突出重点，采取有力措施，在巩固主体改革成果的基础上，坚定不移地深化集体林权制度配套改革，取得了较好成效。

1. 林业产权交易中心建设进展顺利。我省把林业产权交易中心建设作为深化林权制度配套改革的“龙头工程”。全省已有 64 个县（市）建立了林业产权交易中心（要素市场），累计交易山林 3.99 万宗、面积 377.07 万亩，交易金额达 32.87 亿元。有效盘活了森林资源，提高了流转价格，有力地保障林农合法权益，林业产权交易中心成为林农普遍接受的、综合性林业社会化服务窗口，被誉为“林农之家”。制定出台了全省统一的产权交易、资产评估、林地勘查、作业设计、木材检量等林业中介服务活动收费项目和收费标准。2009 年 11 月 7 日,南方林业产权交易所在南昌挂牌，成为全国第一个区域性省级林权交易所，将在更高的平台上实现资源变资本。

2. 林权抵押贷款深入开展。全省有 86 个县（市、区）开展了林权抵押贷款业务，林权抵押面积 320.69 万亩，其中 2009 年新增林权抵押贷款 19.76 亿元，贷款余额累计达到 33 亿元。从 2007 年起，省财政建立林权抵押贷款贴息补助政策。成立了省级林业担保公司，注册资本金达 5000 万元，累计为林农和企业提供贷款担保 1.6 亿元。2009 年底，正式组建了江西省林业投资公司，并与深圳君丰资产管理公司合作，建立了林业产业投资基金，首期募集企业和个人资金 2 亿元。

3. 森林保险全面铺开。2007 年在 26 个县（市、区）启动森林保险试点，并抓住我省列为中央财政森林保险保费补贴试点省份的契机，积极推进林木灾害性保险，2009 年森林火灾投保面积达到 5725.71 万亩，为林农、集体和国有单位提供森林财产保险保障金额近 300 亿元。从 2009 年 9 月 1 日起，全省 5100 万亩生态公益林森林火灾实行全省统保。并启动林木综合灾害保险，将因火灾、暴雨、暴风、洪水、泥石流、霜冻、暴雪、森林病虫害等灾害均纳入政策性森林综合保险范围。

4. 林业专业合作组织迅猛发展。全省共组建各类林业专业合作组织 14012 个，林业生产的组织化程度明显提高。其中林业“三防协会”11004 个，参加农户 198.42 万户；民营林场 1244 个,经营面积 712.12 万亩；林业专业合作社 952 个,参加农户 12.42 万户；民营造林公司 305 个，累计造林面积 216.25 万亩,成立各类木竹加工协会 507 个。

5. 公益林补偿力度明显加大。全省落实生态公益林补偿面积 5100 万亩，占全省林地面积的 32%。其中国家级公益林 3237 万亩，省级公益林 1863 万亩。生态公益林补偿标准从林改前的每亩 5 元提高到 10.5 元。林农的公益林补偿资金全部纳入财政“一卡通”发放，实行“一户一卡”。

6. 林木采伐管理改革取得重大突破。先后出台了《关于进一步完善林木采伐管理有关政策的通知》、《关于鼓励非林地造林的意见》和《关于扶持杨树产业发展的意见》。实行了“计划前置审批、管理双线运行、分配两榜公示、指标确保到户”的林木采伐计划分配方式，确保了采伐指标真正落实到符合采伐条件的山场和农户。全面推行两类林分类管理，取消了非林地林木限额管理和毛竹计划管理，规范了公益林抚育更新采伐管理，集体人工林自主确定采伐年龄，推行商品林木采伐指标按林龄排序和小片皆伐，启动森林经营方案编制，对达到一定规模的民营林场，实行采伐指标单列，简化了计划审批环节，森林资源管理更加规范有序，受到基层林业部门的林农群众普遍欢迎。2009 年争取了国家林业局在我省开展林木采伐改革试点，选择崇义、武宁、遂川等 12 个县（市）开展试点工作。

7. 林业管理体制进一步理顺。全省林业行政事业人员经费全部纳入同级财政预算，结束了长期以来林业部门依靠规费供养的历史，为林业的持续发展提供了重要支撑。林改后，市、县财政新增林业行政事业单位人员及公用经费预算 2.5 亿元。组建森林资产评估、作业设计、木材检量等中介服务机构 316 个。省财政逐年加大造林绿化、生态公益林补偿、森林防火、森林病虫害等方面的投入，2009 年安排的林业项目资金超过 10 亿元。

三、主要经验做法

1. 坚持高位推动，实行五级书记抓林改。林权制度改革是一项复杂的系统工程，政策性强，涉及面广，工作难度大。省委、省政府始终把林权制度改革作为做好“三农”工作、推进新农村建设的一件大事来抓，摆上重要议事日程，坚持“五级书记抓林改”。成立了由省委副书记任组长，分管副省长任副组长，16 个部门主要负责人为成员的省林改领导小组。林改期间，省委、省政府主要领导亲自研究、亲自部署、亲自督查，每年的全省林权制度改革大会，都亲自到会讲话。改革期间，还多次深入乡村进行专题调研，指导改革工作，解决改革中遇到的重大问题。市、县、乡、村林改领导小组组长全部由同级党政主要领导担任。许多地方还把林改与政府绩效管理、干部任用考核、部门形象测评等挂钩，形成了“五级书记”抓林改、林业部门督促指导、相关部门大力支持、村组两级具体操作、一级抓一级、层层抓落实的工作机制，确保了改革的有序推进。

2. 坚持依靠群众，彻底还权于民。农民是改革的受益者，更是改革的主人。我省在林改过程中，坚持还权于民，始终做到群众的事情让群众自己做主，改不改、怎么改都由群众说了算，分山、分林、分股完全由群众民主讨论、自行决定。同时，明确提出切实做到“三个确保”：一是确保农民在林改中享有充分的民主权利。林改方案未经村民会议或村民代表会议 2/3 以上同意的，一律视为无效，并创造性地实行“四签两不准”，即：会议通知要签收，开会要签到，林改方案要签字，票决要签名；不准搞代签名，不准用铅笔或圆珠笔签字，会议票决结果当场公布，方案通过后所有原始资料当场封存。制订方案前要张榜公布山林权属现状，勘界勾图后要张榜公布户主姓名、坐落位置和实际面积等。通过这些措施，确保了改革的内容和过程公开透明、公平公正。二是确保将能够分到户的山林全部分给农户，实行家庭承包经营，林地承包期规定为 30-70 年。凡是能够单独区分开来的山场，一律不搞联户发证，把经营自主权彻底还给林农。并提出以县单位，分山到户率、分户发证率、纠纷调处率、群众满意率必须达到“四个 80%以上”的要求，作为林改检查验收的决定性依据。同时，对林业“三定”时已经分到户的山林，保持稳定不变，公益林保持性质不变，要求确权发证和补偿全部到位。林改后，全省落实到户的自留山和家庭承包经营的责任山比重占集体山林的82.5%。三是确保农民拥有充分的处置权，木竹采伐指标直接由农民申请，符合条件的即申即批，结余采伐限额可结转使用。允许农民自主销售木竹，自主以出租、入股、联营、转让、抵押等方式流转山林，进一步放活了商品林经营，切实维护了农民的合法权益。

3. 坚持以人为本，彻底让利于民。林改的实质是利益关系的重新调整，核心在于还利于民、让利于民。我省自2004年9月1日起，将除育林基金外的所有涉林收费项目全部取消，最大限度地减轻林农的税费负担，并且不允许省以下出台任何其它收费项目，“宁愿让自己过紧日子、也不让农民过苦日子”，坚决做到不再向农民伸手，把利益彻底还给林农，财政面临的困难由政府承担。全省通过改革，仅2006年就向农民让利14亿多元。各地普遍实行了“减、让、放、分”四大举措：一是尽量“减”，实行“两取消、两调整、一规范”，取消木竹农业特产税和省以下出台的各种涉林收费项目，调整育林基金计费基价和省、市、县的分成比例，规范增值税、所得税征收范围，对从事木竹生产的单位和个人自产自销的原木、原竹依法免征增值税，暂免征收所得税。2009年我省根据财政部、国家林业局新出台的《育林基金征收使用管理办法》，重新统一了全省育林基金计费价格，严格按照国家规定的育林基金标准征收。二是主动“让”，对林改前已经流转给林场、企业或承包大户的山林，通过双方平等协商，采取补签合同、提高租金或分成比例等方式，将林改减免的税费70%以上让给农民。据不完全统计，全省林改前流转的山林，共落实林改让利2亿多元。三是全面“放”，着力打破垄断，放活经营，建立价格竞争机制，使原来被严重扭曲的木竹价格恢复到正常水平。林改后，全省原木、原竹销售价格比林改前平均上涨50%以上，林木、林地流转价格翻了一番多，林业开始成为兴山富民的希望产业；四是彻底“分”，凡是没有分到户的山林都必须落实经营主体，并把股权按人口均分到户，经营收入70%以上按股分配，流转山林的收益70%以上按人口均分到户，极大地激发了农民参与改革的热情，为确保改革成功打下扎实的群众基础。

4. 坚持规范操作，积极稳妥推进。一是稳妥处理林改前已流转的山林。据统计，我省集体林权发生转移的山林面积达2174.1万亩，其中联营造林847.4万亩，林改前流转面积1031.9万亩，林改后流转面积294.8万亩。由于林改前流转的山林存在许多历史遗留问题，林农对此意见比较大。为此，我省将“规范流转”作为林改的一项重要内容，组织力量对林改前流转的山林进行了全面清理，妥善解决林权流转历史遗留问题。制定出台了《江西省森林资源转让条例》，明确了转让范围，规定了转让程序，国有和集体山林的转让必须进行森林资源资产评估，并报林业主管部门批准。省政府专门下发了文件，规定对林改前已经流转的山林，要通过补签协议的方式，完善好流转合同，将林改政策性让利的70%以上兑现给原山主，对违反政策法规、损害老百姓利益的流转一律推倒重来。原流转合同中没有明确流转年限、面积、范围和利益分配的，要在协商的基础上予以明确；对国乡联营造林实行“一稳定一提高”的政策，即对合同期内的联营山林，稳定权属关系，提高老百姓的分成比例，维护农民利益。同时，把“稳定林权”作为一项基本原则，积极引导林农正确处理眼前利益与长远利益的关系，引导其进入产权交易中心公开交易，明确规定林农一次性转让山林的面积，一般控制在其拥有山林面积的50%以内，流转年限控制在林权承包年限以内，防止大规模流转森林资源造成林农失山失地。据自查统计，全省已有693.9万亩联营造林完善了合同、调整了利益分配，占联营造林总面积的81.9%，有729.4万亩山林完善了流转合同、调整了利益分配，占林改前流转山林面积的 70.7%。二是积极开展纠纷调处工作。由于历史原因，我省山林权属纠纷较多，情况比较复杂。我省高度重视山林纠纷调处工作，坚持属地管理、分工负责、分级调处的原则，充分发挥行政调解和村组林改理事会的作用，对主要纠纷实行领导包案负责制，落实专门人员调处山林纠纷。到目前为止，全省共调处山林权属纠纷 6.2 万起，调处率达 97.2%，许多历史遗留纠纷得到妥善化解，有效避免了因林改引发集体上访和群体性事件。少数林权纠纷未调处的主要原因是受取证工作难、地方宗族势力影响及现行法律制约等因素影响。据统计，2006 年到目前，省山林权属纠纷调处办共受理涉及山林权属争议信访件 164 件，人员 347 人（次），其中到省上访的有 126 件，重复上访的有 18 件。除 1 件信访件正在调查核实之中和 1 件信访件转呈相关部门处理外，其余 162 件信访件已按相关规定得到全部解决。三是强化林改监督指导。林改期间，省、市、县林业主管部门抽调了 2300 多名干部，组成 1128 个督查组，深入改革第一线广泛宣讲改革政策，督促指导基层林改工作，使之家喻户晓。各级森林公安机关连续组织开展了声势浩大的“绿色旋风”一、二号行动、“绿剑”一、二号行动、“09 护绿专项行动”、“绿盾三号行动”等严打专项行动，严厉打击了各种破坏森林资源的违法犯罪活动，保证了改革的平稳推进。省林改办制定了《江西省林权制度改革确权发证操作规范》、《江西省林权登记管理办法》，规范了初始登记、变更登记、抵押登记及林权档案管理等后续林权管理工作。批准省林业厅增设林业改革发展处，承担监督林权登记、发证及林地林木承包经营、流转工作，加强了省级林业主管部门林改工作机构的建设。各县市都落实了专门的林权管理机构，大多依托林业产权交易中心承担林权发证及林权日常管理工作。

四、今后一个时期工作打算

今后一个时期，我省将围绕着深入贯彻落实《中共中央国务院关于全面推进集体林权制度改革的意见》和中央林业工作会议精神，深入推进林权制度改革，重点抓好以下几项工作:

（一）进一步加强山林纠纷调处和林权流转管理。切实抓好跨省跨设区市山林纠纷调处工作，加快跨市、跨县“插花山”的确权发证，巩固主体改革成果，维护林区稳定。加强林权流转的监督管理，着手建立全省林权管理地理信息系统，实现网上办证和林权及档案动态化管理。组织开展森林资源流转情况清查，全面排查纠纷隐患，指导流转纠纷调处，建立承包合同仲裁制度，妥善处理集体林权流转的历史遗留问题。积极培育林权流转市场，加强森林资源资产评估机构和评估队伍建设，鼓励林农到林业产权中心进行流转，规范森林资源资产评估和收费行为，维护交易各方合法权益。

（二）尽快使南方林业产权交易所运营和交易。依托信息化手段加快南方林业产权交易所建设步伐，以会员制形式，整合县级林业产权交易中心，形成统一管理的林业产权交易网络体系。争取用 1-2 年时间建成全省统一、辐射周边的区域性森林资源交易平台，推动森林资源资产集约化和规模化经营，完善林业市场化资源配置，最终实现南方林业产权交易所上市目标。

（三）加快林业投融资平台建设。通过省级林业产业基金积极开展融资，有效整合松香、油茶、毛竹等优势林业资源，推动森林资源资本化运作，参与林业企业的股份制改造，加快林业企业重组，扶持一批辐射面广、带动力强的龙头企业，孵化 2-3 家林业企业上市，带动林业产业升级和产业集群建设，力争 2010 年全省林业总产值突破 1100 亿元。继续加强与金融部门合作，大力推进林权抵押贷款、林农小额信用贷款、联保贷款业务，力争 2010 年全省林权抵押贷款余额达到 40 亿元。做强省级林业担保公司，力争 2010 年省级林业担保公司注册资本金达到 1 亿元，支持鼓励组建市县林业投资公司和林业担保公司，增加林业融资渠道。

（四）加快推进林业政策性保险。加大政策性森林保险宣传力度，建立生态公益林防火责任奖励金，提高财政对森林保险的保费补贴比例，积极推行商品林综合自然灾害险和森林火灾险两种投保方式，鼓励各种形式的森林保险统保方式，力争在实现公益林保险“全覆盖”的基础上，争用 1－2 年时间实现全省商品林地火灾保险“全覆盖”，增强林农抵御风险能力。

（五）全面推进森林科学经营。加强森林可持续经营试验示范点建设，通过对典型森林经营模式的总结，探索不同森林类型、不同所有制、不同编制单位森林经营方案的编制模式。加快采伐改革步伐。建立和完善非林业用地林木管理、森林采伐限额分类、年度采伐指标结转以及其他管理制度，逐步实现商品林自主经营，确保经营者林木处置权和收益权。统筹建立森林经营专项资金。加快现有中幼林的抚育和低产低效林的改造，扶持建立珍稀树种和大径级材培育基地示范项目，促进森林资源的科学经营、高效利用。放活森林经营，加快发展森林培育、育种育苗、森林旅游、本木粮油、经济林果、野生动植物繁育利用等绿色、低碳产业，引导农民发展林下经济，依靠产业发展推动兴林富民。

（六）积极推进林业专业合作组织建设。搞好宏观管理，制定出台《促进农民林业专业合作社发展的指导意见》，鼓励和引导林农在产权明晰的基础上，以亲情、友情、资金、技术为纽带，组建家庭林场、股份合作林场、专业协会等林业专业合作组织。同时，积极引导林业龙头企业与林农建立新型的合作关系，培育“公司+合作组织+农户”的合作经营模式，实现林业产业化经营。加大采伐政策扶持，允许林业专业合作组织单独编制森林经营方案，实行限额单列、计划单列，适当放宽商品林林木采伐利用的限制，适当简化采伐审批手续。强化技术服务，在林木良种、技术培训、市场信息、经营管理、人才培养等多方面做好服务，采取多种形式全面指导林农发展壮大合作组织。抓好示范引导，通过争取中央和省财政农民专业合作社资金支持，选择一些规模较大、带动农户多、运作规范、成员增收水平高的林业专业合作作为示范点建设，加强示范项目跟踪指导，通过典型示范，吸引更多的农民积极参与，促进更多的组织发展壮大。

造林绿化“一大四小”工程建设情况

一、工程概况

2008 年 5 月 8 日，省委书记苏荣出席泰豪论坛，发表了以“深化省情认识、加快江西发展”为主题的演讲，在谈到保护江西生态环境时，提出了建设造林绿化“一大四小”工程的号召。

“一大”：即确保实现到 2010 年全省森林覆盖率达到 63%的大目标。规划 2008－2012 年，全省完成各类造林面积 1023.33 千公顷，其中山上造林 428.00 千公顷，山下造林 541.33 千公顷。

“四小”：①**设区市和县城所在地绿化。**到 2010 年，全省设区市城市和县城建成区绿化覆盖率分别达到 40%和 35%，绿地率分别达到 36%和 30%，人均公园绿地面积达到 10 平方米。②**乡镇政府所在地绿化。**到 2010 年，全省乡镇所在地绿化覆盖率达到 15%，绿地率达到 10%。到 2012 年，全省乡镇所在地绿化覆盖率达到 20%，绿地率达到 15%。③**农村自然村绿化。**到 2010 年，全省新农村建设试点村、交通干线沿线可视范围内乡村全面绿化，已实施土地整理和园田化改造的农田全面完成林网建设。到 2012 年，全省村庄绿化覆盖率达到 35%以上，初步建成比较完善的农田林网体系。④**基础设施、工业园区和矿山绿化。**到 2010 年，已建和新建高速公路、铁路宜林路段绿化率达到 85%以上，国省道干线绿化率达到 80%，县乡公路绿化率达到 80%，江河渠道绿化率达到 60%，工业园区绿化覆盖率达到 35%以上。到 2012 年，已建和新建高速公路、铁路宜林路段全面绿化，绿化档次达到国内先进水平；国省道干线绿化率达到 100%，县乡公路绿化率达到 85%，江河渠道绿化率达到 80%，初步形成集景观效益、生态效益、经济效益和社会效益于一体的绿色廊道。

（一）总体目标。采取人工造林、补植补造等措施，改善森林结构，巩固山上造林成效，提高山下绿化水平，力争全省造林绿化 3 年初见成效，5 年有明显变化。

到 2010 年底，全省森林覆盖率达到 63%，沙化土地得到基本治理，重点地区生态状况明显改善；城镇绿化档次不断提高；公路、铁路两侧及江河渠道沿岸可绿化部分基本绿化，高速公路、铁路、国省道沿线乡村全面绿化；初步实现农田林网化；工业园区基本绿化，各类废弃矿山、矿渣山、尾矿库实现复绿，杜绝土地裸露。

到 2012 年，全省森林覆盖率稳定在 63%，全省整体生态状况步入良性循环；城镇绿化水平明显提高；乡村绿化明显改善；公路、铁路两侧及江河渠道沿岸基本建成生态和经济效益并重的绿化带；农田林网控制率达到 90%以上；工业园区全面绿化；矿区森林植被恢复率达到 35%。

（二）进度安排。建设期为 5 年。2008 年完成造林面积 333.33 千公顷，2009 年 200 千公顷，2010 年 200 千公顷，2011 年 156.67 千公顷，2012 年 133.33 千公顷。

（三）投资估算。工程建设总投资 225.36 亿元。其中，2008 年投资 53.85 亿元，2009 年投资 53.69 亿元，2010 年投资 52.10 亿元，2011 年 37.04 亿元,2012 年 28.68 亿元。省财政从 2008 年起，每年安排 3 亿元苗木补助资金，连续安排五年。

二、工程进展

从 2008 年 10 月省委、省政府召开全省造林绿化“一大四小”工程建设动员大会开始，各地加强组织领导，科学规划，精心实施，全省上下迅速掀起了造林绿化热潮，工程建设进展顺利。截至目前，全省已完成造林 600 千公顷，占规划任务的 58.6%。其中，2008－2009 年度完成 373.33 千公顷，占年度计划的 112%；2009－2010 年度完成 226.67 千公顷，占年度计划的 113%。不仅全面超额完成了年度建设任务，而且在应对金融危机，发挥造林绿化在扩大内需、促进经济增长中，发挥了积极作用。

三、主要做法

（一）坚持解放思想，积极学习兄弟省市造林绿化成功经验。工程建设伊始，各级干部高度重视，但也有部分干部认为我省生态环境这么好，不需要再搞造林绿化，也有的认为造林任务重，有畏难情绪，思想不够统一。思路决定出路，为进一步统一思想，坚持把搅动思想、开拓思路放到首位。2009 年各地在党政领导的带领下，组织 30 多批、500 多名市县领导干部，到山西、重庆、北京等地学习考察造林绿化。通过考察学习，各级领导加快造林绿化进程的责任感和紧迫感更强了，打造绿化精品的意识更强了，创新造林思路、转变绿化观念的力度更大了，造林绿化的新目标、新模式、新举措层出不穷，为全省“一大四小”工程建设注入了新的动力和活力。

（二）坚持高位推动，把工程建设作为“一把手”工程来抓。省委、省政府分别于 2008 年 10 月、2009 年 4 月和 11 月先后召开了省、市、县三级党政主要领导参加的全省“一大四小”工程建设动员大会、表彰大会和现场会，省委书记苏荣、省长吴新雄亲临会议。同时，以省委、省政府名义下发了《关于全面推进“一大四小”工程建设的实施意见》，转发了工程建设规划和考核办法。一年来，各市、县（区）普遍成立了以党政主要领导为组长的领导小组，思想认识上高度统一，工作安排上高位推动，人力资金上全力支持，始终把“一大四小”工程当作生态工程、德政工程、民生工程来抓，使“一大四小”工程成为名副其实的“一把手”工程，为工程的顺利开展提供了强有力的组织保证。

（三）坚持创新机制，用抓林改的措施推动造林绿化。在工程建设过程中，将林改的理念从山区引入平原，用抓林改的措施推动造林绿化工作，坚持“谁造林谁所有，谁投资谁受益，谁经营谁得利”，做到“不栽无主树，不造无主林”。各地大力创新造林经营机制，引进市场机制，对沟渠、堤路等可用于造林的非林地进行公开拍卖造林；对集体组织造林的，造林后全部拍卖转让，切实落实经营主体、投资主体和管护主体，及时发放林权证。由于机制灵活，大量企业、大户和返乡农民工纷纷投资造林，掀起了继林改后的新一轮的社会造林热潮。

（四）坚持主推速生树种，以造林绿化带动林业产业发展。实施“一大四小”工程建设既是为了改善生态，也是为了发展产业。杨树、泡桐是速生树种，可以做到三年成景、五年成材。因此，将杨树、泡桐等速生树种作为工程建设的主推树种。通过政府补贴的办法，向造林主体无偿提供优质杨树苗木；出台了杨树产业的扶持政策，明确了非林地种植的杨树可自主采伐，减免育林基金，优先给予项目支持；对杨树造林达到一定规模的县，优先办理木材加工经营许可证。由于配套措施到位，2008－2009 年度，我省栽植杨树 8130 万株，折合面积约 100 千公顷，成活率达到 83.5%。这些速生树种成材后，可以有效解决木材加工企业原料短缺的矛盾，成为我省林业产业发展的强大后劲。同时，在通道绿化的过程中，玉山、永修、余江等许多县（市、区）采取市场运作的办法，在通道两侧发展林苗一体化基地；德兴、万年、贵溪等地在通道两旁各栽植 4－5 行雷竹，绿化里程分别达到 200 千米、29 千米和 15 千米，开辟了农民增收致富的新路子。

（五）坚持督导检查，确保造林绿化质量和成效。为确保工程建设质量，省林业厅采取工程督导、技术帮扶、加强检查、严格执法“四管齐下”的办法，加强了质量监管。工程建设伊始，全厅抽调 200 多名干部，由厅领导带队，分成 11 大片 91 个督导组，分赴各市、县（区），实行“一对一”督导，现场检查各地造林和管护情况。同时，多次召开全厅督导汇报会，对督查中发现的问题，及时研究对策加以解决。随后，森林公安局在全省开展了“护绿专项行动”，严厉打击破坏“一大四小”工程的违法犯罪行为，有效巩固了造林绿化成果。在杨树病虫害高发期，我厅又组织专业技术人员深入造林现场，开展技术咨询，发放技术资料，免费培训林农和大户，同时，还向杨树造林重点县派驻森防技术服务队，杨树病虫害大面积爆发的趋势得到有效遏制。2009 年 9 月，省林业厅抽调 150 名技术人员，组成 25 个核查组，对全省 93 个县（市、区）2008－2009 年度“一大四小”工程建设情况进行了秋季核查，并向全省通报。2010 年 4 月，在前期对各市、县（区）开展交叉检查的基础上，省林业厅又抽调 40 多名技术干部，组成 3 个大组 9 个小组，对各市、县（区）2009－2010 年高速公路、国省道绿化进行了全面检查，检查结果在全省林业局长会议上进行了通报。由于督导到位、检查及时，保证了造林绿化的质量和成效。

四、初步成效

近两年来，各地各有关部门认真贯彻落实省委、省政府的决策部署，紧紧围绕工程建设目标，精心组织，周密部署，突出重点，狠抓落实，全省上下出现了奋勇争先的喜人态势，全省造林绿化特别是通道绿化发生了看得见、摸得着的显著变化，取得了超出预期、令人鼓舞的效果。从成效上看，该工程已不是单纯的造林绿化工程，而是实现“保增长、保民生、保稳定”的重大举措，起到了以造林促投资、以造林促就业、以造林促增收、以造林促发展等一举多得的效果。“一大四小”工程已成为鄱阳湖生态经济区建设的龙头工程、造福子孙的德政工程、增收富民的民心工程、绿色崛起的品牌工程。

（一）打造了一批通道绿化精品。把通道绿化作为工程建设的主战场和突破口，充分发挥工程建设整体规划、统筹运作的优势，把高速公路、国道、省道两侧 10－20 米可造林地段纳入通道绿化范围。工程实施两年来，全省高速公路绿化里程达 2000 多千米，国省道绿化里程达到 7600 多千米，县乡公路绿化里程达到 1.5 万多千米，累计通道绿化 2.5 万多千米。其中去冬今春以来，高标准完成高速公路绿化 1132 千米，国道绿化 824 千米，省道绿化 1857 千米，我省的“窗口”和“门面”有了明显改变，全省通道绿化取得了突破性进展。不少地方运用城市绿化的理念和景观绿化的思路开展通道绿化建设，坚持高起点规划、高标准实施，做到多树种结合、乔灌花穿插，形成了“重点部位有亮点、重点路段成精品、条条道路是景观”的喜人局面。吉安市采取公司承包、市场运作，建设苗林一体化的模式，高标准打造了 300 千米高速公路景观林带。新余市、丰城市、德兴市围绕创建国家森林城市目标，高品位开展城市森林建设和高速公路绿化，取得了明显成效。不少地方还结合当地特色，打造了“十里桂花长廊”、“十里香樟长廊”、“百里生态旅游风光带”、“百里果业风光带”、“万亩高产油茶示范基地”等精品绿化工程，极大地提升了全省通道绿化和城市绿化水平。

（二）充分发挥了拉动内需的作用。林权制度改革后，我省鼓励企业、个人和其他经济组织参与林业开发的政策措施陆续到位，林业开发的成本大大降低，投资林业风险小、收益稳定，大量的企业、大户和返乡农民工投资林业，形成了企业造林、大户承包造林、家庭联营造林、民营公司造林等灵活多样的造林经营模式。有的造林大户把多年来经商的全部收入投入到林地，不少返乡农民工积极组建林业合作社开展二次创业。省财政每年投入 3 亿元资金用于工程建设苗木补助，各地也纷纷出台政策、增加投入。2008－2009 年通过在外省集中采购6000 多万株杨树大苗，拉动了周边 7 个省市的苗木价格上涨，在当年冬季造林期，每天有近百辆大货车送苗到江西境内，带动了周边省交通运输市场的繁荣。据不完全统计，在省财政资金的撬动下，2008 年有近 40 亿元、2009 年有近 50 亿元资金投入造林绿化，充分显现了财政资金“四两拨千斤”的倍增效应，工程建设发挥了应对国际金融危机、扩大国内需求的明显效果，成为各级政府“保增长、保民生、保稳定”的重要举措。

（三）搭建了返乡农民工就业创业平台。受金融危机影响，2008 年下半年我省外出务工回乡的人员近 340 万人。各地充分抓住国际金融危机和大规模造林急需劳力的有利时机，出台各项优惠政策和激励机制，积极创造条件为返乡农民工创业“开绿灯”，全省社会投资林业的积极性空前高涨。据统计，2009 年春季全省有 360 余家企业、6600 多个大户、113 万返乡农民工参与造林绿化，其中直接投资林业的返乡农民工有 19.6 万人，有 1.8 万余名具备一定经济实力的返乡人员成为了造林大户，投入资金 7.7 亿元，造林面积 248.7 万亩，实现了在家门口就业创业。

（四）促进了农民增收致富。上高县仅 2009 春栽种杨树达到 200 多万株，相当于储存了 4.8 亿元的巨大财富，全县农民人均可从中收益 2017 元。该县造林大户李书友组建林业合作社，不仅在本地栽种杨树 1.13 千公顷，而且到新建县承包了 3 个乡镇的杨树经营权。广丰县李云生投资 750 万元，承包了全县的通道杨树造林任务。吉安县田先喜去年栽植杨树 100 万株，今年又与新干县、泰和县签订了 280 千米的公路绿化杨树造林协议，成为当地有名的“杨树大王”。余江县在大户的带动下掀起了家家种树、户户造杨的高潮，全县杨树成活率高达 90%以上，老百姓高兴地说道“一大四小栽杨树、喜气洋洋发洋财”。“一大四小”工程促进了农村产业结构调整，拓宽了农民增收渠道，成为了名副其实的富民工程。

野生动植物保护与利用概况

我省地处中亚热带湿润季风气候区，四季分明，雨量丰沛，是一个野生动植物资源非常丰富的中亚热带省份。全省土地总面积1669万公顷，其中林地占63.67%，湿地占21.8%，森林覆盖率达60.05%。优越的自然条件、丰富的森林资源，加上保护管理工作不断加强，为野生动植物的生存和种群发展提供了良好的生存环境。

一、生物多样性概况

（一）野生动物资源概况

根据连续多年的调查统计，全省共有野生脊椎动物845种，占全国野生脊椎动物总种数的13.5%。其中哺乳类105种、鸟类420种、爬行类77种、两栖类40种、鱼类203种，分别占全国同类野生动物种数的21%、25%、33%、19%、14%、5%。其中列为国家Ⅰ级重点保护野生动物有19种，国家Ⅱ级重点保护野生动物有68种，分别占全国同级重点保护野生动物物种数的22.4%和50%。省级重点保护野生动物有107种。列入《濒危野生动植物种国际贸易公约》附录Ⅰ和附录Ⅱ的野生动植物种类有98种。主要珍稀濒危野生动物有黄喉噪鹛、海南虎斑鳽、金钱豹、云豹、梅花鹿（南方亚种）、华南虎（历史分布）、穿山甲、水鹿、苏门羚、黑麂、黑熊、黄腹角雉、白颈长尾雉、白鹤、白枕鹤、白头鹤、中华秋沙鸭、鸳鸯等。分布于婺源的黄喉噪鹛全国野外仅有210只，且仅分布于我省婺源县，现调查繁殖地仅3处，越冬地还正在调查中；彭泽县桃红岭梅花鹿国家级自然保护区是中国最大的野生梅花鹿（南方亚种）保护基地，种群量已达300余只；此外，分布于我省赣南的海南虎斑鳽是世界上公认的鸟类濒危物种，现在只在我国浙江、福建、海南等地的山区被发现过，据国内有相关专家分析，该鸟的濒危程度可能更甚于朱鹮。

境内的鄱阳湖是全国最大的淡水湖和国家重要湿地，是全世界最重要的候鸟越冬地。据多年鄱阳湖水鸟调查显示，鄱阳湖区每年越冬鸟类数量稳定在30万只以上，主要物种有白鹤、白头鹤、白枕鹤、灰鹤、东方白鹳、黑鹳、白琵鹭、小天鹅、斑嘴鹈鹕等珍稀鸟类100多种，白鹤数量稳定在3000只以上，还有数量庞大的雁、鸭、鹬等种群，且种群数量呈现出逐年增长的态势。

（二）野生植物资源概况

全省已知的高等野生植物有5117种，占全国总数的17%，其中苔藓类563种，蕨类435种，裸子植物31种，被子植物4088种。其中国家Ⅰ级保护野生植物有9种，Ⅱ级保护有46种；原林业部公布的国家珍贵树种有26种，约占全国的20%。省Ⅰ级保护野生植物有9种，Ⅱ级有39种，Ⅲ级有115种。

在地带性常绿阔叶林中，植物种属和个体数量较多的优势科为壳斗科、樟科、木兰科、山茶科、金缕梅科、杜英科、冬青科等。珍稀、濒危植物有南方红豆杉、白豆杉、观光木、半枫荷、香果树、伯乐树、金毛狗蕨、粗榧等。分布于宜春市的落叶木莲是我省特有种，也是木莲属唯一落叶的植物；东乡野生稻为近代水稻的始祖，是我国分布最北的野生稻；萍乡的长红檵木母树，树龄有300多年，是世界仅存的长红檵木母树。此外，宜丰县的穗花杉群落、铅山县的南方铁杉天然林、德兴和玉山县的华东黄杉天然林均是国内罕见的珍稀植物群落。

二、野生动植物保护管理情况

（一）保护管理体系建设

1. 野生动植物保护管理体系建设。全省已经当地编委批准独立的市、县野保机构 60 个，设区市一级已全部建立了独立的野保站（科）。南昌、景德镇、宜春 3 个市站列入了参公管理单位，景德镇、九江所辖县（市、区）全部成立了独立野保机构。鄱阳湖区涉及的 3 个设区市的 12 个县（市、区），已全部建立了独立的野保站，配备了专职的工作人员。据不完全统计，全省现有野保工作人员 342 人，其中中级职称以上的有 111 人，野保队伍的不断加强为推动野保事业又好又快发展奠定了坚实的基础。

2. 野生动物疫源疫病监测体系建设。全省已建野生动物疫源疫病监测站 45 处，其中国家级 12 处、省级 33 处，监测点 200 余处，据不完全统计，参与巡护监测的人员达 2869 人，初步搭建了覆盖全省的野生动物疫源疫病监控网络。其中，鄱阳湖区共建野生动物疫源疫病监测站 20 处，其中国家级 1 处，省级以上 19 处，建立监测点 54 个，基本完善了鄱阳湖区保护管理和监测网络体系建设。

3. 政策法规体系建设。我省十分重视野生动植物保护管理的政策法规体系建设，先后争取省人大、省政府制定出台了《江西省野生植物资源保护管理暂行办法》、《江西省实施<中华人民共和国野生动物保护法>办法》等法规规章；联合省发改委、财政厅下发了《关于印发江西省野生植物资源保护管理费收费办法及收费标准的通知》;联合省监察厅下发了《关于进一步加强野生植物资源保护管理工作的通知》；联合南昌铁路局下发了《关于加强铁路运输野生动物及其产品管理工作的通知》。特别值得一提的是，我省是全国第一个出台野生植物保护管理暂行办法的省份，比国家保护条例出台还要早两年；是全国第一个通过财政、发改委出台野生植物资源保护费征收办法的省份；是全国第一个下发野生动植物产业发展指导意见的省份。并且，我省率先实施的野生动物三证管理办法，野生植物移栽、出圃管理规定，野生动植物执法一本制案卷等系列规章制度，均得到了国家林业局的充分肯定，也得到各省的赞誉，有部分工作得到国家林业局的推广，使野生动植物保护管理工作步入法制化的管理轨道。

（二）野生动物疫源疫病监测管理

近年来，为应对一些国家和地区暴发 SARS、禽流感、猪流感等疫情的严峻形势，我省积极采取有效措施，强化野生动物疫源疫病监测工作。一是制定出台了《国家级野生动物疫源疫病监测站管理办法》规定，定期对全省 12 个国家级监测站、20 个省级监测站的基础设施建设、站务建设、日常监测工作情况进行了检查，二是实行了三项监控制度，即每日值班制度、巡护监测制度、疫情日报告制度，全力做好维护社会公共卫生安全保障工作。于 2009 年 5 月成功启动应急预案，及时有效的做好了鼬獾犬瘟热疫情防控工作。三是成立护鸟员队伍，在鄱阳湖区聘请了 100 名护鸟员开展珍稀候鸟保护和野生动物疫源疫病监测工作。 四是进一步强化了野生动物疫情防控工作，根据野生动物资源分布及现有站点布设情况，向国家林业局提报了拟增建国家级监测站点名单，同时明确拟报站点的责任范围和责任人员。

（三）野生动植物保护科研工作

为推动野生动植物保护管理工作快速发展，近年来，我省切实加强了野生动植物保护科研工作，实施了珍稀濒危野生动植物救护繁育、野生动物资源调查、野生动物疫源疫病监测及预警系统建设、鸟类环志、野生动物标识管理等项目，强化了野生动植物保护的科技支撑体系建设。一是在全省17个重点市、县启动了极小种群野生植物保护工程和珍稀濒危野生动物救护繁殖项目，主要包括资源冷杉、落叶木莲、长序榆、水松、观光木、小天鹅、中华秋沙鸭等国家重点保护野生动植物种。二是联合大专院校、科研院所分别开展了“中华秋沙鸭越冬种群专项调查”、“应用哨兵种在家养与野生水禽间H5N1病毒传播的监测技术研究”、“ 圈养小天鹅人工繁殖研究项目”、“易泛滥成灾野生动物适宜种群动态监测技术及其预警系统研究”等项目，为我省野生动植物保护管理提供了科技支撑。三是组织遂川、崇义、上犹、都昌县四个鸟类环志站分别在各自鸟类集中迁徙区开展鸟类环志，据不完全统计，2009年全省共环志鸟类74种2295只。通过开展鸟类环志工作，进一步掌握了我省野生鸟类种类、数量和迁飞路线，为下一步开展保护管理工作提供依据。四是完成了全球环境基金（GEF）白鹤保护项目在都昌县赤岸村和鄱阳县龙口村的沼气建设、小学环境改造、村容环境整治，永修县荷溪湿地自然保护区科学考察等项目收尾工作，对《鄱阳湖区与湿地恢复相关的社区参与行动计划》、《鄱阳湖区湿地公众环境教育行动计划》等成果丛书进行了修订并上报国家GEF项目办。

三、野生动植物产业发展概况

据不完全统计，全省现有经林业主管部门批准的野生动植物繁育和经营利用企业637家，其中，野生动物驯养繁殖企业179家，野生动物经营利用企业192家，野生植物经营利用企业266家。

（一）野生动物驯养繁殖产业

我省驯养繁殖的野生动物主要有梅花鹿、果子狸、豪猪、野猪、中华竹鼠、华南兔、绿头鸭、斑嘴鸭、鸿雁、灰雁等29种，年产值约1亿元，从业人员达4000余人。其中鸿雁、灰雁、绿头鸭、野猪、豪猪、中华竹鼠、环颈雉、眼镜蛇、棘胸蛙、蓝孔雀的饲养量相对较大，养殖场分布于全省各地，以上物种年产值超过100万元的驯养繁殖企业有江西鄱湖野生动物养殖有限公司、江西中农科技有限公司、新余禄荣生态养殖公司、万安井冈野猪和豪猪养殖专业合作社等20余家。

(二)野生动物经营利用产业

目前，我省有经营利用野生动物的餐饮企业102家，零售商贩74家、医药企业5家、皮毛加工3家、虎纹蛙批发户8家，估计全省野生动物经营利用企业年产值约10亿元。餐饮业、零售商贩经营利用的种类主要为猎捕量限额内调拨的物种和人工驯养繁殖的梅花鹿、雁鸭类、环颈雉、蓝孔雀、中华竹鼠、华南兔、果子狸等。医药企业有汇仁制药、桑海制药、南华医药、天齐堂药业、樟树药业有限公司，主要利用的动物原材料有鹿茸、鹿角、蛇干、穿山甲片、羚羊角、熊胆、猴骨、蛤蚧等。皮毛加工企业集中在进贤文港皮毛市场，主要是收购加工麂皮出口至日本，近两年受金融危机的影响，皮毛加工企业销售量有所减少，出口量有所下降。

(三)野生植物经营利用产业

截止目前，我省有植物园、树木园5个，从业人员1283人，占地面积2087公顷，固定资产投入1322

万元，年产值 178 万元。野生植物经营利用企业固定资产总投入达 43720.8 万元，解决就业人数 4050 人，年产值约 11 亿元。主要培育和利用的植物有南方红豆杉、香樟、桂花、紫薇、杜英、含笑等。

（四）推进野生动植物产业发展的措施

一是为加大野生动植物产业扶持力度，推动产业快速发展，切实促进林农增收，我省近两年多次组织省内野生动植物养殖培育大户，赴广西、海南、浙江、广东等省份开展了野生动植物产业发展调研，并于 2009 年 8 月 31 日，在全国率先召开了全省野生动植物产业工作座谈会，通过召开座谈会，进一步理清了发展思路，明确了工作重点。二是出台了《关于加快发展野生动物驯养繁殖和利用产业的指导意见》和《关于加快推进野生植物繁育和经营加工产业发展的指导意见》，并组织有关单位编制了《江西省野生动植物产业发展规划》，在我厅的大力推动下，09 年，全省新增野生动植物养殖培育经营单位 162 个，发展态势喜人。

林业自然保护区发展历程和建设成效

我省林业自然保护区始创于1975年。几十年来，在省委、省政府的重视和关心下，在国家林业局等有关部委的大力指导和支持下，我省林业自然保护区建设得到了长足发展。截至2009年底，全省已建林业自然保护区184个。其中国家级8处、省级18处、市县级158处，总面积111.74万公顷，还建有自然保护小区面积约20万公顷，自然保护区和自然保护小区占全省国土面积比达7.9%（自然保护区占6.7%）。林业自然保护区数量、面积分别占全省自然保护区的96%、95%，保存有全省各种森林生态系统类型、90%的野生动物物种和95%的野生植物物种，几乎涵盖了全省赣、抚、信、饶、修五大河及东江一、二级支流主源区和鄱阳湖近四分之一的天然湿地，已成为保护鄱阳湖“一湖清水”、保障区域生态安全的绿色生态屏障，为促进全省社会经济持续发展和人与自然和谐发挥了不可替代的作用。

一、发展历程

我省林业自然保护区发展经历了“萌芽、始创、停滞、快速发展”四个阶段。(1)萌芽阶段（1975年以前）。我省自然保护区工作在1975年以前处于民间自发管理的状态，各地农村保留的“风水林”、“水口林”、“后龙山林”便是自然保护区（保护小区）的雏形。(2)始创阶段（1975－1985年）。1975年，原赣州、宜春、上饶地区农林垦殖局首次分别划建了九连山、官山、武夷山等3处天然林保护区，拉开了全省保护自然资源、抢救珍稀动植物物种的序幕。1981年，省政府批准建立九连山等6处省级自然保护区；1983年，省政府又批准建立鄱阳湖候鸟保护区。这7处保护区管理机构均为省林业厅直属正县级事业单位。(3)停滞阶段（1986－1995年）。此阶段全省自然保护区建设基本上停止了发展，仅在1988年鄱阳湖候鸟保护区晋升为国家级自然保护区。(4)快速发展阶段（1996－2010年）。1997年，省政府批准建立了7处省级保护区，从而使全省保护区数量达到44处。2001年始，省政府积极抓住国家实施六大林业重点工程及森林生态效益补助资金试点的历史机遇，分别于2001年、2004年批准建立5处、8处省级自然保护区，2000年至2008年晋升了7处国家级自然保护区。

二、建设成效

（一）机构体系建设稳步推进

1981年成立江西省自然保护区管理办公室，1981至1983年间，先后成立庐山、井冈山、九连山、武夷山、官山、桃红岭、鄱阳湖7个县处级的省属自然保护区管理处，事业编制总数为470名（井冈山保护区原省属管理，2000年下放地方管理，保留省编制），建设经费全部列入了省财政计划，这在全国较为少见。2007年省林业厅积极协调并获省人事厅批准省属保护区增编80名，2010年省属鄱阳湖国家级自然保护区再度获批增编35名。目前，全省林业自然保护区有从业人员多达5100多人，其中29处自然保护区批建有独立管理机构；其它尚未建立独立机构的自然保护区多由市县野生动植物保护管理站负责兼管。

（二）资源种群数量明显增长

例如，庐山自然保护区森林覆盖率由建区前的 42%提高到目前的 81%。井冈山国家级自然保护区完好地保存有全球同纬度最典型的中亚热带常绿阔叶林。桃红岭梅花鹿国家级自然保护区的野生梅花鹿（南方亚种），从建区时不足 60 头增长到目前的约 400 头，占全国总数的 40%。官山国家级自然保护区内白颈长尾雉种群达 800—1000 只，被国内外专家和《亚洲鸟类红皮书》公认为分布较集中、数量较多和野生种群具有世界重要意义的地区。中华秋沙鸭种群数量从 2000 年只在弋阳中华秋沙鸭自然保护区调查发现不足 60 只，到目前已分别在阳际峰、九岭山、龙虎山中华秋沙鸭等自然保护区和婺源自然保护小区发现野生种群，最大种群数量近 100 只，是世界上发现最大的野外种群。在婺源自然保护小区还发现原已认为灭绝的世界珍稀物种黄喉噪鹛。武夷山国家级自然保护区保存有国内面积最大（400 余公顷）的原始状态的南方铁杉林和罕见的天然柳杉林，还被国内外专家誉为“黄腹角雉之乡”和“昆虫王国”。通过加强鄱阳湖区自然保护区的建设管理，使鄱阳湖区每年吸引了 320 多种、30—70 万只候鸟栖息越冬，其中有占全球 95%的白鹤、90%的东方白鹳、70%的小天鹅、60%的鸿雁、50%的白枕鹤等，候鸟总数量和珍稀种类之多在全球绝无仅有。

（三）科学研究监测成果喜人

一是保护区普遍将科学研究纳入日常管理工作的重中之重。(1)开展科学研究的时间早。九连山等省属自然保护区一成立，就创造条件与有关科研院所开展了生态定位监测工作。(2)参与科学研究的单位多。除了省内科研院所和高等学校外，全省自然保护区与北京大学、北京师范大学、中国科学院、华东师范大学、上海复旦大学、上海自然博物馆等 50 多家单位联合开展过科学研究。(3)科学研究的范围广。除了日常的物候观测、本底资源调查外，有计划、有重点地开展了物种的单项研究，如鄱阳湖国家级保护区开展了白鹤等珍禽在鄱阳湖越冬的生态学行为、生态习性以及数量变化、种群关系研究及河麂生态行为研究；井冈山国家级保护区开展了野生动植物资源的驯养繁殖和开发利用研究，进行了五步蛇的饲养和活蛇取毒及人工饲养黄腹角雉等；官山国家级自然保护区开展了白颈长尾雉的扩散与栖息地片断化研究。(4)科学研究的成果厚实。我省共有十多处保护区，边研究，边整理，均公开出版了本保护区的科学考察集或专题研究，有的还获得了比较好的奖项。**二是**资源监测工作持续开展。自 1999 年以来，全省连续在鄱阳湖区开展水禽同步调查统计工作。鄱阳湖国家级自然保护区每年均开展越冬候鸟种类、数量、水草和水位等自然环境的监测工作，积累了 24 年来的监测数据。自中国科学院自然资源综合委员会 1981 年在九连山国家级保护区设立森林生态研究站以来，该保护区连续 26 年全天候监测和采集了降雨和气象等方面的基础数据。桃红岭梅花鹿国家级自然保护区在梅花鹿出没频繁地带安装远程无线红外视频监控系统，拍摄了大量的梅花鹿和其它野生动物活动录像。

（四）生态道德教育形式多样

一是全省林业自然保护区坚持每年开展以“湿地日”、“爱鸟周”、“野生动物宣传月”为主题的宣教活动，形式多样、范围广泛。二是 2005 年省林业厅和江西卫视联合录制播放《生命的家园-走进江西自然保护区》专题系列片，全片 10 集，共 300 分钟，比较全面的展示我省自然保护区建设管理之精粹，社会反响较大，宣传效果明显。三是近年来，鄱阳湖、井冈山、武夷山、官山等自然保护区先后被中国野生动植物保护协会命名为"全国未成年人生态道德教育先进单位"、"全国野生动物保护科普教育基地"，被江西省环境保护局、江西省科技厅批准为"环境保护宣教基地"、"江西省青少年科技教育基地"、"江西省青少年生态教育基地"，成为我省自然生态道德教育的主要阵地。

（五）自身造血功能持续壮大

一是大力实施资源可持续利用。武夷山国家级自然保护区和社区充分利用实验区内的毛竹、茶叶和水能，开展非消耗性资源利用工作，带动社区经济发展。桃红岭国家级保护区开展梅花鹿南方亚种种源繁育项目。官山国家级自然保护区实验猕猴养殖，累计出口子二代实验猕猴 152 只，创汇 15 万美元；累计内销子二代实验猕猴 357 只，创收 110 万元；两次野外放归到官山自然保护区 39 只。**二是**以生态旅游带动新农村建设，增进人与自然和谐。如九连山国家级自然保护区以发展生态旅游突破口，将森林蔬菜、农业瓜果、森林药品注册为"九连山"，远销粤港澳。

（六）国际合作交流不断深入

一是接待了多个国家的政要和知名人士。包括世界野生生物基金会会长英国女王伊丽莎白二世的丈夫、爱丁堡公爵菲利普亲王，丹麦自然基金会主席、女王亨利克亲王，世界自然保护联盟（IUCN）湿地计划干事杜根博士，美国自然历史博物馆 Ben King 博士，湿地国际首席执行官，国际鹤类基金会二任主席阿基波和吉姆·哈里斯，来自 30 多个国家和地区的 400 多人到过我省有关保护区开展过考察。**二是**与数十个国家、地区有关单位和非政府组织建立了友好往来。包括世界野生生物香港基金会、国际鹤类基金会、世界自然保护联盟、美国芝家哥富地自然博物馆、英国剑桥大学、日本、罗马尼亚、澳大利亚等国家和亚洲湿地局（AWB）、国际湿地、国际鹤类基金会（ICF）、台湾师范大学、香港等地区几十家科研院所、大专院校等。**三是**有多个保护区加入了国际组织。九连山、武夷山、井冈山和鄱阳湖加入了人与生物圈网络，鄱阳湖保护区成为我国首批 6 个加入国际重要湿地的保护区之一，1997 年被国家林业局指定加入东北亚鹤类保护网络。2006 年，鄱阳湖保护区和南矶山保护区经亚太迁徙水鸟批准加入东亚—澳大利西亚珩鹬鸟类保护网络。

（七）工程项目建设带动发展

截止 2009 年底，我省林业自然保护区共争取国家级自然保护区建设工程资金 1.43 亿元，财政部国家级自然保护区专项资金 0.72 亿万元，GEF 项目资金约 170 万美元。通过工程项目的建设，我省林业自然保护区在基础设施、能力建设、管理水平等方面得到了较大的改善。目前国家级和部分省级自然保护区的管理局、管理站、保护点的保护管理体系基础设施已较完善，众多高科技技术的应用更进一步提升自然保护区管理水平。如武夷山等自然保护区的森林防火，以及梅花鹿、白颈长尾雉珍稀动物活动等都实现了远程监控，对保护区的自然资源、尤其是对主要保护对象的监测和保护能力大大提升。

生态公益林保护管理情况

为改善生态环境、维护国土生态安全，促进我省林业可持续发展，全面贯彻“生态立省，绿色发展”战略，根据林业分类经营的指导思想，从2001年起，我省启动并实施了生态公益林资金补偿机制。

一、全省生态公益林区划界定和实施情况

根据国家以及我省生态公益林区划界定相关标准，全省共区划生态公益林面积7170.42万亩，占全省林地总面积的44.98%。其中区划国家重点生态公益林面积3310.46万亩，区划省级地方公益林面积3859.96万亩。

2001年，中央财政在全国11个省(区)实施森林生态效益补偿基金试点，补偿标准为5元/亩.年。我省作为首批试点省份，有1900万亩生态公益林纳入中央财政森林生态效益补偿范围。2006年，我省又新增中央财政森林生态效益补偿面积1162.47万亩。至此，全省共有3062.47万亩生态公益林纳入中央财政补偿范围（按照事权统称为“国家级公益林”）。

2006年和2007年，我省按照中央财政补偿标准，分二年实施了地方生态公益林省级补偿面积2037.53万亩（按照事权统称为“省级公益林”）。

2009年，经事权调整后，国家级公益林为3237.3万亩，省级公益林为1862.7万亩。我省生态公益林补偿总面积为5100万亩，占全省林业用地总面积的32%。

2007年以来，我省不断提高生态公益林补偿标准，省财政每年增加1亿多元，将全省公益林补偿标准年平均提高2元；到2009年，全省公益林补偿标准统一提高到10.5元/亩·年，年补偿资金总量达5.36亿元，在补偿规模和补偿标准上都排在了全国的前列。惠及全省330多万户林农，户均年收益达120元左右。根据省财政增加情况，以后还将逐年提高全省生态公益林的补偿标准。

二、生态公益林保护管理的主要措施和取得的成效

实施生态公益林效益补偿机制以来，我省各级林业主管部门和财政部门采取有效措施，在公益林资源保护和补偿资金管理等方面开展了卓有成效的工作。一是及时启动了公益林保护管理的立法程序，并于2009年以省政府规章形式颁布实施了《江西省生态公益林管理办法》，为全省公益林保护管理提供了有力的法律支持；二是在当地政府的领导下，层层落实工作目标责任，切实将公益林补偿面积和管护责任落实到山头地块，确保公益林有人管、管得住；三是充分利用会议、广播、电视等载体，加大对公益林政策法规的宣传，同时在公益林管护区域及周边重要道口设立公益林宣传公示碑牌，发挥了显著的警示作用；四是组织技术人员对各县（市、区）的生态公益林的管护情况进行全面的年度检查验收，保证了生态公益林管理的质量和效能；五是认真开展了全省公益林地理信息系统建设，努力打造公益林高效管理平台；六是通过审计部门对全省公益林补偿资金的使用管理情况进行了全面的审计，及时纠正了问题，进一步规范了公益林

补偿资金的使用和管理；七是实行了全省公益林火灾统一保险，为公益林火烧迹地植被恢复提供了有力的资金保障。

经过多年来的建设和管理，我省生态公益林的生态效果和社会效果明显。资源监测结果表明，列入补偿范围的公益林管护情况良好，林分结构明显改善，环境质量显著提高，为农业生产和人民生活提供了有力的保障。一是林分质量逐步提高。通过有效的封山育林，以杉松阔混交林、落叶和常绿阔叶混交林为主体的森林结构正在逐步形成，野生动物栖息地得到很好恢复和保护，野生动植物种类明显增多，生物多样性不断丰富，天然基因库、种子库、天然水库得到很好的保护；二是森林资源总量稳步增长。公益林活立木蓄积量呈逐年增长态势，郁闭度、植被覆盖率有了明显提高，森林小气候较为明显，在保持水土、涵养水源、改善环境、调节气候等方面的成效明显。通过婺源、崇义、遂川等县公益林监测点 7 年监测数据统计，公益林活立木蓄积从 2002 年的平均每亩 4.21 立方米，到 2009 年增长到平均每亩 7.71 立方米，每亩年平均增长 0.5 立方米。公益林森林生物总量从 2002 年的平均每亩 2.56 吨，到 2009 年增长到平均每亩 5.28 吨，每亩年平均增加 0.39 吨。公益林每亩年平均吸收二氧化碳量达 0.62 吨，释放氧气量达 0.45 吨，贮碳量达 0.39 吨，减少水土流失量达 0.43 吨；三是生态退化状况得到改善。在公益林区域，生态脆弱、水土流失和地力衰退状况得到有效控制，曾经岩石裸露、植被稀疏的地段，已经林木覆盖、满山翠绿，森林资源得到逐步恢复；四是生态保护意识不断提高。通过政策宣传、资金兑付和现实环境的改善，公益林区域内广大林农生态意识和森林资源保护的自觉性普遍加强。

森林公园基本情况

一、森林公园设立情况

截至2009年底，我省森林公园总数达104个，经营总面积达44.40万公顷。占林业用地面积的4.4%，占国土面积的3%。其中国家级43个，经营面积34.63万公顷；省级61个，经营面积9.78万公顷。

二、森林公园总体规划编制情况

2009年，我省批复森林公园总体规划5个，评审通过森林公园总体规划4个，截止年底，全省批准森林公园总体规划共34个，占总数的31.2%。其中：国家级19个，省级15个。

三、森林公园旅游经营情况

据统计，2009年全省森林公园旅游人数突破2000万人，总收入达到27亿元，同2008年比增长25%和20%。

四、森林公园投入情况

据统计，2009年全省森林公园总投入为32.6亿元，同2008年比增长227%。其中：国家投入1.99亿元，引资25.81亿元，自筹2.58亿元。多元化投入机制已卓见成效，招商引入资金创历史新高。

五、森林公园基础设施建设情况

2009年我省森林公园基础设施建设得到长足发展，车船总数达1710台（艘），游道总数达4424.29公里，床位总数达36173张，餐位总数达58347个，程控电话18184门。

六、森林公园立法情况

《江西省森林公园条例》于2007年列为省政府年度立法调研项目。三年多来，我局积极配合省政府法制办完成省内外立法调研，召开了行政许可听证会、专家论证会，并对《条例》（草案）进行数十次的修改完善。省人大农委提前介入，完成了该条例省内外调研工作，目前该条例处于待参加省政府常务会讨论和省人大一审阶段，并已被列入2010年省政府和省人大立法确保项目。

林业产业发展情况

新世纪以来，在省委、省政府的高度重视和正确领导下，我省林业在全面实施以生态建设为主的现代林业发展战略中，始终坚持把林业产业建设放在现代林业发展的重要位置，合理规划和配置森林资源，加快由林业大省向林业强省的转变，着力推进林业产业发展，全省林业产业进入快速发展的新阶段。

一、林业产业发展主要成效

近十年来,我省林业以建设完备的林业生态体系、发达的林业产业体系、繁荣的林业文化体系为目标，以保护森林资源和生态环境、提高森林质量为基础，以改革为动力，以商品林、毛竹、油茶、苗木花卉、森林食品、木本药材、森林旅游和木竹精深加工等八大产业为主导的林业产业发展格局。林区经济和林农生活得到进一步改善。林业产业总产值由2000年的128.29亿元上升到2009年的918.43亿元,年均增加87.78亿元；三产比重由2000年的61.6: 34.7: 3.7调整为2009年的44.6: 35.0: 20.4，全省林业产业形成了跨越式发展势头，结构不断优化，成效显著。主要表现在以下几个方面:

（一）林业第一产业稳步增长

我省是我国南方重点林业省，属国家确定的重点商品林经营区。全省森林面积0.087亿公顷，活立木蓄积3.54亿立方米；毛竹林面积82.4万公顷，竹类资源总量居全国第二位；油茶林面积74.2万公顷；脊椎动物845种，占全国总数的13.5%；高等植物5115种，占全国总数的17%。丰富的林业资源为林业第一产业发展奠定了良好基础，近10年来，我省林业第一产业呈现出稳步增长的态势，主要表现在以下四个方面:

林木的培育和种植。2009年全省林木种子与采集949吨，育苗面积24445公顷，苗木产量124429万株，营造经济林23276公顷,分别比2000年增长3.61倍、23.97倍、5.14倍、2.56倍。

木材和竹材的采运。2009年全省生产木材339.79万立方米,生产毛竹6732.78万根,生产篙竹690.22万根,分别比2000年增长了46.20%、117.41%、14.68%。

经济林产品的种植与采集。2009年全省林产中药材3.32万吨，板栗2.56万吨，食用菌4.08万吨，油茶籽26.9万吨，松脂5.73万吨，分别比2000年增长16.04%、93.94%、80.14%、37.95%、37.74%。

花卉的种植和陆生野生动物繁育与利用。2009年,全省花卉的种植产值468897万元,全省陆生野生动物繁育与利用产值20033万元。2000年因这两项产值均较少而没有列入统计数据。

（二）林产工业发展成效显著

2009年，全省林产工业产值达312.27亿元，是2000年全省林产工业产值29.98亿元的10.42倍。

2009年，全省生产各种人造板320.72万立方米，胶合木22.20万立方米，木地板1172.91万平方米，卫生筷子166.79万标准箱，松香5.01万吨，松节油1.07万吨，樟脑0.06万吨，活性炭4.26万吨。其中:全省生产各种人造板、松香、活性炭分别比2000年增长了649.52%、160.94%、282.27%。

全省现有林产工业企业 7200 多家，其中木竹加工企业 5590 余家，林产化工企业 180 余家，油茶加工企业 40 余家。已形成年加工木材 775 万立方米，加工毛竹近 11000 万根，加工其他竹材 70 余万吨，生产林化产品 31 万吨，精炼茶油 8 万吨的生产能力。我省竹产业、油茶产业、松香及松香、松节油深加工、活性炭等产业在全国处于优势地位。其中：竹胶合板（竹模板）产量仅次于浙江；竹地板产量与浙江相当，位居全国前列；茶油产量在全国仅次于湖南居第二位；松香、松节油产量位居全国第四；松香深加工产品产量位居全国第三；松节油深加工产品产量仅次于广东；活性炭产量基本上与福建并列处于全国第一。

（三）龙头企业发展势头强劲

近年来，我省加大了政策支持力度，积极服务于开放林业、服务于招商引资，宜春罗宾、江西大亚、江西晨鸣、江西绿洲、信丰绿源、南康华亿、赣州华劲、德兴绿野、婺源百源、遂川兔宝宝、瑞昌立信、吉安金安、奉新康达、金光集团、余江蓝天、上饶大自然等一大批林业产业项目相继落户江西，形成了新的一批龙头骨干企业，全省中（高）密度纤维板、细木工板、竹地板、竹胶板、木竹工艺（园艺）、涂布纸、活性炭、茶油等产品的生产技术处于国内先进水平。继 2006 年全省 33 家涉林企业被列为省级农业产业化龙头企业，2008 年全省又有 30 家涉林企业被新增为省级农业产业化龙头企业，使我省省级农业产业化涉林龙头企业总数达到了 63 家。2010 年，根据省林业厅《关于开展省级林业龙头企业评定工作的通知》（赣林工字{2009]347 号）要求，经企业申请、各设区市推荐，在征求有关林业专业协会意见和组织专家评审基础上，省林业龙头企业扶持工作领导小组审核认定：江西晨鸣纸业有限责任公司等 157 家企业为首批江西省省级林业龙头企业。2009 年，157 家省级林业龙头企业产值达 150 余亿元，占全省林业总产值近 17%。

（四）特色产业发展方兴未艾

近年来,我省林业特色产业呈现出喜人的发展态势。一是主攻油茶产业增效增收。全省油茶产业经过多年培育，产业发展已初具规模，具有一定规模的油茶加工企业有 40 余家，精炼茶油加工能力已经达到年产 8 万余吨规模，茶粕等油茶综合利用加工能力已经达到年产 10 余万吨规模。其中：从事茶油精加工的企业有 26 家；拥有品牌的企业有 24 家；通过食品安全认证的企业有 20 家；有 11 家企业是拥有进出口权的省级龙头企业，这些企业努力打造品牌，产品畅销全国各大中城市。二是毛竹产业强势发展。近年来竹产工业发展之快，主要突显在竹地板、竹胶合板模板和竹筷的发展上，目前，全省有成品竹地板企业 42 家，年产成品竹地板 860 万平方米，占全国竹地板的 14.83%，其中外销 120 万平方米，内销 740 万平方米，内销竹地板占全国市场份额的 23.61%。有竹地板坯板厂 145 家，年产竹坯板 1260 万平方米。除供本省成品厂家外，外销江苏、浙江、福建、湖南、东北等省约 500 万平方米。有竹胶合板模板企业 64 家，年产竹胶合板模板 30 万立方米，占全国竹合胶板模板的 8.91%，我省竹胶合板模板覆盖到了全国主要房地产建筑领域。有竹筷企业 71 家,其中主产企业 40 家,年加工竹筷能力达 140 余万标准箱,2009 年实际产量达到 94.4 万标准箱,60%以上用于出口。据出口商检部门统计，2009 年，我省 19 家规模化企业向 29 个国家出口竹筷 943 批次，货值 2262 万美元，居全国第一位，和三年前（2006 年）相比，批次增长 47%，货值增长 133%。我省的竹产企业除家庭作坊外，共有竹地板、竹胶合板模板、竹车箱板、竹筷、竹拉丝、竹帘、竹凉席、竹签、竹炭、竹花格板、竹家具、竹香芯、竹棉签、竹雕、竹编工艺品、竹造纸、竹骨、竹炊具、竹药品、竹罐头、竹食品等企业 700 多家。三是利用我省丰富的林业资源,积极发展森林旅游、苗木花卉、林药、林果业,把加快非木质产业作为调整产业结构、促进农民增收、培育农村经济增长点的重要举措来抓，一大批非木质产业异军突起，显示出强大的生命力，并逐渐成为林业产业新的经济增长点。2000 年全省森林旅游收入仅为 0.47 亿元，2009 年全省森林旅游 4341.31 万人次，森林旅游收入 114.59 亿元，直接带动其他产业产值 1059.65 亿元，森林旅游业已发展成为我省林业产业新的亮点。

（五）产业协会加速发展

新世纪以来，特别是近几年，我省按照条件成熟一个组建一个的原则，根据林业产业发展特点，积极组建林业产业行业协会。目前全省林业产业专业协会基本上覆盖了目前我省林业产业主要生产领域和产品，使我省绝大部分林业产业企业都有自己的专业协会。2000 年以前，我省只有江西省竹产业协会、江西省国营林场协会两个专业协会，2001 年以来，新成立了江西省林产工业协会、江西省林木种苗协会、江西省油茶产业协会、江西省松香协会、江西省活性炭协会、江西省细木工板协会、江西省纤维板协会、江西省森林公园和森林旅游协会、江西省速生丰产林协会，江西省爱鸟协会等。目前正在积极筹备成立江西省林产香料香精行业协会。同时，产业协会会员数量也呈现出快速增长的态势，如省油茶产业协会会员数量由当初成立时的 30 余个发展到现在的 70 余个，省竹产业协会会员数量由当初成立时的 30 余个发展到现在的 110 余个。在省林业产业专业协会的影响和带动下，一些设区市和县（市）根据各自林业产业发育程度和发展需要，也相继成立了林业产业专业协会和专业合作组织。如：吉安市、新余市成立了林产工业协会，上饶市 2004 年成立了林木种苗协会，赣州市、九江市成立了油茶产业协会，上饶县 2004-2006 年分别成立了上饶县竹栽培协会、林木种苗协会、油茶产业协会等， 2006 年遂川县成立了遂川县林产工业协会，吉水县成立了吉水县林化香料协会。这些协会的成立，在行业协调、自律、合作以及维护企业合法权益、维护市场公平竞争、反映企业实际问题、推动行业健康发展等方面，发挥了重要作用。

二、主要做法和经验

（一）加强行业指导，夯实发展基础

1、近年来，我省在贯彻落实好国家给予林业产业发展一系列优惠政策的基础上，针对有碍林业产业发展的热点、难点问题，进行专题调研，先后召开了森林旅游、工业原料林基地建设、竹产业、油茶产业、苗木花卉、林果等专题会议进行研究，先后出台了《关于加快工业原料林基地建设的若干意见》、《关于调整全省人工用材林和工业原料林采伐管理政策的通知》、《关于取消除烟叶外的农业特产税有关问题的通知》、《关于取消涉林违规收费和调整育林基金分成比例等有关问题的通知》、《关于加快林业发展的决定》和《关于深化林业产权制度改革的意见》等政策措施，促进了林业产业发展。

2、为进一步强化林产工业管理，2003 年 4 月，我省下发了《关于进一步促进全省林产工业快速、健康、持续发展的意见》，2005 年 5 月出台了《江西省林业产业发展规划》，2005 年 9 月又下发了《江西省林产工业项目管理规定》，规定对以木竹、松脂等森林资源为原料的林产工业项目实行核准和颁发许可证相结合的管理制度，由省、设区市两级按权限核准，将原由县级核准的项目全部改由设区市核准等。这些文件明确了发展布局、项目建设要求和核准程序，有利于加强宏观管理，扼制规模小、水平低、质量差项目的盲目建设。同时，加强了全省新上林产工业项目的管理，对申请办理木材加工许可的企业严格初审，通过严格审核，规范了全省木材加工企业规模与布局，提升了企业竞争力。

3、2002年7月起，我省开展了全省木材加工（经营）单位清理整顿工作，经过10个月的努力共取缔木材加工（经营）单位2082家，占总数的23.13%，取得了阶段性成果。随后，大部分地方还自行开展了多次木材加工清理整顿工作。如吉安市按市政府的工作部署，2003年取缔了565家木材加工企业的加工经营许可，并实行了强制关闭。宜春市2003年依法取缔提炼樟树油的加工企业25个；2004年关闭、取缔不符合规定的松木切片和木材加工企业计53个；2005年依法取缔了滴水法生产的松香加工企业5个。抚州市政府高度重视对木材加工企业清理整顿和监管工作，2003～2005年连续三年组织开展了对木材加工企业的清理整顿。2006年5月省林业厅、省发改委、省环保局、省工商行政管理局联合下发的《关于印发〈江西省木材加工企业清理整顿工作实施方案〉的通知》（赣林工字[2006]141号），在全省开展为期半年的木材加工企业清理整顿工作。2009年，按照省森林公安"09护绿专项行动"的精神，草拟了《全省木竹经营加工企业清理整顿工作实施方案》，协调了全省木材加工企业清理整顿工作相关工作，为完善木材加工企业管理奠定基础。通过清理整顿，木材经营加工布局混乱、低水平重复建设现象得到有效这制止，违规生产、无序竞争、浪费资源的现象得到根本扼制。

（二）搭建发展平台，助推产业发展

1. 搭建好六大平台做大做强林业产业。一是在南昌建设江西林业产业科技园，充分利用省会城市影响大，政策、资金及人才等方面的优势，将优势企业向省会集中，提升我省林业产业形象，搭建企业创新集聚平台；二是组建林业产业基金，通过林业产业基金的扶持搭建林业企业上市平台，力争3年内孵化2家～3家上市公司；三是建立油茶产业科技示范园，每个油茶科技示范园基地面积不少于5000亩，尤其是要有科技支撑，并做到"五位一体"，即高产种植基地、育苗基地、科研基地、综合加工基地、生态旅游基地，搭建林业特色产业平台；四是利用鄱阳湖绿色家园公益基金会，搭建绿色林业产业平台；五是组建南方产权交易所，搭建产权交易平台，促进我省林业资源要素与经济发达地区资金、技术、人才和管理等要素之间良性流动，实现林业资源多元化开发，提高林业附加值；六是积极和金融部门合作，搭建企业融资平台。

2. 努力开拓林业新兴产业。为充分发挥我省丰富的林业生物质能资源优势，参与国能集团和瑞昌、彭泽、赣县等市县合作洽谈，目前，彭泽、赣县等县已与国能集团达成开发生物质能源项目的合作协议，签约资金5亿元，有效利用了我省丰富的林业生物质能源资源。

3. 积极筹建上市公司，推动林业企业资本运营。2009年12月4日，由飞尚实业集团有限公司、江西丰林投资开发有限公司、泰和县松泰林化发展有限公司、安福县林化有限责任公司、鄱阳县松阳林产实业有限公司等创立的江西飞尚林产有限公司第一次股东大会在南昌召开，这标志着我省实施的松香产业兼并重组，推动林业企业资本运营，筹建上市公司迈出了重要一步；与美国绿木源基金的对接，在江西投资建设工业原料林基地，整合资金达6.8亿元人民币;开展与深圳君丰资产管理公司的合作，积极组建江西省林业产业投资金；通过引进各类社会资本和先进技术，大力推进油茶、松香、毛竹、人造板等中小企业的兼并、重组，加速推进我省林业产业化资本运营，进一步推动我省林业产业做大做强。

4. 着力培养林业产业化龙头企业。按照《江西省省级林业龙头企业扶持办法》，在征求林业产业协会意见的基础上，邀请省内林业、金融、科研院所和大专院校等单位9位专家，对179家参评企业的规模、财务状况、带动农户能力及产品竞争力等进行了评分，认真开展林业产业化龙头企业评审工作，最后确定了首批157家省级林业产业化龙头企业。下一步，将通过整合林业项目、贷款贴息、品牌扶持、技术研发、基地建设、人员培训等措施，扶持一批辐射面广、带动力强的龙头企业。同时，做好林业龙头企业跟踪服务工作，及时了解掌握林业龙头企业经济运行情况。

（三）创优发展环境，提高服务水平

1. 创优发展环境，为企业保增长、保稳定出实招。一是深化“树形象、优环境、增效能”主题实践活动，力争在较短的时间内，使机关工作作风明显转变，办事效率明显提高，行政服务更加规范，服务水平明显的提升。二是帮助企业应对金融危机。为应对金融危机给我省林产工业造成的影响，2009年，召开了江西省林产工业一季度经济运行分析会，分析了我省林产工业经济运行形势，交流各行业和企业在应对金融危机所采取的措施、取得的成效，研究探讨对策。三是加强调查研究，开展走访林产工业企业活动。通过走访企业，倾听企业的意愿和要求，掌握企业经营中存在的困难和问题，及时出台有关政策，维护企业的合法权益，推进我省林产工业持续健康发展。四是及时协调解决有关问题。为支持竹产业健康发展，切实减轻企业负担，在调查的基础上，积极与相关部门进行沟通、协调，参与建立并积极维护毛竹运输“绿色通道”，切实减轻企业负担，取得了明显效果，得到了企业的好评。五是加快林业投融资平台建设。赣林担保有限公司提高办事效率，积极为企业和林农搭建融资平台。该公司突出重点，把主要精力放在我省重点支持的林改试点县和重点林业县的林业发展上，为林改配套改革作了有益的尝试；该公司先后为遂川、浮梁、铜鼓、崇义、武宁等林改试点县及新干、永丰、奉新、广昌、宜黄、玉山县等林改先进县和林业重点县开展了贷款担保业务。让更多的林业企业得到资金扶持，该公司解放思想，实事求是，不断创新，对林改后依法取得用材林和经济林林权证的企业和个人，允许用自有林权作为反担保资产；按照国家工商总局新出台的文件及浙江等省对中小企业扶持的成熟经验，对部分仅有设备和流动资产的林业加工企业，则允许用企业的股权作为反担保资产，有效地解决了许多企业和个人因为担保资产银行不认可或不足无法在银行得到贷款的难题；对一些工业园区内在建的林业项目，采取由所在县政府出函保证、林业局具体组织操作，用未来企业取得的土地和房产期权作为反担保资产，较好的解决了这批在建项目反担保资产不足的问题。为提高服务林业产业的能力，该公司积极寻求财政的支持，2009年争取财政1000万元资本金；在财政资金到位的同时，该公司通过多种形式发展新股东，积极向社会广泛募集资本金，募集资本金1000万元，确保了目前注册资本金5000万元；在防范风险的前提下，该公司加大了贷款担保的力度，截止2009年12月底，公司已成功为56家企业和林农提供了贷款担保，贷款担保总额达到1.6695亿元，其中仅2009年1-12月，就为企业和林农提供了贷款担保总额达1.2465亿元，深受广大林业企业和林农的欢迎。

2. 加强林业基础设施建设和管理。一是加强与省交通厅、省发改委的联系，做好2009年度国家农村公路改造工程项目计划申报工作，落实2009年度实施项目60公里。二是加强监管，跟踪掌握2008年度国家农村公路改造工程项目进度，根据进度拨付项目资金。三是按照省交通厅、省公路局的要求，布置2008年度国家农村公路改造工程项目的验收工作，审核项目建设单位上交的验收材料和电子地图，对已竣工的90公里项目进行了申请验收。四是做好2007年度国家农村公路改造工程项目验收的扫尾工作，争取到2007年度验收合格项目省以奖代补资金80多万元。五是上报2006年-2010年项目库信息数据及电子地图到省公路局，并与省公路局签订保密协议，获得江西省公路信息数据维护系统的使用权，有了这个数据系统，就可以判断林业公路项目是否重复。六是按照《江西省林业公路示范路建设实施办法》，对2008年已竣工的5条示范路进行验收，下达2009年4条示范路建设计划，总体情况看，示范路建设产生了很好的效果，为林业公路建设树立了新的品牌、新的形象。七是与省交通厅、财政厅衔接，在养路费“费改税”后，力争林业公路养路费按前三年平均数额确定，并保持了原有拨付方式和程序。八是全面开展农村公路补充调查。为全面掌握国有林区公路通达情况和林区相关公路基础数据，将林业公路纳入“十二五”国家农村公路改造计划，根据“全省农村公路补充调查工作电视电话会议”精神，主动与交通部门、农业等部门配合，做到工作机构、工作方案、工作经费“三落实”，认真开展了国有林区公路基础数据和电子地图补充调查工作，按照《全省农村公路补充调查实施方案》确定的范围，经过自下而上摸底调查确认，我省林区设有县团级居民点21个，乡镇级居民点810个，建制村级居民点2604个，优先通达里程为9087.806公里。九是贯彻“以防为主，防治结合”的方针，做好林业公路防灾、救灾和安全生产工作。

（四）指导协会工作，积极帮扶企业

1. 指导各专业协会开展工作。一是指导和督促各专业协会完善内部制度，进一步规范协会会员会费收取、发展新会员、有效开展活动等方面工作。同时，要求协会强化工作纪律，提高服务水平。二是指导各专业协会按规定召开理事会、会员大会，并协助专业协会成立相关专业委员会，如省竹产业协会成立了竹地板、竹胶合板、竹产品贸易、竹栽培、竹筷等专业委员会，省油茶产业协会成立了加工和种植两个专业委员会。三是督促和帮助各专业协会开展行业调度，汇总统计形成我省主要林产工业产品产、销、存及市场价格调度表。四是为全面了解金融危机对我省林产工业的冲击和影响，对竹产业、纤维板、细木工板、木胶合板、松香、活性炭、油茶等七个行业开展了调查，详细了解了金融危机对我省林产工业的冲击和影响，形成了《我省林业产业发展情况调研分析的报告》上报省厅，形成了《关于金融危机对我省林业及相关产业影响情况的报告》和《我省油茶加工企业情况调查的报告》上报国家林业局。

2. 规范专业协会行为。一是开展了规范行业协会、市场中介组织服务和收费行为专项治理工作。制定了《江西省林业厅关于开展规范行业协会服务和收费行为专项治理工作的实施方案》，督促各林业产业行业协会认真开展专项治理工作，实现了职能、机构、人员、财务“四脱钩”，符合省委、省政府对行业协会管理规定的要求。二是规范企业商标认定。在涉林企业申请认定省著名商标时，在先征求各专业协会意见的基础，再提出同意或不同意意见，以切实维护企业合法权益。

3. 引导和支持协会组织、参加行业相关活动。2005年，2007年，省林产工业协会组织全省林业企业参加全国林业产业博览会；2009年，引导和支持省竹产业协会、省根石美术学会组织会员企业参加“2009中国义乌国际森林产品博览会”； 此外，各类协会还积极组织企业参加有关部门组织的的各类评选活动。2009年在全省各设区市和省直有关单位认真考察推荐的基础上，经过公众投票和专家评审，江西远泉实业有限公司、江西安富竹业有限责任公司、江西贵竹发展有限公司等3家企业被省委农工部、政协省委办公厅、省广播电影电视局授予“江西十佳农业企业”荣誉称号；省林产工业协会和省林学会林产工业专业委员会多次联合举办了江西省工业原料林基地建设、江西省林产工业发展专题学术研讨会，对全省工业原料林基地建设和产业发展起到了积极的推动作用。经过不懈努力，2007年，江西省林产工业协会、江西省竹产业协会被省民政厅、省民间组织发展促进会授予“全省先进民间组织”光荣称号。在第三批深入学习实践科学发展观活动中，江西省竹产业协会认真部署，精心组织，积极谋划，使学习实践科学发展观活动开展得扎实有效，推动了协会各项工作的全面、协调、可持续发展，取得了预期的成效，荣获“社会组织深入学习实践科学发展观活动先进单位”的光荣称号。

三、存在的不足

近10年来，我省林业产业虽然呈现出跨跃式发展的良好态势，林业经济快速增长。但仍然存在一些不尽如人意的地方,突出表现在: 一是林业产业发展的基础薄弱，森林资源质量不高，全省每亩林分蓄积量2.81立方米，仅为全国平均每亩林分蓄积量的42.3%。二是林业产业总规模与发达省份仍然存在巨大差距，从产业结构上看主要差距在第二产业；从产品结构上看，主要差距在大宗林产品产量；从专业产业上看，主要差距在骨干龙头企业和精深加工产品。差距较大的主要是人造板及其精深加工、木浆造纸、木竹家具、竹笋及竹材精细加工、骨干龙头企业等。此外，还存在行管机构不健全、产业发展的宏观调控乏力等不适应林业产业发展的体制、机制障碍等。

森林防火能力建设情况

进入新世纪，在省委、省政府的坚强领导下，省森林防火总指挥部认真贯彻“以防为主、积极消灭”方针，切实加强森林防火能力建设，全省森林防火事业得到长足发展。特别是2006年以来，我省开展了专业森林消防队标准化建设，组建了江西森林武警部队，启动了航空护林工作，全面推进乡镇半专业扑火队建设，森林火灾防控能力得到全面加强。至2009年，我省已连续2年获得“全国森林防火工作综合考评第一名”，省森林防火总指挥部荣获“2007-2009年度全国森林防火工作先进单位”，受到国家森林防火指挥部表彰。

一、专业森林消防队标准化建设全面完成

2006年9月，省森林防火总指挥部、省编办、省财政厅、省林业厅联合印发《全省专业森林消防队标准化建设实施方案》，明确专业队机构编制、经费保障、基础设施、制度建设和教育训练“五条标准”，并规定：专业森林消防队为全额拨款事业单位，经费保障纳入当地财政预算。各地按照“以县建队，分散养兵，集中使用”原则，组建专业森林消防队109支、队员3822人，实现“县县建队、队队达标”目标，全省专业森林消防队的装备水平和整体作战能力明显提高。3年来，全省共投入专业森林消防队建设资金32409.9万元，其中省级投入2380万元。

2008-2009年，省森林防火总指挥部在全省选择了一批区位突出、基础较好的专业森林消防队作为省级机动队，集中财力进行重点装配，着力提升机动作战能力和扑火攻坚能力。截至2009年，32支机动专业队已全面组建到位，省、县两级共投入建设资金5000万元，其中省级投入装备建设补助经费2380万元，购置指挥车32辆、运兵车64辆，并装配了移动中继台、水雾喷射器等一批先进的通信和扑火装备。

同时，建立了森林消防队分级培训制度，省森林防火总指挥部直接培训专业森林消防队骨干和机动专业队全体队员，市县重点抓专业队和乡镇半专业队的培训，村级扑火应急队主要由县乡两级负责。仅2008年以来，省森林防火总指挥部就先后举办了专业队队长培训、机动专业队培训和全省专业队骨干培训班，培训人员达3000人次，基本实现“人人受训，队队过关”。

二、乡村森林防火能力全面提升

1. 乡镇半专业扑火队标准化建设全面铺开。2009年，省森林防火总指挥部、省财政厅、省林业厅联合制订了《江西省半专业扑火队标准化建设实施方案》，规划用2-3年时间，全省林区乡镇全面建立规范的半专业扑火队，并统一了建设标准和经费补助政策。凡经验收合格的县（市、区），由省授予“半专业扑火队标准化建设合格县”称号，每支半专业扑火队补助装备建设经费3万元。目前，全省已建立乡镇半专业扑火队1478支、队员达4.3万人。

2. 林业“三防”协会和扑火应急队建设有序推进。各地适应林改后森林防火的新形势，按照“自主自愿”原则，积极引导林农群众组建林业“三防”协会，并依托“三防”协会组建扑火应急队。目前，全省

已组建村级林业“三防”协会27601个，涉及山林面积6594.97万亩，占全省集体林总面积的52%，参与农户达208.4万户。协会坚持“自防为主、积极联防、团结互助、保护森林”方针，积极开展以防火、防虫、防盗等为主要内容森林资源保护活动，达到群防群治的效果，特别是在在森林火灾的预防和火警早期处置等方面发挥了重要作用。

3. 设立村级森林防火转移支付资金制度。2008年起，省财政每年安排5000万元，设立村级森林防火转移支付资金制度，专项支持村级森林防火工作。在这项制度的支持下，各地建立了由村干部牵头，依托林业“三防”协会的护林防火联防队，配备必要的扑火工具，在高火险时段开展森林防火宣传和巡查，就近处置小的森林火灾。据统计，全省已落实专职的和兼职的村级护林防火人员5.08万人。

4. 启动生物防火林带工程建设。按照“合理规划、因灾设防”的要求，全省规划10年建设生物防火林带10万公里，提高防范重大特大森林火灾的能力。从2008年开始，省财政每年安排专项经费2000万元，采取以奖代补的形式，专项支持生物防火林带建设，已累计营造生物防火林带3.8万公里。

三、武警森林部队建设取得突破

武警森林部队实现了从无到有、从借兵到组建的历史性突破。一是实施武警森林部队“北兵南用”行动。积极争取国家林业局和武警总部支持，于2007年1月至2007年4月和2007年12月至2008年4月，先后从武警内蒙古森林总队抽调150名和200名官兵，支援我省森林防火工作，开创了武警森林部队的调兵史上的先河。“北兵南用”期间，森林武警部队开展了“警民共创和谐平安江西行动”，与南昌、九江、吉安市森林防火指挥部联合开展森林防火宣传和巡查；实施“军地联训”计划，与21支专业森林消防队开展对口训练；参加扑火作战34次，出兵2599人次，出色完成了各项任务。二是组建江西森林武警部队。2008年10月，武警森林指挥部从机动支队抽调一个大队的森林武警在我省定点驻防，组建江西森林武警部队，填补了我省没有森林武警部队的空白。部队进驻以来，认真开展扑火训练，加强部队正规化建设，成功扑救了井冈山东上乡“12.18”等森林火灾，已经成为我省扑救森林火灾的尖兵。二是森林武警部队营区建设全面启动。选址在新建县望城镇征地320亩，建设江西森林武警部队营区。部队营区总建筑面积4.6万平方米，投资总概算1.15亿元，其中一期工程建筑面积2.4万平方米，投资8095万元。

四、航空护林事业得到蓬勃发展

一是成立了江西省航空护林站。2007年11月，省航空护林站正式成立，为省林业厅下属正处级全额拨款事业单位，内设4个科室，核定全额拨款编制30名。二是省航空护林站建设顺利推进。选址在新建县乐化镇徐邓村征地61亩，新建航空护林站综合楼和相关配套设施。至2009年底，航站综合楼主体工程全面封顶并转入装修阶段，2010年下半年可投入使用。二是开展航空护林作业。2007年以来，先后三个航期，租用飞机8架次，累计飞行500多小时，开展巡护、火情侦查和飞机灭火作业，累计发现火情44次，直接灭火25次。三是启动飞机人工增雨工作。组团赴吉林、黑龙江等地学习考察基础上，申报了“森林防火与飞机人工增雨华东示范基地”建设项目，制定了航空护林与飞机人工增雨作业方案，并于2008年11月开始与省气象局联合实施飞机人工增雨作业。已开展飞机人工增雨作业32次，增加降水31.36亿吨，有效缓解了森林火险形势。

五、森林火灾保险实现全覆盖

2007 年我省启动了森林火灾保险试点工作，2008 年在全省铺开，省县两级财政对保费进行补贴，由政府和林业经营者共同承担火灾风险。2009 年我省列入全国林业政策保险试点省，全省森林火灾保险深入开展。截止 2009 年底，全省公益林参保面积 5444 万亩（含全省统保前参保公益林面积 344 万亩），保险金额 267.09 亿元，交纳保费 2979.73 万元，保险公司支付赔款 306.96 万元；政策性商品林参保面积 281.84 万亩，保险金额 11.76 亿元，交纳保费 252.77 万元，保险公司支付赔款 314.95 万元。

根据 2009 年 9 月省政府制定的《政策性林业保险实施方案》，省财政安排 5000 万元专项资金，用于支持森林火灾保险工作。具体操作：一是对公益林，实行全省统保，由省林业厅与省保险公司签订统保协议，保费由省财政和中央财政按比例分担（省财政 70%、中央财政 30%）；火灾赔款由保险公司直接支付省林业厅，专项用于灾后恢复。二是对商品林，采取“政府引导、政策扶持、市场运作、林农自愿”的原则，由林业经营者自主投保，保费由财政承担 60%、林业经营者承担 40%；商品林保险赔款由保险公司直接赔付给投保者，由林业部门监督其灾后造林。三是建立巨额风险准备金。省林业厅开设森林火灾风险准备金专户，由省林业厅、保险公司共同管理。若当年公益林火灾赔付少，当年保费收入扣除赔付金后所产生的收益，保险公司按 20%比例计提经营管理费用后，结余收益全部转入森林火灾风险准备金专户，逐年滚存，专项用于生态公益林森林火灾保险巨灾赔付。当保险期内生态公益林森林火灾保险赔款超过年收保费的 85%时，可申请动用火灾风险准备金。

森防体系建设情况

进入新世纪以来，我省林业有害生物防治工作紧紧围绕林业发展大局，坚持“预防为主、科学防控、依法治理、促进健康”方针，大力开展林业有害生物防治体系建设，着力提高全省应对林业生物灾害突发事件能力，有效地遏制了危险性林业有害生物扩散蔓延，为江西的生态建设和林业发展保驾护航。

一、加强组织领导，建立应急处置体系

一是成立指挥机构。2006 年 4 月，省人民政府成立了由分管副省长任指挥长的江西省林业有害生物防控工作指挥部。该指挥部的成立，为我省林业有害生物防控工作提供了强有力的组织保障。二是出台相关法律法规。2010 年 1 月 21 日，省人民政府颁布了《江西省松材线虫病防治办法》，为我省依法开展重大外来林业有害生物防治工作提供了有力的法规保障。三是制定相关应急预案。2005 年 5 月，省林业厅制定并下发了《江西省处置重大林业有害生物灾害应急预案》，并针对全省林业有害生物的发生情况，先后制定了《江西省林业有害生物防治总体方案》、《江西省松材线虫病防控预案》、《江西省萧氏松茎象防治预案》、《江西省松毛虫防治预案》等 8 个防治预案，为我省林业有害生物防治工作的制度化、规范化、科学化打下了基础。各市、县（区）也相应出台了的《处置重大林业有害生物灾害应急预案》。我省重大林业有害生物灾害处置应急体系已初步形成。四是落实经费。我省林业有害生物防治工作，坚持“谁受益，谁负担”原则，实行国家、地方、经营者多元化、多层次配套投入体制，为应急体系建设和林业有害生物防治提供必要的经费保障。截至目前，全省仅森防项目投入资金达 1.5 亿元。全省已建有省级药剂药械库 1 个，市级药剂药械库 11 个，县级药剂药械库 82 个。全省已有防治专用车 87 辆，车载式超低量喷雾机 25 台、车载喷烟机 11 台。背负式喷雾器、喷烟机、杀虫灯等各种小型防治器械 2128 台（套），专用监测设备 55 台（套）。

二、强化队伍建设，提升应对突发能力

一是强化管理职能。2007 年 7 月 15 日，经省人事厅批准，江西省林业有害生物防治检疫局列为参照公务员管理单位，实现了森防机构管理职能的转变。截至目前，全省已建成省、市、县三级森防机构 110 个，其中：省级局 1 个、市级站（局）11 个、县级站 98 个。基本形成了覆盖全省的林业有害生物管理网络。二是加强专业队伍建设。通过引进、聘用、培训等方式，不断壮大防治专家队伍。目前，全省森防专业人员 568 人，其中：高级工程师 68 人，工程师 136 人，助理工程师 158 人，技术员 91 人。三是加强技术培训。我省各级森防机构每年都要举办各类技术培训班，培训村级森防员、专业防治队员、测报员、检疫员等，切实提高森防队伍素质。同时，为全面提高林业有害生物灾害的防控应急实战能力，我省各地根据本地实际，积极开展了防治应急演练。

三、突出预防为主，加强监测预警体系建设

一是加强监测预警系统基础设施建设。目前，我省已建有 1 个省级林业有害生物监测中心，建立了省级监测预警网络信息接收、处理、发布平台，并与各市、县（区）监测站（点）联网，初步建成了全省林

业有害生物实时监测预警系统。二是进一步健全和完善测报网络。目前，我省已建成国家级中心测报点 36 个，省级重点测报点 67 个，市级系统测报点 110 个，县级一般测报点 2740 个。全省已有专职测报员 481 人，兼职测报员 2503 人。同时，为进一步扩大我省林业有害生物监测网络覆盖面，从 2008 年起，通过签订协议、增挂林业有害生物监测站牌子等方式，落实了乡镇林业工作站、村级“三防”协会、基层森防员等单位和人员的林业有害生物测报职责，全省林业有害生物监测覆盖率达到 92%以上。三是建立协作机制。2008 年 3 月，省林业厅、省气象局签订了合作协议，并联合下发了《关于做好林业有害生物监测预报气象服务工作的通知》。各市、县（区）林业部门也与当地气象部门签订了合作协议，全省林业有害生物监测预报工作实现了与气象相关自然灾害的综合预警。四是建立预警信息快速发布机制。仅 2010 年，全省各级森防机构通过编发简报方式发布病虫情预报 460 次，通过手机短信方式发布病虫情预报 600 多次，通过省广播电台《惠农直播室》栏目等广播方式指导防治 16 次，通过江西卫视《天气预报》等栏目电视方式发布病虫情 10 次。

四、构建多元化防治新体系，着力提高林业生物灾害应对能力

为适应林改新形势需要，积极提高林业生物灾害应对能力，近年来，我省着力推进林业有害生物多元化防治体系建设。一是组建了林业有害生物专业防治队。以森林防火专业队为基础挂牌成立林业有害生物防治专业队，充分发挥 “正规军”优势，做到“有火防火、有虫灭虫”。截至目前，全省已建立林业有害生物防治专业队 105 个，专业防治人员 3000 余人。二是积极发挥“三防”协会作用。引导林农依靠民间组织力量开展林业有害生物防治，逐步建立有效的群防群治机制。据统计，全省现已建立林业“三防”协会 11004 个，涉及面积 6780 万亩，参加农户 198.42 万户。仅 2010 年，全省通过“三防”协会开展林业有害生物防治达 600 多次。三是加大专业防治服务公司引导和扶持力度。鼓励并扶持企业和有业务专长的人员开展林业有害生物防治工作，成立专业防治公司，开展林业有害生物防治服务。目前，全省已成立森防专业公司或防治服务队 51 家。四是完善防治服务平台。先后建立了“江西省网络森林医院”、“全省林业有害生物防治远程诊断系统”和“全省森防 QQ 视频诊断平台”等多种森防技术服务平台，通过这些平台积极为林农和基层森防工作者答疑解惑。

开展全民义务植树情况

近10年来，我省全民义务植树运动在历届省委、省政府的正确领导下，经过广大人民群众的艰苦努力，取得了辉煌的业绩。全省参加义务植树人数累计达19114.66万人次，植树96184.04万株，为保护我省良好的生态环境作出了积极贡献。

一、切实加大义务植树宣传力度。一是积极组织省领导参加义务植树活动。二是积极开展各种文艺活动宣传国土绿化。三是利用各新闻媒体大力宣传国土绿化。每年“3.12”植树节期间,各级绿委都有针对性地开展一些宣传活动。省绿委从2002年开始,每年在《江西日报》发表全省国土绿化状况公报,并与电视台、电台联合开展植树节专题节目。四是编辑了出版了《绿色丰碑》一书，省委书记孟建柱为该书作了序。

二、积极推进义务植树法制化建设。1997年，我省根据全国人大《决议》精神，制定了《江西省公民义务植树条例》，以地方法规的形式，进一步明确了全民义务植树运动的法定性、义务性和全民性，为义务植树活动的组织和开展提供了有力的法律保障。并依据《条例》的规定，省绿委和省财政、物价部门一同制定了《江西省义务植树绿化费收缴和使用管理办法》,使绿化费收缴和管理有章可循。按照行政执法的要求，制定了《江西省公民义务植树通知书》等一整套规范性表格，对义务植树的组织、地点、方式、绿化费的收缴以及义务植树行政执法主体等都作了明确的规范。与此同时，还制定了《江西省公民义务植树登记制度和考核制度实施意见》和《江西省公民义务植树相应劳动量折算标准》，对强化各级绿委及乡镇政府和街道办事处组织实施义务植树职能，依法开展全民义务植树工作，确保全民义务植树运动深入、扎实、健康开展起到了积极的推动作用。

三、不断拓宽义务植树尽责形式。2001年，我省制定出台了《关于开展城市绿地认养活动的意见》。各地结合实际纷纷开展了绿地认养活动，是新形势下开展全民义务植树活动的有效形式。广泛开展了营造纪念林活动。多年来，各地坚持不懈，发动社会各界通过建立各种形式的纪念林基地。开展栽植“青年林”、“公仆林”“三八林”以及与日本友人共同栽种 “中日友好林”等活动履行植树义务，既绿化美化了环境，又丰富了人们的文化生活。

四、积极组织开展评比表彰。一是为认真贯彻落实《中共中央、国务院关于加快林业发展的决定》，充分发挥评比表彰对新时期国土绿化的激励作用，自2004年开始，每两年开展一次“全省绿化奖章”和“全省绿化模范单位”的评选表彰工作。各设区市绿委结合本地实际，也相应开展了各种评比表彰活动。二是为深入贯彻“生态立省、绿色发展”战略，推进鄱阳湖生态经济区建设，加快造林绿化“一大四小”工程建设步伐，改善城市森林生态环境，提高城市居民生活质量，推动全省经济社会又好又快发展，2010年制定下发了《关于开展创建省级森林城市活动的意见》，该《意见》提出了创建省级森林城市的基本原则、评选标准、申报程序、考核奖励办法。起草了“关于开展‘森林十创’活动的实施意见” 。三是为促进全省个体私营造林绿化的积极性，开展了个体私营造林大户表彰活动，对全省10户个体私营造林大户进行了表彰。表彰活动的开展，有力地调动了广大人民群众造林绿化的积极性。

林业科技发展情况

到2010年止，我省现有林业科研院所10个，其中省级林科院1个、市级林科所9个；在职职工1230人，其中专业技术人员460人。林业技术推广站107个，其中省总站1个，市推广站11个，县区推广站95个，现有职工1241人，其中专业技术人员737人。

我省共取得省级以上林业科技成果450多项，获国家和部省级科技进步奖179项。主要成果有：杉木地理变异及种源区划分；马尾松种源变异及种源区划分；山茶属植物种质资源搜集和建立基因库研究；低丘陵荒山林业生态经济模式研究；毛竹笋材两用林丰产技术研究；天然阔叶次生林定向培育研究等。一大批科技成果在生产中推广应用取得了良好的效益。如杉木优良种源和无性系在全省推广面积达110多万亩，材积的遗传增益达27%以上，增加产值7.3亿元；容器育苗技术、松树芽苗截根移栽技术的应用推广，提高造林成活率25%，在全省大规模荒山造林中发挥了重要作用；ABT生根粉在全省农林业上得到广泛推广应用，推广面积达1000多万亩，经济效益达2亿多元；毛竹低改及笋材两用林丰产技术推广面积达200多万亩，每亩平均产鲜笋由10—20公斤提高到100—200公斤，亩均立竹由60多株增加到150多株。

2000年以来，我省林业科技工作针对林业生态建设地位的提升和产业持续发展的需要，重点在珍贵阔叶树用材林定向培育技术、优良野生观赏植物繁育技术及产业化、油茶优良无性系苗木繁育及丰产栽培、低丘人工林林下植被及生态功能重建技术、“3S”技术在森林资源管理上的应用、自然保护区和湿地环境监测、良种壮苗培育、短周期工业原料林培育、森林食品及林产品深加工等方面开展科研攻关，取得了一批林业新品种、新技术和新成果为全省重点林业工程建设提供了强有力的科技支撑。

在取得大量林业科技新成果的基础上，每年都要开展送林业科技下乡活动，还适时推出全省林业科技帮扶工程、林业科技成果对接会、竹业科技成果推介会、林业科技特派员科技创业行动等系列活动，促进了林业科研院所与林农的结合、与林业企业的结合，也促进了林业科技成果与林业重点建设工程的结合。为应对2008年特大雨雪冰冻灾害，省林业厅成立林业科技救灾专家组，编印了《江西省林业抗冻救灾技术措施》10多万册，与省广播电台合作连续举办了五期林业科技救灾专题节目，组织了“百组千人”下乡活动，举办灾后生产自救技术培训班，研究防范、抢救与恢复措施，指导受灾林区和林农开展生产自救和灾后重建。针对毛竹资源在雨雪冰冻灾害中遭受了毁灭性打击，受灾面积达到全省毛竹总面积的95%，省政府决定从省财政安排5000万元专项经费，支持在全省推广500万亩开展毛竹竹腔（蔸）施肥，对我省毛竹林灾后恢复发挥了关键的作用。2010年为推进全省林业科技特派员科技创业服务，省林业厅、省科技厅共同制定了《关于大力开展林业科技特派员科技创业服务行动的实施意见》，从省、市、县各级林业科研、教学、推广、管理单位中，筛选102名科技专家和具有丰富实践经验与实用技术的技术骨干作为第一批林业科技特派员，鼓励特派员科技创业，与林农、林业大户和企业真正融为一体，并通过技术入股、技术承包等方式，领办、创办和协办林业专业合作组织或科技型企业，真正结成利益共同体，真正实现利益共享和风险共担。

为适应现代林业的发展要求全省大力推进林业种苗、造林、资源管理、监测、采伐到加工利用全过程的标准化生产，加快省级林业地方标准出台，现有22项林业省级地方标准经省质量技术监督局颁布。其中经济林栽培、竹笋培育、中药材栽培等方面6项，森林资源培育、森林经营、森林保护等方面11项，种苗、花卉等方面5项。初步形成了包括国家、林业行业、地方标准以及企业（产品）标准的林业质量标准体系。实施国家林业标准化示范区建设项目10个，项目实施在全省示范推广了100多项相关林业技术标准，共建立标准化示范基地10多万亩，辐射推广面积100多万亩，带动农户1万多户，大大提高了林业建设的质量和水平。

林业法制工作情况

进入新世纪以来，江西林业法制建设紧紧围绕全省林业改革、发展、稳定大局，不断加快立法步伐，加强执法队伍建设，强化执法监督，不断健全和完善林业政策法律体系，收获了累累硕果。

一、立法步伐全面加快

随着国家民主与法制建设步伐的加快，我省林业立法工作也取得了前所未有的进步。据统计，我省先后制定出台的地方性林业法规和政府规章多达20部，内容涉及到林木种苗管理、森林采伐、限额管理、木材运输、林地林权管理、野生动植物保护、公民义务植树、森林防火、森林病虫害防治、湿地保护等方面，几乎涵盖了林业工作的全部，并与《森林法》、《野生动物保护法》、《种子法》等国家法律和行政法规相配套，形成了比较完整的林业法规体系。这其中，由省人大及其常委会制定颁布的地方性法规有《江西省野生动物资源保护条例》（已废止）、《江西省公民义务植树条例》、《江西省森林防火条例》、《江西省鄱阳湖湿地保护条例》、《江西省实施<野生动物保护法>办法》、《江西省山林权属争议调解处理办法》、《江西省林木种子管理条例》、《江西省古树名木保护条例》、《江西省森林资源转让条例》、《江西省森林条例》等16部；由省政府颁布的规章有《江西省森林限额采伐管理暂行办法》、《江西省林地保护管理试行办法》（已废止）、《江西省森林病虫害防治办法》、《江西省野生植物资源保护管理暂行办法》、《江西省鄱阳湖自然保护区候鸟保护规定》、《江西省木材运输监督管理办法》、《江西省木材检查站管理监督办法》、《江西省植物检疫办法》、《江西省生态公益林管理办法》、《江西省松材线虫病防控办法》等10部。

立法是林业法制工作的基础，我省之所以在短短二十多年时间能够出台大量的林业法规、规章，关键是，省人大和省政府对林业建设和环境保护工作十分重视，依法治林的意识非常强，同时，在工作中较好地把握了三个原则：一是依法立法的原则，即所立法规规章不得超越权限，不得与上位法相抵触，不得违背立法程序；二是坚持立、改、废相结合的原则，根据经济社会发展环境的变化，及时制定、修改、废止相关林业地方性法规、规章；三是急需优先的原则，即对造林绿化事业、林业改革开放、社会经济发展有利，以及关系人民群众切身利益，同时又比较急迫的项目优先立法；四是民主立法的原则，即将重要的法规草案在较大范围内公布，广泛征求各方面意见，最大限度地体现广大人民的根本利益。由于坚持了这四个原则，因而使我们制定出来的法规规章具有较强的生命力和可操作性，总体质量较高，能够切实解决林业建设和管理中的实际问题，部分法规还被作为国家林业立法的蓝本。

二、法制宣传力度不断加大

推进依法治林，一方面需要不断健全和完善林业法律法规体系，另一方面需要加强普法宣传教育，不断提高干部群众守法意识和自觉性，只有广大人民群众的法律意识增强了，依法治林才能顺利推进。因此，开展林业普法工作始终是我省林业法制建设的一项重要内容。我厅继去年被国家林业局评为“全国林业系统五五普法工作中期先进集体”后，今年又被中宣部、全国普法办评为“全国五五普法工作中期先进集体”。

2005-2008 年，我厅连续 4 年被省综治委评为“全省社会治安综合治理先进单位”，2009 年被中央综治委评为“全国社会治安综合治理先进集体”。我们主要抓了以下几项工作:

一是按照中央提出的普法工作实行“各级党委、政府实施，人大监督，全社会参与的运作机制”的要求，积极履行林业主管部门的职责，把普法工作列入各级林业部门领导的重要议事日程，坚持与林业建设的中心工作统筹考虑，统一部署。各级林业主管部门都成立了普法工作领导小组，明确了具体工作机构，建立了工作责任制度，落实了必要的普法工作经费。有的地方还量化的普法工作任务，实行了目标管理。

二是紧紧围绕林业中心工作进行法制宣传。2004 年 9 月以来，我省林业系统围绕集体林权制度改革，扩大林业法律知识的普及面，提高林农学法、懂法、用法意识，为林权制度改革顺利推进提供保障。近年来，我们坚持服务科学发展，全面推进全省林业系统“五五”普法规划贯彻落实，全力推进林权制度配套改革和造林绿化“一大四小”工程建设，为促进全省林业又好又快发展、保障社会公平正义、维护林农利益和林区社会和谐稳定营造良好的法治环境，

三是不断创新林业法制宣传形式。随着社会经济的发展，人们的思想观念、行为方式在发生很大的变化，因此，我们在开展林业法制宣传工作时，十分重视适应新形势、研究新问题，不断创新工作方法，充分利用新闻媒体和网络等新的大众传媒开展林业普法工作，努力扩大林业法制宣传的覆盖面和影响力；采取丰富多彩、生动活泼、喜闻乐见、寓教于乐、以案说法等形式，增强林业法制宣传的效果；开展各种能被广大人民群众普遍接受的“宣传日”、“宣传周”、“宣传月”、“执法年”等活动，把林业法制宣传搞得有声有色。

四是在法制宣传教育中注重法律法规的实用性。除了大力宣传林业法律法规知识外，还十分注重宣传与加快江西经济发展、大力推进工业化进程的相关法律法规，宣传社会主义市场经济特别是与整顿规范市场经济秩序相关的法律法规，宣传与加入世贸组织相关的法律法规，宣传社会发展迫切要求普及的各种法律法规，把林业专业法律宣传与综合法律知识普及有机结合起来，综合提高全省林业执法人员的整体素质。

三、行政执法行为得到规范

我省林业系统现已基本建立起了一个比较完备的林业法制机构体系。省厅设立了政策法规处、林政资源管理处，并成立了独立的省森林公安局、木材流通监督管理局、林业工作总站、野生动植物保护管理局、林业有害生物防治检疫局、林木种苗和林场管理局等林业执法机构；各市、县(区)也成立了相应的工作机构。据统计，全省共建立森林公安机构 411 个，干警 2800 余人；木材检查站 209 个，检查人员 2300 余人，森林病虫害防治检疫机构 108 个，人员 1700 余人；各级林业工作站 1000 多个，工作人员 5000 余人。基本上形成了严密的林业执法网络体系。初步形成了一个分工合理、责任明确、相互协作、密切配合、运转有序的林业法制工作体系，从而保证了林业法律法规的全面贯彻执行。

省林业厅每年组织对全省林业系统行政执法工作进行综合检查，并进一步规范林业行政执法案卷和执法程序，极大地提升了我省林业行政执法水平和质量。

近年来，我厅大力开展政风行风民主评议和机关效能年活动，加大行政审批事项清理力度，创优林业发展环境。

1. 认真做好林业行政审批事项清理规范工作。制定下发了《江西省林业厅行政审批事项清理规范工作方案》，对清理工作的目标、任务、内容、工作标准和方法步骤等提出了具体要求，成立了以厅长为组长的省林业厅行政审批事项清理规范工作领导小组，并抽调业务骨干，集中力量，集中时间开展清理规范工作。在全厅共同努力下，清理规范工作取得了阶段性成果。根据省政府最后审查结果，我厅共保留行政许可事项 20 项，暂停实施 1 项，下放 7 项，委托 4 项，转变管理方式 3 项，共精简 15 项，精简率为 51.7%。投资项目审批事项保留 3 项，精简 3 项，精简率为 50%。并对省级保留实施的林业行政审批事项，要求厅机关各职能处室和厅属单位进一步减少审批环节，简化审批手续，明确审批流程，提高行政效率，公开透明运行，接受社会监督；保留事项平均办理时限分别为 14 日和 22 日。

2. 切实做好省级下放、委托行政审批事项的承接、监管工作。根据省政府《关于进一步精简省级行政审批事项的决定》，我厅制定下发了《关于进一步做好精简省级林业行政审批事项有关工作的通知》，为提高行政审批效率，方便行政相对人，我厅对能够下放管理的项目进行下放，下放 7 项，委托 4 项，如木材采伐及运输许可、木材加工许可等。为加强委托和下放项目的上下衔接工作， 3 月份，厅里召开了全省林业行政审批工作会议，听取各设区市关于清理规范工作的情况汇报，并对厅委托和下放的事项专题进行部署，抓紧建立相关工作制度，编制了林业行政审批流程，确保各项林业审批事项落实到位。

3. 加强对行政审批事项工作的管理。规范行政审批工作是一项长期的工作。为认真贯彻落实“两集中、两到位”的要求和遵循“公开、公平、公正、便民”原则，依法规范林业行政许可行为，保护许可相对人的合法权益，我厅去年印发了《关于进一步加强林业行政许可工作的通知》，设立了省林业厅行政许可工作管理办公室，挂靠在厅政策法规处，具体负责全厅林业行政许可工作和省厅行政许可服务大厅的管理，指导全省林业主管部门依法实施行政许可，以逐步建立健全管理科学、程序严密、制约有效的审批管理制度。今年 4 月，我厅作为全省推进“廉政阳光工程”建设暨深化政务公开工作经验交流会现场参观点，与会代表对我厅政务公开、全省林业行政许可网上办证系统和全省边境木材检查站远程监控全球眼平台给予了高度评价，省政府领导要求将我厅做法在全省推广。近年来，我厅行政审批办证服务大厅先后被省直工委和省妇联授予“省直巾帼文明岗”，被国家林业局授予“全国林业系统文明窗口”称号。厅政策法规处处长邹纪平同志被省推进依法行政工作领导小组评为 2008 年度全省依法行政工作先进个人。

四、林业执法监督取得实效

林业执法监督工作是林业行政执法得以正确实施的重要保障，离开了这个保障，林业行政执法就可能偏离正确的轨道；失去了监督，就可能发生滥用职权、以权谋私、贪赃枉法、徇私枉法、乱罚款、乱收费等执法犯法事件，严重损害林业部门的形象和声誉。在工作中，我们始终坚持把加强对执法单位的监督摆上同执法同等重要的位置，执法到哪里，监督就到哪里，不允许存在执法监督上的“盲点”和“死角”，更不允许有凌驾于法律之上的特殊主体的存在。具体地说，我们主要抓了以下几个方面的工作:

一是加强对林业行政执法人员的管理，建立健全各项管理制度。近年来，我们加强了对林业行政执法人员的教育、培训和考核，按照《行政处罚法》的要求，对执法队伍进行了清理整顿，对在执法岗位上的合同工、临时工全部予以清理辞退，对保留在执法岗位上的人员全面进行了法律知识培训。对经培训考试合格的发给上岗资格证和行政执法证，培训不合格的一律要求调离执法岗位或取消其上岗执法的资格。其次是严肃执法纪律，对执法中严重不负责任或群众反映强烈的执法人员违法违纪问题加大了查处力度，每年都有一些林业执法人员因违法违纪而受到查处。2007 年起启用全国林业行政执法人员管理系统，为全省林业系统一万多名执法人员办理了国家林业局行政执法证。

二是按照廉洁、勤政、务实、高效原则，积极推行政务公开制度。根据省政府《关于进一步推行政务公开的决定》，我们对林业系统涉及到的行政处罚、行政许可、行政强制、行政征收等事项的法律依据、权限、条件、办理程序等，通过各种渠道向社会公开，并告知行政管理相对人依法享有的权利，公开办事结果，把林业行政执法活动置于人民群众的监督之下，从而使每个具体行政行为都经得起社会的监督和检查。

三是推行行政执法责任制和评议考核制。按照省政府的统一部署，我们制订了《江西省林业厅行政执法责任制》和《江西省林业厅行政执法评议考核方案》，这两项制度的出台，使每一位林业行政执法人员都感到了压力，同时也为执法监督提供了较为完善的工作制度。从两项制度的实施效果看，对我省林业行政执法人员依法行政的自觉性和执法水平的提高起到了很好的作用。

四是不断健全行政复议制度。全省各级林业主管部门都成立了行政复议委员会，严格按照《行政复议法》的规定开展行政复议工作。对全省重大行政案件复议决定实行了备案制度，对行政复议、应诉统计和行政复议人员实行考核制度。通过行政复议，不断纠正自身的错误，从而有效保护了林业管理相对人的合法权益，树立了林业部门的良好社会形象，增强了人民群众对政府、对法律的信任，维护了社会稳定。

生态文化建设情况

江西历史悠久，人文荟萃，素有“物华天宝、人杰地灵”之誉，既是生态大省，更是文化大省。江西人日益增强的绿色意识、山青水秀的自然环境，与改变中国历史的井冈山精神和“文章节义之邦”的文化传统相融合，造就了江西丰富而有特色的生态文化资源，如：体现古朴民风的植物文化、返璞归真的湿地文化、天人合一的森林旅游文化、心物相通的花卉文化、寻根搠源的源头文化，还有反映人类对待自然复杂情感的野生动物文化等。

林业既是生态建设的主体，也是生态文化建设的先锋。近几年来，江西省林业厅紧紧围绕“生态立省、绿色发展”战略，以林权制度改革和造林绿化“一大四小”工程为抓手，通过打造载体、加强原创、加大传播等举措，充分发挥林业文艺作品和生态文化活动在推动现代林业发展和鄱阳湖生态经济区建设中的积极作用，倡导人与自然和谐的新理念，我省林业生态文化体系建设实现了从无到有、从弱到强的重大转变，有力地推动了全省生态文明建设。

一、成立机构，编制规划

（一）成立管理机构。2007 年 11 月，经省编办批准，省林业厅成立了全国唯一的正县级生态文化管理机构——江西省林业生态文化建设管理中心，具体负责全省林业生态文化的宣传教育、建设规划、组织协调和工作指导。

（二）编制全省规划。为使全省林业生态文化建设有序开展，省林业厅委托江西师大正在编制《江西省林业生态文化体系建设总体规划》，预计明年初发布。此外，《江西省林业“十二五”规划》已将生态文化建设作为林业三大体系之一，列为“十二五”林业规划的重要内容。

二、打造载体，夯实基础

（一）建设生态文化教育基地。一是建立林业文化展厅。省林业厅新大楼已建成面积 400 平方米、展示图片 1000 多幅的林业生态文化展厅，通过声、光、影、色相组合，图片、视频、动漫、互动相组合，集中反映了林业在建设生态、传承文化中的突出作用。二是建设自然生态类博物馆。如，宜春市建立了我省第一个自然博物馆，抚州市建立了我省第一个森林博物馆，各国家级自然保护区设立了物种丰富的标本馆等。三是加强自然保护区、森林公园建设。截至 2010 年，全省已建林业自然保护区 193 处（其中国家级保护区 8 处）、森林公园 140 处（其中国家森林公园 43 处），已成为弘扬生态文化的主要载体。如，九江市天花井、宜春市明月山、赣州市陡水湖国家森林公园为国家生态科普教育基地；武夷山保护区为全国林业科普教育基地，官山保护区为全国野生动物保护科普教育基地等。四是创建生态文明示范基地。目前，井冈山、鄱阳湖保护区和共青城被国家教育部、共青团中央、国家林业局授予全国生态文明教育基地称号；遂川县石坑村、武宁县长水村、横峰县兰子畲族村被中国生态文化协会授予“全国生态文化村”等。

（二）开展森林文化主题活动。一是营造主题文化林。突出“生态、人本、文化”这一主题，将森林的多种功能与朴实的文化现象相结合，通过植树、节日纪念等形式，营造各种有意义的纪念林、专题林等主题文化林，以寄托人们的特殊情怀和追忆情节，不断拓展生态文化内涵。长期以来，各地以不同方式，广泛开展“友谊林”、“三八林”、“八一林”、“共青团林”、“结婚林”、“民兵林”等纪念林营建活动；通过出资、出力等形式，在城市公共绿地、森林公园、自然保护区等地，开展绿地认养、树木认捐、植物冠名等活动，倡导植绿、护绿、爱绿的社会新风尚。二是举办植物节日庆典。各地利用特色植物资源，通过生态搭台、经贸唱戏，开展融民俗、商贸、文化于一体的植物节日庆典活动，不断挖掘生态文化功能。如，举办井冈山国际杜鹃节、靖安紫薇文化节、宜春油茶文化节、南昌桃花节、南丰蜜橘节、赣南脐橙节、广昌白莲节、樟树药交会等，推进生态文化产业发展。

（三）打造森林文化景观。在造林绿化“一大四小”工程建设中，树立“植树就是致富，造林就是造福，绿化就是文化”的新理念，将造林与造文化相结合、森林景观与文化景观相融合，以树木的形体美、层次感、色相美、季相变化以及树种本身的寓意，通过绿化造景的艺术手法，反映各地特色的文化理念，不断丰富生态文化载体。在各地城市出入口、休闲公园、主要通道两侧等，处处可见精品森林景观带、森林文化公园等。如，井冈山市在高速公路出口处打造花海工程，体现了井冈山红色历史与绿色生态的地方文化特点；吉安市在青原区、吉安县打造庐陵生态文化园，突显了绿色理念、造林艺术与传统文化的有机融合，提升了当地经济社会发展的软实力。

三、加大创作，多出精品

（一）开展生态文学创作。各地文联、楹联、作家协会、书法协会、文艺团体等纷纷参与创作，涌现了一大批内容真挚、事迹感人、情感丰富的生态文学作品。一是通过文学创作，挖掘林改的非物质价值。如，通过举办林改征文大赛，涌现了一批优秀的林改学术论文、散文、诗歌和摄影作品；通过邀请28位省内外知名作家，开展历时半个月的江西林改采风活动，将一个个可歌可泣的鲜活故事编辑成文学作品集《希望在山》出版。二是通过名人创作，宣传江西生态文化。与中国野生动物保护协会联合举办“名人名家生态文化江西行”活动，邀请陈建功、张抗抗等30余名国内文化名人到江西采风，出版了作品集《一群文人与一片绿》，极大地宣传了江西林权改革、古树名木、野生动物、珍稀植物等的文化特色。三是通过浅显易懂的故事，普及生态科普知识。如，大众文艺出版社出版的生态文学专辑《走进森林》，通过一个个自然景物的描写，把对森林深深的情感呈现在读者面前；二十一世纪出版社出版的生态科普读物《生态“画”你知》，在首届鄱阳湖国际生态文化节上通过开展“买一本书，种下一棵树，添上一片绿”植树活动销售，售书收入捐给鄱阳湖绿色家园基金会。

（二）开展生态艺术创作。一是开展文艺调研活动。多次组织全省林业系统文艺调研活动，以歌舞、快板、小品、相声、山歌等群众喜爱的文艺形式，创作了一批具有时代特征的林业文艺作品，大力宣传林业政策法规和保护森林、野生动植物的意义，生动反映从事林业岗位的光荣和林业工作的艰辛，并组织文艺节目到林区巡回演出。二是举办大型专场文艺晚会。围绕关注森林、宣传林改等主题，先后成功举办了《绿色希望》、《绿色家园》、《绿色向往》、《绿色祝福》等大型林业文艺晚会。三是开展林改文艺演出。林改期间，各地林业部门纷纷与当地文工团、民间艺术团合作，以山歌、快板、腰鼓、小品等形式，宣传林改政策，极大地推进了林改进程。

（三）开展生态影视创作。一是电影创作。与江西经典文化传媒有限公司联合摄制林改电影故事片《踏界》，在国家电影院线获好评，并获第四届关注森林文化艺术特等奖，目前已与国家广电总局电影卫星频道节目制作中心签约转让48年的全球范围信息网络传播权。江西经典文化传媒有限公司还拍摄了生态文明教育影片《心灵的小河》，给青少年传递了珍惜自然、保护环境的生态理念。与北京华文博艺影视公司联合摄制以爱山护林为主题的影片《看山棚》，该片由吉安市法院干部创作，已通过国家广电总局技审。二是电视创作。邀请中央电视台导演摄制林改电视文献片《青山遮不住》，在2006年全国林改现场经验交流会上播出；与江西经典文化传媒有限公司联合摄制反映林改和造林绿化“一大四小”工程的30集电视连续剧《绿色交响》，该剧剧本正在创作中。三是歌曲创作。邀请全国著名词作者车行、曲作者戚建波和青年歌手雷佳，联袂创作了MTV歌曲《为了百姓好》。该曲由中国唱片总公司发行，在央视音乐频道《每日歌曲》栏目播出一周后，受到全国听众的欢迎。四是专题片创作。制作了反映江西生态文化的专题片《天地根• 人居安》、《鄱阳湖》、《绿色崛起》，制作反映造林绿化“一大四小”工程的专题片《绿色崛起谱新篇》，反映2010年特大洪涝灾害的专题片《江西林业洪水灾情录》，反映森林防火的专题片《盛世兴林 防火为先》等。

（四）开展生态摄影创作。一是开展摄影大赛。先后举办了林改摄影大赛、“健康的湿地，健康的人类”湿地摄影及“人与自然和谐”林业摄影大赛，征集并评选了一大批高质量的林业图片，产生了比较广泛的社会影响。二是开展摄影图片展。利用“爱鸟周”、“湿地日”、“科技活动周”等重要节日，多次组织鸟类、湿地、林业科技、林业普法等方面的摄影作品展。三是编制画册。2006年9月，编制了大型林改画册《崛起的群山》；2008年6月，出版了反映江西林业遭受特大雨雪冰冻灾害的大型纪实画册《冰雪林魂》；还出版了《江西古树名木》等林业画册。

四、加强传播，抓好教育

（一）建设生态文化网站。2008年，创建了国内第一家生态文化网站——中国林业生态文化网。该网站以宣传生态保护理念、传播生态文化知识为己任，开设栏目10多个，收集了自然、生物、生态文化、传统文化、风土人情等方面的资料三千余篇，文字、图片、声音、视频等多种形式并存，每年点击率突破30余万次。

（二）参展首届鄱阳湖国际生态文化节。该文化节以“生态中国、绿色江西”为主题，以展览、交易和公众参与为核心，全方位反映国内生态文化建设的成果。其中，林业展区以中国传统汉字为主线，以金文“艺”字的说文解字为前言，以甲骨文“集”字为结语，分别阐述“种树是最古老、最朴实的艺术”及“良禽择地而栖”的生态理念。有木竹文化区、油茶文化区、木屋体验区、电子屏触摸种树、卡通白鹤“认养”区、琴棋展示区、樟树祈福区等18个展区。其中，2项作品创下了上海大世界吉尼斯纪录：一是80平方米的活字墙，由900个用木头制成的带“木”字偏旁的汉字组成，为全世界最大，有人评价说“一面文字墙，半部生态史”；二是长2米多、宽近1米的“竹键盘”，中间镶嵌一个算盘，寓意从2500多年前的中国古代到当今信息时代，木竹一直承载着传播文化的使命。

（三）注重未成年人生态文明教育。联合相关部门，充分运用广播、电视、报纸、网站、课外读物等传媒，突出抓好青少年林业生态道德教育，不断增强全社会热爱自然、保护生态的责任意识。如，联合省教育厅，将森林、湿地、野生动植物等林业生态基础知识编入江西省义务教育大中小学地方课程通用教材

《魅力江西》和《人灵地杰诵江西》；在全省开展以“爱绿、护绿、增绿”为主要内容的中小学生绿色生态征文活动，将99篇获奖作品编辑出版《99个小朋友的绿色之梦》，免费发放给各县；联合共青团省委，举办了“生态小学”启动仪式、“生态文明进校园”等活动。

回顾过去，江西林业生态文化底蕴深厚、源远流长；展望未来，江西林业生态文化必将繁荣和谐、影响深远！

林业人才队伍建设情况

"十一五"期间，我省各级林业部门重视人才工作，紧紧围绕林业发展大局，深化干部人事制度改革，优化人才成长环境，推进林业教育培训工作，全面提高林业从业人员的整体素质，林业人才工作取得了显著成就。

一、林业人才总量持续增加。到今年上半年，全省林业系统有在职职工近 8.1 万人，按照我省现行人才（具有中专以上学历人员、初级以上职称的人员称为人才）统计口径，全系统有各类人才 19610 名，同"十五"相比，人才总量增长 15.8%。其中：党政人才 5756 名，专业技术人才 10782 名，经营管理人才 2958 名。有高级工以上的各类技能人才 7342 名。在各类人才队伍里面，有研究生及以上学历 313 名，本科学历 4309 名，大专学历 9943 名，中专学历 5045 名。在专业技术人才队伍中，有高级职称 678 名，中级职称 3073 名，初级职称 7031 名。

二、林业人才素质不断提高。在各类人才队伍里面，大专学历的由 8193 增加到 9943 名，增长 21%，本科学历的由 2039 增加到 4309 名，增长 1.1 倍，研究生及以上学历的由 44 名增加到 313 名，增长 6.1 倍。在专业技术人才中，中级职称由 2083 名增加到 3073 名，高级职称由的 348 名增加到 678 名。现有博士 12 名，正高职称专家 62 名，入选省级"百千万人才工程"专家 21 名，列入"西部之光"人才培养计划专家有 3 名，享受国务院特殊津贴专家 20 名，省政府特殊津贴专家增加 13 名。

三、林业教育培训工作成效明显。"十一五"期间，各级林业部门紧紧围绕林业重点建设工程，加大林业教育培训工作力度，提高人才队伍综合素质，全省林业行业共培训各类人员 20 余万人次。省厅注重林业人才的培训质量和培训效果，出台了《江西省林业厅干部教育培训工作管理办法（试行）》；对全省市县林业局进行了轮训；高度重视青年后备干部和新招聘人员的培训；围绕"林改"和"一大四小"工程建设大力开展业务培训；实施灾后重建培训以及油茶培训；广泛开展送科技下乡活动；积极鼓励在岗自学，促进学习型机关的建立。江西环境工程职业学院自 2002 年由中专升格为高职学院后，积极发挥教育培训林业的主渠道作用，2010 年七月被省教育厅列为江西省示范性高等职业院校立项建设院校，"十一五"期间培养高、中等职业技术人才近 1.5 万人，为林业建设和社会发展输送了大批的各类专门人才。景德镇市通过选派技术骨干参加本科学历教育和研究生进修，选拔专业技术人员担任重点林业建设项目的主持人等形式，使不少技术人员的学历、职称和实际能力得到同步提升。5 年来，高级工程师由 2 名增加到 20 名。永丰县林业局对通过自身努力，取得林学相关专业文凭的，一律给予奖励；对安置到林业局的退伍军人，分期分批送到林业院校脱产学习；对已获林业专业技术资格人员参加同层次继续教育的。会昌、崇义、安远、遂川县、余江等县先后与环境工程学院合作，县里需要培训什么内容，学院安排什么培训内容，开展订单培训,上门培训。官山林场坚持实施项目促进人才培养战略，先后与省林科院、省农大、中国林科院亚林所等科研院所开展林业科技合作项目,通过实施科技合作项目，推广优良种源造林,实施杉木大径材培育,培养了林场专业技术人才。

四、林业人才工作机制不断创新。各级林业部门在人才建设中，以科学发展观为指导，深化干部人事制度改革，完善人才引进、使用制度，推进人才机制创新。如：省厅在人才引进和干部人事制度的等方面都取得了突破性进展。五年来，全厅共增加编制494个，有 8个单位实行了参照公务员管理；增设了10个处级单位；连续四年赴北京、南京、东北、浙江等林业高等院校开设专场招聘会，引进了 180 名大学生。同时全面推进轮岗交流和公开选拔工作，轮岗交流干部52名。通过轮岗交流，促进了干部的合理流动，激发了干部的积极性和创造性。通过竞争上岗和公开选拔发现了一批人才，拓宽了选人用人的视野，使优秀人才脱颖而出走上了领岗位。吉安市林业局充分运用市委、市政府的人才政策，主动与大专院校联系，面向社会求贤纳才，共引进硕士研究生 7 名，高级工程师 1 名。同时，为表彰在林业建设中依靠科技进步作出突出贡献的人员，设立了“吉安市林业科技进步奖励基金”，大大激发了广大科技人员创新林业、建设林业的积极性，涌现出一批林业优秀科技人才。铜鼓县克服山区小县进人难的不利局面，通过事业留人、感情留人，近五年来，先后从江西农大、中南林业科技大学等院校招聘引进林学、法学、经济管理专业的本科生12名。

林业利用外资情况

从上世纪90年代实施世界银行贷款国家造林项目开始，我省不间断地利用外资实施造林项目，对于缓解林业建设资金不足、引进国内外先进技术和管理经验、培育森林资源、促进林业生态建设、增加项目区农民收入和推动经济社会可持续发展发挥了重要作用。

一、2000年以来我省林业利用外资基本情况

（一）世界银行贷款贫困地区林业发展项目。该项目分布在我省5个设区市的18个县（市、区），建设期7年（1999-2005年），计划总投资30382.48万元人民币，其中世行贷款16600.00万元人民币（信贷694.71万个SDR和贷款1000.00万美元），国内配套13782.48万元人民币。项目计划营造林总规模58862.3公顷，建设小型乡镇企业项目7个。实际完成总投资26099.42万元人民币，其中世行贷款13046.90万元（折1756.38万美元），国内配套资金13052.52万元；完成营造林面积55401.33公顷，完成乡镇企业技改2个。该项目实施，对于促进国家“八七扶贫攻坚计划”和可持续发展战略的实现，以及增强我省林业经济实力和改善农村生态环境起到了推动作用。

（二）日本政府贷款江西造林项目。该项目是我省实施三个“世界银行贷款项目”后的一个投资规模最大、贷款条件最优惠的援助性外资贷款林业项目。该项目分布在全省7个设区市36个县（市、区、场），建设期8年（2004-2011年，比原计划延长了2年），项目贷款年利率0.75%，还款期40年，宽限期10年，日本协力银行一次性手续费0.1%，中国进出口银行转贷手续费0.15%。项目计划总投资70381.54万元人民币。其中：日元贷款75.07亿日元，折合人民币50428.63万元；国内配套资金19952.91万元。项目计划营造林规模为：封山育林52167公顷，低效林改造35010公顷，毛竹低效林改造38743公顷，次生阔叶林改造10930公顷，中幼林抚育49572公顷，四旁造林4480公顷，造林28301公顷。截至2010年，全省已完成营造林面积21.04万公顷,占计划的96.1%；完成投资63.85亿日元，折合人民币4469.5万元，占计划的85.07%。项目建成后，对提高森林覆盖率和森林资源质量、保护生物多样性均有重要意义，同时可以促进项目区林业经营水平，提高农民技术素质，为社会提供大量的就业机会，具有良好的生态和社会效益。

（三）欧洲投资银行贷款江西生物质能源林示范项目。该项目分布在全省8个设区市的19个县（市、区、林场），建设期5年（2009-2013年），项目计划建立生物质能源林示范基地2.94万公顷（44.06万亩），其中油茶基地2.27万公顷（34.06万亩）、光皮树基地0.67万公顷（10.00万亩）。项目总投资37857.16万元，折合3571.43万欧元。其中：申请欧洲投资银行优惠贷款2500.00万欧元，折合人民币26500.00万元，占项目总投资的70.0%；地方配套资金1071.43万欧元，折合人民币11357.15万元，占项目总投资的30.0%。截至2010年，已完成项目造林7836.9公顷，其中油茶造林6678.6公顷、光皮树造林1158.2公顷，已到位贷款资金1200万美元。经估算，项目顺利实施进入稳产期后，年均可生产生物柴油3065.40吨、毛油1.56万吨、食用茶油1.53万吨，年产值可达5.29亿元人民币。计算期（25年）内累计经营收入可达125.04亿元，

可以实现 23.45 亿元的利润总额，投资利润率 23.8%。此外，通过该项目的实施，每年可为 2 万个劳动力提供就业机会。在提高森林资源质量、增加森林资源总量、减少水土流失、增强水源涵养能力、改善生态环境的同时，可以有效增加林农收入、加快山区脱贫致富步伐、促进经济社会可持续发展。

（四）亚洲开发银行贷款江西森林生态系统可持续发展项目。该项目分布在全省 8 个设区市的 23 个县（市、区），建设期为 6 年（2010-2015）。项目总投资为 45413.9 万元人民币。其中亚行贷款 27365.1 万元人民币，折合 4000 万元美元（按 6.84 元人民币/美元汇率计），占总投资的 61%；国内配套 17364.8 万元，占总投资的 39 %。此外，该项目还获气候变化基金赠款 684.0 万元(折合 100 万美元)。项目计划实施内容为：人工新造林 39662 公顷（594930 亩），改造低质低效竹林 11200 公顷（168000 亩），建设林道、管护棚等配套基础设施，各级项目管理单位的机构能力建设，实施气候变化基金活动，开展森林保险试点等。该项目实施，利于促进我省遭受雨雪冰冻受灾地区的森林快速恢复和具有生态环境重要价值地区的森林生态系统可持续发展，推动项目区森林多种功能和多种效益的有机结合，增强森林对区域生态环境建设、地方经济发展、当地人民生产生活的服务和促进功能。

二、主要特点

一是利用外资项目多。10 年来，我省不间断的先后实施了上述 4 个项目，是我省林业利用外资项目数量最多的时期。二是利用外资资金量大。先后利用世界银行、日本政府、欧洲投资银行、亚洲开发银行等国际金融组织和外国政府贷（赠）款折合人民币达 12 亿元，较好地解决了林业投入不足的问题。三是利用外资面广。利用外资从单一世界银行贷款，拓展到多个国际金融组织和外国政府的贷赠款；实施主体从以国营林场为主发展到企业、大户、联合体、林农个体等多种主体形式；实施内容从以用材林为主发展到用材林、防护林、经济林、能源林等多种功能林，呈现出多层次、宽领域、全方位持续高效利用外资发展林业的良好局面。

三、主要成效

（一）创造了可观的生态、经济和社会效益。10 年来，我省外资造林 27.5 万亩，为全省的森林覆盖率提高贡献了近 2 个百分点。项目区内水源涵养能力显著提升，水土流失强度大大降低，农业生产条件和人民生活条件得到较大改善。据测算，仅世界银行贷款贫困地区林业发展项目项目营林总产值就达 79.35 亿元，并为项目区农户提供了近 1232.47 万个工日的劳动就业机会，实施项目的农户平均每户增加劳务收入 2674.35 元，年均收入增加 382 元；参加项目的劳动力增加劳务收入 1337 元，年均增加 191 元。项目区群众通过实施项目和“门前打工”，增加了现金收入，取得了生态改善、投资得利、群众受益等一举兼得的效果。

（二）树立了外资造林的品牌。在江西，比较好的人工林主要是外资项目造林。尤其是世行贷款项目，其造林各项指标全面达到或超过部颁标准，其中良种使用率达 98.7%、一级苗使用率达 99.6%、造林成活率 96.7%、生长量达标率 182%。外资项目造林，已经成为全省营造林工程的样板，也是我省人工造林生长及保存最好的林分。受到国际金融组织、外国政府银行官员以及各级领导的高度评价。

（三）推进了江西林业的对外开放。实施外资项目以来，我们先后邀请国外项目官员和专家 100 多人次到项目区，指导、推广项目管理方法和先进实用技术，派出项目管理和技术人员 150 多人次赴国外培训考察，锻炼和培养了一大批熟悉林业外资项目管理工作的新型人才，有力地推进了我省扩大对外开放，也进一步巩固了我省持续实施外资造林项目的基础。

四、主要做法

（一）抓组织领导，保障外资项目顺利实施。项目实施，组织领导是保障。省、市、县层层设立由同级党委或政府领导任组长的项目建设领导小组及其办公室，决策、指挥和协调项目建设。对每一个林业外资项目，省政府领导都亲自过问并作出重要批示，在通过财政和发改委渠道落实配套资金的同时，省政府还出台政策解决外资造林项目的地方配套资金问题。省林业厅把外资项目列为全省重点林业工程建设项目，专门切块安排商品材采伐限额计划，定向用于筹措“造林绿化专项资金”；各项目市、县党委、政府更是把项目建设作为促进农村经济结构调整，推进农村经济发展的重要抓手，处处开“绿灯”，有力地推进了项目的顺利实施。

（二）抓项目质量，夯实外资项目成功实施基础。外资项目工作涉及面广、要求高，质量管理是项目成败的关键。在加强质量管理的过程中特别注重学习引进国际上先进的项目管理手段和方法，积极将现代工程管理技术运用到外资造林项目之中，建立了组织管理、计划管理、科研推广、环境保护、检查验收、资金财务、物资使用、信息建档等八大项目支持服务体系，制定了一整套相互关联、紧密衔接的外资项目管理规章制度。对关系项目工程质量的县、场、工区、实施主体各个层次，设计、施工、验收各个环节，以及种苗、清山、整地、栽植、抚育、施肥、管护各个工序，提出了具体的质量指标与要求。全面推行“195”工程，即确保一次性造林成活率达到95%以上。严格实行提款报账与营造林质量挂钩。每年对营造林面积、造林质量、抚育质量和年终保存率、生长量进行全省统检，对不合格的一律不予报帐。严格的质量管理，为我省项目造林成功打牢了坚实的基础。

（三）抓科技推广，提高外资项目效益。一是成立了以分管厅长为组长，江西农大、省林科院、省种苗站、省推广站、省项目办等单位十多位专家组成的省级科技推广与培训专家支持组，保证了有专人负责这项工作。二是制定科技推广与培训计划，举办各类培训班。全省先后举办了项目技术规程培训班、毛竹低改技术培训班、苗圃建设座谈会、财务规程培训班、财务研讨会，涉及项目作业设计、检查验收、苗木培育、毛竹低改、用材林及经济林丰产栽培、资金与财务管理、物资采购等内容。仅日本政府贷款江西造林项目全省共举办乡级以上各类培训班 5014 期，培训人员 323329 人次，其中省级 15 期 1964 人次，县级 393 期 19690 人次，乡级 4606 期 291675 人次。涉及社区林业评估、苗木培育、用材林及经济林丰产栽培、计算机与信息系统、资金与财务管理、物资采购等内容。三是编印和发放科技推广材料，作为项目实施主体的参考读物和操作指南。四是把科研推广融入项目建设整体之中，使科研与生产的关系，从过去的“体外循环”转变为“体内循环”，实现科研与生产一体化。同时，根据项目实际需要，以“质量、效益”为目标，经专家反复论证，制定了较为完善的科研推广计划，突出了科技推广内容的实用性和实效性。这样，从源头上解决了科研与生产紧密结合的问题。五是营建示范样板林。为了能向广大农户提供看得见、有说服力的示范样板，便于他们对先进技术的直接了解、掌握和应用，日本政府贷款江西造林项目共营建杉木、湿地松、马尾松、经济林及毛竹定向培育技术示范样板林 5000 多公顷，让科研成果的效益直接体现在项目造林的山头地块。由于措施得力，进而使大量的科研成果和先进技术得到广泛传播，项目的科技含量大大提高，项目林分的质量和效益明显提高。

（四）**抓资金管理，**提高外资项目管理水平。关键是抓好建章立制，严格监管，规范运作。在每个外资项目启动前，我们都根据项目要求，制定项目资金财务管理办法、会计核算办法、报账提款办法等一系列规章制度，并通过举办多层次的培训班，提高财务人员的业务素质和能力，确保项目财务管理规范运作。加强资金使用监管，紧紧围绕“报账制”这一核心，严把贷款资金报账关，对报账审查实行技术与财务人员联审制。同时，注重发挥审计的监督作用，主动邀请审计部门提前介入项目实施，确保项目财务规范运作。

（五）**抓风险控制，**确保外资项目如期还贷。主要是做到了“两完善、一制度”。“两完善”就是不断完善项目合同管理，不仅要求有转贷关系的各级财政之间要逐级签订贷款协议，而且要求项目实施户与财政、林业或项目办签订贷款实施合同；不断完善项目贷款抵押担保机制，从实施日本政府贷款造林项目开始，根据实际，我们明确各项目实施主体必须用项目林权、房产、公务员工资或商业银行规定可用于抵押担保的其它权益，进行抵押担保，确保项目贷款如期偿还。“一制度”就是建立还贷准备金制度，要求所有项目县政府，必须按年财政收入的1-2%的标准，提取外资贷款还贷准备金，同时督促贷款单位在对债务全面、清楚掌握的情况下，提早做出还贷计划，确保按期还贷。

统计资料

林业产值结构变化（%）

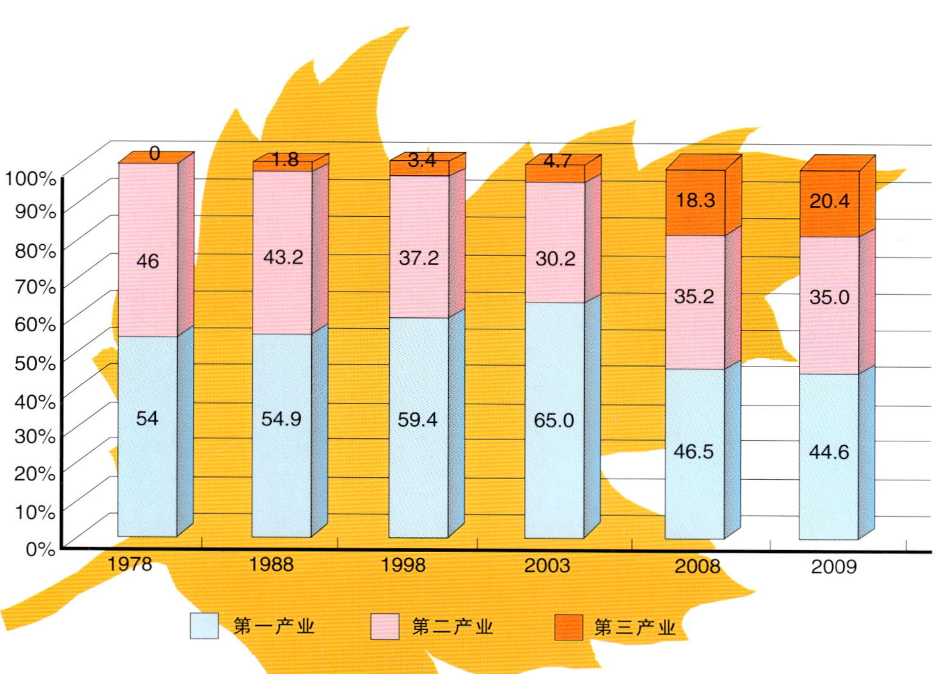

100%
90%
80%
70%
60%
50%
40%
30%
20%
10%
0%
1978
1988
1998
2003
2008
2009
0
46
54
1.8
43.2
54.9
3.4
37.2
59.4
4.7
30.2
65.0
18.3
35.2
46.5
20.4
35.0
44.6
第一产业
第二产业
第三产业

林业产业产值情况（亿元）

2009
187.52
321.05
409.76
918.33
2008
139.22
267.79
353.21
760.22
2003
10.37
66.40
142.80
219.57
1998
3.97
43.64
69.56
117.17
1988
0.63
14.85
18.86
34.34
1978
5.01
5.87
10.88
0
200
400
600
800
1000
总产值
第一产业
第二产业
第三产业

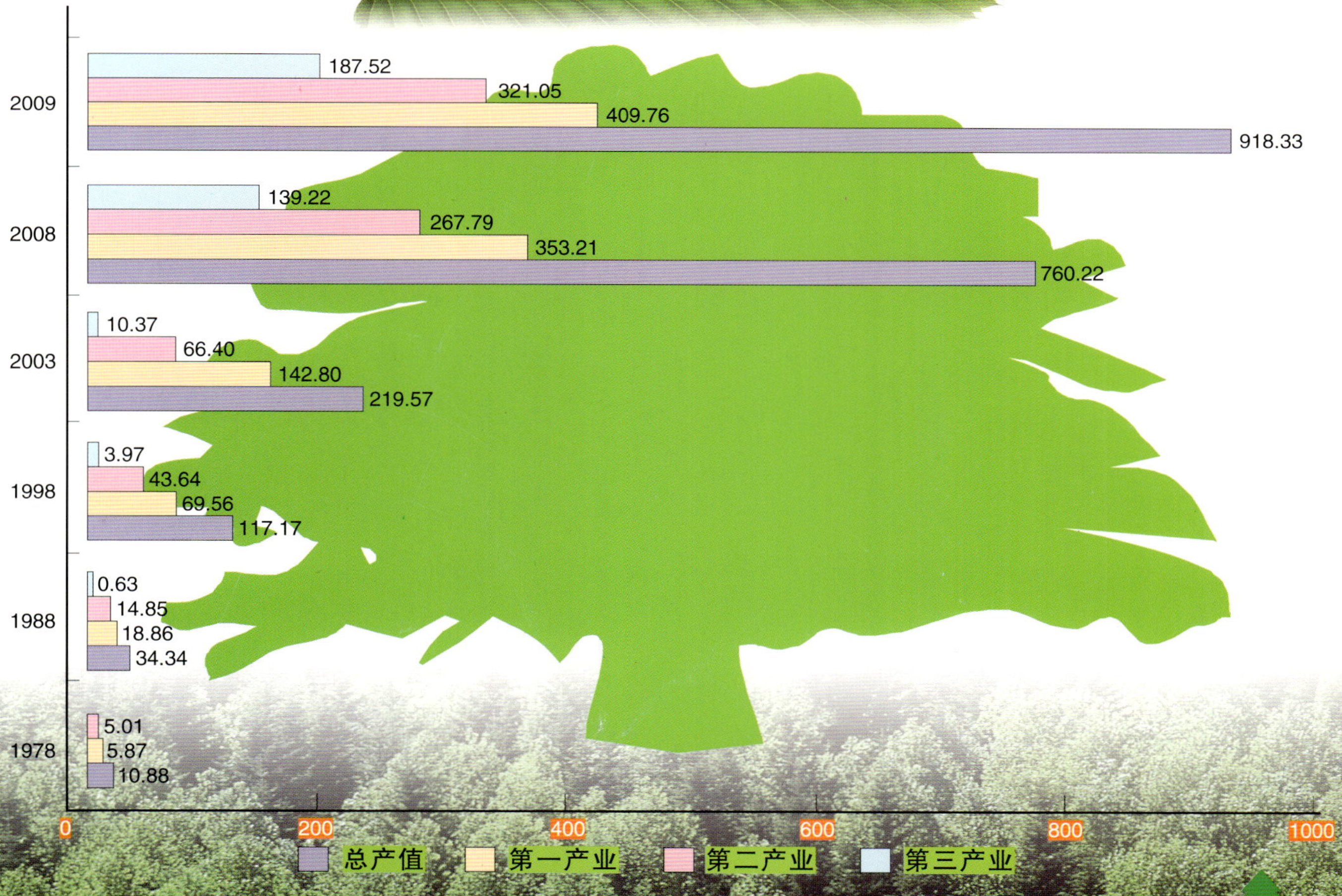

有林地面积（千公顷）

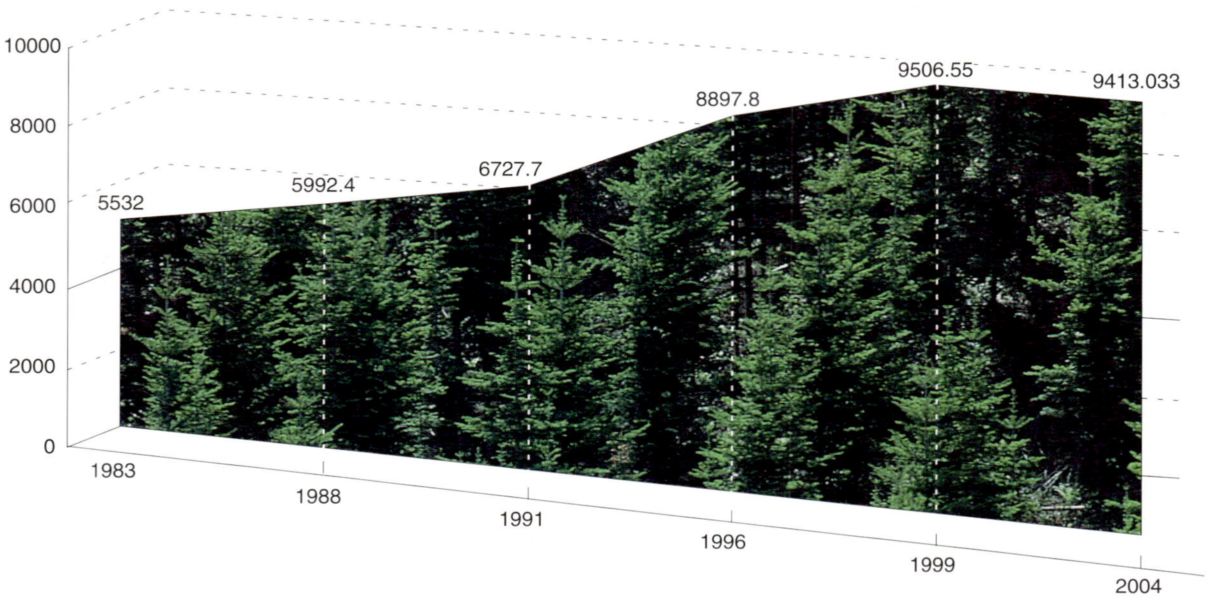

森林覆盖率（%）

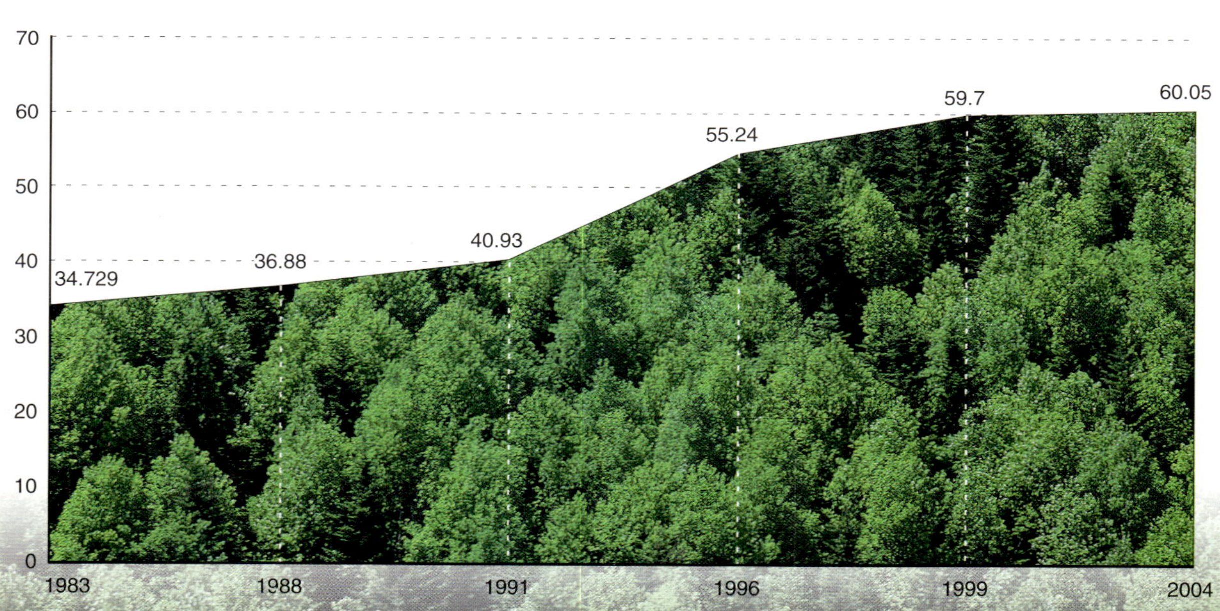

自然保护区和森林公园面积（公顷）

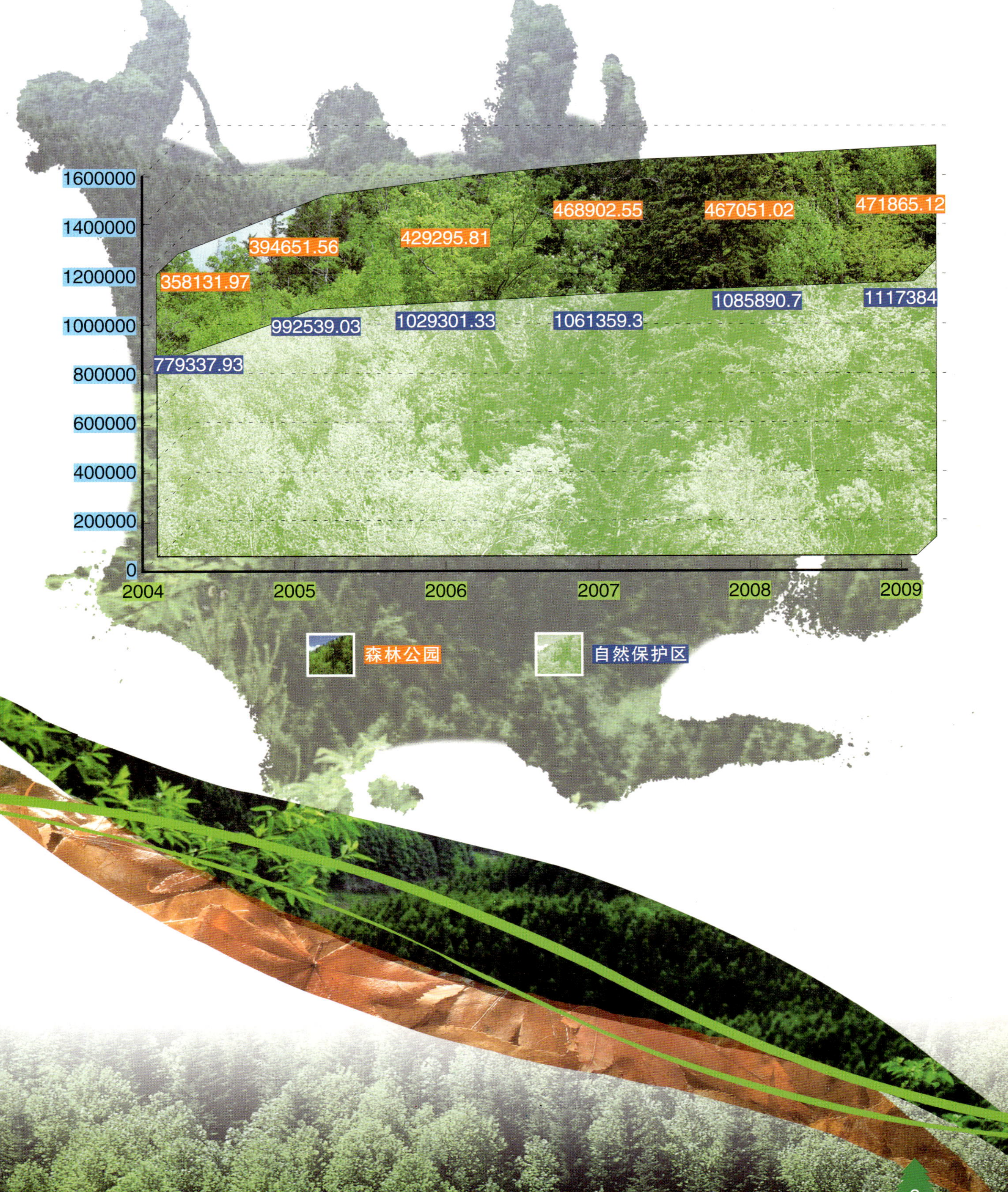

毛竹林蓄积量（万株）

160000
140000
120000
100000
80000
60000
40000
20000
0

88025
95737
105065
108556
136984
150209

1983
1988
1991
1996
1999
2004

活立木总蓄积量（万株）

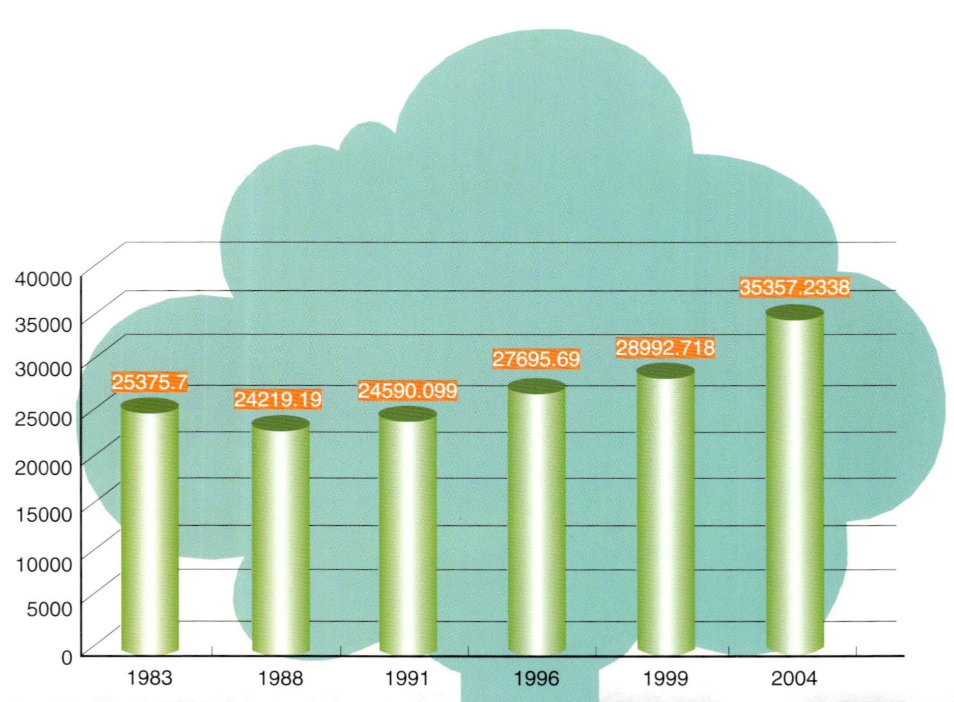

木材产量（万立方米）

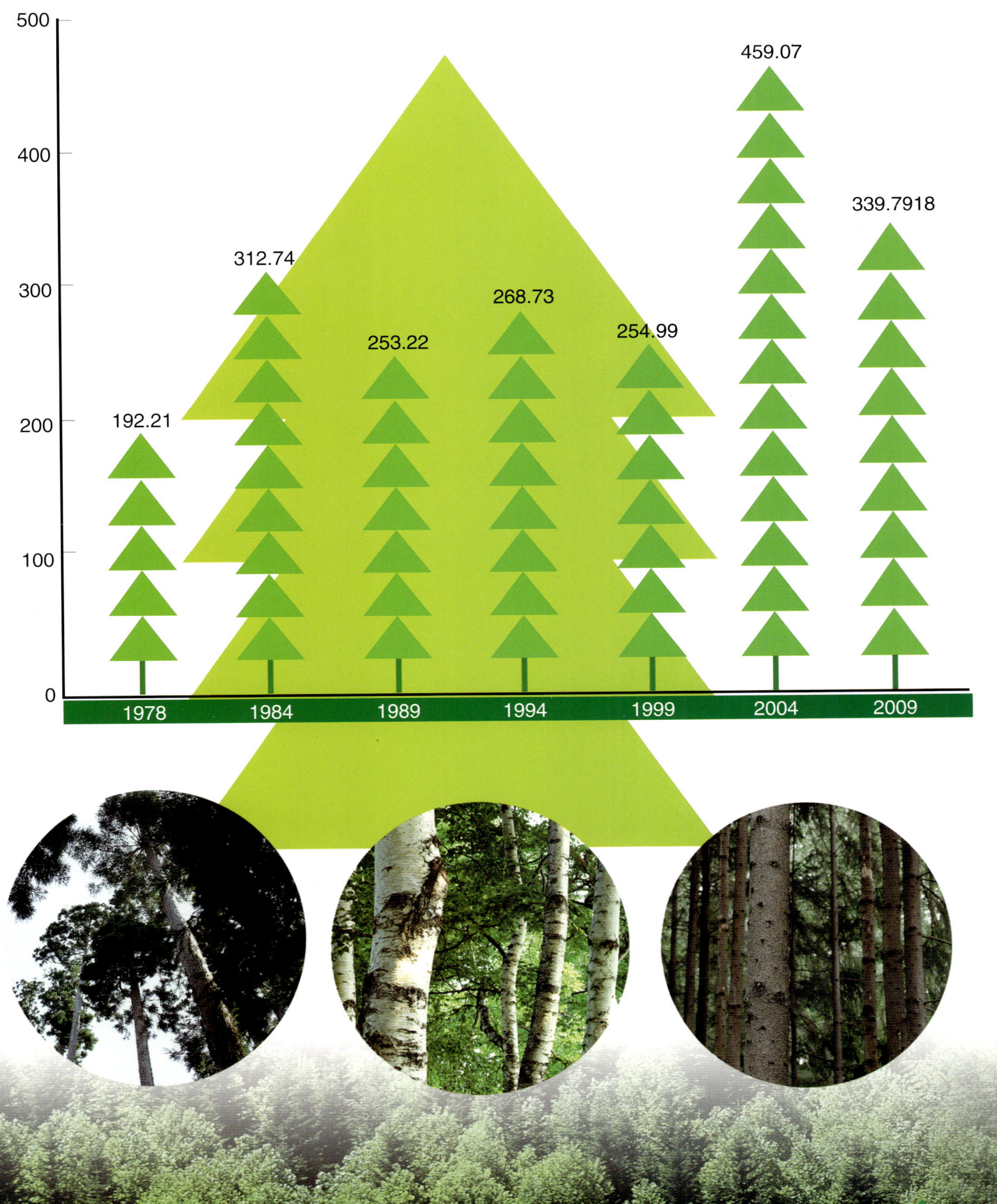

500
400
300
200
100
0
192.21
312.74
253.22
268.73
254.99
459.07
339.7918
1978
1984
1989
1994
1999
2004
2009

竹材产品产量（万根）

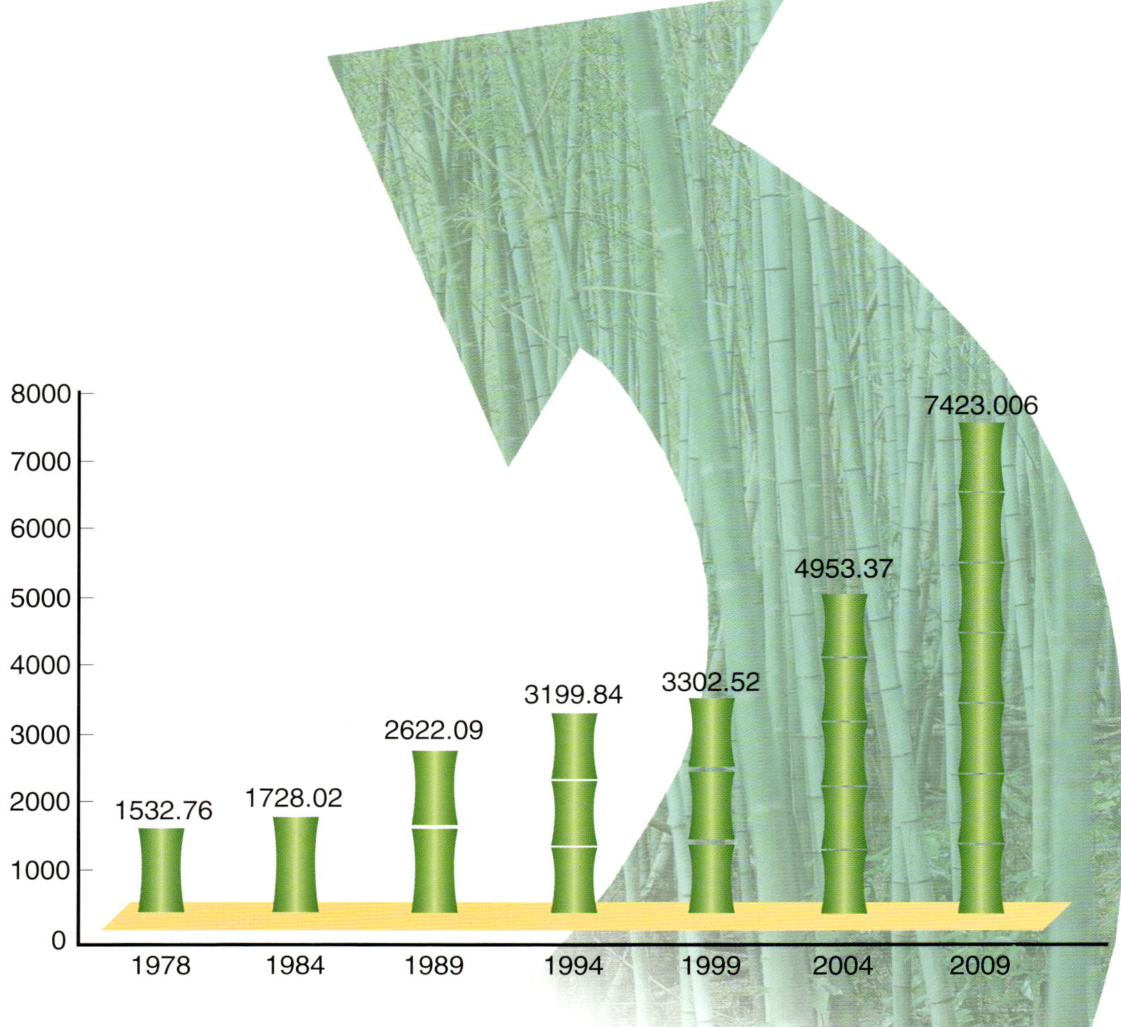

8000
7000
6000
5000
4000
3000
2000
1000
0
1532.76
1728.02
2622.09
3199.84
3302.52
4953.37
7423.006
1978
1984
1989
1994
1999
2004
2009

油茶籽产量（吨）

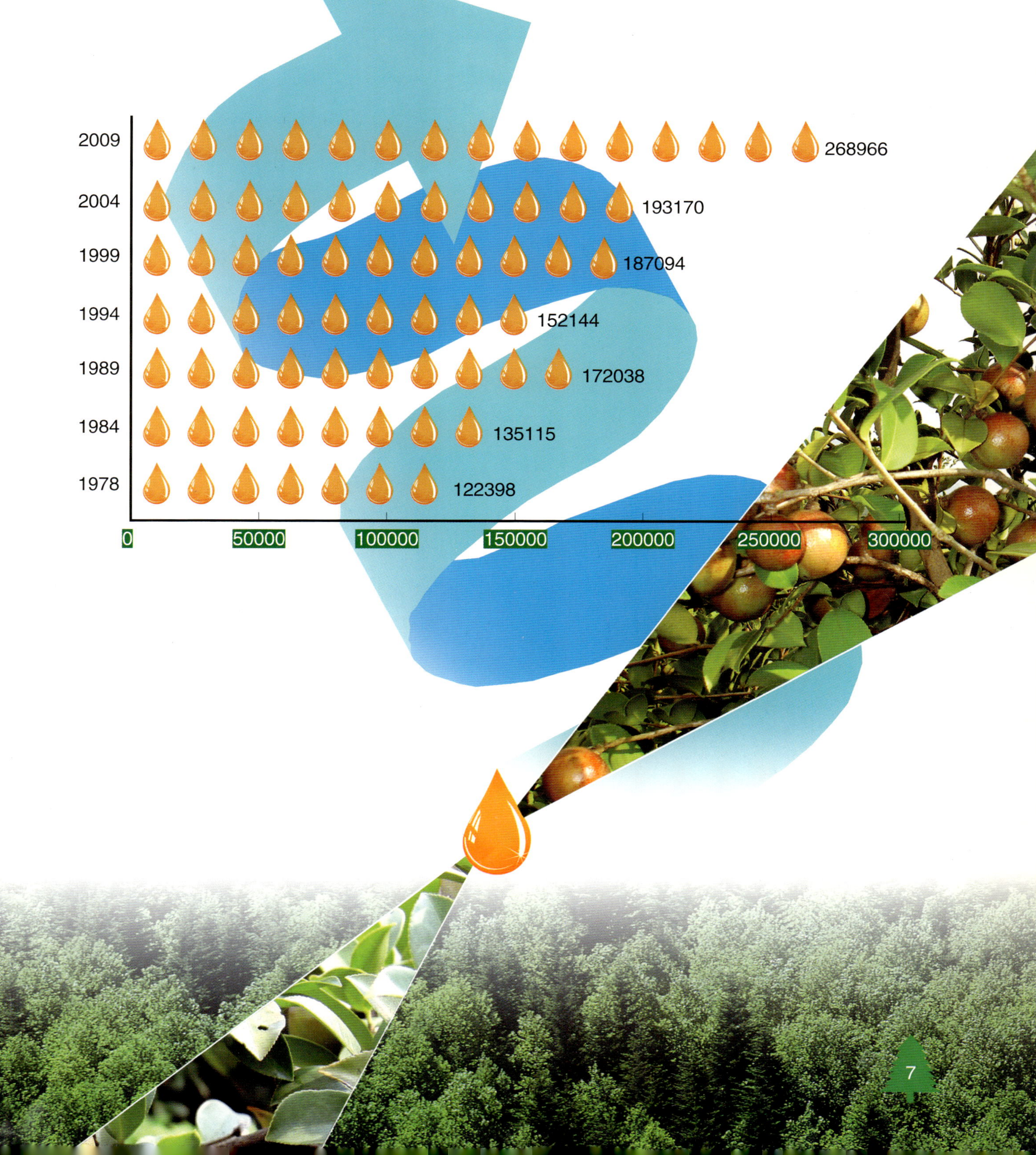

2009
268966
2004
193170
1999
187094
1994
152144
1989
172038
1984
135115
1978
122398
0
50000
100000
150000
200000
250000
300000

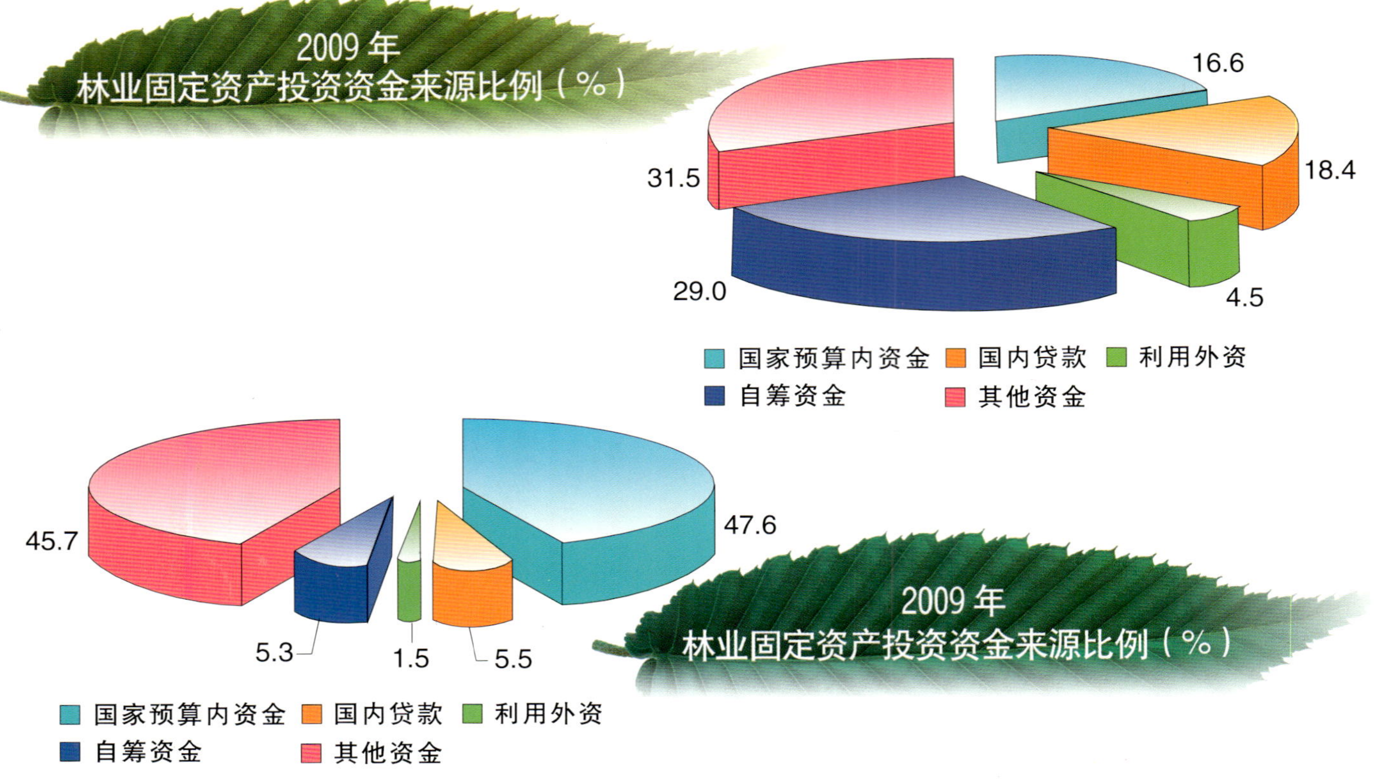
2009 年
林业固定资产投资资金来源比例（%）
16.6
18.4
31.5
29.0
4.5
国家预算内资金
国内贷款
利用外资
自筹资金
其他资金
45.7
47.6
5.3
1.5
5.5
2009 年
林业固定资产投资资金来源比例（%）
国家预算内资金
国内贷款
利用外资
自筹资金
其他资金

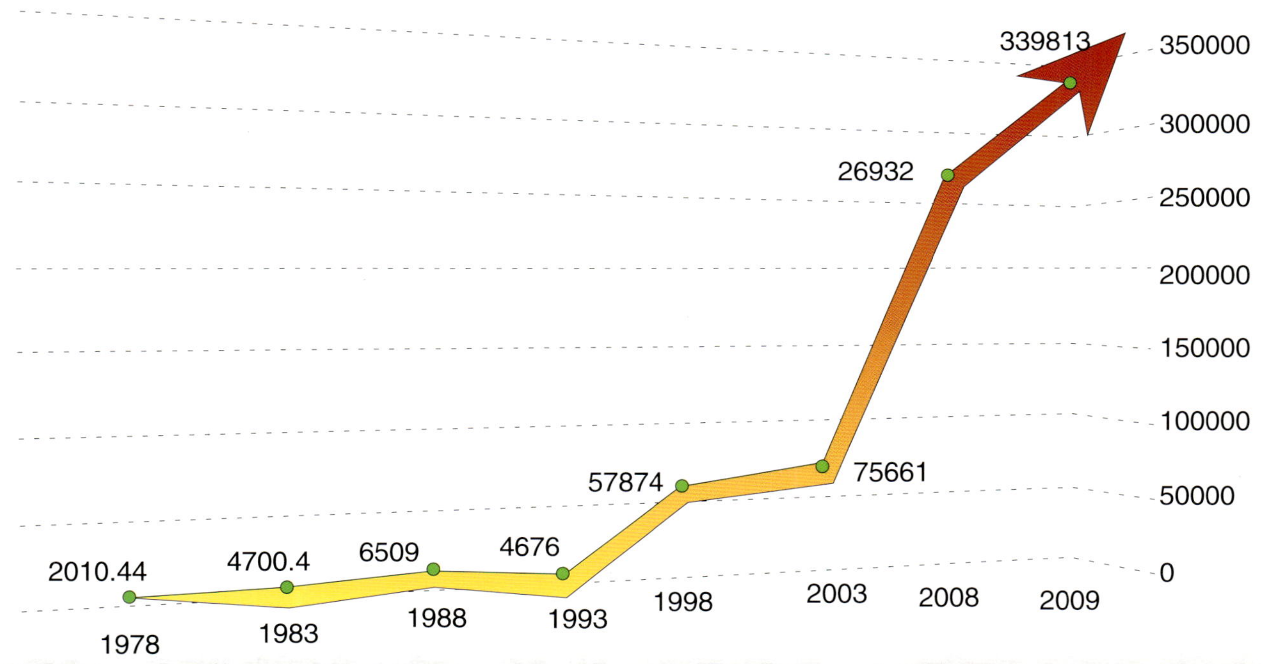
林业固定资产投资资金（万元）
339813
26932
57874
75661
2010.44
4700.4
6509
4676
350000
300000
250000
200000
150000
100000
50000
0
1978
1983
1988
1993
1998
2003
2008
2009

4-1 行 政 区 划（2009年末）

地 区	设区市	县级市	县	市辖区	市、县、区名称
全 省	**11**	**10**	**70**	**19**	
南昌市	1		4	5	东湖区、西湖区、青云谱区、湾里区、青山湖区、南昌县、新建县、安义县、进贤县
景德镇市	1	1	1	2	昌江区、珠山区、浮梁县、乐平市
萍乡市	1		3	2	安源区、湘东区、莲花县、上栗县、芦溪县
九江市	1	1	9	2	庐山区、浔阳区、九江县、武宁县、修水县、永修县、德安县、星子县、都昌县、湖口县、彭泽县、瑞昌市
新余市	1		1	1	渝水区、分宜县
鹰潭市	1	1	1	1	月湖区、余江县、贵溪市
赣州市	1	2	15	1	章贡区、赣 县、信丰县、大余县、上犹县、崇义县、安远县、龙南县、定南县、全南县、宁都县、于都县、兴国县、会昌县、寻乌县、石城县、瑞金市、南康市
吉安市	1	1	10	2	吉州区、青原区、吉安县、吉水县、峡江县、新干县、永丰县、泰和县、遂川县、万安县、安福县、永新县、井冈山市
宜春市	1	3	6	1	袁州区、奉新县、万载县、上高县、宜丰县、靖安县、铜鼓县、丰城市、樟树市、高安市
抚州市	1		10	1	临川区、南城县、黎川县、南丰县、崇仁县、乐安县、宜黄县、金溪县、资溪县、东乡县、广昌县
上饶市	1	1	10	1	信州区、上饶县、广丰县、玉山县、铅山县、横峰县、弋阳县、余干县、鄱阳县、万年县、婺源县、德兴市

4-2 国民经济和社会发展

指 标	总量指标				
	1978	1990	2000	2008	2009
人口(万人)					
年末总人口	3182.82	3810.64	4148.54	4400.10	4432.16
#男性人口	1642.78	1972.77	2157.02	2258.41	2271.71
女性人口	1540.04	1837.87	1991.52	2141.69	2160.45
#城镇人口	533.12	775.47	1148.73	1819.88	1913.81
乡村人口	2649.70	3035.18	2999.81	2580.22	2518.35
就业(万人)					
年末社会就业人数	1254.3	1816.5	2060.9	2404.5	2445.2
#职工人数	267.4	386.2	291.6	275.2	273.8
年末城镇登记失业人数	21.38	10.26	16.68	25.99	27.30
地区生产总值(亿元)	**87.00**	**428.62**	**2003.07**	**6971.05**	**7655.18**
第一产业	36.18	175.96	485.14	1060.38	1098.66
第二产业	33.08	133.56	700.76	3554.81	3919.45
第三产业	17.74	119.10	817.17	2355.86	2637.07
人均生产总值(元)	276	1134	4851	15900	17335
固定资产投资(亿元)					
全社会固定资产投资总额	8.13	70.65	548.20	4745.43	6643.14
城 镇	8.1	51.34	376.20	4325.38	6008.12
#工 业				2464.51	3490.56
农 村				420.06	635.02
财政(亿元)					
财政总收入	12.22	40.62	171.69	816.99	928.88
地方财政收入			111.55	488.65	581.30
财政支出	16.27	50.76	223.47	1210.07	1562.37
能源生产与消费(万吨标准煤)					
能源生产总量		1282.42	1293.23	2395.00	2528.80
能源消费总量		1732.29	2505.00	5383.00	5812.50
价格指数(上年=100)					
居民消费价格指数		102.1	100.3	106.0	99.3
商品零售价格指数	100.1	101.3	98.5	106.1	99.1
工业品出厂价格指数			101.0	106.4	93.0
原材料、燃料、动力购进价格指数			101.2	114.2	90.7
固定资产投资价格指数			101.4	108.1	96.1
人民生活					
在岗职工年平均工资(元)	552	1729	7014	21000	24696
城镇住户人均年可支配收入(元)	305.36	1187.88	5103.60	12866.44	14021.54
农村住户人均年纯收入(元)	140.70	669.90	2135.30	4697.19	5075.01
城乡居民储蓄存款年末余额(亿元)	4.16	142.79	1243.15	4166.19	5092.67
城镇住户人均住宅建筑面积(平方米)				37.24	38.60
农村居民人均住房面积(平方米)		20.58	27.79	37.56	39.53
城市建设、环境保护					
人工煤气供气量(万立方米)		1203	39463	39968	37898
液化石油气供气量(吨)		12182	164698	185460	179792
道路长度(公里)		1108	3033	4752	5313
排水管道长度(公里)		878	2074	5894	6563
公共车辆(汽、电车)运营数(辆)		1091.0	4031	6605	6358
绿化覆盖面积(公顷)		7044	20044	35804	43879
工业污染治理项目完成投资额(万元)				50665	39540

注：1.地区生产总值、农业总产值、工业增加值的发展速度均按可比价格计算。
2.1998年及以后职工人数和职工平均工资为在岗职工人数和平均工资。

主要指标与发展速度

速度指标（%）						
指数 （2009为以下各年）				平均增长速度		
1978	1990	2000	2008	1979-2009	1991-2009	2001-2009
139.3	116.3	106.8	100.7	1.1	0.8	0.7
138.3	115.2	105.3	100.6	1.1	0.7	0.6
140.3	117.6	108.5	100.9	1.1	0.9	0.9
359.0	246.8	166.6	105.2	4.2	4.9	5.8
95.0	83.0	84.0	97.6	-0.2	-1.0	-1.9
194.9	134.6	118.6	101.7	2.2	1.6	1.9
102.4	70.9	93.9	99.5	0.1	-1.8	-0.7
127.7	266.1	163.7	105.0	0.8	5.3	5.6
2040.7	**724.9**	**282.4**	**113.1**	**10.2**	**11.0**	**12.2**
515.0	243.1	156.1	104.5	5.4	4.8	5.1
4359.4	1393.7	431.8	117.1	12.9	14.9	17.6
3035.9	792.9	228.4	110.7	11.6	11.5	9.6
1457.8	620.9	264.3	112.3	9.0	10.1	11.4
81711.5	9402.9	1211.8	140.0	23.2	26.1	31.3
73886.1	11703.4	1597.1	138.9	22.5	27.4	36.2
			141.6			
			151.2			
7601.3	2286.7	541.0	113.7	15.0	17.9	20.6
		521.1	119.0			20.1
9602.8	3078.0	699.1	129.1	15.9	19.8	24.1
	197.2	195.5	105.6		3.6	7.7
	335.5	232.0	108.0		6.6	9.8
	240.7	118.0	99.3		4.7	1.9
412.9	195.8	113.5	99.1	4.7	3.6	1.4
		138.3	93.0			3.7
		159.3	90.7			5.3
		126.9	96.1			2.7
4473.9	1428.3	352.1	117.6	13.0	15.0	15.0
4591.8	1180.4	274.7	109.0	13.1	13.9	11.9
3607.0	757.6	237.7	108.0	12.3	11.2	10.1
122419.8	3566.5	409.7	122.2	25.8	20.7	17.0
			103.6			
	192.1	142.2	105.3		3.5	4.0
	3150.3	96.0	94.8		19.9	-0.4
	1475.9	109.2	96.9		15.2	1.0
	479.5	175.2	111.8		8.6	6.4
	747.5	316.4	111.4		11.2	13.7
	582.8	157.7	96.3		9.7	5.2
	622.9	218.9	122.6		10.1	9.1
			78.0			

4-2 续表1

指　　标	总量指标				
	1978	1990	2000	2008	2009
工业污染治理竣工项目数(个)				223	110
工业废水排放达标率(%)			68.34	92.98	93.83
工业“三废”综合利用产品产值(万元)		12783	40455	390935	470276
农业					
农业总产值(亿元)	49.29	255.24	741.35	1680.50	1733.82
主要农产品产量					
粮食(万吨)	1125.74	1658.20	1614.60	1958.10	2002.56
棉花(万吨)	3.48	5.70	6.80	11.19	12.51
油料折油(万吨)	6.63	19.61	32.52	31.74	37.08
油料(万吨)	13.49	54.89	96.73	91.19	102.02
黄红麻(万吨)	0.48	1.88	0.44	0.14	0.09
烟叶(万吨)	0.61	2.31	1.82	4.78	4.33
茶叶(吨)	8878	19415	15703	22977	26359
蚕茧(吨)	143	2639	3266	7833	8375
甘蔗(万吨)	68.29	194.29	136.81	64.21	62.20
水果(万吨)	2.92	23.30	42.34	275.36	327.08
肉类总产量(万吨)	26.27	111.74	192.31	261.63	300.91
水产品(万吨)	5.93	30.68	127.12	190.39	205.30
生猪年末存栏(万头)	944.27	1547.26	1473.50	1530.59	1680.10
生猪当年出栏(万头)	574.00	1313.18	1992.27	2536.90	2814.55
工业					
主要工业产品产量					
化学纤维(万吨)	0.42	2.00	7.08	16.87	13.50
布(混合数)(万米)	20173	30566	21710	47026	67651
机制纸及纸板(万吨)	9.26	25.59	24.02	113.73	139.64
日用瓷(万件)	32095	44969	57470	160380	259118
卷烟(万箱)	19.14	47.02	50.99	100.80	105.80
原煤产量(万吨)	1435.50	2027.11	1813.76	2592.36	2982.47
发电量(亿千瓦时)	45.31	121.41	201.06	466.87	496.42
钢产量(万吨)	25.64	112.09	319.86	1240.94	1620.88
成品钢材(万吨)	24.50	92.32	282.90	1277.21	1647.40
水泥(万吨)	155.56	469.13	1382.00	5271.59	6153.20
汽车(万辆)	0.10	0.97	13.36	21.19	28.47
照相机(万架)	1.00	9.00	17.84	1.93	2.69
化学肥料(折合100%)(万吨)	15.97	31.07	43.43	54.17	48.71
化学农药(原药)(吨)	13539	5146	13796	21212	21612
规模以上工业企业主要指标(亿元)					
工业增加值			269.81	2323.52	2610.75
资产总计			1835.86	5293.61	6735.52
主营业务收入			897.00	8281.94	9814.16
利税总额			80.54	681.86	942.70
建筑业(资级企业)					
建筑业企业人数(万人)		12.58	29.80	66.14	77.30
建筑业总产值(亿元)		13.76	116.41	1034.47	1324.62
施工房屋面积(万平方米)		487.50	2572.30	10669.44	12015.73
竣工房屋面积(万平方米)		192.50	1359.80	5239.07	5944.11
交通运输业					
铁路营业里程(公里)	1184	1581	2197	2549	2612
公路通车里程(公里)	30245	33203	60292	133847	137011

注：1.2000年及以后工业产品产量为规模以上产量。
2.公路通车里程从2006年开始包括村道。

速度指标（%）						
指数 （2009为以下各年）				平均增长速度		
1978	1990	2000	2008	1979－2009	1991－2009	2001－2009
			49.3			
		137.3	100.9			3.6
	3678.9	1162.5	120.3		20.9	31.3
514.5	259.9	153.8	104.6	5.4	5.2	4.9
177.9	120.8	124.0	102.3	1.9	1.0	2.4
359.5	219.5	184.0	111.8	4.2	4.2	7.0
559.3	189.1	114.0	116.8	5.7	3.4	1.5
756.3	185.9	105.5	111.9	6.7	3.3	0.6
18.8	4.8	20.5	64.2	-5.3	-14.8	-16.2
710.4	187.6	238.1	90.7	6.5	3.4	10.1
296.9	135.8	167.9	114.7	3.6	1.6	5.9
5856.6	317.4	256.4	106.9	14.0	6.3	11.0
91.1	32.0	45.5	96.9	-0.3	-5.8	-8.4
11201.2	1403.8	772.5	118.8	16.4	14.9	25.5
1145.5	269.3	156.5	115.0	8.2	5.4	5.1
3462.1	669.2	161.5	107.8	12.1	10.5	5.5
177.9	108.6	114.0	109.8	1.9	0.4	1.5
490.3	214.3	141.3	110.9	5.3	4.1	3.9
3214.3	675.0	190.7	108.2	11.8	10.6	7.4
335.4	221.3	311.6	111.7	4.0	4.3	13.5
1508.0	545.7	581.3	118.8	9.1	9.3	21.6
807.3	576.2	450.9	165.5	7.0	9.7	18.2
552.8	225.0	207.5	105.0	5.7	4.4	8.4
207.8	147.1	164.4	115.3	2.4	2.1	5.7
1095.6	408.9	246.9	112.7	8.0	7.7	10.6
6321.7	1446.1	506.7	130.8	14.3	15.1	19.8
6724.1	1784.4	582.3	129.1	14.5	16.4	21.6
3955.5	1311.6	445.2	117.7	12.6	14.5	18.0
28728.6	2931.7	213.2	135.0	20.0	19.5	8.8
269.0	29.9	15.1	139.5	3.2	-6.2	-19.0
305.0	156.8	112.2	100.0	3.7	2.4	1.3
159.6	420.0	156.7	97.2	1.5	7.8	5.1
		650.1	120.1			23.1
		366.9	127.2			15.5
		1094.1	118.5			30.5
		1170.5	138.3			31.4
	614.5	259.4	116.9		10.0	11.2
	9626.6	1137.9	128.0		27.2	31.0
	2464.8	467.1	112.6		18.4	18.7
	3087.8	437.1	113.5		19.8	17.8
220.6	165.2	118.9	102.5	2.6	2.7	1.9
453.0	412.6	227.2	102.4	5.0	7.7	9.5

4-2 续表2

指标	总量指标				
	1978	1990	2000	2008	2009
货物周转量(亿吨公里)	128.63	299.06	746.93	2289.85	2350.91
铁　路(亿吨公里)	108.48	204.27	563.82	683.94	675.67
公　路(亿吨公里)	5.14	62.83	147.19	1494.16	1536.46
水　运(亿吨公里)	15.01	31.96	35.81	111.54	138.59
空　运(万吨公里)		56	1094	2089	1903
旅客周转量(亿人公里)	44.67	170.37	453.07	807.01	807.23
铁　路(亿人公里)	26.73	74.65	271.91	529.91	510.53
公　路(亿人公里)	16.83	93.88	171.33	260.66	279.22
水　运(亿人公里)	1.13	1.11	1.20	0.52	0.39
空　运(万人公里)		7306	86356	159193	170974
邮电通信业					
邮电业务总量(亿元)	0.92	2.85	81.31	495.17	624.24
函　件(万件)	7372	17162	14010	10854	17414
报刊期发数(万份)	302	490	375	341	363
移动电话用户(万户)			140.29	1277	1547
固定电话用户(万户)	5.59	12.61	354.09	846.9	748.5
城市	3.01	10.11	234.34	495.9	448.0
农村	2.58	2.49	119.75	351.0	300.5
计算机互联网用户(万户)			26.95	607	245.9
局用交换机容量(万门)	10.21	26.94	438.63	1224	1208.5
内外贸易和旅游					
社会消费品零售总额(亿元)	33.93	151.94	704.87	2141.79	2484.43
海关进出口总额(万美元)		71934	162399	1361793	1277878
出口额		58023	119736	772666	736849
进口额		13911	42663	589127	541029
外商直接投资合同金额(万美元)		2855	26478	492550	490484
外商直接投资实际使用金额(万美元)		621	22724	360368	402354
旅游总收入(亿元)			134.6	559.38	675.61
涉外旅游人数(人次)		52875	163057	802052	964299
涉外旅游收汇(万美元)		418	6234	25170	28975
金融业(亿元)					
金融机构人民币存款余额			1966.78	7206.56	9296.39
金融机构人民币贷款余额			1739.87	4544.84	6346.99
教育、文化、卫生					
高等学校在校学生数(人)	21847	57087	146411	779486	811478
中等专业学校在校学生数(人)	28926	61675	160022	228255	231772
普通中学在校学生数(万人)	169.20	181.06	259.22	256.69	266.48
小学在校学生数(万人)	513.77	450.44	422.68	423.93	422.75
学龄儿童入学率(%)	94.15	98.24	99.58	99.93	99.89
报纸出版数量(万份)	14453	58930	39929	67134	68850
期刊出版数量(万册)	378	2714	9060	5714	6381
图书出版数量(万册)	8495	19216	20300	15105	15949
卫生机构数(个)	5178	5632	8048	8229	7102
卫生技术人员(人)	70247	116786	123192	139764	146990
#医　生	30430	51994	54437	55187	56325
病床数(张)	72289	92274	90930	105156	123086

注：1.公路通车里程从2006年开始包括村道。
2.邮电业务总量2000年以前按1990年不变价格计算，2001年以后按2000年不变价格计算。
3.卫生机构数1996年开始包括个体机构。
4.2007年卫生年报统计口径变动。
5.交通运输数据2008年开始按新口径计算
6.2009年互联网用户口径变化为宽带用户数。

速度指标 (%)						
指数 (2009为以下各年)				平均增长速度		
1978	1990	2000	2008	1979–2009	1991–2009	2001–2009
1827.7	786.1	314.7	102.7	9.8	11.5	13.6
622.9	330.8	119.8	98.8	6.1	6.5	2.0
29892.2	2445.4	1043.8	102.8	20.2	18.3	29.8
923.3	433.6	387.0	124.2	7.4	8.0	16.2
	3398.2	173.9	91.1		20.4	6.3
1807.1	473.8	178.2	100.0	9.8	8.5	6.6
1909.9	683.9	187.8	96.3	10.0	10.6	7.3
1659.0	297.4	163.0	107.1	9.5	5.9	5.6
34.9	35.5	32.8	76.0	-3.3	-5.3	-11.7
	2340.2	198.0	107.4		18.0	7.9
67727.0	21903.2	767.7	126.1	23.4	32.8	25.4
236.2	101.5	124.3	160.4	2.8	0.1	2.4
120.3	74.1	96.8	106.5	0.6	-1.6	-0.4
		1102.7	121.1			30.6
13390.0	5935.8	211.4	88.4	17.1	24.0	8.7
14883.7	4431.3	191.2	90.3	17.5	22.1	7.5
11647.3	12068.3	250.9	85.6	16.6	28.7	10.8
		912.4	40.5			27.8
11834.1	4486.2	275.5	98.7	16.6	22.2	11.9
7322.2	1635.1	352.5	116.0	14.9	15.8	15.0
	1776.5	786.9	93.8		16.3	25.8
	1269.9	615.4	95.4		14.3	22.4
	3889.2	1268.1	91.8		21.2	32.6
	17179.8	1852.4	99.6		31.1	38.3
	64791.3	1770.6	111.7		40.6	37.6
		501.9	120.8			19.6
	1823.7	591.4	120.2		16.5	21.8
	6931.8	464.8	115.1		25.0	18.6
		472.7	129.0			18.8
		364.8	139.7			15.5
3714.4	1421.5	554.2	104.1	12.4	15.0	21.0
801.3	375.8	144.8	101.5	6.9	7.2	4.2
157.5	147.2	102.8	103.8	1.5	2.1	0.3
82.3	93.9	100.0	99.7	-0.6	-0.3	0.0
106.1	101.7	100.3	100.0	0.2	0.1	0.0
476.4	116.8	172.4	102.6	5.2	0.8	6.2
1688.1	235.1	70.4	111.7	9.5	4.6	-3.8
187.7	83.0	78.6	105.6	2.1	-1.0	-2.6
137.2	126.1	88.2	86.3	1.0	1.2	-1.4
209.2	125.9	119.3	105.2	2.4	1.2	2.0
185.1	108.3	103.5	102.1	2.0	0.4	0.4
170.3	133.4	135.4	117.1	1.7	1.5	3.4

4-3 国民经济主要比例关系

单位：%

指 标	1978	1980	1990	2000	2005	2008	2009
地区生产总值							
第一产业	41.6	43.5	41.0	24.2	17.9	15.2	14.4
第二产业	38.0	36.9	31.2	35.0	47.3	51.0	51.2
工 业	26.6	27.8	27.2	27.2	35.9	41.7	41.8
建筑业	11.4	9.1	4.0	7.8	11.4	9.3	9.4
第三产业	20.4	19.6	27.8	40.8	34.8	33.8	34.4
#交通运输邮电业	2.9	3.5	5.9	9.7	7.4	5.6	5.2
批零贸易餐饮业	5.6	5.2	4.6	9.1	8.4	8.6	9.4
金融保险业	1.4	1.3	6.4	4.6	1.7	1.9	2.2
国内支出总额							
最终消费中							
居民消费		84.5	80.6	77.9	77.6	76.9	77.6
政府消费		15.5	19.4	22.1	22.4	23.1	22.4
资本形成总额中							
固定资本形成	86.1	86.1	62.1	84.3	97.0	97.7	98.1
存货增加	13.9	13.9	37.9	15.7	3.0	2.3	1.9
全省总人口							
城镇人口				27.7	37.1	41.4	43.2
乡村人口				72.3	62.9	58.6	56.8
社会就业人员							
第一产业	77.2	77.7	65.7	46.6	39.9	37.4	36.5
第二产业	13.0	12.3	20.3	24.4	27.2	28.1	29.0
第三产业	9.8	10.0	14.0	29.0	32.9	34.5	34.5
农业总产值							
农 业	74.0	70.7	60.1	46.5	44.7	41.3	42.1
林 业	11.9	14.1	9.4	7.8	7.7	9.0	9.3
牧 业	12.8	14.0	26.4	29.9	31.9	33.1	31.2
渔 业	1.3	1.2	4.1	13.5	14.2	12.6	13.3
服 务 业				2.3	1.5	4.0	4.0
规模以上工业增加值							
轻 工 业				37.7	34.6	34.0	33.6
重 工 业				62.3	65.4	66.0	66.4
城镇固定资产投资							
农 业	13.9	7.9	2.2	0.6	1.0	1.2	1.8
能源工业	33.1	18.9	18.9	15.9	7.0	4.1	5.0
房地产开发			5.6	11.3	15.4	12.7	10.6
财政支出							
文教科学卫生事业费	18.0	25.4	27.4	24.7	22.4	25.9	26.0
#科 学	0.2	0.4	0.8	0.5	0.4	0.9	0.9
教 育	10.6	15.6	16.4	17.1	15.6	17.1	16.1

4-4 主要指标每人年平均水平

指标	1978	1980	1990	2000	2005	2008	2009
地区生产总值(元)	**276**	**342**	**1134**	**4851**	**9440**	**15900**	**17335**
第一产业	115	149	466	1175	1693	2419	2488
第二产业	105	126	353	1697	4462	8108	8875
第三产业	56	67	315	1979	3286	5373	5971
财政总收入(元)	**39**	**38**	**107**	**416**	**991**	**1863**	**2103**
年末居民储蓄存款余额(元)	**13**	**24**	**375**	**2997**	**6385**	**9468**	**11532**
主要农产品产量(公斤)							
粮　　食	357.33	381.60	438.86	391.04	431.39	446.62	453.46
棉　　花	1.10	1.32	1.51	1.65	2.03	2.55	2.83
油料折油	2.10	2.09	5.19	7.88	6.10	7.24	8.40
甘　　蔗	21.68	26.38	51.42	33.13	18.22	14.64	14.09
水　　果	0.93	1.73	6.17	10.25	30.32	62.81	74.06
肉类总产量	8.34	11.71	29.57	46.58	56.97	59.68	68.14
牛　　奶	0.16	0.28	0.59	1.36	2.91	2.07	2.69
水 产 品	1.88	2.32	8.12	30.79	39.25	43.43	46.49
主要工业产品产量							
化学纤维(公斤)	0.13	0.41	0.53	1.71	4.20	3.85	3.06
布(混合数)(米)	6.40	9.24	8.09	5.26	6.53	10.73	15.32
机制纸及纸板(公斤)	2.94	3.91	6.77	5.82	15.59	25.94	31.62
日 用 瓷(件)	10.19	10.18	11.90	13.92	14.40	36.58	58.68
原　　煤(公斤)	455.65	458.62	536.50	439.28	377.16	591.29	675.36
发 电 量(千瓦小时)	143.82	176.05	321.32	486.95	812.75	1064.88	1124.11
钢 产 量(公斤)	8.14	11.93	29.67	77.47	224.14	283.04	367.04
成品钢材(公斤)	7.78	14.36	24.43	68.52	236.85	291.32	373.04
水　　泥(公斤)	49.38	61.85	124.16	334.71	809.09	1202.39	1393.35
化学肥料(公斤)	5.07	7.92	8.22	10.52	11.08	12.36	11.03
化学农药(公斤)	0.43	0.54	0.14	0.33	0.34	0.48	0.49
主要消费品消费量							
农民生活消费量(公斤)							
粮　　食		314.55	340.85	303.61	244.71	239.43	219.00
植 物 油		2.03	4.76	8.73	5.62	5.72	5.98
猪牛羊肉		6.60	11.99	12.64	15.61	12.05	13.34
蛋　　类		1.04	1.95	3.26	3.50	3.47	3.53
水 产 品		1.54	2.02	3.73	5.43	5.78	5.56
城镇居民购买量(元)							
粮　　食					224.96	307.87	324.87
植 物 油					114.52	214.93	169.29
猪牛羊肉					385.19	627.30	590.60
蛋　　类					56.72	77.51	79.25
水 产 品					140.48	212.69	236.96

4-5 江 西 的 一 天

指　　标	1978	2000	2005	2008	2009
全省每天创造的财富					
地区生产总值(万元)	2384	54879	111144	190988	209731
第一产业	991	13292	19928	29052	30100
第二产业	907	19199	52533	97392	107382
工业	635	14788	39877	79640	87577
建筑业	272	4410	12657	17752	19805
第三产业	486	22388	38683	64544	72248
#交通运输邮电业	70	5342	8236	10642	10819
批零贸易餐饮业	135	4985	9357	16355	19767
金融保险业	32	2708	1905	3577	4523
财政总收入(万元)	335	4704	11669	22383	25449
财政支出(万元)	446	6123	15451	33153	42805
布产量(万米)	55	59	77	129	185
机制纸及纸板(吨)	254	658	1836	3116	3826
日用瓷(万件)	88	157	170	439	710
原煤产量(吨)	39329	49692	44405	71024	81712
发电量(万千瓦小时)	1241	5508	9569	12791	13601
钢产量(吨)	702	8763	26389	33998	44408
成品钢材(吨)	671	7751	27885	34992	45134
水泥(吨)	4262	37863	95261	144427	168581
汽车(辆)	3	366	567	581	780
照相机(架)	27	489	184	53	74
全省每天消费					
最终消费(万元)	1558	34783	58008	89860	97146
居民消费		27101	44992	69101	75362
农业居民消费		15743	22379	22098	24048
非农业居民消费		11358	22613	47003	51315
政府消费		7682	13017	20759	21784
能源消费(万吨标准煤)		6.86	11.74	14.75	15.92
社会消费品零售总额(万元)	930	19312	33868	57063	68066
全省每天其他活动					
货物运输量(万吨)	12.89	64.66	91.15	117.84	234.84
旅客运输量(万人)	17.69	98.14	114.31	124.83	193.55
出版报纸(万份)	39.60	109.39	170.58	183.93	188.63
出版杂志(万册)	1.03	28.70	15.41	15.65	17.48
出版图书(万册)	23.27	55.62	46.32	41.38	43.70
邮电业务总量(万元)	21	2228	7108	13566	17102
邮寄函件(万件)	20.20	38.38	24.61	29.74	47.71
邮寄包裹(件)		6767	4986	4027	3616
结婚人数(对)	437	810	809	1072	1118
离婚人数(对)	28	66	108	154	125

4-6 森林资源情况

指　　标	1949	1955	1964	1977	1983
全省林业用地总面积(千公顷)				**10578.31**	**10456.00**
有林地面积	6736.00	6591.00	6226.00	5462.25	5532.00
用材林		4992.00	4715.55	3748.89	3413.00
防护林		367.00	346.68	51.07	120.00
薪炭林				223.34	385.00
特种用材林		9.00			19.00
经济林		813.00	767.98	982.70	1085.00
#油茶林				906.12	945.00
竹　　林		410.00	395.79	456.25	510.00
稀疏林		1371.00	1474.00	676.39	1566.00
灌木林		304.00	327.00	690.75	272.00
未成林造林地				350.97	232.00
荒山宜林地				3109.20	2854.00
其他				288.75	
活立木总蓄积量(万立方米)	**51926.80**	**49801.80**	**40010.80**	**30084.90**	**25375.70**
杉木林				5176.96	5662.30
马尾松				7907.72	5639.60
阔叶树及其它				17000.23	14073.80
毛竹林蓄积量(万株)		**46248.00**	**55225.02**	**69189.27**	**88025.40**
森林覆盖率(%)	**40.30**	**39.50**	**37.30**	**37.22**	**34.73**

注：本表数据为林业普查年份数据。

4-6 续表

指　　标	1988	1991	1996	1999	2004
全省林业用地总面积(千公顷)	**10496.20**	**10483.40**	**10453.20**	**10628.75**	**10626.47**
有林地面积	5992.40	6727.70	8897.80	9506.55	9413.00
用材林	3555.70	4148.80	5902.10	3813.91	3800.88
防护林	191.90	255.80	352.00	3439.84	3521.63
薪炭林	577.20	610.70	608.00	186.20	67.35
特种用材林	32.00	30.40	44.80	362.22	449.96
经济林	1101.60	1130.40	1363.50	961.55	749.29
#油茶林	972.00	986.40	1011.50	742.50	696.76
竹　　林	534.00	551.60	627.30	742.82	823.88
稀疏林	1421.30	1165.50	441.70	168.39	138.70
灌木林	107.20	105.60	217.60	397.05	490.47
未成林造林地	426.90	562.20	211.20	143.77	317.01
荒山宜林地	2342.20	1811.40	531.30	121.64	127.75
其他	206.20	111.00	153.60	291.35	139.54
活立木总蓄积量(万立方米)	**24219.19**	**24590.10**	**27695.69**	**28992.72**	**35357.23**
杉木林	6376.39	7013.65	8168.95	10262.04	12464.90
马尾松	3997.69	3933.33	5131.51	8895.39	11115.11
阔叶树及其它	13845.11	13643.12	14395.23	9835.29	11777.23
毛竹林蓄积量(万株)	**95737.00**	**105065.00**	**108556.00**	**136984.00**	**150209.02**
森林覆盖率(%)	**36.88**	**40.93**	**55.24**	**59.70**	**60.05**

4-7　各地区森林资源情况

地　　区	土地总面积（千公顷）	林业用地面积（千公顷）	活立木总蓄积（万立方米）	毛竹林蓄积量（万株）	森林覆盖率（%）
全　　省	**16694.66**	**10626.47**	**35357.23**	**150209.02**	**60.05**
南 昌 市	740.13	126.91	323.87	819.54	16.05
景德镇市	524.79	355.58	1272.12	2060.14	58.89
萍 乡 市	382.70	253.93	607.31	5430.11	63.02
九 江 市	1882.32	1043.84	3118.42	5927.81	50.36
新 余 市	316.37	177.37	549.31	2855.07	52.38
鹰 潭 市	355.42	199.87	674.99	5227.66	55.29
赣 州 市	3937.96	3034.96	9799.62	23879.53	74.20
吉 安 市	2527.11	1733.17	6787.29	22576.68	65.55
宜 春 市	1867.06	1040.96	4134.54	33873.89	52.83
抚 州 市	1881.69	1287.64	4252.90	29419.98	61.10
上 饶 市	2279.10	1372.23	3836.86	18138.59	57.67

注：本表数据为十五期间二类调查数。

4-8 各县(市、区)森林资源情况(2004年)

地 区	土地总面积(千公顷)	林业用地面积(千公顷)	有林地面积(千公顷)	活立木总蓄积(万立方米)	竹林面积(万立方米)	毛竹株数(万株)	森林覆盖率(%)
江西省	**16694.66**	**10626.47**	**8717.06**	**35357.23**	**823882.44**	**150209.02**	**60.05**
南昌市	**740.13**	**126.91**	**89.11**	**323.87**	**5771.63**	**819.55**	**16.05**
南昌城区	4.82			5.45			19.39
青山湖区	17.92	0.09		1.85			2.62
湾里区	23.70	17.43	13.52	57.31	4746.47	563.64	72.28
昌北区	13.00	3.84	2.72	16.64	222.50	29.27	33.49
红谷滩区	4.92	0.49	0.38	1.26			9.98
南昌高新区	23.10	0.03	0.01	1.19			1.75
南昌县	161.93	4.02	1.68	28.00	57.76	1.38	3.31
新建县	229.93	34.15	22.54	68.47	245.90	26.36	13.36
安义县	65.62	26.96	21.58	68.62	479.30	163.25	37.39
进贤县	195.19	39.89	26.67	75.08	19.70	35.65	17.62
景德镇市	**524.79**	**355.58**	**295.68**	**1272.12**	**10322.00**	**2060.14**	**58.89**
昌江区	34.79	18.97	14.66	63.85	875.60	132.55	44.71
浮梁县	265.47	213.35	198.72	895.49	8040.50	1662.88	77.73
乐平市	197.35	96.44	58.68	151.02	1375.40	258.44	31.41
枫树山林场	27.18	26.81	23.63	161.76	30.50	6.27	92.58
萍乡市	**382.70**	**253.93**	**166.88**	**607.31**	**32319.58**	**5430.11**	**63.02**
安源区	23.26	9.03	6.82	33.14	825.80	163.04	46.83
湘东区	86.20	58.84	37.84	160.90	8990.88	1763.47	65.87
萍乡开发区		1.25	0.44	1.85	0.20	0.02	27.45
上栗县	70.75	43.47	15.88	58.09	5594.80	789.91	56.83
莲花县	106.21	74.84	52.86	170.29	2509.61	231.25	66.95
芦溪县	96.28	66.50	53.03	183.04	14398.29	2482.42	65.47
九江市	**1882.32**	**1043.84**	**787.85**	**3118.42**	**33097.74**	**5927.81**	**50.36**
浔阳区	6.45	0.07	0.07	4.68			7.89
庐山区	46.89	17.32	10.70	70.02	678.10	293.07	34.95
九江开发区	8.19	2.07	1.55	8.61	25.90	4.28	21.46
九江县	84.78	28.12	12.82	98.24	913.30	213.27	22.82
武宁县	350.66	249.00	189.22	773.46	11101.30	2360.35	64.10
修水县	450.37	339.22	296.64	937.14	1584.40	490.66	73.12
永修县	193.80	76.61	58.18	253.14	4638.43	892.34	33.59
德安县	86.55	53.27	32.80	112.73	2606.50	85.61	52.77
星子县	71.34	22.68	17.83	68.25	627.61	190.28	29.89
都昌县	198.84	64.07	41.92	234.68	646.60	163.31	27.24
湖口县	66.93	16.52	11.52	54.92	331.40	79.51	20.50
彭泽县	154.17	80.52	68.54	277.77	2388.30	716.73	45.46
瑞昌市	142.31	86.44	41.55	163.02	7398.30	406.60	53.60
共青城	15.83	3.13	1.57	9.78	37.80	7.67	14.48
庐山管理局	5.21	4.81	2.96	51.98	119.80	24.13	91.95
新余市	**316.37**	**177.37**	**110.17**	**549.31**	**11826.20**	**2855.07**	**52.38**
渝水区	133.50	64.92	34.90	137.05	789.50	246.20	45.10

4-8 续表1

地 区	土地总面积（千公顷）	林业用地面积（千公顷）	有林地面积（千公顷）	活立木总蓄积（万立方米）	竹林面积（万立方米）	毛竹株数（万株）	森林覆盖率（%）
仙女湖区	27.91	16.30	6.18	57.88	1204.90	214.13	54.89
新余开发区	25.77	13.13	10.78	16.26	16.00	4.17	48.06
亚林中心	9.68	8.41	7.44	49.28	2388.00	473.27	82.61
分宜县	119.51	74.61	50.88	288.84	7427.80	1917.30	58.40
鹰潭市	**355.42**	**199.87**	**184.78**	**674.99**	**24549.00**	**5227.66**	**55.29**
月湖区	13.74	2.77	2.56	3.43	7.40	2.80	19.65
贵溪市	225.93	142.14	134.43	568.63	23730.50	5020.42	62.32
余江县	92.54	39.12	34.50	55.51	156.00	30.56	42.30
龙虎山管理局	23.22	15.84	13.29	47.42	655.10	173.88	59.73
赣州市	**3937.96**	**3034.96**	**2713.07**	**9799.62**	**120351.30**	**23879.54**	**74.20**
章贡区	41.62	23.49	22.13	99.23	94.50	46.03	55.16
黄金开发区	11.21	3.03	2.68	4.33	45.30	3.40	26.18
赣 县	299.31	228.51	206.01	566.22	3102.10	660.10	74.35
信丰县	287.84	201.86	180.83	641.46	3407.70	675.89	66.91
大余县	136.65	106.86	97.77	484.27	18481.60	3217.25	74.28
上犹县	149.41	123.35	99.98	414.87	9371.80	2110.96	79.80
崇义县	198.21	174.19	155.88	1169.50	38088.00	7305.60	85.99
安远县	237.48	199.96	179.95	539.59	2278.50	399.35	83.28
龙南县	164.06	135.96	124.50	470.34	5688.00	973.98	80.28
定南县	131.65	110.52	98.39	437.24	8038.30	1623.45	78.25
全南县	152.06	126.94	120.50	568.42	4253.20	770.29	81.78
宁都县	405.32	298.12	269.47	953.84	5291.50	1258.35	69.67
于都县	289.31	210.29	186.43	548.81	3607.40	595.85	67.81
兴国县	321.45	241.50	214.86	589.39	1532.20	1016.19	74.12
会昌县	272.22	221.40	202.08	627.10	1240.10	175.85	78.54
寻乌县	231.14	191.99	155.80	526.54	3002.50	445.42	75.87
石城县	158.15	120.92	109.19	417.77	4271.80	1263.51	71.47
瑞金市	244.80	183.86	172.06	471.75	4467.60	657.17	73.25
南康市	179.55	111.79	96.37	195.41	519.70	87.19	60.14
犹江林场	25.69	19.77	17.61	68.11	3515.60	581.03	75.14
赣树木园	0.85	0.62	0.59	5.43	53.90	12.68	71.73
吉安市	**2527.11**	**1733.17**	**1412.91**	**6787.29**	**111513.56**	**22576.68**	**65.55**
吉州区	42.49	14.07	11.22	32.71	8.10	0.21	28.37
青原区	86.12	55.98	48.83	252.47	4085.10	1074.14	60.50
吉安县	209.62	126.03	117.28	393.88	642.80	253.90	57.89
吉水县	258.66	166.45	149.39	421.41	5765.51	867.13	61.36
峡江县	128.74	86.88	65.44	311.21	1716.70	690.59	60.73
新干县	124.83	72.09	54.55	282.79	3796.50	1049.45	56.63
永丰县	269.51	195.86	151.20	779.84	10118.30	1768.07	70.62
泰和县	266.54	165.53	141.37	521.84	12048.80	2788.73	59.55
遂川县	311.78	245.62	177.49	1003.82	20659.58	4655.40	77.23

4-8　续表2

地　区	土地总面积（千公顷）	林业用地面积（千公顷）	有林地面积（千公顷）	活立木总蓄积（万立方米）	竹林面积（万立方米）	毛竹株数（万株）	森林覆盖率（%）
万安县	204.64	143.89	120.92	459.05	15078.59	3154.65	68.80
安福县	278.61	200.40	167.74	987.02	23675.39	3075.59	67.14
永新县	219.12	157.37	118.75	627.00	2369.50	622.44	66.58
井冈山市	126.45	103.00	88.73	714.25	11548.69	2576.38	78.87
宜春市	**1867.06**	**1040.96**	**816.86**	**4134.54**	**222469.97**	**33873.89**	**52.83**
袁州区	253.24	155.19	91.05	383.30	26048.38	3627.60	59.30
奉新县	164.28	102.24	96.23	444.15	42191.40	6476.34	60.88
万载县	171.40	108.80	96.10	407.48	31742.41	4770.88	63.15
上高县	135.03	65.03	45.72	182.74	3473.30	812.58	42.30
宜丰县	193.52	134.67	118.80	604.77	55992.48	7280.97	64.63
靖安县	137.75	117.12	107.84	626.78	23938.01	3618.90	82.89
铜鼓县	154.77	138.69	132.36	948.81	24755.59	4506.46	86.96
丰城市	284.47	104.47	49.21	131.78	8149.20	1202.55	31.08
樟树市	128.68	29.85	14.56	87.33	2910.90	822.45	19.79
高安市	243.93	84.89	65.00	317.40	3268.30	755.16	34.04
抚州市	**1881.69**	**1287.64**	**1032.63**	**4252.90**	**145997.11**	**29419.98**	**61.10**
临川区	212.07	97.14	64.67	181.22	8850.90	1807.93	39.00
南城县	169.80	113.38	98.45	320.31	9644.40	1173.31	61.78
黎川县	172.74	130.04	100.63	498.15	16235.10	4135.34	64.79
南丰县	190.93	141.58	114.65	499.45	5981.99	1384.23	70.37
崇仁县	152.01	97.58	75.24	179.01	20165.78	3638.09	54.88
乐安县	241.26	184.82	141.96	545.95	17839.74	4328.33	67.12
宜黄县	194.42	154.01	129.24	650.92	26958.71	5367.64	73.44
金溪县	135.81	81.24	66.09	207.45	4937.80	1076.34	52.97
资溪县	125.22	108.35	106.60	689.83	31286.19	5730.99	85.94
东乡县	126.25	62.91	40.51	108.89	141.40	51.02	36.98
广昌县	161.19	116.59	94.59	371.72	3955.10	726.76	62.94
上饶市	**2279.10**	**1372.23**	**1107.11**	**3836.86**	**105664.35**	**18138.59**	**57.67**
信州区	30.87	12.94	10.82	25.16	6.10	4.41	38.10
上饶县	224.61	160.61	98.32	311.66	21503.15	2567.31	71.59
广丰县	137.78	84.22	63.04	228.15	8760.08	1267.52	56.61
玉山县	159.87	104.54	78.34	186.40	2266.59	486.20	63.84
铅山县	217.77	165.09	137.33	470.15	32665.58	5654.06	71.43
横峰县	65.52	40.90	20.91	33.48	1839.30	346.42	57.02
弋阳县	159.25	97.54	82.57	265.63	9460.64	2268.01	56.58
余干县	233.08	53.05	46.49	84.96	56.10	59.06	23.78
鄱阳县	421.47	166.71	137.56	259.05	1576.10	347.92	35.06
万年县	113.55	64.65	57.88	128.13	2045.00	347.26	59.36
婺源县	294.75	246.73	218.91	985.44	11829.70	2123.47	81.45
德兴市	204.35	160.56	141.27	761.69	13438.61	2633.74	75.09
三清山管委会	16.24	14.69	13.68	96.96	217.40	33.21	89.80

4-9 造林面积

年　份	造林总面积	公有经济造林	人工造林	按林种		
				用材林	经济林	防护林
1978	241.73	195.95	241.73	115.76	95.24	0.45
1979	165.48	138.94	165.48	79.25	65.20	0.31
1980	225.85	177.09	225.85	136.51	80.56	2.95
1981	192.87	139.88	192.87	95.07	64.39	4.73
1982	161.04	113.48	161.04	72.92	64.96	1.47
1983	244.10	161.51	244.10	118.97	67.38	2.59
1984	286.34	213.91	161.86	161.00	61.48	5.14
1985	409.05	314.53	409.05	247.87	32.87	14.42
1986	294.73	188.60	294.73	178.64	23.66	10.40
1987	310.87	224.55	310.87	188.32	24.95	10.97
1988	310.03	251.70	310.03	180.14	19.24	14.55
1989	235.47	200.64	235.47	153.65	14.86	5.09
1990	276.19	259.07	276.19	185.70	12.57	11.07
1991	506.00	358.47	389.10	331.00	20.60	68.60
1992	435.00	367.20	372.30	277.07	50.73	81.40
1993	243.27	190.60	215.40	159.13	44.07	27.80
1994	251.93	232.82	229.90	145.03	55.16	37.89
1995	250.09	221.57	227.10	143.98	54.76	37.30
1996	191.43	172.02	171.00	89.98	58.43	29.73
1997	81.00	73.78	68.60	46.92	25.11	7.18
1998	53.07	46.58	47.10	23.70	21.81	7.05
1999	36.72	33.07	30.80	12.57	12.09	11.48
2000	35.23	30.58	28.20	13.45	10.32	11.29
2001	37.15	25.17	28.30	10.32	6.40	20.11
2002	162.28	77.95	162.28	20.50	19.63	121.64
2003	219.75	84.53	219.75	21.30	24.46	172.98
2004	58.10	15.49	58.10	19.58	3.62	33.85
2005	47.59	16.60	47.59	20.74	3.91	22.14
2006	63.60	20.77	63.60	36.35	4.39	22.38
2007	157.42	31.52	147.58	95.25	20.30	41.16
2008	267.03	71.24	234.60	147.43	32.91	84.85
2009	228.63	63.47	209.02	120.39	23.28	82.53

注：2002以前年末实有封山育林面积含封山护林面积。

和 营 林 情 况

单位：千公顷

用 途 分		年末实有封山育林面积	更新造林面积	低产低效林改造面积	零星(四旁)植树(万株)
薪炭林	特种用途林				
	30.28		18.08		3595.88
	20.73	987.47	17.51	65.79	3936.19
	5.83	552.20	17.94	41.28	3564.75
	28.67	1273.27	22.48	23.44	3822.08
13.95	7.74	1484.87	20.83	19.70	4484.91
43.13	12.03	427.33	19.29	26.47	4356.24
46.18	12.54	1873.2	24.39	30.52	5812.56
106.06	7.83	2224.00	30.47	38.60	5164.97
76.40	5.63	2735.00	34.80	39.40	5874.00
80.69	5.94	2623.73	33.80	37.20	5174.70
85.43	10.67	2856.55	33.84	100.37	5315.55
57.85	4.02	2589.97	29.73	30.77	4794.95
64.61	2.24	2412.47	31.85	28.13	5724.62
85.47	0.33	2923.00	33.40	48.73	7248.00
23.67	2.13	3363.87	34.53	60.27	6594.90
12.20	0.10	3052.53	31.87	117.33	6986.90
13.27	0.58	2888.47	35.24	183.00	7356.00
13.17	0.88	2649.81	29.82	187.03	6662.00
12.41	0.88	2394.93	33.42	168.41	7088.00
1.56	0.23	2492.51	39.80	246.03	9929.00
0.46	0.05	2309.50	32.85	257.93	7770.00
0.57	0.01	2739.50	25.00	220.11	8201.00
0.10	0.08	1463.06	22.60	247.06	7739.00
0.24	0.08	1881.40	17.10	180.16	6738.00
0.17	0.34	1402.12	11.70	62.77	6255.00
0.55	0.45	430.07	1.11	5.90	6746.00
0.99	0.06	627.21	1.40	43.13	7422.00
0.33	0.47	610.10	7.20	26.50	5226.00
0.25	0.23	605.56	8.50	11.43	9020.60
0.55	0.17	718.20	17.82	6.90	18172.60
0.31	1.55	409.83	28.25	55.91	1383.00
1.72	0.72	459.60	24.35	44.53	15378.67

4-10 各地区造林面积和营林情况(2009年)

单位：千公顷

地区	造林总面积	按经济成份分				按造林方式分	
		公有经济造林	国有经济造林	集体经济造林	非公有经济造林	人工造林	无林地和疏林地本年新封
全省	**228.63**	**63.47**	**31.80**	**31.67**	**165.16**	**209.02**	**19.61**
南昌市	6.88	5.91	3.52	2.39	0.97	6.12	0.76
景德镇市	6.37	2.20	2.04	0.17	4.17	6.03	0.34
萍乡市	14.75	9.95	3.67	6.28	4.80	12.87	1.88
九江市	29.33	3.45	0.57	2.88	25.88	28.87	0.47
新余市	9.01	3.48	1.80	1.68	5.53	8.46	0.55
鹰潭市	7.51	3.28	0.35	2.93	4.23	6.87	0.64
赣州市	36.71	5.01	2.60	2.41	31.71	32.89	3.82
吉安市	23.45	8.28	5.63	2.65	15.18	20.56	2.89
宜春市	30.72	6.01	2.37	3.64	24.71	27.29	3.43
抚州市	22.76	4.18	4.18		18.58	20.14	2.62
上饶市	41.14	11.73	5.08	6.65	29.42	38.93	2.21

4-10 续表

单位：千公顷

地区	按林种用途分					年末实有封山育林面积	更新造林面积	低产低效林改造面积	零星(四旁)植树(万株)
	用材林	经济林	防护林	薪炭林	特种用途林				
全省	**120.39**	**23.28**	**82.53**	**1.72**	**0.72**	**459.60**	**24.35**	**44.53**	**15572.38**
南昌市	0.88	0.83	5.06	0.05	0.07	6.70	0.02	0.39	1090.35
景德镇市	4.63	0.10	1.64			83.62	0.55	0.23	131.93
萍乡市	8.10	1.84	4.81			10.43		0.04	1212.50
九江市	19.76	3.79	5.18		0.60	118.13	1.42	3.53	3362.59
新余市	4.88	0.70	3.42			1.40	1.49	0.72	255.10
鹰潭市	1.93	2.21	3.38			6.53			284.85
赣州市	22.05	4.17	10.44		0.05	28.38	7.58	7.34	2899.59
吉安市	9.74	0.53	11.97	1.21		48.66	7.69	6.51	2449.71
宜春市	12.09	3.30	15.06	0.28		138.04	5.00	6.20	1711.69
抚州市	10.90	2.47	9.24	0.15		9.77	0.13	13.53	526.47
上饶市	25.43	3.35	12.33	0.03		7.94	0.46	6.05	1847.60

4-11 各县(市、区)荒山荒(沙)地造林情况(2009年)

单位：公顷

地区	荒山荒(沙)地造林面积	人工造林	按经济成份分		按林种用途分				
			公有经济造林	非公有经济造林	用材林	经济林	防护林	薪炭林	特种用途林
全省	**228630**	**209019**	**63470**	**165160**	**120388**	**23276**	**82528**	**1715**	**723**
南昌市	**6879**	**6119**	**5912**	**967**	**877**	**828**	**5055**	**46**	**73**
市辖区	263	73	263		190				73
湾里区	703	133	703			133	570		
南昌县	1500	1500	1500				1500		
新建县	2050	2050	2050			50	2000		
安义县	713	713	400	313			667	46	
进贤县	1650	1650	996	654	687	645	318		
景德镇市	**6368**	**6025**	**2202**	**4166**	**4625**	**100**	**1643**		
市辖区	542	542	542		142		400		
昌江区	333	333	333			100	233		
浮梁县	1327	984	1327		984		343		
乐平市	4166	4166		4166	3499		667		
萍乡市	**14749**	**12872**	**9950**	**4799**	**8101**	**1836**	**4812**		
市辖区									
安源区	1527	1260	1527		363	424	740		
安源经济开发区	150	150	150		150				
湘东区	2672	2339	370	2302	2439		233		
莲花县	4675	4085	4675		3726	30	919		
上栗县	2497	2400		2497	100	733	1664		
芦溪县	3228	2638	3228		1323	649	1256		
九江市	**29333**	**28867**	**3450**	**25883**	**19762**	**3793**	**5178**		**600**
市辖区									
庐山区	373	373	23	350	260	113			
浔阳区									
九江县	1509	1509		1509	719	123	667		
武宁县	6147	6014		6147	5667	480			
修水县	2963	2630		2963	1063	400	900		600
永修县	5466	5466		5466	2186	1093	2187		
德安县	2026	2026	320	1706	1606	330	90		
星子县	1909	1909		1909	1809	100			
都昌县	2906	2906	200	2706	1619	620	667		
湖口县	1246	1246	1200	46	846	400			
彭泽县	1667	1667		1667	1613	54			
瑞昌市	2934	2934	1707	1227	2267		667		
共青城	187	187		187	107	80			
开发区									
庐山管理局									
新余市	**9008**	**8458**	**3478**	**5530**	**4884**	**701**	**3423**		
市辖区									
仰天岗管理会	484	301	484		236		248		
渝水区	3958	3838	1958	2000	2316	213	1429		

4-11 续表1

单位：公顷

地　　区	荒山荒(沙)地造林面积	人工造林	按经济成份分		按林种用途分				
			公有经济造林	非公有经济造林	用材林	经济林	防护林	薪炭林	特种用途林
仙女湖	693	693	373	320	460	93	140		
高新开发区	400	400		400	200	200			
分宜县	3473	3226	663	2810	1672	195	1606		
鹰潭市	7510	6867	3277	4233	1930	2205	3375		
市辖区									
月湖区	287	287	287		30	15	242		
龙虎山	700	400	600	100	400		300		
余江县	3000	3000	200	2800	1500		1500		
贵溪市	3523	3180	2190	1333		2190	1333		
赣州市	**36711**	**32889**	**5005**	**31706**	**22049**	**4168**	**10444**		**50**
市辖区									
章贡区	170	170	170				170		
黄金区									
赣县	1734	1734	597	1137	1734				
信丰县	1022	768	210	812	768		254		
大余县	1383	793		1383	460		923		
上犹县	1226	620	720	506	400	120	706		
崇义县	723	380		723	723				
安远县	1200	1200	182	1018			1200		
龙南县	1333	1333	100	1233			1333		
定南县	1881	1881	193	1688	1214		667		
全南县	1200	1200	1200				1200		
宁都县	10196	10063		10196	7509	2154	533		
于都县	5482	4863	570	4912	3363	1000	1119		
兴国县	333	333		333	333				
会昌县	1923	1333	200	1723	1590	333			
寻乌县	667	667		667			667		
石城县	4300	4053	50	4250	3009	461	780		50
瑞金市	1313	873	813	500	946	100	267		
南康市	625	625		625			625		
吉安市	**23454**	**20563**	**8277**	**15177**	**9740**	**529**	**11971**	**1214**	
市辖区									
吉州区	914	814	914		247		667		
青原区									
吉安县	4673	4673	335	4338	2871	24	666	1112	
吉水县	4000	3753	2000	2000	2000	80	1818	102	
峡江县	1527	1280	282	1245	613		914		
新干县	1816	1816	720	1096	1044	89	683		
永丰县	1187	567	572	615			1187		
泰和县	2647	2647	27	2620		80	2567		
遂川县	91	91	91				91		
万安县	2150	1570	797	1353	400	190	1560		

4-11 续表2

单位：公顷

地　　区	荒山荒(沙)地造林面积	人工造林	按经济成份分		按林种用途分				
			公有经济造林	非公有经济造林	用材林	经济林	防护林	薪炭林	特种用途林
安福县	1807	1217	1564	243	807		1000		
永新县	1667	1160		1667	1601	66			
井冈山市	975	975	975		157		818		
宜春市	**30720**	**27290**	**6014**	**24706**	**12087**	**3295**	**15058**	**280**	
市辖区	437	247	247	190	437				
袁州区	4267	4020		4267	2533	820	914		
奉新县	1887	1447	778	1109	887		1000		
万载县	3310	2720		3310	3310				
上高县	4937	4347		4937			4937		
宜丰县	1539	1196	806	733	783	756			
靖安县	2230	1790	1783	447	447	336	1447		
铜鼓县	1467	1124	417	1050	1467				
丰城市	3174	2927	486	2688	561	1000	1333	280	
樟树市	4800	4800	1397	3403	662	353	3785		
高安市	2672	2672	100	2572	1000	30	1642		
抚州市	**22756**	**20137**	**4180**	**18576**	**10900**	**2470**	**9236**	**150**	
市辖区									
临川区	2000	2000		2000	1267	66	667		
南城县	2251	2004	247	2004	557	494	1200		
黎川县	2026	1780	467	1559	1360		666		
南丰县	3050	2763	395	2655	1083	180	1787		
崇仁县	2400	2303	133	2267	1075	564	641	120	
乐安县	1385	1212		1385	905	480			
宜黄县	2199	2046		2199	2177	22			
金溪县	985	985		985	433	320	202	30	
资溪县	2746	2166	580	2166	1085	97	1564		
东乡县	1850	1260	1717	133	133		1717		
广昌县	1864	1618	641	1223	825	247	792		
上饶市	**41142**	**38932**	**11725**	**29417**	**25433**	**3351**	**12333**	**25**	
市辖区	233	80	233		233				
信州区	1490	1300	1490		1333	57	100		
上饶县	1404	1307		1404	204	300	900		
广丰县	2501	2254	1541	960	704	107	1690		
玉山县	4194	3947	4194		880	160	3154		
铅山县	3733	3390	1353	2380	2123	185	1425		
横峰县	3221	2974	701	2520	800	266	2130	25	
弋阳县	5446	5103	1913	3533	3756	1023	667		
余干县	4767	4767	117	4650	3817	283	667		
鄱阳县	8180	8180		8180	8140	40			
万年县	1183	1183		1183	116	667	400		
婺源县	3847	3504	183	3664	2447	200	1200		
德兴市	943	943		943	880	63			

4-12 国家级和省级生态公益林补偿面积(2009年)

单位：万亩

单 位	合 计			重点公益林			省级公益林		
	小计	国有	集体	小计	国有	集体	小计	国有	集体
全 省	**5100.00**	**1248.95**	**3832.49**	**3237.30**	**854.43**	**2382.87**	**1862.70**	**413.09**	**1449.61**
南昌市	**72.46**	**11.83**	**60.63**	**51.30**	**10.05**	**41.25**	**21.16**	**1.77**	**19.39**
南昌市直	2.00		2.00				2.00		2.00
湾里区	14.98	3.93	11.05	14.50	3.93	10.57	0.48		0.48
南昌县	2.20	0.97	1.23	1.20	0.22	0.98	1.00	0.75	0.25
新建县	15.23	2.23	13.00	14.55	2.23	12.32	0.68		0.68
安义县	15.71	3.58	12.13	8.71	2.92	5.79	7.00	0.66	6.34
进贤县	22.34	1.11	21.23	12.34	0.75	11.59	10.00	0.36	9.64
景德镇市	**186.23**	**25.10**	**161.13**	**121.86**	**6.55**	**115.31**	**64.37**	**18.55**	**45.82**
昌江区	8.07	3.33	4.74	2.07	0.46	1.61	6.00	2.87	3.13
浮梁县	103.85	3.96	99.89	101.20	1.31	99.89	2.65	2.65	
乐平市	61.12	4.61	56.51	15.40	1.59	13.81	45.72	3.02	42.70
枫树山林场	13.19	13.19		3.19	3.19		10.00	10.00	
萍乡市	**139.49**	**47.51**	**91.98**	**54.42**	**10.18**	**44.24**	**85.07**	**37.33**	**47.74**
安源区	8.08	1.05	7.03				8.08	1.05	7.03
湘东区	31.33	11.91	19.42	6.65	4.30	2.35	24.68	7.60	17.08
莲花县	29.48	19.44	10.04	2.95	1.58	1.37	26.53	17.86	8.67
上栗县	19.03	4.06	14.97				19.03	4.06	14.97
芦溪县	51.57	11.05	40.52	44.82	4.30	40.52	6.75	6.75	
九江市	**627.28**	**151.92**	**475.36**	**442.69**	**98.56**	**344.13**	**184.59**	**53.36**	**131.23**
庐山区	19.15	10.35	8.80	19.15	10.35	8.80			
九江县	8.96	0.04	8.92	5.85	0.04	5.81	3.11		3.11
武宁县	128.57	37.90	90.67	95.24	20.58	74.66	33.33	17.32	16.01
修水县	204.76	33.67	171.09	124.26	20.92	103.34	80.50	12.75	67.75
永修县	54.25	36.04	18.21	32.02	16.86	15.16	22.23	19.18	3.05
德安县	28.14	0.61	27.53	18.14	0.50	17.64	10.00	0.11	9.89
星子县	17.72	6.82	10.90	17.72	6.82	10.90			
都昌县	42.34	2.27	40.07	23.93	0.39	23.54	18.41	1.88	16.53
湖口县	9.00	2.72	6.28	5.00	2.14	2.86	4.00	0.58	3.42
彭泽县	43.06	11.10	31.96	41.06	10.92	30.14	2.00	0.18	1.82
瑞昌市	63.40	2.78	60.62	52.89	1.92	50.97	10.51	0.86	9.65
共青城	0.50	0.18	0.32	0.50	0.18	0.32			
庐山管理局	7.43	7.43		6.93	6.93		0.50	0.50	
新余市	**80.99**		**62.43**	**45.89**	**6.61**	**39.28**	**35.10**	**11.95**	**23.15**
市直(仰天岗管委会)	2.31		2.31				2.31		2.31
渝水区	32.66	1.14	31.52	27.74		27.74	4.92	1.14	3.78
亚林中心	2.35	2.33	0.02	2.35	2.33	0.02			
仙女湖区	13.10	3.18	9.92	10.20	2.77	7.43	2.90	0.41	2.49
经济开发区	4.60		4.60				4.60		4.60
分宜县	25.97	11.92	14.05	5.60	1.52	4.08	20.37	10.40	9.97
鹰潭市	**131.40**	**39.20**	**92.20**	**65.48**	**26.13**	**39.35**	**65.92**	**13.07**	**52.85**
月湖区	1.32	0.03	1.29	1.32	0.03	1.29			

4-12 续表1

单位：万亩

单 位	合 计			重点公益林			省级公益林		
	小计	国有	集体	小计	国有	集体	小计	国有	集体
余江县	25.77	3.81	21.96	15.77	1.83	13.94	10.00	1.98	8.02
贵溪市	87.24	33.15	54.09	41.44	23.65	17.79	45.80	9.49	36.31
龙虎山管理区	17.07	2.21	14.86	6.95	0.61	6.34	10.12	1.60	8.52
赣州市	**1506.58**	**351.81**	**1154.77**	**1155.34**	**311.67**	**843.67**	**351.24**	**40.14**	**311.10**
章贡区	25.96	3.05	22.91	19.96	3.05	16.91	6.00		6.00
赣县	100.27	6.49	93.78	80.27	6.49	73.78	20.00		20.00
信丰县	76.78	21.34	55.44	59.88	12.88	47.00	16.90	8.46	8.44
大余县	34.12	6.85	27.28	27.32	5.81	21.51	6.80	1.03	5.77
上犹县	55.22	14.00	41.22	45.22	14.00	31.22	10.00		10.00
崇义县	93.71	41.93	51.78	73.71	41.76	31.95	20.00	0.17	19.83
安远县	91.74	47.02	44.72	81.74	45.80	35.94	10.00	1.22	8.78
龙南县	71.77	39.31	32.46	54.77	33.57	21.20	17.00	5.74	11.26
定南县	64.21	9.28	54.93	53.21	8.26	44.95	11.00	1.02	9.98
全南县	57.41	31.31	26.10	40.41	27.50	12.91	17.00	3.81	13.19
宁都县	134.88	14.12	120.76	71.88	13.34	58.54	63.00	0.78	62.22
于都县	119.89	13.30	106.59	84.89	10.72	74.17	35.00	2.58	32.42
兴国县	145.38	6.73	138.65	114.84	5.73	109.11	30.54	1.00	29.54
会昌县	118.57	24.50	94.07	92.57	20.50	72.07	26.00	4.00	22.00
寻乌县	91.48	13.43	78.05	78.48	13.43	65.05	13.00		13.00
石城县	80.01	15.94	64.07	60.01	10.38	49.63	20.00	5.56	14.44
瑞金市	78.71	14.62	64.09	68.71	9.85	58.86	10.00	4.76	5.24
南康市	39.00	1.13	37.87	20.00	1.13	18.87	19.00		19.00
犹江林场	27.47	27.47		27.47	27.47				
吉安市	**591.46**	**251.64**	**339.82**	**293.52**	**146.87**	**146.65**	**297.94**	**104.77**	**193.17**
市直(市林科所)	3.36	3.36					3.36	3.36	
吉州 区	6.63		6.63				6.63		6.63
青原区	13.89	6.01	7.88	10.17	2.35	7.82	3.72	3.66	0.06
吉安县	37.21	26.02	11.19	1.00	0.03	0.97	36.21	25.99	10.22
吉水县	45.00	9.32	35.68	10.00	1.11	8.89	35.00	8.21	26.79
峡江县	17.84	6.21	11.63	10.00	4.38	5.62	7.84	1.84	6.00
新干县	25.00	15.81	9.19	5.00	4.65	0.35	20.00	11.17	8.83
永丰县	34.63	8.66	25.97	13.83	2.26	11.57	20.80	6.40	14.40
泰和县	77.69	19.29	58.40	24.69	11.79	12.90	53.00	7.51	45.49
遂川县	88.30	9.52	78.78	49.17	6.47	42.71	39.13	3.06	36.07
万安县	67.00	13.91	53.09	37.00	4.78	32.22	30.00	9.13	20.87
安福县	65.90	46.89	19.01	35.90	32.54	3.36	30.00	14.35	15.65
永新县	34.85	28.80	6.05	33.58	28.67	4.91	1.27	0.13	1.14
井冈山市	39.33	22.99	16.34	31.83	16.49	15.34	7.50	6.50	1.00
井冈山保护区	34.83	34.83		31.35	31.35		3.48	3.48	
宜春市	**497.91**	**102.04**	**395.86**	**290.71**	**60.96**	**229.75**	**207.20**	**41.09**	**166.11**
市直(明月山管理局)	11.36	0.27	11.09	2.08		2.08	9.28	0.27	9.01
袁州区	56.94	7.64	49.30	31.92	5.39	26.53	25.02	2.25	22.77

4-12 续表2

单位：万亩

单 位	合 计			重点公益林			省级公益林		
	小计	国有	集体	小计	国有	集体	小计	国有	集体
奉新县	46.53	8.42	38.11	29.84	3.37	26.47	16.69	5.05	11.64
万载县	49.52	20.61	28.91	36.00	14.79	21.22	13.52	5.83	7.69
上高县	31.22	1.57	29.65	15.00	1.11	13.89	16.22	0.47	15.75
宜丰县	70.00	11.56	58.44	42.02	5.80	36.22	27.98	5.76	22.22
靖安县	63.91	20.37	43.54	50.83	13.95	36.88	13.08	6.43	6.65
铜鼓县	61.82	18.17	43.65	43.02	9.35	33.67	18.80	8.82	9.98
丰城市	60.61	5.68	54.93	18.00	3.18	14.82	42.61	2.50	40.11
樟树市	15.00	2.53	12.47	9.00	2.53	6.47	6.00		6.00
高安市	31.00	5.22	25.78	13.00	1.51	11.49	18.00	3.71	14.29
抚州市	**480.27**	**90.03**	**390.24**	**273.18**	**52.73**	**220.45**	**207.09**	**37.30**	**169.79**
临川区	41.00	5.55	35.45	10.00		10.00	31.00	5.55	25.45
南城县	44.66	3.83	40.83	44.66	3.83	40.83			
黎川县	39.65	16.03	23.62	30.17	14.49	15.68	9.48	1.54	7.94
南丰县	49.65	4.85	44.80	49.65	4.85	44.80			
崇仁县	29.51	1.80	27.71	0.70	0.20	0.50	28.81	1.60	27.21
乐安县	59.00	15.47	43.53	5.00	1.06	3.94	54.00	14.41	39.59
宜黄县	38.24	4.41	33.83	38.24	4.41	33.83			
金溪县	46.11	0.59	45.52	12.00		12.00	34.11	0.59	33.52
资溪县	53.90	23.00	30.90	33.90	17.49	16.41	20.00	5.50	14.50
东乡县	21.29	2.63	18.66	0.60	0.49	0.11	20.69	2.14	18.55
广昌县	57.26	11.87	45.39	48.26	5.91	42.35	9.00	5.96	3.04
上饶市	**767.59**	**173.31**	**594.28**	**425.84**	**120.81**	**305.03**	**341.75**	**52.50**	**289.25**
信州区	6.34	0.17	6.17	6.34	0.17	6.17			
上饶县	66.86	41.34	25.52	42.91	31.35	11.56	23.95	9.98	13.97
广丰县	45.00	14.12	30.88	19.74	9.48	10.26	25.26	4.64	20.62
玉山县	73.28	4.42	68.86	50.24	3.41	46.83	23.04	1.01	22.03
铅山县	78.87	49.25	29.62	44.87	35.35	9.52	34.00	13.90	20.10
横峰县	32.04	6.95	25.09	15.04	6.00	9.04	17.00	0.95	16.05
弋阳县	67.66	5.12	62.54	35.66	3.08	32.58	32.00	2.04	29.96
余干县	24.50	0.69	23.81	8.00	0.15	7.86	16.50	0.54	15.96
鄱阳县	63.60	7.02	56.58	22.00	5.87	16.13	41.60	1.15	40.45
万年县	48.00	6.49	41.51	12.00	0.68	11.32	36.00	5.80	30.20
婺源县	155.13	10.16	144.97	99.03	1.67	97.36	56.10	8.49	47.61
德兴市	77.75	25.29	52.46	51.60	22.03	29.57	26.15	3.26	22.89
三清山	28.56	2.29	26.27	18.41	1.57	16.84	10.15	0.72	9.43
省 直	**18.34**	**4.57**	**13.77**	**17.07**	**3.30**	**13.77**	**1.27**	**1.27**	
桃红岭保护区	3.91		3.91	3.91		3.91			
武夷山保护区	6.86		6.86	6.86		6.86			
官山保护区	3.30	3.30		3.30	3.30				
九连山保护区	2.00		2.00	2.00		2.00			
庐山保护区	1.00		1.00	1.00		1.00			
省林业科技实验中心	1.27	1.27					1.27	1.27	

4-13 林业重点工程建设情况

单位：千公顷

指 标	2004	2005	2006	2007	2008	2009
本年完成造林面积	**67.75**	**42.57**	**48.55**	**60.74**	**62.54**	**96.50**
退耕还林工程	46.67	34.78	43.33	53.33	46.83	34.52
人工造林	46.67	33.33	43.33	53.33	23.71	18.24
无林地和疏林地新封		1.45			23.13	16.28
长江流域防护林工程	20.50	7.34	4.43	7.40	14.01	40.17
人工造林	8.07	5.34	3.39	3.67	8.77	38.13
无林地和疏林地新封	12.43	2.00	1.04	3.73	5.24	2.04
珠江流域防护林工程	0.58	0.45	0.78		1.69	5.22
人工造林	0.25	0.45	0.45		0.37	5.22
无林地和疏林地新封	0.33		0.33		1.32	
速生丰产用材林基地建设工程						16.60
人工造林						16.60
无林地和疏林地新封						

4-14 各地区林业重点工程建设情况(2009年)

单位：千公顷

地 区	本年完成造林面积	退耕还林工程	长江流域防护林工程	珠江流域防护林工程	速生丰产用材林基地建设工程
全 省	**96.50**	**34.52**	**40.17**	**5.22**	**16.60**
南 昌 市	1.56	0.89	0.67		
景德镇市	2.23	0.72	1.27		0.24
萍 乡 市	9.14	2.77	2.53		3.84
九 江 市	4.40	0.67	3.74		
新 余 市	0.96	0.71	0.25		
鹰 潭 市	1.54	0.72	0.68	0.15	
赣 州 市	16.85	8.17	3.62	5.07	
吉 安 市	13.88	4.00	7.76		2.11
宜 春 市	14.66	6.63	7.60		0.43
抚 州 市	15.95	4.65	4.80		6.49
上 饶 市	15.33	4.57	7.27		3.50

4-15 自然保护区和森林公园基本情况

指　　标	2004	2005	2006	2007	2008	2009
自然保护区						
数量(个)	128	142	148	158	168	184
国家级(个)	5	5	5	6	8	8
省级(个)	21	21	21	20	18	18
县级(个)	102	116	122	132	142	158
面积(公顷)	779338	992539	1029301	1061359	1085891	1117384
国家级(公顷)	85019	85019	85019	97268	144435	144435
省级(公顷)	288005	297327	297327	282678	235512	235512
县级(公顷)	406314	610193	646955	681413	705944	737438
湿地公园						
数量(个)				1	4	6
面积(公顷)				1504	51506	55793
森林公园						
数量(个)	71	79	92	105	108	110
国家级(个)	28	33	36	39	41	43
省级(个)	40	42	52	60	61	61
县级(个)	3	4	4	6	6	6
面积(公顷)	358132	394652	429296	468903	467051	471865
国家级(公顷)	271165	305253	330652	334540	340867	346261
省级(公顷)	83247	85578	94823	106519	98341	97761
县级(公顷)	3720	3820	3820	27844	27844	27844

4-16 野生动植物保护及自然保护区工程建设情况(2009年)

指标	单位	2008年	2009年
年末实有自然保护区个数	个	168	184
#国家级	个	8	8
年末实有自然保护区面积	公顷	1085891	1117384
#国家级	公顷	144435	144435
年末实有自然保护小区个数	个	1168	1280
年末实有自然保护小区面积	公顷	89628	214548
禁猎(采)区个数(保护区、森林公园、湿地公园、城市公园)	个	726	715
禁猎(采)区面积(保护区、森林公园、湿地公园、城市公园)	公顷	280747	211280
国际重要湿地个数	个	2	2
国际重要湿地面积	公顷	55700	55700
湿地示范区面积	公顷	11768	99644
野生动物种源繁育基地	个	30	34
野生植物种源培育基地	个	120	160
野生动植物保护管理站	个	50	55
鸟类环志中心(站)个数	个	4	6
鸟类环志中心(站)人员	人	20	36
野生动植物科研及监测机构个数	个	54	59
在野生动植物科研及监测机构中各类专业技术人员	人	162	210
野生动物园个数	个	1	1
植物园个数	个	5	5
狩猎场个数	个	4	5
#对外国人开放的狩猎场个数	个		
从事野生动植物及自然保护区建设的职工人数	人	4930	5140
#各类专业技术人员	人	2555	950
野生动植物及自然保护区投资情况	万元	3655	4155
#国债资金	万元	467	
中央财政专项资金	万元	485	485

4-17 各地区自然保护区基本情况(2009年)

地区	自然保护区个数(个)	#国家级	自然保护区面积(千公顷)	#国家级	自然保护区占辖区面积比重(%)
全省	**184**	**8**	**1117.38**	**144.43**	**6.69**
南昌市	12	1	128.99	33.30	17.43
景德镇市	7		45.62		8.69
萍乡市	3		17.89		4.67
九江市	35	2	203.49	34.90	10.81
新余市	3		2.73		0.86
鹰潭市	2		12.55		3.53
赣州市	29	1	199.71	13.41	5.07
吉安市	33	1	103.17	21.45	4.08
宜春市	25	1	80.90	11.50	4.33
抚州市	17	1	123.82	13.87	6.58
上饶市	18	1	198.52	16.01	8.71

4-18 各县(市、区)自然保护区情况(2009年)

地 区	年末实有自然保护区个数(个)	国家级	年末实有自然保护区面积(公顷)	国家级	年末实有自然保护小区个数(个)	年末实有自然保护小区面积(公顷)
全 省	**184**	**8**	**1117484**	**144435**	**1280**	**214548**
南昌市	**12**	**1**	**128991**	**33300**	**56**	**12**
市辖区						
湾里区						
南昌县	3		20409			
新建县	4	1	40600	33300		
安义县	2		24935		56	12
进贤县	3		43047			
景德镇市	**7**		**45617**		**378**	**23765**
市辖区					371	22709
昌江区					7	1056
浮梁县	6		39913			
乐平市	1		5704			
萍乡市	**3**		**17891**		**7**	**7806**
市辖区						
安源区						
安源经济开发区						
湘东区					1	200
莲花县	1		7267			
上栗县					1	600
芦溪县	2		10624		5	7006
九江市	**35**	**2**	**203487**	**34900**	**18**	**63110**
市辖区						
庐山区	1		5300			
浔阳区						
九江县	1		4410		4	7200
武宁县	1		11340			
修水县	3		38485			
永修县	10	1	35390	22400	7	6500
德安县					1	10
星子县	1		3333			
都昌县	4		46417		2	41100
湖口县	6		2256			
彭泽县	5	1	20767	12500	4	8300
瑞昌市	1		2000			
共青城	1		3330			
开发区						
庐山管理局	1		30459			
新余市	**3**		**2731**		**42**	**2664**
市辖区						
渝水区	1		560			
仙女湖					40	464

4-18　续表1

地　　区	年末实有自然保护区个数(个)	国家级	年末实有自然保护区面积(公顷)	国家级	年末实有自然保护小区个数(个)	年末实有自然保护小区面积(公顷)
仰天岗管理会						
高新开发区						
分宜县	2		2171		2	2200
鹰潭市	**2**		**12546**		**1**	**109**
市辖区						
月湖区						
龙虎山	1		1600			
余江县						
贵溪市	1		10946		1	109
赣州市	**29**	**1**	**199715**	**13411**	**10**	**30525**
市辖区						
章贡区	1		12314			
黄金区						
赣县						
信丰县	2		2000			
大余县	1		2227			
上犹县	1		25600			
崇义县	4		34657			
安远县	3		30000			
龙南县	7	1	30061	13411	6	16649
定南县	1		10234		3	
全南县	1		15427			
宁都县	2		1056			
于都县						
兴国县						
会昌县						
寻乌县	4		19357			
石城县						
瑞金市	1		16101		1	13876
南康市	1		680			
吉安市	**33**	**1**	**103167**	**21449**	**34**	**15076**
市辖区						
吉州区						
青原区	1		1333			
吉安县	11		18994			
吉水县						
峡江县	1		10800			
新干县						
永丰县	1		2000		23	676
泰和县	1		2265		1	22
遂川县	7		27196		9	3878
万安县	1		2000			

4-18 续表2

地 区	年末实有自然保护区个数(个)	国家级	年末实有自然保护区面积(公顷)	国家级	年末实有自然保护小区个数(个)	年末实有自然保护小区面积(公顷)
安福县	8		6630			
永新县	1		10500		1	10500
井冈山市	1	1	21449	21449		
宜春市	**25**	**1**	**80901**	**11501**	**312**	**44901**
市辖区	1		2049			
袁州区	1		4986			
奉新县	7		11938		7	10649
万载县	4		5962		11	4345
上高县	1		5214			
宜丰县	4	1	12455		281	12396
靖安县	2		14942			
铜鼓县	1		17000		13	17511
丰城市	1		448			
樟树市	2		5521			
高安市	1		387			
抚州市	**17**	**1**	**123821**	**13867**	**2**	**2530**
市辖区						
临川区	1		2398			
南城县	2		6600			
黎川县	2		3640		1	2460
南丰县	1		438			
崇仁县	1		514			
乐安县	3		24522		1	70
宜黄县	2		61810			
金溪县						
资溪县	2	1	14132			
东乡县	1		654			
广昌县	2		9114			
上饶市	**18**	**1**	**198516**	**16007**	**420**	**24050**
市辖区						
信州区						
上饶县						
广丰县	1		10800		100	5
玉山县	1		17750		125	445
铅山县	1	1	16007	16007		
横峰县						
弋阳县	1		5500			
余干县	1		35000			
鄱阳县	1		40900		4	
万年县						
婺源县	11		55893		191	23600
德兴市	1		16667			

4-19 国家级、省级自然保护区(2009年)

名　　称	级别	类型	主要保护对象	地点	面积(公顷)	建立时间
鄱阳湖自然保护区	国家级	湿地生态	越冬候鸟及湿地生态	新建、永修、星子	22400	1988
井冈山自然保护区	国家级	森林生态	中亚热带常绿阔叶林及珍稀动植物	井冈山	21449	2000
桃红岭梅花鹿自然保护区	国家级	野生动物	野生梅花鹿南方亚种	彭泽	12500	2001
武夷山自然保护区	国家级	森林生态	中亚热带常绿阔叶林及珍稀动植物	铅山	16007	2002
九连山自然保护区	国家级	森林生态	中亚热带常绿阔叶林及珍稀动植物	龙南	13412	2003
官山自然保护区	国家级	野生动物	白颈长尾雉	宜丰、铜鼓	11501	2007
鄱阳湖南矶湿地自然保护区	国家级	湿地生态	湿地生态及候鸟	新建	33300	2008
马头山自然保护区	国家级	野生植物	珍稀植物	资溪	13867	2008
庐山自然保护区	省　级	森林生态	森林生态系统、珍稀野生动植物和冰川迹地	庐山区	30459	1981
云居山自然保护区	省　级	森林生态	中亚热带常绿阔叶林及珍稀动植物	永修	2480	1997
青岚湖自然保护区	省　级	湿地生态	越冬候鸟及湿地生态	进贤	1000	1997
九岭山自然保护区	省　级	森林生态	中亚热带常绿阔叶林及珍稀动植物	靖安	11541	1997
阳岭自然保护区	省　级	森林生态	中亚热带常绿阔叶林及珍稀动植物	崇义	1880	1997
水浆自然保护区	省　级	森林生态	珍稀植物	永丰	2000	1997
鸳鸯湖自然保护区	省　级	野生动物	鸳鸯及湿地生态	婺源	917	1997
瑶里自然保护区	省　级	森林生态	中亚热带常绿阔叶林及珍稀动植物	浮梁	3627	2001
三十把自然保护区	省　级	森林生态	中亚热带常绿阔叶林及珍稀动植物	万载	2100	2001
华南虎自然保护区	省　级	野生动物	华南虎栖息地	宜黄	58300	2001
岩泉自然保护区	省　级	野生植物	珍稀植物	黎川	2460	2001
都昌候鸟自然保护区	省　级	湿地生态	越冬候鸟及湿地生态	都昌	41100	2004
峤岭自然保护区	省　级	森林生态	中亚热带常绿阔叶林及珍稀动植物	安义	4490	2004
羊狮幕自然保护区	省　级	森林生态	中亚热带常绿阔叶林及珍稀动植物	芦溪	7006	2004
阳际峰自然保护区	省　级	森林生态	中亚热带常绿阔叶林及珍稀动植物	贵溪	10946	2004
赣江源自然保护区	省　级	森林生态	赣江源头森林生态	石城、瑞金	16101	2004
齐云山自然保护区	省　级	森林生态	中亚热带常绿阔叶林及珍稀动植物	崇义	17105	2004
老虎脑自然保护区	省　级	野生动物	华南虎栖息地	乐安	22000	2004

4-20 国家湿地公园(2009年)

名称	类型	行政区域	公园面积(公顷)	湿地面积(公顷)	批建时间
孔目江国家湿地公园	河流湿地	仰天岗管委会	1503.9	729.0	2007.04
东鄱阳湖国家湿地公园	湖泊湿地、河流湿地、人工湿地	鄱阳县	36285.0	35116.1	2008.11
修河国家湿地公园	河流湿地、湖泊湿地、人工湿地	永修县	11041.0	9671.0	2008.11
东江源国家湿地公园	河流湿地	安远县	2675.7	547.0	2008.11
南丰傩湖国家湿地公园	河流湿地、湖泊湿地、人工湿地	南丰县	1727.0	372.5	2009.12
药湖国家湿地公园	湖泊湿地、沼泽湿地、人工湿地	丰城市	2560.0	2150.4	2009.12
大湖江国家湿地公园	湖泊湿地、河流湿地、人工湿地	赣县	6655.0	5353.7	待批
潋江国家湿地公园	河流、沼泽、人工湿地	兴国县	3577.0	2362.5	待批
庐山西海国家湿地公园	河流、沼泽、泛滥地、人工湿地	武宁县	24713.9	18862.3	待批
修河源国家湿地公园	河流、沼泽、泛滥地、人工湿地	修水县	4342.4	3577.2	待批

4-21 湿地类型自然保护区(2009年)

名　　称	级别	类型	主要保护对象	地点	面积(公顷)	面积(公顷)	建立时间
鄱阳湖国家级保护区	国家级	湖泊湿地	白鹤、东方白鹳等珍稀水禽	新建县、星子县永修县	22400	22400	1983年
鄱阳湖南矶湿地国家级自然保护区	国家级	湖泊、河口湿地	河口湿地生态系统	新建县	33300	32000	1997
青岚湖自然保护区	省级	湖泊湿地	湖泊湿地	进贤县	1000	920	1997
三湖自然保护区	县级	湖泊湿地	湖泊湿地	南昌县	17110	16400	1999
瑶湖自然保护区	县级	湖泊湿地	湖泊湿地	南昌县	2050	2050	1999
都昌县候鸟自然保护区	省级	湖泊湿地	湿地生态及越冬候鸟	都昌县	41100	41100	2000
共青城南湖湿地保护区	县级	湖泊湿地	湿地候鸟及生境	共青城	3333	3333	2000
九江县赛城湖冬候鸟保护区	县级	湖泊湿地	白鹤、小天鹅等冬候鸟	九江县赛城湖垦殖场	4400	4400	2001
庐山区姑塘湿地自然保护区	县级	湖泊湿地	湿地候鸟及生境	庐山区	5300	5300	2000
江西省太泊湖候鸟自然保护区	县级	湖泊湿地	小天鹅、东方白鹳、白额雁	彭泽县	2600	2600	2001
江西芳湖候鸟自然保护区	县级	湖泊湿地	小天鹅、苍鹭、雁等	彭泽县	1867	1876	2001
瑞昌市赤湖候鸟自然保护区	县级	湖泊湿地	候鸟及湿地	瑞昌市	4006	4006	2000
星子县蓼花池自然保护区	县级	沼泽、湖泊湿地	湿地候鸟及生境	星子县	3778	3778	2001
荷溪湿地保护区	县级	湖泊湿地	湿地、越冬候鸟	永修县吴城镇	4000	4000	2007
湖口苍鹭自然保护区	县级	湖泊湿地	湿地候鸟及生境	湖口双钟	3	3	2000
湖口屏峰自然保护区	县级	湖泊湿地	湿地候鸟及生境	湖口舜德	491	491	2000
江西乐平共库自然保护区	县级	湖泊湿地	森林生态及候鸟	乐平市	3000	2800	1999
鸳鸯湖自然保护区	省级	湖泊湿地	鸳鸯	婺源县,赋春镇	917	917	1993
鄱阳县白沙洲自然保护区	县级	湖泊湿地	越冬候鸟及其生境	鄱阳县，白沙洲乡	40900	40900	2000
江西康山湖区候鸟自然保护区	县级	湖泊湿地	越冬候鸟及其生境	余干县，瑞洪镇	35000	35000	2001
弋阳县中华秋沙鸭自然保护区	县级	湖泊湿地	中华秋沙鸭	弋阳县，青湖乡，南岩镇	5500	5500	2000
芦溪锅底潭湿地自然保护区	县级	湖泊湿地	小天鹅，鸿雁，中华小鲵等	芦溪县	7508	4402	2005
君山湖鸟类自然保护区	县级	湖泊湿地	鸟类	吉安县敦厚镇	1330	100	2000

4-22 各县(市、区)自然

名　　称	级　别	类　型	所在地
南昌市			
鄱阳湖南矶湿地自然保护区	国家级	湿地	新建
青岚湖自然保护区	省级	湿地	进贤
峤岭自然保护区	省级	森林	安义
梦山自然保护区	县级	森林	新建
象山自然保护区	县级	森林	新建
岭背自然保护区	县级	森林	新建
西山岭自然保护区	县级	森林	安义
三湖自然保护区	县级	湿地	南昌县
瑶湖自然保护区	县级	湿地	南昌县
白虎岭自然保护区	县级	森林	南昌县
大公岭自然保护区	县级	森林	进贤
香炉峰自然保护区	县级	森林	进贤
景德镇市			
瑶里自然保护区	省级	森林	浮梁
共库自然保护区	市级	森林	乐平
黄字号黑麂自然保护区	县级	动物	浮梁
茶宝山自然保护区	县级	动物	浮梁
八字脑自然保护区	县级	动物	浮梁
黄牛信自然保护区	县级	动物	浮梁
大岭培自然保护区	县级	动物	浮梁
萍乡市			
羊狮幕自然保护区	省级	森林	芦溪
高天岩自然保护区	县级	森林	莲花
锅底潭自然保护区	县级	湿地	芦溪
九江市			
鄱阳湖自然保护区	国家级	湿地	新建、永修、星子
桃红岭梅花鹿自然保护区	国家级	动物	彭泽
庐山自然保护区	省级	森林	庐山区
云居山自然保护区	省级	森林	永修
都昌候鸟自然保护区	省级	湿地	都昌
芳湖候鸟自然保护区	县级	湿地	彭泽
浪溪自然保护区	县级	森林	彭泽
海形自然保护区	县级	森林	彭泽
幸福自然保护区	县级	森林	都昌
武山自然保护区	县级	森林	都昌
官祠自然保护区	县级	森林	都昌
天然阔叶林自然保护区	县级	森林	湖口
付垅天然林自然保护区	县级	森林	湖口
屏峰自然保护区	县级	湿地	湖口
青檀自然保护区	县级	植物	湖口
苍鹭自然保护区	县级	湿地	湖口
森林公园自然保护区	县级	森林	湖口
蓼花池自然保护区	县级	湿地	星子
南湖自然保护区	县级	湿地	共青开发区
姑塘湿地自然保护区	县级	湿地	庐山区
赛城湖候鸟自然保护区	县级	湿地	九江县
杨岭山自然保护区	县级	植物	永修
七里源自然保护区	县级	森林	永修

保护区(2009年)

面　　积 (公顷)	批建时间	批准机关	批准文号
33300.00	2008	国务院	国办发[2008]5号
1000.00	1997	省政府	赣府发[1997]2号
4490.00	2004	省政府	赣府字[2004]30号
4500.00	1998	县政府	新政[1998]25号
800.00	1998	县政府	新政[1998]26号
2000.00	1998	县政府	新政[1998]27号
20445.00	1999	县政府	安府字[1999]91号
17110.00	1999	县政府	南政字[1999]85号
2050.00	1999	县政府	南政字[1999]85号
1249.00	1999	县政府	南政字[1999]85号
34577.00	1999	县政府	进府字[1999]118号
7470.00	1999	县政府	进府字[1999]118号
3627.00	2001	省政府	赣府字[2001]91号
5704.00	1999	市政府	乐府字[1999]44号
17356.20	2001	县政府	浮府字[2001]65号
2533.13	2001	县政府	浮府字[2001]65号
5783.73	2001	县政府	浮府字[2001]65号
5334.13	2001	县政府	浮府字[2001]65号
5279.00	2001	县政府	浮府字[2001]65号
7006.00	2004	省政府	赣府字[2004]30号
7267.00	1999	县政府	莲府字[1999]25号
3618.00	2002	县政府	芦府字[2002]115号
22400.00	1988	国务院	国发[1988]30号
12500.00	2001	国务院	国办发[2001]45号
30459.00	1981	省政府	赣政发[1981]22号
2480.00	1997	省政府	赣府发[1997]2号
41100.00	2004	省政府	赣府字[2004]30号
1867.00	2001	县政府	彭府字[2001]32号
600.00	2001	县政府	彭府字[2001]32号
3200.00	2001	县政府	彭府字[2001]32号
1354.00	1992	县政府	都府办字[1992]40号
2722.00	1992	县政府	都府办字[1992]39号
1241.00	1992	县政府	都府办字[1992]42号
240.00	2003	县政府	湖府字[2003]73号
320.00	2003	县政府	湖府字[2003]73号
491.00	2003	县政府	湖府字[2003]73号
2.00	2003	县政府	湖府字[2003]73号
3.00	2003	县政府	湖府字[2003]73号
1200.00	2003	县政府	湖府字[2003]73号
3333.00	2001	县政府	星府字[2001]115号
3330.00	2000	共青开发区办公室	区管办发[2000]37号
5300.00	2000	区政府	庐府字[2000]87号
4410.00	2000	县政府	九府字[2000]105号
1500.00	2000	县政府	永府字[2000]192号
1000.00	2000	县政府	永府字[2000]192号

4-22 续表1

名　　称	级　别	类　型	所在地
野鸡坑自然保护区	县级	森林	永修
泡桐自然保护区	县级	植物	永修
鹤田自然保护区	县级	森林	永修
泉祠坳自然保护区	县级	植物	永修
青山自然保护区	县级	森林	永修
修河源五梅山自然保护区	县级	森林	修水
程坊自然保护区	县级	森林	修水
黄龙山自然保护区	县级	森林	修水
荷溪湿地自然保护区	县级	湿地	永修
伊山自然保护区	县级	森林	武宁
南方红豆杉自然保护区	县级	植物	瑞昌
太泊湖候鸟自然保护区	县级	湿地	彭泽
新余市			
大岗山自然保护区	县级	森林	分宜
石门寨自然保护区	县级	森林	分宜
蒙山自然保护区	县级	森林	渝水区
鹰潭市			
阳际峰自然保护区	省级	森林	贵溪
龙虎山中华秋沙鸭自然保护区	县级	动物	龙虎山风景区
赣州市			
九连山自然保护区	国家级	森林	龙南
阳岭自然保护区	省级	森林	崇义
赣江源自然保护区	省级	森林	石城、瑞金
齐云山自然保护区	省级	森林	崇义
陡水湖自然保护区	市级	森林	上犹
三百山自然保护区	县级	森林	安远
九龙嶂自然保护区	县级	森林	安远
蔡坊自然保护区	县级	森林	安远
五指峰自然保护区	县级	植物	上犹
金盆山自然保护区	县级	森林	信丰
峰山自然保护区	县级	森林	章贡区
云台山自然保护区	县级	森林	定南
阳岭扩大区自然保护区	县级	森林	崇义
金盆山自然保护区	县级	森林	龙南
三县岽自然保护区	县级	森林	龙南
西梅山自然保护区	县级	森林	龙南
夹湖自然保护区	县级	森林	龙南
黄坑自然保护区	县级	森林	龙南
棋棠山自然保护区	县级	森林	龙南
三江口自然保护区	县级	森林	大余
莲花山自然保护区	县级	森林	宁都
凌华山自然保护区	县级	动物	宁都
章江源自然保护区	县级	森林	崇义
东江源桠髻钵山自然保护区	县级	森林	寻乌
项山甑自然保护区	县级	植物	寻乌
阳天障自然保护区	县级	森林	寻乌
张天堂自然保护区	县级	森林	寻乌
桃江源自然保护区	县级	森林	全南
大山脑自然保护区	县级	森林	南康

面　积 (公顷)	批建时间	批准机关	批准文号
600.00	2000	县政府	永府字[2000]192号
1000.00	2000	县政府	永府字[2000]192号
1000.00	2000	县政府	永府字[2000]192号
1400.00	2000	县政府	永府字[2000]192号
10.00	2000	县政府	永府字[2000]192号
14485.00	2003	县政府	修府字[2003]75号
21667.00	2007	县政府	修府字[2007]37号
2333.00	2007	县政府	修府字[2007]38号
4000.00	2006	县政府	永林文[2007]33号
11340.00	2005	县政府	武府字[2005]72号
2000.00	2006	市政府	瑞府字[2006]70号
2600.00	2001	县政府	彭府字[2001]32号
1200.00	2005	县政府	分府字[2005]13号
971.20	2005	县政府	分府[2005]13号
560.00	2007	区政府	渝府字[2007]30号
10946.00	2004	省政府	赣府字[2004]30号
1600.00	2007	风景区管委会	龙管字[2007]18号
13411.60	2003	国务院	国办发[2003]54号
1880.00	1997	省政府	赣府发[1997]2号
16100.85	2004	省政府	赣府字[2004]30号
17105.00	2004	省政府	赣府字[2004]30号
22600.00	2002	市政府	赣市府字[2002]204号
15500.00	1992	县政府	安府字[1992]7号
6000.00	1996	县政府	安府字[1996]93号
8500.00	1996	县政府	安府字[1996]92号
3000.00	1992	县政府	上府字[1992]20号
2000.00	1982	县政府	信政函[1982]30号
12314.40	1999	区政府	区府字[1999]43号
10234.00	1999	县政府	定府办[1999]133号
5220.00	1999	县政府	崇府发[1999]106号
3041.00	2000	县政府	龙府发[2000]56号
2468.00	2000	县政府	龙府发[2000]56号
1793.00	2000	县政府	龙府发[2000]56号
4498.00	2000	县政府	龙府发[2000]56号
2716.00	2000	县政府	龙府发[2000]56号
2133.00	2000	县政府	龙府发[2000]56号
2227.00	1996	县政府	余府发[1996]58号
288.47	1982	县政府	宁府发[1993]57号
768.00	1993	县政府	宁府发[1993]57号
10452.00	2004	县政府	崇府字[2004]8号
16733.30	2003	县政府	寻府字[2003]57
1200.00	2003	县政府	寻府字[2003]57
635.00	2003	县政府	寻府字[2003]57
789.00	2003	县政府	寻府字[2003]57
15427.00	2006	县政府	全府办抄字[2006]139号
680.00	2009	市政府	康府字[2009]2号

4-22 续表2

名　　称	级　别	类　型	所在地
吉安市			
井冈山自然保护区	国家级	森林	井冈山
水浆自然保护区	省级	森林	永丰
南风面自然保护区	县级	森林	遂川
大湾里自然保护区	县级	森林	遂川
黄草河自然保护区	县级	森林	遂川
白水仙自然保护区	县级	植物	遂川
高坪夏候鸟迁徙停留地自然保护区	县级	植物	遂川
五指峰自然保护区	县级	森林	遂川
大坝里自然保护区	县级	森林	遂川
七溪岭自然保护区	县级	森林	永新
河坑自然保护区	县级	森林	吉安
罗口自然保护区	县级	森林	吉安
樟坑自然保护区	县级	森林	吉安
银湾桥自然保护区	县级	森林	吉安
江口自然保护区	县级	森林	吉安
福华山自然保护区	县级	森林	吉安
娑罗山自然保护区	县级	森林	吉安
大桥自然保护区	县级	森林	吉安
天河三分岭自然保护区	县级	森林	吉安
君山湖自然保护区	县级	湿地	吉安
油田—新源自然保护区	县级	森林	吉安
南坪水源涵养林基地自然保护区	县级	森林	安福
三天门自然保护区	县级	森林	安福
明月山自然保护区	县级	森林	安福
社上珍珠台自然保护区	县级	森林	安福
桃花洞自然保护区	县级	森林	安福
铁丝岭自然保护区	县级	森林	安福
太源坑自然保护区	县级	森林	安福
猫牛岩自然保护区	县级	森林	安福
月明自然保护区	县级	森林	万安
白云山-螺滩自然保护区	县级	森林	青原区
玉笥山自然保护区	县级	森林	峡江
天湖山自然保护区	县级	森林	泰和
宜春市			
官山自然保护区	国家级	动物	宜丰、铜鼓
九岭山自然保护区	省级	森林	靖安
三十把自然保护区	省级	森林	万载
和尚坪自然保护区	县级	森林	靖安
鸡冠石自然保护区	县级	森林	万载
竹山洞自然保护区	县级	森林	万载
九龙自然保护区	县级	森林	万载
枫窝里自然保护区	县级	森林	高安
九岭山自然保护区	县级	植物	奉新
萝卜潭自然保护区	县级	植物	奉新
越山自然保护区	县级	植物	奉新
泥洋山自然保护区	县级	植物	奉新
百丈山自然保护区	县级	植物	奉新
陶仙岭自然保护区	县级	植物	奉新

面　　积 (公顷)	批建时间	批准机关	批准文号
21449.00	2000	国务院	国办发[2000]30号
2000.00	1997	省政府	赣府发[1997]2号
4205.00	2002	县政府	遂府字[2002]5号
2700.00	2002	县政府	遂府字[2002]5号
1111.00	2002	县政府	遂府字[2002]48号
2000.00	2002	县政府	遂府字[2002]5号
15000.00	2002	县政府	遂府字[2002]5号
570.80	2002	县政府	遂府字[2002]48号
1609.00	2003	县政府	遂府字[2003]132号
10500.00	2000	县政府	永府字[2003]83号
4367.00	2000	县政府	吉县府字[2000]19号
2420.00	2000	县政府	吉县府字[2000]19号
2345.00	2000	县政府	吉县府字[2000]19号
973.00	2000	县政府	吉县府字[2000]19号
1052.00	2000	县政府	吉县府字[2000]19号
827.00	2000	县政府	吉县府字[2000]19号
340.00	2000	县政府	吉县府字[2000]19号
1380.00	2000	县政府	吉县府字[2000]19号
3300.00	2000	县政府	吉县府字[2000]19号
1330.00	2000	县政府	吉县府字[2000]19号
660.00	2000	县政府	吉县府字[2000]19号
2200.00	1989	县政府	安府字[1989]2号
521.00	1997	县政府	安府字[1997]31号
1138.00	1997	县政府	安府字[1997]31号
155.00	1997	县政府	安府字[1997]31号
331.00	1997	县政府	安府字[1997]31号
1501.00	1997	县政府	安府字[1997]31号
435.00	1997	县政府	安府字[1997]31号
349.00	1997	县政府	安府字[1997]31号
2000.00	2006	县政府	万府字[2006]140号
1333.30	2007	区政府	吉青府字[2007]57号
10800.00	2007	县政府	峡府安[2007]95号
2264.90	2007	县政府	泰府办[2007]252号
11500.50	2007	国务院	国发办[2007]20号
11541.00	1997	省政府	赣府发[1997]2号
2100.00	2001	省政府	赣府发[2001]91号
3401.00	2007	县政府	靖府字[2008]32号
1459.00	1999	县政府	万府字[1999]45号
342.00	1999	县政府	万府字[1999]45号
2061.30	1999	县政府	万府字[1999]45号
386.67	1995	市政府	高府办发[1995]35号
4725.73	2000	县政府	奉府字[2000]37号
773.00	2000	县政府	奉府字[2000]37号
2084.93	2000	县政府	奉府字[2000]37号
1989.53	2000	县政府	奉府字[2000]37号
186.33	2000	县政府	奉府字[2000]37号
178.20	2000	县政府	奉府字[2000]37号

4-22 续表3

名　　称	级　别	类　型	所在地
南屏自然保护区	县级	森林	宜丰
洞山自然保护区	县级	森林	宜丰
大西坑自然保护区	县级	森林	宜丰
天柱峰自然保护区	县级	森林	铜鼓
店下自然保护区	县级	森林	樟树
玉京山自然保护区	市级	森林	宜春
华林书院自然保护区	县级	森林	奉新
樟树吴城县级自然保护区	县级	湿地	樟树
南港水源涵养自然保护区	县级	森林	上高
竹山自然保护区	县级	森林	丰城
飞剑潭自然保护区	县级	森林	袁州区
抚州市			
马头山自然保护区	国家级	植物	资溪
华南虎自然保护区	省级	动物	宜黄
岩泉自然保护区	省级	植物	黎川
老虎脑自然保护区	省级	动物	乐安
抚河源自然保护区	县级	森林	广昌
牛田古樟群落自然保护区	县级	植物	乐安
仙桂峰(梦山)自然保护区	县级	森林	临川
清芝峰自然保护区	县级	森林	崇仁
大龙山南方红豆杉自然保护区	县级	植物	宜黄
黄龙坑南方红豆杉自然保护区	县级	植物	南丰
牛牯岽自然保护区	县级	森林	广昌
后坑南方红豆杉自然保护区	县级	植物	资溪
佛岭自然保护区	县级	森林	东乡
百家畲自然保护区	县级	森林	黎川
龙谭自然保护区	县级	森林	乐安
芙蓉山自然保护区	县级	森林	南城
洪门水库自然保护区	县级	森林	南城
上饶市			
武夷山自然保护区	国家级	森林	铅山
鸳鸯湖自然保护区	省级	动物	婺源
康山候鸟自然保护区	县级	湿地	余干
中华秋沙鸭自然保护区	县级	动物	弋阳
文公山自然保护区	县级	森林	婺源
白沙洲候鸟自然保护区	县级	湿地	鄱阳
大茅山自然保护区	县级	动物	德兴
常绿阔叶林自然保护区	县级	森林	婺源
珍珠山自然保护区	县级	森林	婺源
莲花山自然保护区	县级	森林	婺源
红嘴相思鸟自然保护区	县级	动物	婺源
白石自然保护区	县级	森林	婺源
共产主义水库自然保护区	县级	森林	婺源
许村自然保护区	县级	森林	婺源
大鄣山自然保护区	县级	森林	婺源
饶河源自然保护区	县级	森林	婺源
信江源自然保护区	县级	森林	玉山
铜钹山自然保护区	县级	植物	广丰

面　　积 (公顷)	批建时间	批准机关	批准文号
54.67	1996	县政府	宜府字[1996]54号
300.00	1996	县政府	宜府字[1996]54号
600.00	1996	县政府	宜府字[1996]54号
17000.00	1997	县政府	铜府字[1997]57号
2883.00	2006	市政府	樟府字[2007]28号
2049.00	2007	市政府	宜府发[2007]20号
2000.00	2007	县政府	奉府字[2007]34号
2637.83	2008	市政府	樟府字[2008]25号
5214.00	1996	县政府	上府字[1996]59号
447.77	2008	市政府	丰府字[2008]15号
4986.00	2009	区政府	袁府字[2008]15号
13866.53	2008	国务院	国办发[2008]5号
58300.00	2001	省政府	赣府字[2001]91号
2460.00	2001	省政府	赣府字[2001]91号
22000.00	2004	省政府	赣府字[2004]30号
8187.70	2004	县政府	广府字[2004]49号
73.33	2006	县政府	乐府字[2006]25号
2398.00	2009	县政府	临府字[2009]92号
514.00	2009	县政府	崇府发[2009]39号
3510.00	2009	县政府	宜府字[2010]11号
438.00	2009	县政府	丰府字[2009]261号
926.00	2009	县政府	广府字[2009]41号
265.00	2009	县政府	资府字[2009]60号
654.00	2009	县政府	东府发[2009]18号
1180.00	2009	县政府	黎府字[2009]25号
2448.50	2009	县政府	乐府办字[2009]116号
3600.00	2009	县政府	城府字[2009]25号
3000.00	2009	县政府	城府字[2009]25号
16007.00	2002	国务院	国办发[2002]34号
917.00	1997	省政府	赣府发[1997]2号
35000.00	2001	县政府	干府字[2001]10号
5500.00	2000	县政府	弋府字[2000]74号
6368.00	2000	县政府	婺府字[2000]143号
40900.00	2000	县政府	波府字[2000]54号
16666.67	2000	市政府	德府字[2000]33号
3807.00	1993	县政府	婺府字[1993]235号
2667.00	1993	县政府	婺府字[1993]235号
2100.00	1993	县政府	婺府字[1993]235号
420.00	1993	县政府	婺府字[1993]235号
8014.00	1993	县政府	婺府字[1993]235号
1334.00	1993	县政府	婺府字[1993]235号
3300.00	1993	县政府	婺府字[1993]235号
15370.00	2003	县政府	婺府字[2003]251号
11595.80	2004	县政府	婺府字[2004]252号
17750.00	2004	县政府	玉府字[2003]36号
10800.00	2004	县政府	广府字[2004]16号

4-23 国家级森林公园(2009年)

公园名称	所在地	面　积 (公顷)	建立时间
三爪仑国家示范森林公园	靖安县	12133	1993.03
庐山山南国家森林公园	星子县	3347	1993.05
梅岭国家森林公园	湾里区	11173	1993.05
三百山国家森林公园	安远县	3330	1993.05
马祖山国家森林公园	庐山区	667	1993.05
鄱阳湖口国家森林公园	湖口县	1280	1993.05
灵岩洞国家森林公园	婺源县	3000	1993.05
明月山国家森林公园	宜春市	7842	1994.12
翠微峰国家森林公园	宁都县	7867	1999.01
天柱峰国家森林公园	铜鼓县	10512	2000.02
泰和国家森林公园	泰和县	3000	2000.12
鹅湖山国家森林公园	铅山县	7950	2000.12
龟峰国家森林公园	弋阳县	7400	2000.12
上清国家森林公园	鹰潭市	11800	2000.12
梅关国家森林公园	大余县	5300	2001.11
永丰国家森林公园	永丰县	7600	2001.11
阁皂山国家森林公园	樟树市	6860	2001.11
三叠泉国家森林公园	庐山区	1651	2001.11
武功山国家森林公园	安福县	24190	2002.12
铜钹山国家森林公园	广丰县	19500	2002.12
阳岭国家森林公园	崇义县	6890	2003.12
天花井国家森林公园	九江市	685	2003.12
五指峰国家森林公园	上犹县	24533	2003.12
柘林湖国家森林公园	永修县	16450	2004.12
陡水湖国家森林公园	上犹县	22667	2004.12
万安国家森林公园	万安县	16333	2004.12
三湾国家森林公园	永新县	15513	2004.12
安源国家森林公园	安源区	7866	2004.12
九连山国家森林公园	龙南县	20063	2005.12
岩泉国家森林公园	黎川县	4885	2005.12
云碧峰国家森林公园	上饶市	873	2005.12
景德镇国家森林公园	景德镇市	3796	2005.12
瑶里国家森林公园	浮梁县	4471	2005.12
清凉山国家森林公园	资溪县	3398	2006.12
峰山国家级森林公园	赣州市	20735	2006.12
九岭山国家级森林公园	武宁县	1266	2006.12
岑山国家级森林公园	横峰县	955	2008.01
五府山国家级森林公园	上饶县	1715	2008.01
军峰山国家级森林公园	南丰县	1217	2008.01
碧湖潭国家森林公园	湘东区	6800	2008.12
怀玉山国家森林公园	玉山县	3354	2008.12
仰天岗国家森林公园	新余市	1334	2009.8
圣水堂国家森林公园	安义县	4060	2009.12

4-24 省级森林公园(2009年)

公园名称	所在地	面 积 (公顷)	建立时间
龙泉山省级森林公园	安远县	353.33	1990.12
青山省级森林公园	瑞昌市	3400.00	1993.02
上高县省级森林公园	上高县	160.00	1993.02
宜丰县省级森林公园	宜丰县	2805.07	1993.02
狮山省级森林公园	奉新县	203.33	1993.02
青原山省级森林公园	吉安市	450.00	1993.02
玉笥山省级森林公园	峡江县	900.00	1993.02
洪源省级森林公园	乐平市	400.00	1993.02
贵溪省级森林公园	贵溪市	120.00	1993.02
水鸡岽省级森林公园	赣县	7666.67	1993.02
武当山省级森林公园	龙南县	533.20	1993.02
罗汉岩省级森林公园	瑞金市	500.00	1993.02
会昌山省级森林公园	会昌县	333.32	1993.02
西华山省级森林公园	石城县	175.33	1993.02
三清省级森林公园	德兴市	666.67	1993.05
象山省级森林公园	新建县	1674.00	1993.05
广昌县省级森林公园	广昌县	2852.00	1993.05
百丈峰省级森林公园	渝水区	2133.33	1993.05
均福山省级森林公园	兴国县	1488.00	1993.06
浮梁省级森林公园	浮梁县	53.33	1993.06
梦山省级森林公园	新建县	2666.67	1993.10
南山省级森林公园	南康市	536.67	1994.01
麻姑山省级森林公园	南城县	4926.67	1994.09
玉壶山省级森林公园	莲花县	393.33	1994.09
吉安省级森林公园	吉安县	100.00	1994.09
龙宫洞省级森林公园	彭泽县	669.27	1995.04
罗田岩省级森林公园	于都县	900.00	1996.02
黄畲山省级森林公园	寻乌县	600.00	1996.10
金盘山省级森林公园	信丰县	2000.00	1996.12
马岗岭省级森林公园	余江县	26.67	1997.08
大东山省级森林公园	吉水县	4000.00	1997.11

4-24　续表

公园名称	所在地	面　积 (公顷)	建立时间
玉华山省级森林公园	泰和县	666.70	2000.11
江西省遂川森林公园	遂川县	970.00	2000.06
莲花洞省级森林公园	庐山区	1610.00	2001.02
郭璞峰省级森林公园	昌江区	733.00	2001.04
义门陈省级森林公园	德安县	1281.40	2005.12
远泉省级森林公园	上饶县	1050.00	2005.12
三尖源省级森林公园	都昌县	12000.00	2006.09
九龙庙省级森林公园	万载县	4950.00	2006.09
东江源桠髻钵山省级森林公园	寻乌县	2980.00	2006.09
六石岩省级森林公园	广丰县	993.74	2006.09
白云山省级森林公园	青原区	2187.60	2006.09
太宝峰省级森林公园	仙女湖区	2038.00	2006.11
香炉峰省级森林公园	进贤县	670.00	2006.11
屏山省级森林公园	于都县	4528.60	2006.11
兴农沙漠生态省级森林公园	南昌县	232.00	2006.12
白鸡峰省级森林公园	余江县	666.60	2006.12
大南省级森林公园	广丰县	773.30	2007.06
通天寨省级森林公园	石城县	2112.00	2007.06
大砻下省级森林公园	分宜县	1020.00	2007.06
南方红豆杉省级森林公园	铜鼓县	4762.00	2007.07
仙人寨省级森林公园	铅山县	1041.22	2007.08
三尖峰省级森林公园	芦溪县	630.80	2007.08
寒山省级森林公园	莲花县	1168.00	2007.12
理田源省级森林公园	婺源县	166.70	2007.12
翠云峰省级森林公园	金溪县	173.10	2008.06
小金山省级森林公园	萍乡市安源区	438.80	2008.08
马形山省级森林公园	宜丰县	800.00	2008.08
睦州山省级森林公园	上饶市信州区	1542.00	2008.10
芦泉湖省级森林公园	高安市	946.00	2008.11
仙隐洞省级森林公园	宜丰县	920.00	2009.12

4-25 各地区森林病虫害防治情况(2009年)

地 区	合 计			森林病害			森林虫害		
	发生面积(千公顷)	防治面积(千公顷)	防治率(%)	发生面积(千公顷)	防治面积(千公顷)	防治率(%)	发生面积(千公顷)	防治面积(千公顷)	防治率(%)
全 省	**37.66**	**25.28**	**67.1**	**6.15**	**3.74**	**60.9**	**31.51**	**21.54**	**68.4**
南昌市	0.03	0.02	66.7	0.00	0.00	66.7	0.03	0.02	66.7
景德镇市	1.95	1.73	88.7	0.29	0.15	53.5	1.66	1.58	94.8
萍乡市	2.22	0.86	38.8	0.63	0.21	46.7	1.59	0.65	40.7
九江市	2.42	1.75	72.4	0.41	0.30	33.7	2.02	1.45	71.9
新余市	1.42	1.03	72.5	0.39	0.22	57.9	1.04	0.81	78.0
鹰潭市	0.61	0.34	55.8	0.14	0.08	59.1	0.47	0.26	54.8
赣州市	10.73	8.77	81.7	1.58	1.10	69.7	9.15	7.67	83.8
吉安市	6.71	1.81	27.0	0.50	0.03	6.3	6.21	1.78	28.6
宜春市	6.25	5.00	80.0	0.96	0.60	62.9	5.29	4.40	83.1
抚州市	1.57	0.96	61.1	0.04	0.02	60.0	1.54	0.94	61.2
上饶市	3.75	3.01	80.3	1.24	1.01	81.8	2.51	2.00	79.5

4-26 森林病虫害防治情况

年 份	合 计			森林病害			森林虫害		
	发生面积 (千公顷)	防治面积 (千公顷)	防治率 (%)	发生面积 (千公顷)	防治面积 (千公顷)	防治率 (%)	发生面积 (千公顷)	防治面积 (千公顷)	防治率 (%)
1978	50.27	35.12	69.9	3.20	2.12	66.3	47.07	33.00	70.1
1979	183.93	74.11	40.3	10.26	4.13	40.3	173.67	69.98	40.3
1980	549.22	241.83	44.0	19.58	8.65	44.2	529.64	233.18	44.0
1981	146.15	98.98	67.7	13.25	8.93	67.4	132.90	90.05	67.8
1982	177.03	100.19	56.6	9.70	5.01	51.6	167.33	95.18	56.9
1983	213.91	88.97	41.6	15.88	6.59	41.5	198.03	82.38	41.6
1984	305.63	153.35	50.2	16.79	8.39	50.0	288.84	144.97	50.2
1985	200.39	88.88	44.4	30.13	4.33	14.4	170.25	84.55	49.7
1986	224.07	95.80	42.8	9.00	3.53	39.3	215.07	92.33	42.9
1987	256.93	128.00	49.8	8.80	4.33	49.2	248.13	123.67	49.8
1988	212.93	82.23	38.6	9.33	4.00	42.9	203.59	78.23	38.4
1989	400.31	209.62	52.4	10.57	2.83	26.8	389.74	206.79	53.1
1990	126.87	68.17	53.7	19.71	6.53	33.1	107.15	61.64	57.5
1991	133.70	77.80	58.2	6.08	3.79	62.4	127.62	74.01	58.0
1992	136.01	91.26	67.1	10.77	6.81	63.2	125.23	79.33	63.3
1993	177.20	110.77	62.5	9.60	7.11	74.0	167.60	103.67	61.9
1994	163.16	104.01	63.7	27.57	14.67	53.2	135.59	89.35	65.9
1995	174.35	110.54	63.4	32.79	21.29	64.9	141.57	89.25	63.0
1996	187.35	119.28	63.7	35.84	16.44	45.9	151.51	101.51	67.0
1997	179.27	113.42	63.3	48.58	21.94	45.2	130.69	91.48	70.0
1998	136.89	88.31	64.5	43.31	25.53	58.9	93.59	62.79	67.1
1999	189.83	120.77	63.6	19.77	11.59	58.6	170.06	109.19	64.2
2000	205.58	129.93	63.2	28.73	15.41	53.7	176.85	114.51	64.8
2001	188.85	143.67	76.1	27.29	15.18	55.6	161.56	128.47	79.5
2002	175.27	114.06	65.1	25.27	13.90	55.0	150.00	100.16	66.8
2003	215.85	135.14	62.6	29.23	18.88	64.6	186.63	116.26	62.3
2004	190.49	122.97	64.6	20.65	12.39	60.0	169.85	111.25	65.5
2005	405.59	265.99	65.6	82.86	47.81	57.7	322.73	218.17	67.6
2006	409.86	178.50	43.6	71.33	27.40	38.4	334.53	151.10	45.2
2007	403.23	245.19	60.8	52.82	23.89	45.2	350.41	221.30	63.2
2008	387.35	239.43	61.8	57.45	44.01	76.6	329.89	195.41	59.2
2009	376.56	252.79	67.1	61.47	37.45	60.9	315.09	215.40	68.4

4-27 森林火灾发生情况及森林防火专业队建设情况

指　　标	2004	2005	2006	2007	2008	2009
森林火灾次数(次)	1119	355	130	326	572	394
一般火灾	335	60	33	100	97	91
较大火灾	778	295	97	226	475	303
重大火灾	6					
特大火灾						
火场总面积(公顷)	23200	9321	2053	4542	13732	8184
受害森林面积(公顷)	12711	4626	1073	2054	6934	3300
#天然林	2072	529	27	17	31	21
人工林	10640	4098	1046	2037	6904	3279
损失林木						
成林蓄积(立方米)	212631	84834	23943	24396	92565	55022
幼林株数(万株)	971.00	403.00	103.48	204.73	659.88	432.47
人员伤亡(人)						
轻伤	29			10		19
重伤	5	1		2		1
死亡	9	6		7	6	1
直接经济损失(万元)	3092	1275	438	488	1999	1275
森林防火扑火队伍建设(个)						
专业队	81	96	103	107	109	109
半专业	205	247	288	294	461	848
村级扑火应急队	4717	5224	5378	8015	8246	8699

4-28 各地区森林火灾情况(2009年)

地　区	森林火灾次数(次)	#一般火灾	#较大火灾	火场总面积(公顷)	受害森林面积(公顷)	天然林	人工林	人员伤亡(人)	#死亡	直接经济损失(万元)
全　省	**394**	**91**	**303**	**8184**	**3300**	**21**	**3279**	**21**	**1**	**1275**
南昌市	5	5		98	33		33			30
景德镇市	8	2	6	151	85	7	78			128
萍乡市	4	1	3	22	9		9			2
九江市	21	16	5	215	34	11	24			12
新余市	2	1	1	120	101		101			39
鹰潭市	8	2	6	167	45		45			66
赣州市	154		154	2725	1480		1480	1	1	427
吉安市	86	12	74	2681	743		743	20		311
宜春市	18	7	11	151	88		88			35
抚州市	29	23	6	371	66	4	63			9
上饶市	59	22	37	1482	615		615			215

4-29 林业产业分行业产值情况

单位：万元，%

年份	林业产业总产值	第一产业	第二产业	第三产业	林业产业产值构成 第一产业	第二产业	第三产业
1978	108783	58723	50060				
1979	138980	85897	53083				
1980	154705	96038	58667				
1981	172859	104083	68776				
1982	173737	103454	70283				
1983	188016	114129	73887				
1984	205881	124571	81310				
1985	228646	141190	87456				
1986	240486	144880	95606				
1987	265163	157209	107954				
1988	343359	188566	148451	6342	54.9	43.2	1.8
1989	376858	189588	167569	19701	50.3	44.5	5.2
1990	434156	239624	171426	23106	55.2	39.5	5.3
1991	508578	288951	198135	21492	56.8	39.0	4.2
1992	598287	315804	257455	25028	52.8	43.0	4.2
1993	659138	326678	308840	23620	49.6	46.9	3.6
1994	870888	379679	462656	28553	43.6	53.1	3.3
1995	826746	414590	384248	27908	50.1	46.5	3.4
1996	936747	485916	420539	30292	51.9	44.9	3.2
1997	1154003	544138	578773	31092	47.2	50.2	2.7
1998	1171651	695593	436399	39659	59.4	37.2	3.4
1999	1246367	782388	426359	37620	62.8	34.2	3.0
2000	1282913	790813	445288	46812	61.6	34.7	3.6
2001	1532871	824407	665322	43142	53.8	43.4	2.8
2002	1804839	1042920	714677	47242	57.8	39.6	2.6
2003	2195668	1428024	663979	103665	65.0	30.2	4.7
2004	3071029	1617867	1024077	429085	52.7	33.3	14.0
2005	3837166	1833047	1401960	602159	47.8	36.5	15.7
2006	4832087	2207180	1828333	796574	45.7	37.8	16.5
2007	6103350	2796135	2233699	1073516	45.8	36.6	17.6
2008	7602225	3532148	2677858	1392219	46.5	35.2	18.3
2009	9183321	4097649	3210495	1875177	44.6	35.0	20.4

4-30 林业产业产值(2009年)

单位：万元

指　　标	总产值		增加值	
	2008年	2009年	2008年	2009年
总　　计	**7602225**	**9184321**	**4049536**	**4800120**
第一产业	3532148	4097649	2022038	2299342
涉林产业合计	3302760	3813602	1879561	2096303
#竹产业产值	199264	184402	85889	83773
油茶产业产值	149977	260103	106780	105487
林木的培育和种植	716628	994963	421911	539849
木材和竹材的采运	643173	469794	367076	259804
经济林产品的种植与采集	1480040	1768436	820229	984243
花卉的种植	342364	468897	211008	260715
陆生野生动物繁育与利用	11143	20033	7589	12269
林业生产辅助服务	109412	91479	51748	39423
林业系统非林产业	229388	284047	142477	203039
第二产业	2677858	3213495	1204433	1414552
涉林产业合计	2615040	3122684	1180208	1376100
木材加工及木、竹、藤、棕、苇制品制造	1477653	1776111	676314	769959
木、竹、藤家具制造	372762	424317	150766	166236
木、竹、苇浆造纸	183790	204111	101463	127537
林产化学产品制造	178874	203416	71649	76862
木制工艺品和木制文教体育用品制造	53406	65737	23252	33603
非木制林产品加工制造业	245982	326350	112448	142737
其他	102573	122642	44316	59066
林业系统非林产业	62818	90811	24225	38452
第三产业	1392219	1873177	823065	1086226
涉林产业合计	1238233	1731850	737176	1020052
林业旅游与休闲服务	968030	1195621	627371	758816
林业生态服务	128745	362598	63111	194837
林业专业技术服务	23843	34146	11501	14467
林业公共管理及其他组织服务	117615	139485	35193	51932
林业系统非林产业	153986	141327	85889	66174

4-31 各地区林业产业产值(2009年)

单位：万元

地　　区	林业产业总产值	第一产业	第二产业	第三产业
全　　省	**9183321**	**4097649**	**3210495**	**1875177**
南 昌 市	747492	195925	488740	62827
景德镇市	198219	123754	29500	44965
萍 乡 市	350984	227171	85366	38447
九 江 市	1026512	311874	149301	565337
新 余 市	338985	184210	120592	34183
鹰 潭 市	221065	92026	112268	16771
赣 州 市	1607985	952360	534054	121571
吉 安 市	1298566	464175	441289	393102
宜 春 市	1007328	433056	441441	132831
抚 州 市	1336312	643426	546923	145963
上 饶 市	958315	417694	264021	276600

注：全省数据包含省直单位数据。

4-32 各县(市、区)林业

地　　区	总　计	第一产业	竹产业产值	油茶产业产值	林木的培育和种植	木材和竹材的采运
全　省	**9184321**	**4097649**	**184402**	**260103**	**994963**	**469794**
南昌市	**747492**	**195925**	**393**	**1865**	**41693**	**2581**
市辖区	665264	139259			16920	529
湾里区	18760	10229	393	241	5836	928
南昌县	18291	12747			6733	68
新建县	15272	9343			1848	140
安义县	11992	9142			4164	896
进贤县	17913	15205		1624	6192	20
景德镇市	**198219**	**123754**			**14047**	**18728**
市辖区	23130	8218			1241	667
昌江区	8835	6237			1482	210
浮梁县	130087	87754			6081	16836
乐平市	36167	21545			5243	1015
萍乡市	**350984**	**227171**	**3583**	**18710**	**58571**	**7647**
市辖区	7320	5216			1015	
安源区	39775	21020	83	22	1941	171
安源经济开发区	68838	19339		68	622	54
湘东区	41840	36560	1700	5600	14525	4520
莲花县	45253	32093	50	4000	22058	414
上栗县	43115	29840	1750	9020	10310	400
芦溪县	104843	83103			8100	2088
九江市	**1026512**	**311874**	**6353**	**1851**	**104995**	**40257**
市辖区	139010	2965			2965	
庐山区	21939	12126	9	152	6080	168
浔阳区	2528	2018			10	
九江县	23477	14403			10830	541
武宁县	92627	48811	2216	409	10769	7059
修水县	108880	63754			28300	7633
永修县	25912	18983			4634	1699
德安县	56369	40643	78	2	15269	763
星子县	19979	10175			2174	22
都昌县	34446	20041		690	10616	4466
湖口县	12164	7298			1613	586
彭泽县	55132	40712	2700		7418	16464
瑞昌市	47417	26111	1350	546	3540	759
共青城	10399	3678		52	759	47
开发区	6088	68			18	50
庐山管理局	370145	88				
新余市	**338985**	**184210**	**1239**	**13113**	**66359**	**12283**
市辖区	66808	559				559
仰天岗管理会	7814	5153		633	256	436
渝水区	121096	86306	230	5225	11707	6922

产业产值及构成(2009年)

单位：万元

经济林产品的种植与采集	花卉的种植	陆生野生动物繁育与利用	林业生产辅助服务	第二产业	木材加工及木、竹、藤、棕、苇制品制造
1768436	**468897**	**20033**	**91479**	**3213495**	**1776111**
16818	**55637**	**4000**	**1446**	**488740**	**297952**
3660	48000	4000		475365	288040
705	2203		405	1375	1294
1604	3273		550	3870	3020
2967			85	4877	4500
676	1500		300	709	178
7206	661		106	2544	920
71463	**13142**	**1993**	**3410**	**29500**	**24810**
336	4036	113	1646	9582	7805
2916	928		430	1468	735
62007	1640	80	1110	5110	4610
6204	6538	1800	224	13340	11660
66202	**39623**	**1220**	**840**	**85366**	**49051**
	4201			540	540
7541	4400		28	6675	4794
1550	16963		150	40983	28578
17515				5050	3715
6235	2324	1000	62	8660	1660
12575	6010	220	320	11048	2185
20786	5725		280	12410	7579
96060	**38583**	**3008**	**5999**	**149301**	**78120**
				35350	
4449	2		117	948	796
	2000		8	370	280
2833	9		30	7109	6599
22172	4135	392	812	28579	14215
16093	4412		550	28396	21350
12490	160			3812	3012
5503	18540		568	7395	1020
7868	20		57	858	648
3759	300	310	415	6289	2293
3547	1377	10	140	2304	1559
8460	3590	1730	1750	7040	7040
6144	3880	566	1492	14874	13533
2715	150		7	977	775
				5000	5000
27	8		53		
81930	**6630**	**1362**	**2737**	**120592**	**46200**
				51270	13004
4199	262			2006	2006
50565	4296	1290	2021	30517	18164

4-32 续表1

地　区	木、竹、藤家具制造	木、竹、苇浆造纸	林产化学产品制造	木制工艺品和木制文教体育用品制造	非木制林产品加工制造业
全　省	**424317**	**204111**	**203416**	**65737**	**326350**
南昌市	**48267**	**120000**	**400**	**100**	**12165**
市辖区	47000	120000			10500
湾里区	40				41
南昌县	850				
新建县	377				
安义县			400	100	
进贤县					1624
景德镇市	**584**		**2527**		**544**
市辖区			739		3
昌江区	584		88		61
浮梁县			500		
乐平市			1200		480
萍乡市	**17600**	**380**	**442**	**550**	**9208**
市辖区					
安源区	650		2		29
安源经济开发区	8000				4405
湘东区	350				985
莲花县		380			
上栗县	6100		50	550	1848
芦溪县	2500		390		1941
九江市	**10354**	**1028**	**2163**	**1563**	**42318**
市辖区					35000
庐山区					152
浔阳区	90				
九江县	490			3	17
武宁县	2602	28	1118	500	3084
修水县	4200		10	310	2526
永修县	800				
德安县			100		
星子县	210				
都昌县	780	1000	126	750	1340
湖口县	20		725		
彭泽县					
瑞昌市	1012		84		147
共青城	150				52
开发区					
庐山管理局					
新余市	**21102**	**3448**	**1911**	**85**	**17124**
市辖区					10980
仰天岗管理会					
渝水区	4232	3318	879	58	3866

单位：万元

其他	第三产业	林业旅游与休闲服务	林业生态服务	林业专业技术服务	林业公共管理及其他组织服务
122642	**1873177**	**1195621**	**362598**	**34146**	**139485**
3580	**62827**	**16296**	**33976**	**1494**	**1164**
3580	50640	6000	32784	1200	1000
	7156	7156			
	1674	240	1000	210	24
	1052	900	152		
	2141	2000		50	50
	164		40	34	90
	44965	**40360**	**241**	**896**	**1166**
	5330	2275	21	138	594
	1130	700	220	60	150
	37223	37025		70	128
	1282	360		628	294
4420	**38447**	**27064**	**2822**	**1015**	**7523**
	1564		62	219	1267
	12080	6370	700	490	4520
	8516	7500	1010	6	
	230	190			40
4120	4500	3304			1196
300	2227	1870	100	70	180
	9330	7830	950	230	320
8135	**565337**	**486701**	**46653**	**3481**	**11644**
350	100695	77630	21000		2065
	8865	8865			
	140		140		
	1965	953	270	17	725
1510	15237	8071	1715	481	1670
	16730	180	7495	1355	3600
	3117	2610			507
6275	8331		6028	30	448
	8946	8000	700		246
	8116	4000	3277		839
	2562	1250	512		
	7380	3200	2500	750	930
	6432	1610	1786	845	581
	5744	330	230	3	13
	1020		1000		20
	370057	370002			
27307	**34183**	**2815**	**3768**	**1185**	**316**
27286	14979	1390			
	655	412			
	4273	345	92	69	173

4-32 续表2

地区	总计	第一产业				
			竹产业产值	油茶产业产值	林木的培育和种植	木材和竹材的采运
仙女湖	18664	12210	330	2090	815	606
高新开发区	25205	8178		1990	795	284
分宜县	99398	71804	679	3175	52786	3476
鹰潭市	**221065**	**92026**	**4930**	**1161**	**12878**	**4661**
市辖区						
月湖区	26450	8317			1856	
龙虎山	15041	4708	720	6	1266	780
余江县	68114	34058		237	1729	358
贵溪市	111460	44943	4210	918	8027	3523
赣州市	**1607985**	**952360**	**55375**	**53382**	**267328**	**99248**
市辖区	97519	2193			636	1512
章贡区	51993	8396	212	2623	1237	1175
黄金区	11145	3822	20	960	14	26
赣县	64326	39960	765	5533	5154	1928
信丰县	129201	107435	2626	1115	50283	4824
大余县	56623	44630	1639	36	9501	4436
上犹县	69217	42807	198	2850	15027	11155
崇义县	141123	70136	34520	8738	24935	20554
安远县	96624	88820	827	437	30497	7216
龙南县	67698	59527	702	2766	6064	5524
定南县	46229	26012	325	62	14766	4637
全南县	53439	41290	2912	1424	19155	2720
宁都县	76857	42730	570	900	8225	5777
于都县	74565	57793	164	2720	17101	6958
兴国县	57438	41382	269	7500	15136	4282
会昌县	50802	42674	258	164	14842	2907
寻乌县	123878	119864	176	480	6815	4093
石城县	48876	31135	3626	6200	4350	1322
瑞金市	71275	43265	5566	8874	5345	7725
南康市	219157	38489			18245	477
吉安市	**1298566**	**464175**	**20165**	**45665**	**137181**	**110166**
市辖区	70535	251			32	219
吉州区	11923	2165			695	163
青原区	27176	16843			6919	3079
吉安县	95125	41451	97	60	8558	3550
吉水县	81376	27967			9363	4751
峡江县	40312	14812			3677	4570
新干县	92097	60689		2096	20093	5164
永丰县	102284	49189	635	22500	21962	11827
泰和县	87436	44204			15516	10201
遂川县	234750	96078	12448	10761	30617	28104
万安县	36224	16830	1626	5000	4080	4429

单位：万元

经济林产品的种植与采集	花卉的种植	陆生野生动物繁育与利用	林业生产辅助服务	第二产业	木材加工及木、竹、藤、棕、苇制品制造
6754	854	28	20	5446	1401
7045	10	44		8894	738
13367	1208		696	22459	10887
42216	**23409**	**1199**	**1268**	**112268**	**78845**
414	5265	700	82	16409	15422
2161	33	6	55	4299	2753
13539	14802	146	231	32858	9101
26102	3309	347	900	58702	51569
508360	**63275**	**478**	**9827**	**534054**	**238445**
45				39037	776
2648	3143		193	42781	12831
1722	2060			4723	3763
28163	3869		830	14066	8867
51496	832			19607	17639
11731	18697		265	9230	5208
11044	3486	325	1630	19451	13925
21279	2869		493	63056	40484
50924	183			5042	3644
34489	13064		309	5791	1722
6372	98		139	15006	11210
13762	3412		151	10789	5849
27795	236	30	525	28197	24201
29795	3060		800	14116	4503
19454	975		418	11819	2981
23070	1690		165	7915	6615
107567	982		402	2064	299
22986	490	114	1780	15463	6129
26992	2605	9	510	26961	13675
17026	1524		1217	178940	54124
158964	**38920**	**315**	**14446**	**441289**	**249746**
				199	
825	407		75	3379	2207
4850	1090		345	7743	3517
8320	18336	1	980	50544	31070
8139	5349		303	41922	12783
6165			400	18500	13962
34768	79	18	567	31015	26999
11885	1442		1630	49402	13898
14087	3598		331	24416	12165
29526	1051	280	6500	112172	70411
8212	109			18084	9140

4-32 续表3

地 区	木、竹、藤家具制造	木、竹、苇浆造纸	林产化学产品制造	木制工艺品和木制文教体育用品制造	非木制林产品加工制造业
仙女湖	1099		237	7	166
高新开发区	8021	100	35		
分宜县	7750	30	760	20	2112
鹰潭市	**7161**		**5166**	**17444**	**2881**
市辖区					
月湖区	987				
龙虎山	600			20	926
余江县	1231		4967	17300	259
贵溪市	4343		199	124	1696
赣州市	**158451**	**40394**	**12100**	**1711**	**59239**
市辖区		21406			
章贡区	9889	17594			2467
黄金区					960
赣县	57	46	217	8	3997
信丰县	421		932		539
大余县	1745		488	1451	258
上犹县	1533		38	62	3618
崇义县	4720	3	1539		16310
安远县	588		30		780
龙南县	2750				1319
定南县	951		635		62
全南县	2309	750	500		1328
宁都县	76		2900		1020
于都县	3288		298		6027
兴国县	600		528		7510
会昌县	1300				
寻乌县	1120				600
石城县	1663	595	74	150	6852
瑞金市	1028		3758	40	5352
南康市	124413		163		240
吉安市	**29306**	**4394**	**82907**	**2450**	**69943**
市辖区			199		
吉州区	280		630		220
青原区	320		3200		400
吉安县			19371		60
吉水县	2386		26753		
峡江县			1131		3407
新干县	300		30	1590	2096
永丰县	2800		9174		23530
泰和县	5086		5773	360	738
遂川县	3625	700	10062	500	26274
万安县	2100	500	1254		5090

单位：万元

其他	第三产业	林业旅游与休闲服务	林业生态服务	林业专业技术服务	林业公共管理及其他组织服务
21	1008	403	31	21	113
	8133				
	5135	265	3645	1095	30
	16771	**13700**	**1740**	**621**	**295**
	1724	660	900	54	110
	6034	5626	45	33	30
	1198	555	240	380	23
	7815	6859	555	154	132
5256	**121571**	**29082**	**71217**	**4858**	**10034**
	56289	223	56000		40
	816	391	363		62
	2600	1600		1000	
	10300		9500	270	530
	2159	1601		6	527
	2763	913	820	350	680
	6959	1080	1037	530	1225
	7931	7633			298
	2762	1950	160	110	542
	2380	710	490		1180
2148	5211	2688	182	1673	668
	1360	530	280	88	462
	5930	4950	40	30	910
	2656	358	1340	263	695
	4237	3310	70	70	737
	213	178	25	10	
	1950	300			92
	2278	368	400	200	510
3108	1049	203	336	100	400
	1728	96	174	158	476
2330	**393102**	**242641**	**86744**	**4698**	**34278**
	70085	85	70000		
42	6379	1245	5022	112	
306	2590	100	56		68
43	3130		5	15	25
	11487	10070	90	467	860
	7000	7000			
	393	42		81	270
	3693	2320	20	113	1240
294	18816	175		31	18610
600	26500	10350	3000	2500	10400
	1310	1000			130

4-32 续表4

地 区	总 计	第一产业				
			竹产业产值	油茶产业产 值	林木的培育和种植	木材和竹材的采运
安福县	78457	30278	4929	2950	4540	17285
永新县	109070	46814	430	2298	8957	13180
井冈山市	231801	16604			2172	3644
宜春市	**1007328**	**433056**	**46832**	**58206**	**108339**	**71975**
市辖区	77773	3505	1062	10904	841	1359
袁州区	83438	35042	253	13200	25318	562
奉新县	133974	51430	19932	1302	10254	10455
万载县	93113	33367	17649	14886	9195	7237
上高县	58891	30916			17666	6396
宜丰县	95878	21881			2529	9336
靖安县	122892	47284	4896	684	12353	8719
铜鼓县	148409	66694		1720	7312	15404
丰城市	64696	56726	3040	15510	14836	8700
樟树市	48577	32709			4005	1076
高安市	79687	53502			4030	2731
抚州市	**1336312**	**643426**	**9565**	**15710**	**77750**	**58701**
市辖区	89540	288			210	
临川区	123891	70221	1200	5280	5590	4864
南城县	108535	58364	720	200	10382	3214
黎川县	161713	84780	930	1000	12216	5177
南丰县	139410	112550	541	64	2014	1855
崇仁县	74957	49397		4300	3802	1738
乐安县	102239	38486	600	134	4360	7996
宜黄县	110423	55879			10815	9775
金溪县	123165	51356	2950	180	2406	4463
资溪县	136412	38918			7649	13773
东乡县	39564	27004	182	2160	12335	3736
广昌县	126463	56183	2442	2392	5971	2110
上饶市	**958315**	**417694**	**35967**	**50440**	**75822**	**43547**
市辖区	116773	418	7188		280	126
信州区	7702	3335	152		532	140
上饶县	95025	58069	7723	25276	9109	4052
广丰县	68050	21242	832	3000	2618	2234
玉山县	88220	49159			8679	3056
铅山县	82166	40808	6189	3960	9319	6773
横峰县	29059	16819	393	1500	4980	964
弋阳县	73994	43359	135	43	3060	5218
余干县	10579	6175	4	130	3815	294
鄱阳县	76537	67939	70	63	13596	758
万年县	46899	22795	925	2234	5079	1136
婺源县	166836	38967	2108	3375	6715	5159
德兴市	96475	48609	10248	10859	8040	13637
省林业厅厅直单位	**92558**	**51978**			**30000**	

单位：万元

经济林产品的种植与采集	花卉的种植	陆生野生动物繁育与利用	林业生产辅助服务	第二产业	木材加工及木、竹、藤、棕、苇制品制造
6377	388		1380	23732	18240
16389	6490		1165	49942	32626
9421	581	16	770	10239	2728
169434	**40775**	**1803**	**10974**	**441441**	**300128**
1120			128	52818	41914
7522	1640			30106	22545
12339	15298	239	2458	64672	30353
12556	1823		480	55276	31870
6477	317		60	24950	6625
4526	153	18	921	51992	48607
20087	3295	40	544	46253	38711
27448	4956	1450	3800	72636	60692
23760	7820		1610	5000	3800
9202	4787	20	433	13873	1026
44397	686	36	540	23865	13985
415542	**66249**	**3145**	**13499**	**546923**	**308239**
59	19			60000	60000
37512	22255			45680	19660
24053	8095	2800	9820	30158	16094
64907	1422		780	72493	64195
108353	76		252	21275	14507
39419	921			21050	4687
24000	715	308	1107	61316	24374
22411	12878			51603	16867
42881	1606			48526	8726
8615	6743		190	77217	63652
5396	2683	18	230	8900	1678
37936	8836	19	1120	48705	13799
141447	**82654**	**1510**	**5055**	**264021**	**104575**
4			8	14752	14752
1221	1143		280	2597	2462
14708	23667		596	33964	6890
9545	6385		460	20257	10640
31140	5280	700	304	32671	8892
8965	8906		931	28493	16810
5855	1172	500	500	9020	3190
19274	325		360	21030	1143
981	228		350	2807	1126
18059	401			2601	301
3381	12238	40	112	11803	1169
17775	7474	270	441	41532	15017
10539	15435		713	42494	22183
			21978		

4-32 续表5

地　区	木、竹、藤家具制造	木、竹、苇浆造纸	林产化学产品制造	木制工艺品和木制文教体育用品制造	非木制林产品加工制造业
安福县	416		2570		2506
永新县	8820	1334	2680		4269
井冈山市	3173	1860	80		1353
宜春市	**20982**	**460**	**23291**	**5875**	**46507**
市辖区					10904
袁州区	300				7206
奉新县	235		989	1600	1049
万载县	3150				18406
上高县	1660		9220		
宜丰县	675		393		2236
靖安县	4032		197	3090	223
铜鼓县	990	460	5768	1185	3541
丰城市	1200				
樟树市			6570		2942
高安市	8740		154		
抚州市	**84733**	**15437**	**41848**	**23688**	**34015**
市辖区					
临川区	6163	12647		3000	880
南城县	4740		4360		512
黎川县	4060	50	198	10	2160
南丰县	200	2500	108		3960
崇仁县	13663				2700
乐安县	6191		3340	4939	6931
宜黄县	27672		164		2700
金溪县	600	240	28116		10844
资溪县	4945				
东乡县	14		5380		1828
广昌县	16485		182	15739	1500
上饶市	**25777**	**18570**	**30661**	**12271**	**32406**
市辖区					
信州区		135			
上饶县	3760	300	220	830	8962
广丰县	6600				
玉山县	4711	360	15448		3260
铅山县	560	420	540	180	4495
横峰县	1300	1000	60		3470
弋阳县	125	16200	3400		
余干县	1050		39	500	92
鄱阳县	390		560		
万年县	602			8060	500
婺源县	6000		1140	2300	1875
德兴市	679	155	9254	401	9752
省林业厅厅直单位					

单位：万元

其他	第三产业				
		林业旅游与休闲服务	林业生态服务	林业专业技术服务	林业公共管理及其他组织服务
	24447	2670	2400	146	371
	12314	6228	2549	1233	2304
1045	204958	201356	3602		
3335	**132831**	**43540**	**50423**	**4898**	**6622**
	21450	4500	16450	500	
	18290	250	17930	110	
	17872	990	2925	417	1540
	4470	2420	1000	50	1000
	3025	15	450	60	
	22005	5110	1849	2821	1837
	29355	21000	7209	216	930
	9079	4490	1430	564	735
	2970	2310	500	160	
3335	1995	135	680		580
	2320	2320			
36368	**145963**	**46064**	**52557**	**9833**	**10936**
	29252	1200	25000		3000
3330	7990	3028	1000	98	
3557	20013	300	7875	3596	2760
120	4440	1450	1550	870	370
	5585	1200	3500		85
	4510	1270	1500	640	
15541	2437	430	2002	5	
4200	2941		1000		1941
	23283	20241	3042		
8620	20277	15465	1088	3664	60
	3660	930	2300	160	270
1000	21575	550	2700	800	2450
31911	**276600**	**247358**	**12457**	**1002**	**15092**
	101603	101600	1	2	
	1770	1770			
10150	2992	2226	90	116	560
3017	26551	17040		11	9500
	6390	1400	4680	160	150
1840	12865	12000	322	36	507
	3220	450	1000	470	1200
162	9605	8355			800
	1597		1556	13	28
	5997	5997			
1472	12301	12000	46	55	70
15200	86337	84500	360	57	1420
70	5372	20	4402	82	857
	40580			**165**	**40415**

4-33 林业生产情况(2009年)

指　　标	单位	2008	2009
荒山荒(沙)地造林面积	公顷	267032	228630
人工造林	公顷	234601	209019
#乔木林面积	公顷		133247
#竹林面积	公顷	974	1157
飞播造林	公顷		
无林地和疏林地新封	公顷	32431	19611
按经济成份分			
公有经济造林	公顷	71244	63470
国有经济造林	公顷	37594	31803
集体经济造林	公顷	33650	31667
非公有经济造林	公顷	195788	165160
按林种用途分			
用材林	公顷	147427	120388
#速生丰产林	公顷	26129	27530
经济林	公顷	32908	23276
防护林	公顷	84847	82528
薪炭林	公顷	305	1715
特种用途林	公顷	1545	723

4-33 续表

指　标	单位	2008	2009
有林地造林面积	公顷	29932	24811
林冠下造林	公顷	25467	19774
飞播营林	公顷		
有林地和灌木林地新封	公顷	4465	5037
更新造林	公顷	28246	24349
#人工更新	公顷	25599	20007
低产低效林改造面积	公顷	55910	44531
四旁(零星)植树	株	138324368	155723839
年末实有封山(沙)育林面积	公顷	409833	459598
幼林抚育作业面积	公顷次	694534	629700
幼林抚育实际面积	公顷	520764	443478
成林抚育面积	公顷	218187	297205
#中、幼龄林抚育面积	公顷	116325	176083
抚育改造出材量	立方米	217905	166623
#中、幼龄林抚育出材量	立方米	128724	105681
林木种子采集量	吨	2477	949
当年苗木产量	株	1213155970	1244292993
育苗面积	公顷	24757	24445
#本年新增育苗面积	公顷	8409	6097
年末实有母树林面积	公顷	4355	3210
年末实有种子园面积	公顷	906	622

4-34 各县(市、区)林业

地　区	荒山荒(沙)地造林面积	有林地造林面积	更新造林	人工更新	低产低效林改造面积	四旁(零星)植树(万株)
全　省	**228630**	**24811**	**24349**	**20007**	**44531**	**15572.4**
南昌市	**6879**		**20**	**20**	**387**	**1090.4**
市辖区	263					82.0
湾里区	703				107	20.0
南昌县	1500					328.9
新建县	2050					209.5
安义县	713		20	20	60	65.0
进贤县	1650				220	385.0
景德镇市	**6368**	**570**	**549**	**549**	**233**	**131.9**
市辖区	542		394	394		0.6
昌江区	333		155	155	233	33.3
浮梁县	1327	570				98.1
乐平市	4166					
萍乡市	**14749**	**1813**			**35**	**1012.5**
市辖区						
安源区	1527	1813				20.5
安源经济开发区	150					15.0
湘东区	2672				35	90.0
莲花县	4675					650.0
上栗县	2497					105.0
芦溪县	3228					132.0
九江市	**29333**	**247**	**1423**		**3533**	**3362.6**
市辖区						
庐山区	373					263.4
浔阳区						2.0
九江县	1509					78.0
武宁县	6147		333			306.0
修水县	2963				3533	460.0
永修县	5466					78.0
德安县	2026		200			255.0
星子县	1909		890			150.0
都昌县	2906					765.2
湖口县	1246	247				65.0
彭泽县	1667					646.0
瑞昌市	2934					226.5
共青城	187					47.5
开发区						20.0
庐山管理局						
新余市	**9008**	**536**	**1492**	**1392**	**719**	**255.1**
市辖区						
仰天岗管理会	484					
渝水区	3958	536	321	321	496	200.0

生产情况(2009年)

单位：公顷

年末实有封山(沙)育林面积	幼林抚育作业面积(公顷/次)	幼林抚育实际面积	成林抚育面积	林木种子采集量(吨)	苗木产量(万株)	育苗面积	
							本年新增育苗面积
459598	**629700**	**443478**	**297205**	**949**	**124429.3**	**24445**	**6097**
6695	**19817**	**13965**	**6886**	**205**	**1458.0**	**9072**	**355**
190	2000	1175		200	200.0		
2345	676					515	35
	8554	7277	6266		200.0	620	19
				1		7333	100
	2760	2600	620	2	100.0	40	10
4160	5827	2913		2	958.0	564	191
83623	**10324**	**5583**	**2156**		**1121.9**	**300**	**43**
2060	4517	2231	346		338.6	192	5
780	2407	1302	1140		720.0	48	25
80783	3400	2050	670		3.3	12	
					60.0	48	13
10427	**26733**	**17895**	**14972**	**335**	**2860.4**	**76**	**38**
2080			2400		1567.5	21	10
			20		5.5		
1000	6000	4000			12.4	30	10
1723	6400	6400	8000	315	450.0	10	10
3330	8533	4267			600.0	8	6
2294	5800	3228	4552	20	225.0	7	2
118133	**71452**	**60902**	**19148**	**116**	**9528.4**	**4676**	**1047**
		65			1800.0	800	100
5973	61		10870	100	245.0	1369	37
600	23500				120.0	21	14
1799		9400		15	1522.0	150	80
	12000	12000			1197.0	197	197
18700	9600	4800	4633		600.0	1176	9
4867		5333			371.0	55	4
31000	350	320	150		1100.0	467	443
8000	4000	4000	3200		200.0	55	40
34810	11667	5800			367.9	246	24
	8200	5430			1997.0	98	98
822	2074	1123	289		5.0	38	1
11562		12631	6	1	3.5	4	
1402	**12053**	**12353**	**7167**	**3**	**3104.7**	**2212**	**310**
769					1.8		
120		200	180	2	1000.0		

4-34 续表1

地 区	荒山荒(沙)地造林面积	有林地造林面积	更新造林	人工更新	低产低效林改造面积	四旁(零星)植树(万株)
仙女湖	693		120	120		10.0
高新开发区	400		100			45.0
分宜县	3473		951	951	223	0.1
鹰潭市	**7510**					**284.9**
市辖区						
月湖区	287					36.4
龙虎山	700					25.0
余江县	3000					73.5
贵溪市	3523					150.0
赣州市	**36711**	**4441**	**7582**	**5871**	**7335**	**2899.6**
市辖区						
章贡区	170				497	5.0
黄金区						0.3
赣县	1734	907	1784	1784		325.3
信丰县	1022		1397	1397	312	197.0
大余县	1383		1711		265	178.4
上犹县	1226		820	820	1333	143.7
崇义县	723	2000				13.7
安远县	1200					
龙南县	1333	767				66.0
定南县	1881		690	690	581	98.0
全南县	1200					119.1
宁都县	10196				533	267.8
于都县	5482				1333	330.0
兴国县	333				2163	347.1
会昌县	1923					146.3
寻乌县	667					220.0
石城县	4300	220	160	160	277	67.0
瑞金市	1313	547	1020	1020		160.0
南康市	625				41	215.0
吉安市	**23454**	**14424**	**7689**	**6614**	**6508**	**2449.7**
市辖区						
吉州区	914				100	1.0
青原区		210	270		520	90.0
吉安县	4673		685			120.0
吉水县	4000	1333	400	400	667	180.0
峡江县	1527	247	130	130	284	124.0
新干县	1816	1827	643	643	475	373.7
永丰县	1187	4355	400	400	781	216.6
泰和县	2647	613	300	300	534	276.1
遂川县	91	1952	3492	3492	1109	401.7
万安县	2150	2305	120		892	177.5

单位：公顷

年末实有封山(沙)育林面积	幼林抚育作业面积(公顷/次)	幼林抚育实际面积	成林抚育面积	林木种子采集量(吨)	苗木产量(万株)	育苗面积	本年新增育苗面积
	720	820	320	1	99.0	180	60
						2	
513	11333	11333	6667		2003.9	2030	250
6533	**7867**	**7567**	**2333**	**15**	**1226.0**	**273**	**74**
					16.0	103	
300	800	500	700		50.0	4	2
667	3000	3000		4	560.0	60	6
5566	4067	4067	1633	11	600.0	106	66
28383	**130720**	**95850**	**78652**	**61**	**24603.2**	**457**	**244**
333	1137	1137			430.0	16	2
	15				10.0	1	
1000	16982	8491			3645.0	81	68
2720	9788	5599	1203	2	1221.0	38	38
923	13333	6667	1609		960.0	21	21
1273	809	809	789		300.0	11	10
1810			3200	3	1080.0	24	
1613	11226	5613			510.0	9	6
2280	12300	9900	1333	50	700.0	67	15
1247	9733	5643	3130		1800.0	32	30
2147	2467	2467	2552		1399.2	42	30
2667	14516	14516	5673		710.0	13	13
3191	4000	4000	1100		780.0	30	
1187	4299	4299	13000	2	19.0	6	5
1752	6880	6880			1200.0	20	
987	8489	8489	30788		344.0	6	6
1547	1933	1933			8400.0	14	
1373	6000	6000	8000	4	960.0	23	
333	6813	3407	6275		135.0	3	
48657	**156170**	**92153**	**88122**	**162**	**16910.1**	**622**	**320**
	195	116	75				
100	2000	2000			72.0	2	
800	1630	1130		1	860.0	50	30
1199			12451	115	1089.1	19	19
30000	29000	15000	300		1400.0	95	41
3647	6800	4500	800	2	1200.0	133	27
1030	9333	4667	15333		1336.5	42	
620	30666	15333	20000	26	1800.0	80	50
1780	15653	15653			1027.0	16	
4138	36454	18227	31800	12	1860.0	67	67
1733	5000	3000	5600		354.0	10	8

4-34　续表2

地　区	荒山荒(沙)地造林面积	有林地造林面积	更新造林	人工更新	低产低效林改造面积	四旁(零星)植树(万株)
安福县	1807				476	180.0
永新县	1667	267	1005	1005	670	200.0
井冈山市	975	1315	244	244		109.2
宜春市	**30720**	**1647**	**4999**	**4966**	**6198**	**1711.7**
市辖区	437		33			50.0
袁州区	4267	520				185.5
奉新县	1887		613	613	142	111.0
万载县	3310					200.0
上高县	4937		1950	1950	333	277.6
宜丰县	1539					
靖安县	2230		671	671	957	40.0
铜鼓县	1467	667	1252	1252	2100	220.0
丰城市	3174					260.0
樟树市	4800					187.6
高安市	2672	460	480	480	2666	180.0
抚州市	**22756**		**133**	**133**	**13530**	**526.5**
市辖区						
临川区	2000		133	133		60.0
南城县	2251					24.3
黎川县	2026				3334	20.0
南丰县	3050					10.0
崇仁县	2400					63.2
乐安县	1385				8666	55.0
宜黄县	2199					90.0
金溪县	985					46.0
资溪县	2746				200	8.0
东乡县	1850					70.0
广昌县	1864				1330	80.0
上饶市	**41142**	**1133**	**462**	**462**	**6053**	**1847.6**
市辖区	233					
信州区	1490					
上饶县	1404				600	172.2
广丰县	2501				120	177.0
玉山县	4194					62.4
铅山县	3733	1000				80.0
横峰县	3221		62	62	4600	160.0
弋阳县	5446					300.0
余干县	4767	133				220.0
鄱阳县	8180					220.0
万年县	1183					300.0
婺源县	3847		400	400	333	106.0
德兴市	943				400	50.0

单位：公顷

年末实有封山(沙)育林面积	幼林抚育作业面积(公顷/次)	幼林抚育实际面积	成林抚育面　积	林木种子采集量(吨)	苗木产量(万株)	育苗面积	本年新增育苗面积
2189	5509	3502	463	6	4000.0	60	40
507	10000	6667	1300		1200.5	25	25
914	3930	2358			711.0	23	13
138036	**87472**	**52412**	**46684**	**37**	**40300.0**	**2621**	**1962**
4400	370	247			44.0	1	
247	11548	5774	8433		2916.0	67	
9800	2480	2443	2366	7	30000.0	1867	1636
2350		8000			870.0	16	16
4347	18100		10900		741.0	173	67
343					1600.0	80	50
440	6054	4038	1464		4.0	64	64
41213	10020	5010	6667	5	1080.0	30	17
50000	5000	5000	1000		2000.0	92	82
2323	9900	9900	15754	24		162	17
22573	24000	12000	100	1	1045.0	69	13
9766	**44568**	**39193**	**12926**	**12**	**10616.7**	**450**	**275**
			113			22	1
467	667	667			4800.0	80	80
533	5402	10804			79.5	6	
1346	15000	10000	2000	12	420.0	7	7
1087	6100	2764	1000		1260.0	28	25
97			2000		40.0	13	
667			3000			26	26
600			3000		837.2	20	20
1322	4760	2380			270.0	6	
1400	5500	5500	480		2000.0	25	
667	3333	3333	1333		500.0	170	70
1580	3806	3745			410.0	47	46
7943	**62524**	**45605**	**18159**	**3**	**12700.0**	**3686**	**1429**
153							
190		500	500		420.0	78	35
230			473		3210.0	1067	133
780	4467	4467		2	610.0	32	20
447					850.0	34	20
1277					400.0	33	10
447	4000	4000	10500		60.0	110	
1010	9334	7000			0.0	30	20
466	9534	4767	2518		900.0	120	87
	10000	4000	4000		2600.0	1370	800
200	4596	2298	167		2300.0	267	260
2143	6593	4573		1		14	14
600	14000	14000	1		1350.0	531	30

4-35 各县(市、区)主要木材、竹材产品产量(2009年)

地区	木材(立方米)			竹林产品		
	合计	原木	薪材	竹材(万根)	毛竹	小杂竹(吨)
全省	**3397918**	**3148110**	**249808**	**7423.0**	**6732.8**	**183464**
南昌市	**25508**	**24608**	**900**	**10.4**	**10.2**	
市辖区	883	883		3.0	3.0	
湾里区	1000	1000		3.8	3.6	
南昌县	947	947				
新建县	1633	1633		0.6	0.6	
安义县	14336	13436	900	3.0	3.0	
进贤县	6709	6709				
景德镇市	**100019**	**100019**		**99.2**	**86.8**	**75**
市辖区	22017	22017		0.1		
昌江区	1253	1253		3.2	3.2	
浮梁县	70000	70000		91.1	80.1	75
乐平市	6749	6749		4.8	3.5	
萍乡市	28768	28768		217.0	180.7	50000
市辖区						
安源区	1200	1200		5.0	5.0	
安源经济开发区						
湘东区	13370	13370		74.0	47.7	
莲花县	4400	4400		10.0	10.0	
上栗县	1000	1000		25.0	15.0	50000
芦溪县	8798	8798		103.0	103.0	
九江市	**143233**	**137082**	**6151**	**230.8**	**184.7**	**24500**
市辖区						
庐山区	1544	1544		0.8	0.5	
浔阳区						
九江县	6614	6614		7.7	6.5	
武宁县	35465	34437	1028	123.0	87.5	7000
修水县	47303	47303		14.6	14.6	
永修县	13860	13860		4.8	4.8	
德安县	7205	7205		6.5	6.5	
星子县	133	133		0.4	0.4	
都昌县	7123	3600	3523	19.0	19.0	
湖口县	1281	1281				
彭泽县	11955	11955		38.8	38.8	10000
瑞昌市	9462	7862	1600	15.2	6.1	7500
共青城	500	500				
开发区	788	788				
庐山管理局						
新余市	**66693**	**66193**	**500**	**86.8**	**83.3**	**48000**
市辖区	2989	2989		1.8	1.8	
仰天岗管理会	500		500			
渝水区	16926	16926		12.0	12.0	

4-35 续表1

地 区	木材(立方米)			竹林产品		
	合 计	原 木	薪 材	竹 材(万根)	毛竹	小杂竹(吨)
仙女湖	7125	7125		4.8	4.8	
高新开发区	1620	1620				
分宜县	37533	37533		68.2	64.6	48000
鹰潭市	**87291**	**53191**	**34100**	**88.7**	**87.4**	**120**
市辖区						
月湖区						
龙虎山	9961	9961		5.0	4.0	120
余江县	2187	2187				
贵溪市	75143	41043	34100	83.7	83.4	
赣州市	**589646**	**582742**	**6904**	**1443.7**	**1271.5**	**16024**
市辖区						
章贡区	7784	7784		6.0	2.8	120
黄金区				2.0	2.0	
赣县	20910	20910		25.1	19.0	
信丰县	51437	51437		17.6	12.3	
大余县	41595	41595		159.9	145.5	
上犹县	54700	53700	1000	113.0	110.0	
崇义县	131700	131700		866.4	789.0	8000
安远县	48767	48767		32.5	28.5	
龙南县	27317	27317		14.7	7.5	
定南县	16162	16162		44.7	20.4	
全南县	25351	25351		30.3	20.9	6000
宁都县	65226	65226		0.0	0.0	
于都县	22262	22262		16.5	16.0	
兴国县	21953	16593	5360	16.6	13.2	
会昌县	22588	22588		17.3	16.5	
寻乌县	914	914		15.5	13.0	404
石城县	14000	14000		1.3	1.0	
瑞金市	13790	13246	544	62.5	52.0	1500
南康市	3190	3190		2.0	2.0	
吉安市	**1168087**	**1022902**	**145185**	**913.9**	**840.5**	**9205**
市辖区	2549	2549				
吉州区	2675	2675				
青原区	43500	43500		26.0	24.0	
吉安县	48511	48511		8.1	8.1	
吉水县	105503	83703	21800	41.9	38.2	1150
峡江县	48029	47644	385	50.2	41.0	
新干县	51490	51490		205.2	205.2	55
永丰县	207709	127709	80000	63.5	63.5	2000
泰和县	67407	67407		68.9	63.1	
遂川县	234000	194000	40000	212.0	175.0	5000
万安县	52000	49000	3000	68.3	60.4	

4-35 续表2

地　　区	木材(立方米)			竹林产品		
	合　计	原　木	薪　材	竹　材(万根)		小杂竹(吨)
					毛竹	
安福县	181558	181558		109.9	109.9	
永新县	79398	79398		3.2	3.2	1000
井冈山市	43758	43758		56.7	48.8	
宜春市	**526650**	**482818**	**43832**	**2424.9**	**2208.9**	**23200**
市辖区	4697	4697		88.5	88.5	
袁州区	20938	20938		50.9	50.2	
奉新县	79540	79540		560.0	560.0	3200
万载县	38336	38336		230.5	230.5	
上高县	28088	28088		13.3	10.8	
宜丰县	60160	60160		548.2	547.4	
靖安县	74412	34812	39600	236.2	236.2	
铜鼓县	144623	140573	4050	251.7	251.7	
丰城市	38000	38000		378.0	170.0	20000
樟树市	8046	7864	182	43.0	39.0	
高安市	29810	29810		24.7	24.7	
抚州市	**417145**	**415045**	**2100**	**1155.2**	**1053.4**	**1940**
市辖区	8000	8000				
临川区	36568	36568		80.0	80.0	
南城县	21707	21707		40.0	40.0	
黎川县	43853	43853		93.0	90.0	300
南丰县	29450	29450		60.1	60.1	
崇仁县	16491	16491		20.0	19.7	
乐安县	43285	43285		19.8	19.5	220
宜黄县	88200	88200		241.0	238.6	
金溪县	22203	22203		42.6	28.0	1120
资溪县	77133	77133		530.0	449.0	
东乡县	7239	5139	2100	0.4	0.4	300
广昌县	23016	23016		28.3	28.0	
上饶市	**244878**	**234742**	**10136**	**752.4**	**725.6**	**10400**
市辖区						
信州区	1398	1398				
上饶县	16246	16246		137.6	137.6	
广丰县	3747	3747		33.9	32.8	
玉山县	6100	4000	2100	3.3	3.3	
铅山县	10168	9458	710	384.5	365.5	
横峰县	4446	4446		25.0	20.0	10000
弋阳县	46200	46200		57.6	57.6	
余干县	8000	3000	5000	0.6	0.3	
鄱阳县	9823	9823		7.0	7.0	
万年县	9901	9901		5.0	5.0	400
婺源县	62688	62688		30.6	30.6	
德兴市	66161	63835	2326	67.3	65.8	

4-36　主要林产工业产品产量(2009年)

产品名称	单位	产量	
		2008年	2009年
非木质林产品加工			
茶油	吨	100239	73428
笋罐头	吨	5892	10043
食用菌及山野菜加工	吨	9195	6750
中药材加工	吨	8019	5450
水果、坚果加工	吨	85651	93778
木材加工及竹、藤、棕、苇制品			
锯材	立方米	1037286	1264257
#热带锯材产量	立方米	21760	7800
木片	实积立方米	271090	320462
其中：热带材木片	实积立方米	1800	
人造板	立方米	3200137	5088722
#热带材人造板	立方米	7894	1600
胶合板	立方米	672757	1160790
普通胶合板	立方米	302999	829038
#阔叶胶合板	立方米	4600	
特种胶合板	立方米	2400	3000
竹胶合板	立方米	357858	311530
单板层积材	立方米	9500	17222
纤维板	立方米	956474	852546
木质纤维板	立方米	950674	846189
硬质纤维板	立方米	5520	
中密度纤维板	立方米	945154	846189
软质纤维板	立方米		
非木质纤维板	立方米	5800	6357
刨花板	立方米	187033	348045
普通刨花板	立方米	177033	339745
水泥刨花板	立方米		
定向刨花板	立方米	4800	3100
竹刨花板	立方米	5200	5200
其他人造板	立方米	1163873	845801
#细木工板	立方米	1084765	734893
胶合木	立方米	864500	221967
#集成材	立方米	51261	66874
重组木	立方米	20307	30400
指接材	立方米	770509	106440
木地板	平方米	18171941	11729136
#热带材木地板	平方米		
实木地板	平方米	2430647	1161558

4-36 续表

产品名称	单位	产量	
		2008年	2009年
实木复合地板	平方米	297680	401500
强化木地板	平方米	1713625	1889050
竹地板	平方米	6227569	7080318
竹木复合地板	平方米	989720	1136402
卫生筷子	标准箱	1057861	1667863
#木卫生筷子	标准箱	222480	168190
人造板表面装饰板	平方米	2000	
热固性树脂装饰层压板	平方米		
单板	立方米	355331	51290
#刨切单板	立方米	265400	9026
微薄木	立方米		11000
旋切单板	立方米	81121	20626
软木制品			
#软木砖	立方米	30000	
软木纸	立方米		
木竹园艺产品	万件		79
木竹工艺品	万件		7480
竹拉丝	吨		607972
林产化学产品			
松香类产品	吨	81006	84556
松香	吨	58922	50098
松香深加工产品	吨	22084	34458
松节油类产品	吨	43372	32209
松节油	吨	12457	10676
松节油深加工产品	吨	30915	21533
樟脑	吨	348	18028
#合成樟脑	吨		520
冰片	吨	3	2
#合成冰片	吨		
栲胶类产品	吨		
栲胶	吨		
栲胶深加工产品	吨		
紫胶类产品	吨		
紫胶	吨		
紫胶深加工产品	吨		
木材热解产品			
#木炭	吨	37812	29298
活性炭	吨	39615	42610
林产香料	吨	10167	2869

4-37 主要经济林产品生产情况(2009年)

单位：吨

指　　标	产　量	
	2008年	2009年
水果产量	3039032	3351320
柑橘	2572610	2842671
梨	169304	161283
干果产量	42421	40220
板栗	28308	25616
林产饮料产品(干重)	22719	18946
毛茶	21888	17768
森林食品(干重)	49165	56117
竹笋干	7536	9979
食用菌	35325	40778
林产工业原料	63231	74397
油桐籽	7848	12433
棕片	6014	3450
松脂	48214	57306

4-38 各县(市、区)主要

地区	水果产量			干果产量		林产饮料产品	
		柑橘	梨		板栗	(干重)	毛茶
江西省	**3351320**	**2842671**	**161283**	**40220**	**25616**	**18946**	**17768**
南昌市	**21229**	**6571**	**4523**	**2234**	**822**	**877**	**877**
市辖区	15000	2000	4000	1900	500	200	200
湾里区	645	374	16	14	2	21	21
南昌县	1890	1360	230	10	10	500	500
新建县							
安义县	1600	1300	200	10	10	2	2
进贤县	2094	1537	77	300	300	154	154
景德镇市	**17749**	**3754**	**975**	**609**	**120**	**39**	**39**
市辖区							
昌江区	9982	271	93			8	8
浮梁县	1069	634	115	143	120	10	10
乐平市	6698	2849	767	466		21	21
萍乡市	**14027**	**10470**	**1553**	**877**	**715**	**109**	**104**
市辖区							
安源区	1520	900				15	15
安源经济开发区	400	400		20	20	1	1
湘东区	8180	7000	670	380	220	20	20
莲花县	2863	2030	713	240	240	60	60
上栗县	800		120	152	150	9	4
芦溪县	264	140	50	85	85	4	4
九江市	**134097**	**77426**	**25673**	**3489**	**3263**	**2235**	**1430**
市辖区							
庐山区	6055	1389	510			147	147
浔阳区							
九江县	8724		5570	17	17		
武宁县	23152	6953	7939	651	647	173	170
修水县	2513	843	554	600	500	1380	588
永修县	63146	53389	5100	190	70	316	316
德安县	5226	117	2285	1725	1725		
星子县	1556	810	650			35	35
都昌县	6150	3000	650	47	45	7	7
湖口县	6265	3345	505			65	65
彭泽县	350		100			100	90
瑞昌市	2831	1280	850	191	191	5	5
共青城	8129	6300	960	68	68	5	5
开发区							
庐山管理局						2	2
新余市	**41205**	**31771**	**2879**	**865**	**760**	**152**	**152**
市辖区							
仰天岗管理会	2550	709		110	110		
渝水区	13659	9078	1566	400	400	118	118

经济林产品产量(2009年)

单位：吨

森林食品（干重）	竹笋干	食用菌	林产工业原料	油桐籽	棕片	松脂
56117	**9979**	**40778**	**74397**	**12433**	**3450**	**57306**
44	**31**	**10**	**81**	**11**		**70**
4	1		1	1		
40	30	10	80	10		70
23662	**120**	**23462**	**2574**	**28**	**3**	**2543**
			720			720
			518	8		510
21332	50	21202	356	20	3	333
2330	70	2260	980			980
994	**10**	**977**	**1501**	**404**	**351**	**715**
			5		1	4
30	10	20	1450	400	350	670
950		950				
14		7	5	4		
			41			41
1402	**435**	**771**	**5274**	**445**	**138**	**4488**
			4000			4000
63	2	55	65			65
345	190	70	498	210	42	43
455	100	355	231	100	31	100
			280			280
499	143	251	200	135	65	
40		40				
4031	**682**	**351**	**6231**	**4079**	**119**	**1901**
			14	14		
3026	256	80	878	60	26	660

4-38 续表1

地　　区	水果产量			干果产量		林产饮料产品（干重）	
		柑橘	梨		板栗		毛茶
仙女湖	1191	1104	18	47	40	3	3
高新开发区	19810	18000	1200	100	10		
分宜县	3995	2880	95	208	200	31	31
鹰潭市	**24756**	**14755**	**5719**	**2015**	**1915**	**288**	**288**
市辖区							
月湖区	1032	180	12				
龙虎山	40	6	15	1000	1000	120	120
余江县	14821	8542	3442	615	515	54	54
贵溪市	8863	6027	2250	400	400	114	114
赣州市	**1539580**	**1376084**	**13083**	**7615**	**4132**	**1537**	**1437**
市辖区							
章贡区	6341	2584					
黄金区	5490	90					
赣县	9761	5055	2473	354	54	158	58
信丰县	158442	155556	378	103	88	81	81
大余县	27220	23883	1457	6	6	45	45
上犹县	13207	6554	150	542	40	8	8
崇义县	46530	45615	157	160	160	330	330
安远县	269769	266904	173	130	130	8	8
龙南县	19940	16890	2500	640	580	25	25
定南县	10436	8864	1233			139	139
全南县	56397	36347	949	1590	631	98	98
宁都县	84569	80391	651	967	870	90	90
于都县	76099	68421	1245	900		265	265
兴国县	40014	37410	774	154	150	185	185
会昌县	79404		589	149	149	36	36
寻乌县	500267	498897		4	4	30	30
石城县	6666	6196	76	633	488	19	19
瑞金市	75244	62643	278	583	482		
南康市	53784	53784		700	300	20	20
吉安市	**254324**	**209815**	**8346**	**1405**	**1288**	**1096**	**1096**
市辖区							
吉州区	674	311	50			2	2
青原区	11576		108			22	22
吉安县							
吉水县	17980	17449	199	500	500	16	16
峡江县	5821	1541	503	389	380		
新干县	150644	141012	4181	35	35	36	36
永丰县	4004	2138	834	165	160	66	66
泰和县	1966	95	562	228	150		
遂川县	36292	35194	128	32	25	830	830
万安县	9737	8515	126				

单位：吨

森林食品			林产工业			
（干重）	竹笋干	食用菌	原　　料	油桐籽	棕片	松脂
45	11	21	536	5	3	528
960	415	250	4803	4000	90	713
974	**280**	**429**	**246**	**27**	**72**	**126**
235	85	18				
531	32	366	246	27	72	126
208	163	45				
6309	**1539**	**4414**	**23294**	**3687**	**1898**	**17645**
			212	80	24	108
12		12				
269	39	230	1398	1113	89	177
93	88	5	1007	230		752
85	25	60	189	5		180
41	34	5				
550	550		515	275	240	
			90	50	40	
23	20	3	475	420	15	40
			710	35	25	650
313	123	125	497	103		394
3730	250	3480	9756	400		9356
418	48	230	2190	460	980	750
175	70	50	700	50		650
54	14	40	1218	50	36	1132
86	24	62	17	14	3	
100	100		300			300
360	154	112	4020	402	446	3156
4240	**2532**	**1388**	**23566**	**1285**	**37**	**22184**
			46			46
227		227	270			270
25	20	5	3800			3800
274	11	213	5000			5000
			1992	700		1292
			36			36
530	210	320	2013	5	8	2000
200	200		4505	5		4500
355	185	55	1305	75	20	1150
			540			540

4-38 续表2

地 区	水果产量			干果产量		林产饮料产品	
		柑橘	梨		板栗	(干重)	毛茶
安福县	834	589	245	38	38		
永新县	2014	1333	348	18		11	11
井冈山市	12782	1638	1062			113	113
宜春市	**159964**	**126736**	**15487**	**10854**	**4648**	**1936**	**1813**
市辖区	220		40	6	6	10	10
袁州区	4827	4000	240			30	30
奉新县	10249	3276	388	369	363	50	50
万载县	3220	1800	300	310	310	110	110
上高县	3485			45	45		
宜丰县	2427	880	76	48	48	66	41
靖安县	92690	90000	2086	2000	2000	48	46
铜鼓县	7800	4500	750	110	60	780	700
丰城市	4350	300	4000			265	250
樟树市	5773	4847	564	16	16	221	221
高安市	24923	17133	7043	7950	1800	356	355
抚州市	**1106609**	**965860**	**75660**	**4534**	**3349**	**1479**	**1479**
市辖区							
临川区	43567	41912	66	120	120	43	43
南城县	117268	54356	32800	249	249	104	104
黎川县	10334	7970	1073	118	60	32	32
南丰县	807911	802372	4134	10	10	6	6
崇仁县	6401	5320	531	670	670		
乐安县	804		242	1940	960		
宜黄县	3417	2271	377	532	385	17	17
金溪县	84540	34356	30028	224	224	1240	1240
资溪县	344	160				18	18
东乡县	9780	3756	4981	400	400	19	19
广昌县	22243	13387	1428	271	271		
上饶市	**37780**	**19429**	**7385**	**5723**	**4604**	**9198**	**9053**
市辖区							
信州区	256	170	6	46	3		
上饶县	4461	2111	1024	385	383	488	488
广丰县	2883	3	2000			100	100
玉山县	3200	1800	460	4100	3381	380	380
铅山县	1716	938	91	349	158	76	76
横峰县	2000	400	600	45	30	17	12
弋阳县	13455	7418	2177	124			
余干县	2524	2500	12	455	430		
鄱阳县	1570	877				256	116
万年县	1746	571	384	18	18	95	95
婺源县	1238	614	262	105	105	7600	7600
德兴市	2731	2027	369	96	96	186	186

单位：吨

森林食品(干重)	竹笋干	食用菌	林产工业原料	油桐籽	棕片	松脂
328		178	3975	420	5	3550
1978	1583	390	84	80	4	
323	323					
4731	**838**	**3033**	**7205**	**1763**	**572**	**4200**
20	6	5				
			200	200		
327	20	160	886	72	84	730
			1300	1000		300
22	22		3	3		
212	90	18	340	160	180	
3950	500	2850	1260	300	250	50
			3000			3000
200	200		216	28	58	120
6801	**1178**	**5498**	**2240**	**31**	**32**	**2170**
182	64	118				
202	202					
4034	10	4024	95	10	3	80
5	5		203		3	200
			986			986
671	671		392	13	20	359
21	21					
149	4	140	83	3		80
1537	201	1216	481	5	6	465
2929	**2334**	**445**	**2185**	**673**	**228**	**1264**
1600	1600		30	30		
			145	85	40	
615	380	235	50	50		
149	149		416	272	30	114
60	30	10	150	50		100
75	75					
			1	1		
430	100	200	450	30	120	300
			943	155	38	750

4-39 各县(市、区)油茶产业发展情况(2009年)

地区	年末实有油茶林面积(公顷)	当年新造面积	当年低改面积	采穗圃个数(个)	采穗圃面积(公顷)	穗条产量(万条)	繁殖圃个数(个)	繁殖圃面积(公顷)	苗木产量(万株)	油茶籽产量(吨)
全省	**731659**	**37699**	**61169**	**31**	**396**	**4969**	**105**	**142**	**15260**	**268966**
南昌市	**7355**	**1440**	**153**	**2**	**170**	**150**	**5**	**89**	**720**	**2007**
市辖区										
湾里区	2435		20							302
南昌县										
新建县										
安义县							1	80	100	80
进贤县	4920	1440	133	2	170	150	4	9	620	1625
景德镇市	**4021**	**171**	**233**							**922**
市辖区	30		30							2
昌江区	336	133	203							120
浮梁县	3655	38								800
乐平市										
萍乡市	56799	2049	1027							22580
市辖区										
安源区	827		827							10
安源经济开发区										
湘东区	12220	667								6000
莲花县	12500									6000
上栗县	22752	733								8200
芦溪县	8500	649	200							2370
九江市	**16844**	**3709**	**2350**	**1**	**7**	**40**	**3**	**6**	**520**	**5026**
市辖区										
庐山区	338	31								380
浔阳区										
九江县	133	133								10
武宁县	10870	480	1350	1	7	40	1	1	120	697
修水县	3000	2000	1000				2	5	400	3000
永修县	161									10
德安县	300	33								4
星子县	67									
都昌县	230									200
湖口县	165	165								
彭泽县										
瑞昌市	1333	867								700
共青城	247									25
开发区										
庐山管理局										
新余市	**50636**	**1357**	**2500**	**2**	**205**	**1150**	**4**	**76**	**840**	**14851**
市辖区										
仰天岗管理会	1712	107								642
渝水区	25330	800		1	200	1000	1	70	300	5700

4-39 续表1

地　　区	年末实有油茶林面积(公顷)	当年新造面积	当年低改面积	采穗圃个数(个)	采穗圃面积(公顷)	穗条产量(万条)	繁殖圃个数(个)	繁殖圃面积(公顷)	苗木产量(万株)	油茶籽产量(吨)
仙女湖	4107	50	1600							2464
高新开发区	2620	133	100							2250
分宜县	16867	267	800	1	5	150	3	6	540	3795
鹰潭市	**1808**	**615**	**266**	**1**	**53**		**1**	**4**	**100**	**1015**
市辖区										
月湖区	15	15								
龙虎山	60									2
余江县	400	200								263
贵溪市	1333	400	266	1	53		1	4	100	750
赣州市	**125443**	**5519**	**17314**	**4**	**68**	**30**	**23**	**29**	**1810**	**34382**
市辖区										
章贡区	3210									252
黄金区	5									8
赣县	14513	73	1600	1	3		3	8	780	4046
信丰县	3123	46	789				1	2	50	577
大余县	1333	133	133							120
上犹县	16784	660	7				12	11	450	2414
崇义县	10266	133	533	1	33		2	1	110	3960
安远县	1900	35								316
龙南县	3800									1000
定南县	1867	67	133							392
全南县	1685	20	1520							678
宁都县	12000	400	667							2850
于都县	6933	667	5933							3400
兴国县	19333	666	33	1	2	10	2	1	190	6000
会昌县	8679	1000	1333							719
寻乌县	2019	19		1	30	20				1000
石城县	3333	1000	333				3	6	230	1050
瑞金市	6000	200	4000							3500
南康市	8660	400	300							2100
吉安市	**120416**	**2950**	**22926**	**5**	**113**	**364**	**13**	**239**	**4029**	**55396**
市辖区										
吉州区	405	27								182
青原区							1	3	100	4000
吉安县	892	59							1089	
吉水县	4000									7800
峡江县	9467									4000
新干县	4759	20		2	33	100	8	133	2000	2380
永丰县	33000	1730	1216	3	80	264	2	100	500	15000
泰和县	14487	414								5000
遂川县	28856	125	15000							4177
万安县	12000	115	6000						5	6500

4-39 续表2

地 区	年末实有油茶林面积(公顷)	当年新造面积	当年低改面积	采穗圃个数(个)	采穗圃面积(公顷)	穗条产量(万条)	繁殖圃个数(个)	繁殖圃面积(公顷)	苗木产量(万株)	油茶籽产量(吨)
安福县	6000	110	40							900
永新县	1400	17	670				2	3	335	919
井冈山市	5150	333								4538
宜春市	**140943**	**11648**	**4080**	**9**	**453**	**3230**	**26**	**74**	**6101**	**87277**
市辖区	1444									950
袁州区	53667	8531	2000	6	400	6	16	30	3301	20622
奉新县	987	20								1300
万载县	9055	667	667							5300
上高县	9273	533								5500
宜丰县	5034	400								5400
靖安县	243	33								700
铜鼓县	1055									1000
丰城市	39800	1000	267	2	40	3000	6	40	2400	21000
樟树市	8825	364		1	13	224	4	4	400	11005
高安市	11560	100	1146							14500
抚州市	**21094**	**789**	**5786**	**1**	**3**	**5**	**1**		**420**	**10370**
市辖区										
临川区	4053									2750
南城县	620									301
黎川县	467	50	200						420	72
南丰县	148									40
崇仁县	4774	533	4241							3980
乐安县	2000									800
宜黄县	1480	6	15	1	3	5	1			361
金溪县	486	60								160
资溪县	400	33								60
东乡县	3333	107								1400
广昌县	3333		1330							446
上饶市	**130300**	**2052**	**4534**				**6**	**17**	**720**	**35140**
市辖区										
信州区	1298									395
上饶县	51033	333	267				2	8	400	10790
广丰县	107	107								4000
玉山县	21900	333					3	4	300	4650
铅山县	7532									2200
横峰县	17400	300	4000				1	5	20	3000
弋阳县	6500	149								4857
余干县	220	33								746
鄱阳县	330	40								
万年县	1787	667								500
婺源县	11130	27	267							2500
德兴市	11063	63								1502

4-40　林业建设资金到位情况(2009年)

单位：万元

指　　标	2008年	2009年
总　计	**143500**	**232123**
#地方配套资金	5385	5551
国家预算内资金	107236	115889
国家预算内基建资金		8035
国债资金	15261	11577
中央财政专项资金	78611	91216
国内贷款	1405	3200
利用外资	6876	1953
自筹资金	6160	15250
其他资金	21823	95831

4-41 各县(市、区)林业建设资金到位情况(2009年)

单位：万元

地 区	总计	#地方配套资金	国家预算内资金				国内贷款	利用外资	自筹资金	其他资金
			合计	国家预算内基建资金	国债资金	中央财政专项资金				
全 省	**339813**	**11137**	**161587**	**11297**	**13237**	**123337**		**4976**	**18009**	**155241**
南昌市	**17406**	**2387**	**7341**		**1783**	**3192**			**2787**	**7278**
市辖区	1935	1868	67		20	22			1868	
湾里区	1411		357		88					1054
南昌县	3118		1067		720	141			849	1202
新建县	4294	93	2269			1353				2025
安义县	2082	121	1225		955	113			70	787
进贤县	4566	305	2356			1563				2210
景德镇市	**11792**	**10**	**4815**	**336**	**250**	**4229**		**178**	**160**	**6639**
市辖区	2629		892	165		727		178	160	1399
昌江区	936	10	178	50		128				758
浮梁县	4562		2228	21	150	2057				2334
乐平市	3665		1517	100	100	1317				2148
萍乡市	12775	25	8114	446	8	6462		801		3860
市辖区	332		149		8					183
安源区	616		257			237		96		263
安源经济开发区	7									7
湘东区	2633		1579	180		1394		75		979
莲花县	3188		1837	250		1232		459		892
上栗县	2478	25	1750			1565		60		668
芦溪县	3521		2542	16		2034		111		868
九江市	**38896**	**1678**	**20447**	**1844**	**2376**	**16192**			**939**	**17510**
市辖区	2818		210	100		110				2608
庐山区	1000		421	5	155	261				579
浔阳区										
九江县	1893		1198	6	324	868				695
武宁县	5307		3113	155	165	2758				2194
修水县	5484	20	2837	127		2710				2647
永修县	3155		1397	35	300	1062				1758
德安县	2599		1075			1075				1524
星子县	1776		1418	27	300	1091			26	332
都昌县	4308		2468	62	732	1674				1840
湖口县	1289	30	860		400	460				429
彭泽县	3917	1628	2285	585		1700				1632
瑞昌市	3661		2593	586		2007				1068
共青城	1441		457	150		307			913	71
开发区	24		2			2				22
庐山管理局	224		113	6		107				111
新余市	**28928**	**4039**	**4715**	**487**	**290**	**2169**		**277**	**590**	**23346**
市辖区	2213	478	21							2192
仰天岗管理会	1751	90	78		40					1673
渝水区	4250	508	1387		150	862				2863

4-41 续表1

单位：万元

地 区	总计	#地方配套资金	国家预算内资金				国内贷款	利用外资	自筹资金	其他资金
			合计	国家预算内基建资金	国债资金	中央财政专项资金				
仙女湖	2739	300	247			207		7		2485
高新开发区	7194	1305	283			276				6911
分宜县	10781	1358	2699	487	100	824		270	590	7222
鹰潭市	**6912**		**3210**		**360**	**2064**				**3702**
市辖区	119		18							101
月湖区	90		8							82
龙虎山	1440		217		60	123				1223
余江县	2246		1484		200	1071				762
贵溪市	3017		1483		100	870				1534
赣州市	**54591**	**207**	**29365**	**1796**	**3360**	**23849**				**25226**
市辖区	3419	86	1023	726		297				2396
章贡区	765		297			297				468
黄金区	59		46			46				13
赣县	3096		1993	35	410	1548				1103
信丰县	3337	121	2353	232	150	1971				984
大余县	1661		803		200	603				858
上犹县	2042		1448	206	250	984				594
崇义县	2604		1145	110	150	880				1459
安远县	2566		1607	55	300	1252				959
龙南县	2289		1488	6	320	1112				801
定南县	2703		1663		200	1179				1040
全南县	2092		1043		280	763				1049
宁都县	3882		1646		200	1446				2236
于都县	4027		2221	216	120	1885				1806
兴国县	3746		1588		100	1488				2158
会昌县	4096		2145	210		1935				1951
寻乌县	3314		1885		300	1585				1429
石城县	3518		2430		100	2330				1088
瑞金市	3363		1652		180	1459				1711
南康市	2012		889		100	789				1123
吉安市	**39559**	**814**	**22632**	**3627**		**17717**		**445**	**1645**	**14837**
市辖区	2959		1135	1020		115				1824
吉州区	846		374	200		174				472
青原区	1265		553	14		539				712
吉安县	2614		1712	246		1466				902
吉水县	3390		2366	200		2166				1024
峡江县	2161	53	1739	200		1539				422
新干县	1873	100	733						380	760
永丰县	3986	105	2693	14		2124		152		1141
泰和县	2543	146	1859	336		1523				684
遂川县	6380	221	3010	256		2754			870	2500
万安县	1702		928	200		728				774

4-41　续表2

单位：万元

地　　区	总计	#地方配套资金	国家预算内资金				国内贷款	利用外资	自筹资金	其他资金
			合计	国家预算内基建资金	国债资金	中央财政专项资金				
安福县	3969		2353	455		1898		189		1427
永新县	3888	189	1845	180		1665		104	395	1544
井冈山市	1983		1332	306		1026				651
宜春市	**51065**	**434**	**22167**	**1331**	**1620**	**19216**		**433**	**7512**	**20953**
市辖区	4006		686	310	50	326				3320
袁州区	3758		2156	10	100	2046				1602
奉新县	5227	270	1983	14	180	1789		202	948	2094
万载县	3523	164	1988	262	200	1526			164	1371
上高县	3524		2190	16	200	1974				1334
宜丰县	4837		2882	272	160	2450				1955
靖安县	3647		1525	126	180	1219		192		1930
铜鼓县	3455		1670	45	150	1475		39		1746
丰城市	11649		2652	21	100	2531			6400	2597
樟树市	3353		2323	245	100	1978				1030
高安市	4086		2112	10	200	1902				1974
抚州市	**36848**	**264**	**18540**	**998**	**1070**	**12546**		**2405**		**15903**
市辖区	1568	106	527	173		31				1041
临川区	3392	30	1467		120	1123				1925
南城县	3159		1417	20	100	1061		222		1520
黎川县	2864		1344		100	1194		307		1213
南丰县	2731		1722		120	1195		344		665
崇仁县	2613		1394		80	1082		87		1132
乐安县	4158	128	2087		110			307		1764
宜黄县	3546		1941		40	1680		189		1416
金溪县	2532		1343			1343		105		1084
资溪县	4438		2185	799	100	1280		492		1761
东乡县	2924		1571	6	200	1153		15		1338
广昌县	2923		1542		100	1404		337		1044
上饶市	**41041**	**1279**	**20241**	**432**	**2120**	**15701**		**437**	**4376**	**15987**
市辖区	56		56	56						
信州区	794		447		50	348				347
上饶县	2971		1849		80	1559				1122
广丰县	2751		1208			100				1543
玉山县	2896	1269	1852		100	1362				1044
铅山县	3524		1474	40	160	1274				2050
横峰县	1383		1077			1077				306
弋阳县	3196		1895	21	150	1724				1301
余干县	3387		2027	19	700	1308				1360
鄱阳县	5233		3332		700	2632				1901
万年县	7606		1788	200	100	1417		135	4100	1583
婺源县	3955		1863	96		1607			220	1872
德兴市	3289	10	1373		80	1293		302	56	1558

4-42 林业利用外资情况(2009年)

单位：万美元

指标	利用外资金额	
	2008年	2009年
按用途分	11872	4137
造林	3122	944
公益林	550	89
商品林	2572	855
木竹材加工	3050	1050
人造板制造	500	1000
木制品制造		
林纸一体化		
林产化工	1200	1000
非木质林产品加工		
花卉、种苗	600	800
科学研究		
其他	3900	343
按资金来源分		
国外借款	2513	868
外商投资	9350	3269
无偿援助	9	

4-43　各县(市、区)林业利用外资情况(2009年)

单位：万美元

地　　区	项目个数(个)	实际利用外资金额			
		合　计	国外借款	外商投资	无偿援助
全　省	**39**	**4137**	**868**	**3269**	
南昌市					
市辖区					
湾里区					
南昌县					
新建县					
安义县					
进贤县					
景德镇市	2	29	29		
市辖区	1	26	26		
昌江区					
浮梁县	1	3	3		
乐平市					
萍乡市	5	129	129		
市辖区					
安源区	1	7	7		
安源经济开发区					
湘东区	1	30	30		
莲花县	1	67	67		
上栗县	1	9	9		
芦溪县	1	16	16		
九江市	1	72		72	
市辖区					
庐山区					
浔阳区					
九江县					
武宁县					
修水县					
永修县					
德安县					
星子县					
都昌县	1	72		72	
湖口县					
彭泽县					
瑞昌市					
共青城					
开发区					
庐山管理局					
新余市	3	53		53	
市辖区					
仰天岗管理会					
渝水区					

4-43 续表1

单位：万美元

地　　区	项目个数(个)	实际利用外资金额			
		合　计	国外借款	外商投资	无偿援助
仙女湖	1				
高新开发区					
分宜县	2	53		53	
鹰潭市					
市辖区					
月湖区					
龙虎山					
余江县					
贵溪市					
赣州市	**4**	**344**		**344**	
市辖区					
章贡区					
黄金区					
赣县					
信丰县					
大余县					
上犹县	2	50		50	
崇义县					
安远县					
龙南县	2	294		294	
定南县					
全南县					
宁都县					
于都县					
兴国县					
会昌县					
寻乌县					
石城县					
瑞金市					
南康市					
吉安市	**8**	**2964**	**164**	**2800**	
市辖区					
吉州区					
青原区					
吉安县					
吉水县	1	36	36		
峡江县					
新干县					
永丰县					
泰和县	1	13	13		
遂川县	1	72	72		
万安县	3	2800		2800	

4-43 续表2

单位：万美元

地　　区	项目个数（个）	实际利用外资金额			
		合　计	国外借款	外商投资	无偿援助
安福县	1	28	28		
永新县	1	15	15		
井冈山市					
宜春市	**3**	**62**	**62**		
市辖区					
袁州区					
奉新县	1	29	29		
万载县					
上高县					
宜丰县					
靖安县	1	28	28		
铜鼓县	1	5	5		
丰城市					
樟树市					
高安市					
抚州市	**9**	**339**	**339**		
市辖区					
临川区					
南城县	1	34	34		
黎川县	1	45	45		
南丰县	1	51	51		
崇仁县	1	11	11		
乐安县	1	60	60		
宜黄县					
金溪县	1	15	15		
资溪县	1	72	72		
东乡县	1	2	2		
广昌县	1	49	49		
上饶市	**4**	**145**	**145**		
市辖区					
信州区					
上饶县					
广丰县	1	21	21		
玉山县	1	60	60		
铅山县					
横峰县					
弋阳县					
余干县					
鄱阳县					
万年县	1	20	20		
婺源县					
德兴市	1	44	44		

4-44 中央和省级投资情况

单位：万元

年 份	合 计	中央投资	省级投资
2000	10826	9945	881
2001	25468	24354	1114
2002	55390	54179	1211
2003	100035	98100	1935
2004	89434	88138	1296
2005	96547	88352	8195
2006	108634	101234	7400
2007	141709	111733	29976
2008	266929	164766	102163
2009	293014	176233	116781

4-45 林业固定资产投资完成情况(2009年)

单位：万元

指 标	2008年	2009年
营林固定资产投资	165033	231554
基本建设	163276	229554
更新改造	1757	2000
森工固定资产投资	97	500
基本建设	5	
更新改造	92	500
其他投资		

4-46 各地区营林固定资产投资完成情况(2009年)

单位：万元

地　区	本年完成投资	#国家投资	#国债资金	本年新增固定资产
全　省	**232054**	**146682**	**14206**	**122694**
南昌市	13184	6906	1583	92
景德镇市	13548	586	250	
萍乡市	11383	8819	170	
九江市	32781	22728	2308	5000
新余市	16566	2962	290	349
鹰潭市	3192	3192	360	3192
赣州市	29482	29030	3560	28439
吉安市	30692	16226	1315	10270
宜春市	43176	22197	1320	43176
抚州市	30265	27042	1070	30265
上饶市	7785	6994	1980	1911

4-47 各县(市、区)林业固定资产投资完成情况(2009年)

单位：万元

地 区	总 计	营林固定资产投资			森工固定资产投资			
		合 计	基本建设	更新改造	合 计	基本建设	更新改造	其他投资
全 省	**232054**	**231554**	**229554**	**2000**	**500**		**500**	
南昌市	**13184**	**13184**	**13184**					
市辖区	1935	1935	1935					
湾里区	608	608	608					
南昌县	2887	2887	2887					
新建县	2868	2868	2868					
安义县	1105	1105	1105					
进贤县	3781	3781	3781					
景德镇市	**13548**	**13548**	**13548**					
市辖区	1651	1651	1651					
昌江区	458	458	458					
浮梁县	6196	6196	6196					
乐平市	5243	5243	5243					
萍乡市	**11383**	**11383**	**11383**					
市辖区								
安源区	616	616	616					
安源经济开发区								
湘东区	1580	1580	1580					
莲花县	3188	3188	3188					
上栗县	2478	2478	2478					
芦溪县	3521	3521	3521					
九江市	32781	32781	32781					
市辖区	135	135	135					
庐山区	825	825	825					
浔阳区								
九江县	256	256	256					
武宁县	5150	5150	5150					
修水县	4914	4914	4914					
永修县	3125	3125	3125					
德安县	2599	2599	2599					
星子县	1776	1776	1776					
都昌县	3631	3631	3631					
湖口县	1239	1239	1239					
彭泽县	3912	3912	3912					
瑞昌市	3656	3656	3656					
共青城	1339	1339	1339					
开发区								
庐山管理局	224	224	224					
新余市	**16566**	**16066**	**14066**	**2000**	**500**		**500**	
市辖区								
仰天岗管理会	124	124	124					
渝水区	2105	2105	2105					

4-47 续表1

单位：万元

地　区	总　计	营林固定资产投资			森工固定资产投资			
		合　计	基本建设	更新改造	合　计	基本建设	更新改造	其他投资
仙女湖	374	374	374					
高新开发区	6627	6127	4127	2000	500		500	
分宜县	7336	7336	7336					
鹰潭市	**3192**	**3192**	**3192**					
市辖区								
月湖区	8	8	8					
龙虎山	217	217	217					
余江县	1484	1484	1484					
贵溪市	1483	1483	1483					
赣州市	**29482**	**29482**	**29482**					
市辖区	1023	1023	1023					
章贡区	296	296	296					
黄金区	46	46	46					
赣县	1993	1993	1993					
信丰县	2472	2472	2472					
大余县	803	803	803					
上犹县	1448	1448	1448					
崇义县	1145	1145	1145					
安远县	1607	1607	1607					
龙南县	1488	1488	1488					
定南县	1663	1663	1663					
全南县	1043	1043	1043					
宁都县	1646	1646	1646					
于都县	2221	2221	2221					
兴国县	1588	1588	1588					
会昌县	2145	2145	2145					
寻乌县	1884	1884	1884					
石城县	2430	2430	2430					
瑞金市	1652	1652	1652					
南康市	889	889	889					
吉安市	**30692**	**30692**	**30692**					
市辖区								
吉州区	111	111	111					
青原区	1233	1233	1233					
吉安县	1841	1841	1841					
吉水县	9256	9256	9256					
峡江县	1524	1524	1524					
新干县	1694	1694	1694					
永丰县	2268	2268	2268					
泰和县	2210	2210	2210					
遂川县	2625	2625	2625					
万安县	2294	2294	2294					

4-47 续表2

单位：万元

地　区	总　计	营林固定资产投资			森工固定资产投资			
		合　计	基本建设	更新改造	合　计	基本建设	更新改造	其他投资
安福县	3825	3825	3825					
永新县	618	618	618					
井冈山市	1193	1193	1193					
宜春市	**43176**	**43176**	**43176**					
市辖区	4006	4006	4006					
袁州区	3758	3758	3758					
奉新县	4077	4077	4077					
万载县	3359	3359	3359					
上高县	3524	3524	3524					
宜丰县	4839	4839	4839					
靖安县	3455	3455	3455					
铜鼓县	3416	3416	3416					
丰城市	5249	5249	5249					
樟树市	3407	3407	3407					
高安市	4086	4086	4086					
抚州市	**30265**	**30265**	**30265**					
市辖区	527	527	527					
临川区	2894	2894	2894					
南城县	2626	2626	2626					
黎川县	2280	2280	2280					
南丰县	2490	2490	2490					
崇仁县	2360	2360	2360					
乐安县	3638	3638	3638					
宜黄县	2519	2519	2519					
金溪县	2267	2267	2267					
资溪县	3684	3684	3684					
东乡县	2400	2400	2400					
广昌县	2580	2580	2580					
上饶市	**7785**	**7785**	**7785**					
市辖区								
信州区								
上饶县	1314	1314	1314					
广丰县	1572	1572	1572					
玉山县	1782	1782	1782					
铅山县	867	867	867					
横峰县	100	100	100					
弋阳县	171	171	171					
余干县	719	719	719					
鄱阳县	700	700	700					
万年县	116	116	116					
婺源县	354	354	354					
德兴市	90	90	90					

4-48 从业人员和劳动报酬情况(2009年)

分 类	单位个数 (人)	在岗职工人数 (人)	在岗职工年工资总额 (元)	在岗职工年平均工资 (元)
各部门总计	**2284**	**58461**	**744215730**	**12730**
国有经济单位合计	2277	57722	735622730	12744
企 业	320	12597	141398911	11225
事 业	1761	38461	433214523	11264
机 关	196	6664	161009296	24161
农林牧渔业	1947	48540	533814513	10997
木材及竹材采运企业	199	7717	88681888	11492
国有林场	278	27259	222381963	8158
国有苗圃	70	1442	16513927	11452
林业工作站	813	5309	91279303	17193
木材检查站	256	2674	47972695	17940
种苗站	25	138	2558986	18543
病虫害防治站	63	391	8110141	20742
治沙站				
其他	243	3610	56315610	15600
采矿业				
制造业	22	559	6082198	10880
木材加工及木、竹、藤、棕、苇制品业	8	118	1732115	14679
木、竹、藤家具制造业	3	340	2906062	8547
木、竹、苇浆造纸业				
林产化学产品制造	2	1	17000	17000
木质工艺品和木质文教体育用品制造业	1			
非木质林产品加工业				
其他	8	100	1427021	14270
电力、燃气及水的生产和供应业				
建筑业	1	28	396420	14158
批发和零售业	2	16	197530	12346
科学研究、技术服务和地质勘查业	55	1011	18862761	18658
#科技交流和推广服务	23	454	8007023	17637
规划设计管理	16	327	6836195	20906
水利、环境和公共设施管理业	22	229	4850101	21179
#自然保护区管理	8	123	2548598	20720
野生动植物保护	11	73	1757993	24082
教育	1	4	52120	13030
卫生、社会保障和社会福利业	1	39	1228800	31508
公共管理和社会组织	205	6800	164010493	24119
其他	21	496	6127794	12354
集体经济单位合计	3	67	1175000	17537
其他各种经济单位合计	4	672	7418000	11039

4-49 林权配套改革情况(2009年)

贷款人全称	新增林权抵押贷款(万元)	森林火灾保险面积(万亩)	林地流转交易	
			面积(万亩)	金额(万元)
全省	**197565**	**5725.71**	**122.31**	**68362**
省本级	**500**	**5100.00**		
南昌市	**2920**	**0.20**	**0.06**	**120**
市本级	1120			
湾里区	1300		0.06	120
南昌县				
新建县				
安义县				
进贤县	500	0.20		
景德镇市	**1697**	**16.10**	**1.26**	**749**
市本级				
昌江区	500	1.58	0.37	7
浮梁县	657	5.85	0.89	742
乐平市	540	8.66		
萍乡市	436		2.91	1950
安源区	218			
湘东区			1.11	335
莲花县			0.40	115
上栗县			1.40	1500
芦溪县	218			
九江市	**8728**	**115.72**	**24.97**	**7565**
市本级	3000			
庐山区		9.70		
九江县	278			
武宁县	575	40.70	12.50	2800
修水县	279	47.80	11.30	3200
永修县	1473		0.26	320
德安县	82			
星子县			0.14	596
都昌县	485		0.01	7
湖口县	40			
彭泽县	1115		0.75	642
瑞昌市	1400	0.18		
共青城				
庐山管委会		17.34		
新余市	3050		0.23	474
渝水区	2900			
仙女湖区				
分宜县	150		0.23	474
鹰潭市	**1520**	**6.49**	**0.24**	**18**

注: 1.林权抵押贷款为中央和省财政当年安排贴息资金的新增贷款额;
2.森林火灾保险为人保财险江西分公司提供的数据。

4-49 续表1

贷款人全称	新增林权抵押贷款（万元）	森林火灾保险面积（万亩）	林地流转交易	
			面　积（万亩）	金　额（万元）
月湖区		5.79		
余江县				
贵溪市	1520	0.70	0.24	18
龙虎山				
赣州市	**91222**	**119.71**	**55.10**	**23663**
市本级	7000			
章贡区	500	14.49		
赣　县	687		5.61	1683
信丰县	4208	15.02		
大余县	3948			
上犹县	1132	10.00	1.31	569
崇义县	14445	27.96	8.44	12800
安远县	12176	25.91	2.00	703
龙南县	4339		5.47	1095
定南县	809		1.80	540
全南县	4859	5.02	2.10	735
宁都县	1489	0.19	8.00	1425
于都县	390	0.33	3.31	496
会昌县	25	18.77	5.32	799
兴国县		2.01		
寻乌县	29129		1.00	100
石城县	625		1.00	1000
瑞金市	2548		8.00	1098
南康市	2914		1.73	620
吉安市	**26262**	**172.26**	**17.36**	**23535**
吉州区				
青原区		3.20	2.00	929
吉安县	1543	2.93	1.11	522
吉水县	719	8.70	2.57	4706
峡江县	1506	7.63	1.53	3581
新干县	5136		2.28	252
永丰县	800		1.60	4499
泰和县	1975	3.94	2.49	2151
遂川县	6630	1.85	1.00	3763
万安县	1345	6.63	0.36	43
安福县	5788	59.85	1.04	2494
永新县	360	76.96	0.75	236
井冈山市	460	0.58	0.63	359
宜春市	**26642**	**70.84**	**6.33**	**5320**
袁州区	5933	0.17	0.90	408

4-49 续表2

贷款人全称	新增林权抵押贷款（万元）	森林火灾保险面积（万亩）	林地流转交易	
			面积（万亩）	金额（万元）
奉新县	9707	3.99	1.20	1380
万载县	490			
上高县	1243			
宜丰县	3432		0.70	876
靖安县	1814		0.50	600
铜鼓县	3387	66.69	3.03	2056
丰城市				
樟树市	170			
高安市	530			
明月山	185			
抚州市	**20227**	**121.66**	**10.00**	**3243**
临川区	5050		1.45	66
南城县	505	5.40		
黎川县	788	11.73	1.40	147
南丰县	2296	7.59		
崇仁县	1241	0.71		
乐安县		18.83		
宜黄县	3125	30.65	4.85	2720
金溪县	29			
资溪县	6418	44.13		
东乡县	776	2.63		
广昌县			2.30	310
上饶市	**14362**	**2.72**	**2.60**	**976**
信州区	530			
上饶县	2599	0.30		
广丰县	455			
玉山县	2600			
铅山县	600	0.27		
横峰县	146		1.10	200
弋阳县				
余干县			0.20	60
鄱阳县	455			
万年县	1700			
婺源县	990	0.18		
德兴市	4287	1.97	1.30	716
三清山				

4-50 各地区国有林场情况(2009年)

地 区	个 数	活立木蓄积量（万立方米）	经营面积（千公顷）	#联营面积	有林地面积（千公顷）
全 省	**432**	**9601**	**1714.89**	**594.88**	**1478.22**
南 昌 市	17	66	14.45	4.17	12.29
景德镇市	10	298	58.68	20.76	47.56
萍 乡 市	16	200	66.36	52.89	55.10
九 江 市	31	473	92.37	33.16	77.91
新 余 市	8	125	18.36	10.08	15.56
鹰 潭 市	9	307	36.32	4.82	33.20
赣 州 市	111	2697	483.57	114.49	419.89
吉 安 市	91	3003	483.11	247.63	424.05
宜 春 市	53	681	120.55	36.44	107.50
抚 州 市	44	709	114.86	23.79	93.49
上 饶 市	40	1029	222.07	46.66	187.63
省 直	2	12	4.18		4.04

4-50 续表

地 区	生态公益林补偿			商品木竹采伐量	
	面积(千公顷)	中央	省级	木材(立方米)	毛竹(万根)
全 省	**737.44**	**488.07**	**249.37**	**1256000**	**1016.19**
南 昌 市	7.75	5.61	2.14	7075	0.64
景德镇市	15.89	3.02	12.87	35034	4.94
萍 乡 市	29.67	5.87	23.79	39287	20.74
九 江 市	61.41	38.76	22.64	22731	29.80
新 余 市	9.00	3.09	5.91	49392	10.26
鹰 潭 市	25.42	17.23	8.18	53568	64.27
赣 州 市	218.91	189.38	29.53	170285	165.17
吉 安 市	168.52	101.49	67.03	549486	84.57
宜 春 市	56.82	37.10	19.73	133439	158.20
抚 州 市	50.52	28.14	22.39	168249	72.23
上 饶 市	92.61	58.31	34.30	27454	405.38
省 直	0.92	0.05	0.87		

4-51 各县(市、区)国有苗圃情况(2009年)

国有苗圃名称	经营面积(亩)		育苗面积	有林地面积	生态公益林补偿面积(亩)		
	合计	#联营面积	(亩)	(亩)	合计	中央	省级
江西省	**507211**	**223379**	**34545**	**470291**	**222384**	**122158**	**100226**
南昌市	**8740**	**6200**	**590**	**6730**	**4900**	**1700**	**3200**
南昌市中心苗圃	6700	6200	150	6000	4900	1700	3200
湾里区森林苗圃	600		120	350			
南昌县森林苗圃	320		230	280			
新建县森林苗圃	120		90	100			
进贤县森林苗圃	1000						
景德镇市	**63560**	**8971**	**1415**	**56682**	**15654**	**9289**	**6365**
景德镇市苗圃	1800		200	1600			
景德镇市林业科学研究苗圃	8520	6400	120	8400			
景德镇市枫树山林场森林苗圃	52820	2571	945	46412	15654	9289	6365
乐平市森林苗圃	420		150	270			
萍乡市	**1700**		**860**	**740**			
萍乡市森林苗圃	1200		800	400			
莲花县田东苗圃	500		60	340			
九江市	**23108**	**16180**	**1652.8**	**20998**	**15500**	**13800**	**1700**
武宁县桐林苗圃	15000	14400	85	15000	12200	12200	
修水县杭口苗圃	92		91.6				
修水县杨林苗圃	185		185				
永修县中心苗圃	1750		400	1350			
德安县森林苗圃	40		40				
都昌县森林苗圃	208	80	140	68			
都昌县长垅苗圃	110		100				
湖口县森林苗圃	300		90				
彭泽县中心苗圃	3700	1700	161.2	3380	3300	1600	1700
瑞昌市苗圃	1723		360	1200			
新余市	**7099**	**6155**	**670**	**6805**	**6213**	**4383**	**1830**
渝水区苗圃	270		170	100			
分宜县苗圃	6829	6155	500	6705	6213	4383	1830
鹰潭市	**4050**		**490**	**2560**			
月湖区苗圃	220		60	60			
余江县森林苗圃	1200		140	300			
贵溪市中心苗圃	1030		230	700			
贵溪市万亩山苗圃	1600		60	1500			
赣州市	**144568**	**13957**	**1052**	**139974**	**79873**	**61406**	**18467**
章贡区森林苗圃	78	78					
赣县森林苗圃	930		60	830			
信丰县森林苗圃	22800	4700	70	22700	14791	2607	12184
大余县白石寺森林苗圃	242	184	208				
安远县森林苗圃	92388		78	90125	57743	52660	5083
龙南县森林苗圃	3510		171	3339	1200		1200
定南县森林苗圃	11145	4100	80	10420	4939	4939	
全南县森林苗圃	1100		100	1000			
宁都县森林苗圃	1210		10	1200	1200	1200	
于都县森林苗圃	3620	3000		3620			
兴国县苗圃	2670		160	1980			
石城县森林苗圃	2055	1825	45	2010			
寻乌县森林苗圃	2820	70	70	2750			
瑞金市中心苗圃							
吉安市	**129088**	**103849**	**1798**	**123028**	**46098**	**6891**	**39207**
吉州区林业苗圃	270		15	255			

4-51 续表1

国有苗圃名称	经营面积(亩)		育苗面积	有林地面积	生态公益林补偿面积(亩)		
	合计	#联营面积	(亩)	(亩)	合计	中央	省级
青原区滩头苗圃	550		25	550	400		400
吉安县森林苗圃	51745	50729	50	51536	23241		23241
吉水县森林苗圃	5576	5300	276	5300	513.4		513.4
峡江县花园苗圃	1355	680	10	1345			
新干县森林苗圃	12348	7021	35	12258	8819	6891	1928
永丰县森林苗圃	12000	1100	300	11000	4825		4825
泰和县森林苗圃	7124	4820	210	5119			
遂川县森林苗圃	2300	1700	50	2250			
万安县森林苗圃	1050		50	915			
安福县森林苗圃	30000	29700	300	28800	7500		7500
永新县森林苗圃	340		46.5				
井冈山市森林苗圃	2130	500	130	2000	800		800
井冈山市林业科技示范园	2300	2300	300	1700			
宜春市	**28875**	**19522**	**2559**	**25297**	**16887**	**3000**	**13887**
宜春市大城开发区苗圃	400		400				
奉新县森林苗圃	1700		700	1000			
万载县森林苗圃	100		80				
上高县苗圃	3260		200	3000	3000	3000	
宜丰县森林苗圃	13814	13814	150	13814	13527		13527
靖安县森林苗圃	320		180	140			
铜鼓县森林苗圃	150	40	120	30			
丰城市森林苗圃	5740	5000	280	5240	200		200
樟树市苗圃	2163		249	1713			
高安市森林苗圃	1228	668	200	360	160		160
抚州市	**8118**	**125**	**683**	**6900**	**2874**	**574**	**2300**
抚州市中心苗圃	3875	100	175	3700	2300		2300
南城县森林苗圃	77		23	54			
黎川县森林苗圃	1340		40	1300			
崇仁县苗圃	570		80	100			
乐安县森林苗圃	180		60	120			
金溪县森林苗圃	700			700			
资溪县森林苗圃	30	25	25	30			
东乡县森林苗圃	430		100	260			
广昌县森林苗圃	916		180	636	574	574	
上饶市	**75454**	**48420**	**21726**	**68777**	**34385**	**21115**	**13270**
信州区森林苗圃	240	160	80				
上饶县森林苗圃	22500	22500	19000	19000	800	800	
广丰县森林苗圃	5006		52	4927	3485	3485	
玉山县森林苗圃	24900	18000	100	24700	24700	16430	8270
铅山县森林苗圃	7000	2000	1000	6000	400	400	
横峰县森林苗圃	20		20				
弋阳县森林苗圃	8000	5000	300	7600	5000		5000
余干县森林苗圃	150		36	50			
鄱阳县森林苗圃	660	600	660				
万年县森林苗圃	368	120	368				
婺源县森林苗圃	40	40	40				
德兴市森林苗圃	6570		70	6500			
省直	**12850**		**1050**	**11800**			
安义县桃花苗圃	200		200				
涂家埠贮木场凤凰山苗圃	10000		700	9300			
省林业厅金盘西苗圃	2650		150	2500			

4-51 续表2

国有苗圃名称	职工总人数（人）	在岗职工（人）	离退休人员（人）	参加基本养老保险人数	参加医疗保险人数
江西省	**5693**	**2367**	**2378**	**2529**	**3372**
南昌市	**993**	**626**	**367**	**128**	**452**
南昌市中心苗圃	103	74	29	74	
湾里区森林苗圃	36	31	5		31
南昌县森林苗圃	109	54	55	54	
新建县森林苗圃	74	46	28		
进贤县森林苗圃	671	421	250		421
景德镇市	**257**	**132**	**125**	**169**	**257**
景德镇市苗圃	63	37	26	37	63
景德镇市林业科学研究苗圃	45	20	25	45	45
景德镇市枫树山林场森林苗圃	122	60	62	60	122
乐平市森林苗圃	27	15	12	27	27
萍乡市	**79**	**47**	**32**	**79**	**79**
萍乡市森林苗圃	54	32	22	54	54
莲花县田东苗圃	25	15	10	25	25
九江市	**531**	**2**	**225**	**185**	**84**
武宁县桐林苗圃	46		10	6	6
修水县杭口苗圃	8		8	8	8
修水县杨林苗圃	11	1	5	11	11
永修县中心苗圃	90	1	44	90	44
德安县森林苗圃	15		10		15
都昌县森林苗圃	71		16	64	
都昌县长垅苗圃	22		6	6	
湖口县森林苗圃	36		16		
彭泽县中心苗圃	129		45		
瑞昌市苗圃	103		65		
新余市	**106**	**65**	**41**	**106**	**106**
渝水区苗圃	37	27	10	37	37
分宜县苗圃	69	38	31	69	69
鹰潭市	**581**	**38**	**157**	**109**	**297**
月湖区苗圃	35	3	22	32	31
余江县森林苗圃	325	12	79		266
贵溪市中心苗圃	121	7	33		
贵溪市万亩山苗圃	100	16	23	77	
赣州市	**753**	**261**	**492**	**325**	**359**
章贡区森林苗圃	31		31		31
赣县森林苗圃	18	7	11	11	11
信丰县森林苗圃	46	14	32	46	46
大余县白石寺森林苗圃	22	3	19	3	3
安远县森林苗圃	179	36	143	44	44
龙南县森林苗圃	64	32	32	64	64
定南县森林苗圃	30	17	13	7	30
全南县森林苗圃	10	10		10	10
宁都县森林苗圃	137	76	61		
于都县森林苗圃	30	4	26	30	30
兴国县苗圃	57	26	31		
石城县森林苗圃	19	9	10		
寻乌县森林苗圃	52	27	25	52	32
瑞金市中心苗圃	58		58	58	58
吉安市	**564**	**348**	**247**	**460**	**463**
吉州区林业苗圃	34	14	20	34	34

4-51 续表3

国有苗圃名称	职工总人数（人）	在岗职工（人）	离退休人员（人）	参加基本养老保险人数	参加医疗保险人数
青原区滩头苗圃	22	2	16	22	
吉安县森林苗圃	12	12	23	12	
吉水县森林苗圃	13	11		11	11
峡江县花园苗圃	23	4	15	23	8
新干县森林苗圃	3	3	18	3	3
永丰县森林苗圃	69	44	25	42	67
泰和县森林苗圃	28	11	17	28	25
遂川县森林苗圃	45	25	20	45	45
万安县森林苗圃	60	37	23	37	23
安福县森林苗圃	127	109	18	127	127
永新县森林苗圃	80	43	37	43	80
井冈山市森林苗圃	40	25	15	25	40
井冈山市林业科技示范园	8	8		8	
宜春市	**524**	**314**	**216**	**247**	**411**
宜春市大城开发区苗圃	42	41	1	35	41
奉新县森林苗圃	143	50	62	81	143
万载县森林苗圃	34	20	14	10	34
上高县苗圃	79	37	42	8	50
宜丰县森林苗圃	21	21	10	21	10
靖安县森林苗圃	17	10	7	17	17
铜鼓县森林苗圃	23	13	10	18	8
丰城市森林苗圃	57	57	27		
樟树市苗圃	51	34	17		51
高安市森林苗圃	57	31	26	57	57
抚州市	**456**	**293**	**163**	**252**	**282**
抚州市中心苗圃	44	35	9		
南城县森林苗圃	23	23		19	
黎川县森林苗圃	67	33	34		
崇仁县苗圃	57	35	22	57	57
乐安县森林苗圃	55	26	29	55	55
金溪县森林苗圃	40	18	22		
资溪县森林苗圃	20	10	10	20	20
东乡县森林苗圃	101	75	26	101	101
广昌县森林苗圃	49	38	11		49
上饶市	**601**	**161**	**253**	**241**	**354**
信州区森林苗圃	80	9	34	80	80
上饶县森林苗圃	5	5			
广丰县森林苗圃	144	12	74	70	10
玉山县森林苗圃	42	22	20		42
铅山县森林苗圃	80	20			20
横峰县森林苗圃	33	3	12	2	33
弋阳县森林苗圃	89	41	48		89
余干县森林苗圃	18		4		
鄱阳县森林苗圃	17	14	3		17
万年县森林苗圃	42	28	14	42	14
婺源县森林苗圃	6	4	2	2	4
德兴市森林苗圃	45	3	42	45	45
省　直	**248**	**80**	**60**	**228**	**228**
安义县桃花苗圃	20	20			
涂家埠贮木场凤凰山苗圃	220	52	60	220	220
省林业厅金盘西苗圃	8	8		8	8

4-52 各地区木材检查站情况(2009年)

地区	个数	编制数(人)	年末在岗职工(人)	
			合计	#长期职工
全省	**209**	**1915**	**1657**	**1651**
南昌市	6	48	48	48
景德镇市	10	108	104	104
萍乡市	8	71	50	50
九江市	23	210	189	189
新余市	4	34	28	28
鹰潭市	5	45	28	28
赣州市	42	366	304	301
吉安市	33	316	277	277
宜春市	28	265	199	199
抚州市	15	169	162	162
上饶市	31	252	227	227
省直	4	65	38	38

4-52 续表

地区	经费渠道(人)			自有办公用房站数(个)	自有交通工具站数(个)
	财政全额	林业经费	自收自支		
全省	**1537**	**74**	**43**		
南昌市	48			5	3
景德镇市	104			4	2
萍乡市	22	28		7	4
九江市	174	2	13	17	11
新余市	28			3	2
鹰潭市	28			3	1
赣州市	279	25		36	12
吉安市	255	2	20	29	21
宜春市	199			25	4
抚州市	146	6	10	13	13
上饶市	216	11		23	6
省直	38			2	4

4-53 各县(市、区)乡镇林业工作站基本情况(2009年)

地区	个数				至本年底已核定编制数(人)	年末在岗职工总数(人)		经费渠道(人)			至本年底自有办公用房站数(个)	至本年底有交通工具站数(个)
	合计	派出机构	双重领导	乡镇管理		合计	长期职工	财政全额	林业经费	自收自支		
江西省	**945**	**868**	**35**	**42**	**4663**	**5405**	**5394**	**4436**	**466**	**297**	**610**	**525**
南昌市	**17**	**10**		**7**	**23**	**63**	**63**	**55**	**1**		**9**	
湾里区				4	6	10	10	10			4	
新建县				3	5	12	12	5			3	
安义县		4			12	13	13	12	1		2	
进贤县		6				28	28	28				
景德镇市	**25**	**25**			**122**	**126**	**126**	**122**		**4**	**26**	**26**
昌江区		4			8	12	12	8		4	4	4
浮梁县		17			69	69	69	69			17	17
乐平市		4			45	45	45	45			5	5
萍乡市	**29**	**18**	**11**		**160**	**220**	**220**	**160**		**54**	**15**	**19**
安源区			2		14	57	57	14		37	2	
湘东区			9		42	42	42	42			2	9
莲花县		4			33	33	33	33			2	4
上栗县		5			25	25	25	25			5	5
芦溪县		8			42	42	42	42			3	
开发区		1			4	21	21	4		17	1	1
九江市	**100**	**100**			**529**	**525**	**525**	**465**		**19**	**50**	**25**
庐山区		3			14	14	14	6		8	2	1
九江县		1			9	5	5	5				
武宁县		21			109	109	109	109			16	21
修水县		36			170	170	170	170			9	
永修县		5			28	28	28	28				
德安县		6			32	22	22	22			5	
星子县		2			11	10	10	10			2	2
都昌县		4			52	52	52	11			2	
湖口县		3			15	15	15	15			1	1
彭泽县		8			55	59	59	55		4	8	
瑞昌市		11			34	41	41	34		7	5	
新余市	**12**	**9**		**3**	**66**	**53**	**51**	**51**		**2**	**11**	**11**
渝水区		4			16	8	8	8			3	4
仙女湖区				2	9	11	9	9		2	2	2
高新区				1	2	2	2	2			1	
分宜县		5			39	32	32	32			5	5
鹰潭市	**13**	**13**			**68**	**62**	**62**	**62**			**8**	**12**
月湖区		1			4	4	4	4			1	1

4-53　续表1

地区	个数				至本年底已核定编制数(人)	年末在岗职工总数(人)		经费渠道(人)			至本年底自有办公用房站数(个)	至本年底有交通工具站数(个)
	合计	派出机构	双重领导	乡镇管理		合计	长期职工	财政全额	林业经费	自收自支		
余江县		3			10	10	10	10			2	3
贵溪市		8			51	45	45	45			5	8
龙虎山管委会		1			3	3	3	3				
赣州市	**292**	**288**		**4**	**1049**	**1387**	**1378**	**1001**	**62**	**199**	**172**	**171**
章贡区		3			9	9	9	9			3	
开发区				4	4	4	4	4			4	
赣　县		24			50	84	87	57		30	13	
信丰县		16			42	64	64	39		25	9	
大余县		11			33	51	51	33	18		11	11
上犹县		14			47	44	44	44			2	
崇义县		17			128	146	146	128		18	17	17
安远县		18			80	86	80	80		6	18	
龙南县		15			60	49	49	49			5	
定南县		7			25	25	25	25			7	7
全南县		9			27	30	30	30			4	
宁都县		25			107	107	107	107			18	
于都县		23			99	128	128				19	136
兴国县		25			100	144	144	100	44		11	
会昌县		19			78	158	158	98		60	17	
石城县		10			50	80	74	50		30	4	
寻乌县		15			39	67	67	37		30	5	
瑞金市		17			51	51	51	51			5	
南康市		20			20	60	60	60				
吉安市	**128**	**128**			**850**	**951**	**951**	**804**	**141**	**6**	**99**	**72**
吉州区		4			18	18	18	18			3	2
青原区		5			36	33	33	33			3	5
吉安县		13			93	99	99	93		6	10	12
吉水县		7			71	60	60	60			7	7
峡江县		6			34	33	33	33			4	6
新干县		7			45	44	44	44			7	
永丰县		11			88	123	123	88	35		9	7
泰和县		20			75	147	147	75	72		17	20
遂川县		16			156	126	126	126			16	
万安县		5			53	53	53	53			5	7
安福县		15			116	131	131	116	15		2	3
永新县		9			15	34	34	15	19		6	2
井冈山市		10			50	50	50	50			10	1

4-53 续表2

地区	个数				至本年底已核定编制数(人)	年末在岗职工总数(人)		经费渠道(人)			至本年底自有办公用房站数(个)	至本年底有交通工具站数(个)
	合计	派出机构	双重领导	乡镇管理		合计	长期职工	财政全额	林业经费	自收自支		
宜春市	**106**	**76**	**6**	**24**	**633**	**624**	**624**	**581**	**10**	**6**	**94**	**71**
袁州区		9			74	74	74	74			7	
明月山		2			20	22	22	22			1	
奉新县		13			85	85	85	85			13	13
万载县		13			72	72	72	72			7	8
上高县		3			41	27	27				3	3
宜丰县		13			90	84	84	84			13	13
靖安县		10			80	73	73	73			10	19
铜鼓县		9			76	86	86	76	10		9	9
丰城市		3			13	13	13	13				3
樟树市			6		30	30	30	30			6	
高安市		1		24	52	58	58	52		6	25	3
抚州市	**123**	**110**	**13**		**521**	**754**	**754**	**508**	**239**	**7**	**71**	**93**
临川区		9			74	152	152	74	78		9	9
南城县		13			40	70	70	40	30		2	13
黎川县		12			44	49	49	44	5		3	12
南丰县		12			49	49	49	49			12	12
崇仁县		9			39	39	39	39			3	9
乐安县		15			50	72	72	50	22		15	15
宜黄县		12			37	141	141	37	104		10	12
金溪县		10			51	51	51	51			5	4
资溪县		7			65	55	55	55			7	7
东乡县			13		26	23	23	23			2	
广昌县		11			46	53	53	46		7	3	
上饶市	**100**	**91**	**5**	**4**	**642**	**640**	**640**	**627**	**13**		**55**	**25**
信州区				4	9	9	9	9			4	2
上饶县		11			61	61	61	61			2	
广丰县		7			21	21	21	21			2	
玉山县		6			35	35	35	35			4	
铅山县		12			120	120	120	120			8	1
横峰县		2				13	13		13		1	2
弋阳县		5			27	27	27	27			5	5
余干县			5		98	98	98	98			2	
鄱阳县		12			66	66	66	66			2	2
万年县		5			18	18	18	18				
婺源县		16			86	71	71	71			13	
德兴市		13			97	97	97	97			12	13
三清山		2			4	4	4	4				

林业发展政策文件

中共中央 国务院
关于加快林业发展的决定

中发[2003]9 号

（2003 年 6 月 25 日 ）

加强生态建设，维护生态安全，是二十一世纪人类面临的共同主题，也是我国经济社会可持续发展的重要基础。全面建设小康社会，加快推进社会主义现代化，必须走生产发展、生活富裕、生态良好的文明发展道路，实现经济发展与人口、资源、环境的协调，实现人与自然的和谐相处。森林是陆地生态系统的主体，林业是一项重要的公益事业和基础产业，承担着生态建设和林产品供给的重要任务，做好林业工作意义十分重大。为加快林业发展，实现山川秀美的宏伟目标，促进国民经济和社会发展，现作出如下决定。

一、加强林业建设是经济社会可持续发展的迫切要求

1．**我国林业建设取得了巨大成就。**建国以来，特别是改革开放以来，党中央、国务院对林业工作十分重视，采取了一系列政策措施，有力地促进了林业发展。全民义务植树运动深入开展，全社会办林业、全民搞绿化的局面正在形成。“三北”防护林等生态工程建设成效明显，近几年实施的天然林保护、退耕还林、防沙治沙等重点工程进展顺利，部分地区的生态状况明显改善。森林、湿地和野生动植物资源保护得到加强。林业产业结构调整取得进展，各类商品林基地建设方兴未艾，林产工业得到加强，经济林、竹藤花卉产业和生态旅游快速发展，山区综合开发向纵深推进。森林资源的培育、管护和利用逐渐形成较为完整的组织、法制和工作体系。建国以来，林业累计提供木材 50 多亿立方米，目前全国森林覆盖率已达到 16.55%，人工林面积居世界第一位。林业为国家经济建设和生态状况改善作出了重要贡献，对促进新阶段农业和农村经济的发展，扩大城乡就业，增加农民收入，发挥着越来越重要的作用。

2．**经济社会可持续发展迫切要求我国林业有一个大转变。**随着经济发展、社会进步和人民生活水平的提高，社会对加快林业发展、改善生态状况的要求越来越迫切，林业在经济社会发展中的地位和作用越来越突出。林业不仅要满足社会对木材等林产品的多样化需求，更要满足改善生态状况、保障国土生态安全的需要，生态需求已成为社会对林业的第一需求。我国林业正处在一个重要的变革和转折时期，正经历着由以木材生产为主向以生态建设为主的历史性转变。

3．**加快林业发展面临的形势依然严峻。**目前我国生态状况局部改善、整体恶化的趋势尚未根本扭转，土地沙化、湿地减少、生物多样性遭破坏等仍呈加剧趋势。乱砍滥伐林木、乱垦滥占林地、乱捕滥猎野生动物、乱采滥挖野生植物等现象屡禁不止，森林火灾和病虫害对林业的威胁仍很严重。林业管理和经营体制还不适应形势发展的需要。林业产业规模小、科技含量低、结构不合理，木材供需矛盾突出，林业职工和林区群众的收入增长缓慢，社会事业发展滞后。从整体上讲，我国仍然是一个林业资源缺乏的国家，森

林资源总量严重不足，森林生态系统的整体功能还非常脆弱，与社会需求之间的矛盾日益尖锐，林业改革和发展的任务比以往任何时候都更加繁重。

4. **必须把林业建设放在更加突出的位置。**在全面建设小康社会、加快推进社会主义现代化的进程中，必须高度重视和加强林业工作，努力使我国林业有一个大的发展。在贯彻可持续发展战略中，要赋予林业以重要地位；在生态建设中，要赋予林业以首要地位；在西部大开发中，要赋予林业以基础地位。

二、加快林业发展的指导思想、基本方针和主要任务

5. **指导思想。**以邓小平理论和“三个代表”重要思想为指导，深入贯彻十六大精神，确立以生态建设为主的林业可持续发展道路，建立以森林植被为主体、林草结合的国土生态安全体系，建设山川秀美的生态文明社会，大力保护、培育和合理利用森林资源，实现林业跨越式发展，使林业更好地为国民经济和社会发展服务。

6. **基本方针。**

——坚持全国动员，全民动手，全社会办林业。

——坚持生态效益、经济效益和社会效益相统一，生态效益优先。

——坚持严格保护、积极发展、科学经营、持续利用森林资源。

——坚持政府主导和市场调节相结合，实行林业分类经营和管理。

——坚持尊重自然和经济规律，因地制宜，乔灌草合理配置，城乡林业协调发展。

——坚持科教兴林。

——坚持依法治林。

7. **主要任务。**通过管好现有林，扩大新造林，抓好退耕还林，优化林业结构，增加森林资源，增强森林生态系统的整体功能，增加林产品有效供给，增加林业职工和农民收入。力争到 2010 年，使我国森林覆盖率达到 19%以上，大江大河流域的水土流失和主要风沙区的沙漠化有所缓解，全国生态状况整体恶化的趋势得到初步遏制，林业产业结构趋于合理；到 2020 年，使森林覆盖率达到 23%以上，重点地区的生态问题基本解决，全国的生态状况明显改善，林业产业实力显著增强；到 2050 年，使森林覆盖率达到并稳定在 26%以上，基本实现山川秀美，生态状况步入良性循环，林产品供需矛盾得到缓解，建成比较完备的森林生态体系和比较发达的林业产业体系。

实现上述目标，必须努力保护好天然林、野生动植物资源、湿地和古树名木；努力营造好主要流域、沙地边缘、沿海地带的水源涵养林、水土保持林、防风固沙林和堤岸防护林；努力绿化好宜林荒山、地埂田头、城乡周围和道渠两旁；努力建设好用材林、经济林、薪炭林和花卉等商品林基地；努力发展好森林公园、城市森林和其他游憩性森林。同时，要加快林业结构调整步伐，提高林业经济效益；加快林业管理体制和经营机制创新，调动社会各方面发展林业的积极性。

三、抓好重点工程，推动生态建设

8. **坚持不懈地搞好林业重点工程建设。**要加大力度实施天然林保护工程，严格天然林采伐管理，进一步保护、恢复和发展长江上游、黄河上中游地区和东北、内蒙古等地区的天然林资源。认真抓好退耕还林（草）工程，切实落实对退耕农民的有关补偿政策，鼓励结合农业结构调整和特色产业开发，发展有市场、有潜力的后续产业，解决好退耕农民的长远生计问题。继续推进“三北”、长江等重点地区的防护林体系工程建设，因地制宜、因害设防，营造各种防护林体系，集中治理好这些地区不同类型的生态灾害。切实搞好京津风沙源治理等防沙治沙工程，通过划定封禁保护区、种树种草、小流域治理、舍饲圈养、生态移民、合理利用水资源等综合措施，保护和增加林草植被，尽快使首都及主要风沙区的风沙危害得到有效遏制。高度重视野生动植物保护及自然保护区工程建设，抓紧抢救濒危珍稀物种，修复典型生态系统，扩大自然保护面积，提高保护水平，切实保护好我国的野生动植物资源、湿地资源和生物多样性。加快建设以速生丰产用材林为主的林业产业基地工程，在条件具备的适宜地区，发展集约林业，加快建设各种用材林和其他商品林基地，增加木材等林产品的有效供给，减轻生态建设压力。

9. **深入开展全民义务植树运动，采取多种形式发展社会造林。**不断丰富和完善义务植树的形式，提高适龄公民履行义务的覆盖面，提高义务植树的实际成效。义务植树要实行属地管理，农村以乡镇为单位、城市以街道为单位，建立健全义务植树登记制度和考核制度。进一步明确部门和单位绿化的责任范围，落实分工负责制，并加强监督检查。绿色通道工程要与道路建设和河渠整治统筹规划，合理布局，加快建设。城市绿化要把美化环境与增强生态功能结合起来，逐步提高建设水平。鼓励军队、社会团体、外商造林和群众造林，形成多主体、多层次、多形式的造林绿化格局。

四、优化林业结构，促进产业发展

10. **加快推进林业产业结构升级。**适应生态建设和市场需求的变化，推动产业重组，优化资源配置，加快形成以森林资源培育为基础、以精深加工为带动、以科技进步为支撑的林业产业发展新格局。鼓励以集约经营方式，发展原料林、用材林基地。积极发展木材加工业尤其是精深加工业，延长产业链，实现多次增值，提高木材综合利用率。突出发展名特优新经济林、生态旅游、竹藤花卉、森林食品、珍贵树种和药材培植以及野生动物驯养繁殖等新兴产品产业，培育新的林业经济增长点。充分发挥我国地域辽阔、生物资源和劳动力丰富的优势，大力发展特色出口林产品。

11. **加强对林业产业发展的引导和调控。**根据市场需要、资源条件和产业基础，抓紧编制林业产业发展规划，制定产业政策，引导产业健康发展，避免低水平重复建设。鼓励培育名牌产品和龙头企业，推广公司带基地、基地连农户的经营形式，加快林业产业发展。扶持发展各种专业合作组织，完善社会化服务体系，培育、规范林产品和林业生产要素市场，对农民生产的木材允许产销直接见面，拓宽农民进入市场的渠道，增强林业产业发展活力。

12. **进一步扩大林业对外开放。**充分利用国内外两个市场、两种资源，加快林业发展。针对我国林业基础薄弱、建设任务繁重的情况，要加大引进力度，着力引进资金、资源、良种、技术和管理经验。努力扩大林业利用外资规模，鼓励外商投资造林和发展林产品加工业。制定有利于扩大林产品出口的政策，完善林产品出口促进机制，提高我国林产品的国际竞争力。坚持实施“走出去”战略，加强海外林业开发。积极开展森林认证工作，尽快与国际接轨。采取有效措施，加强对我国种质资源的保护和输出管理，防止境外有害生物传入。认真履行有关国际公约，加强生态保护领域的国际交流与合作。

五、深化林业体制改革，增强林业发展活力

13. 进一步完善林业产权制度。这是调动社会各方面造林积极性，促进林业更好更快发展的重要基础。要依法严格保护林权所有者的财产权，维护其合法权益。对权属明确并已核发林权证的，要切实维护林权证的法律效力；对权属明确尚未核发林权证的，要尽快核发；对权属不清或有争议的，要抓紧明晰或调处，并尽快核发权属证明。退耕土地还林后，要依法及时办理相关手续。

已经划定的自留山，由农户长期无偿使用，不得强行收回。自留山上的林木，一律归农户所有。对目前仍未造林绿化的，要采取措施限期绿化。

分包到户的责任山，要保持承包关系稳定。上一轮承包到期后，原承包做法基本合理的，可直接续包；原承包做法经依法认定明显不合理的，可在完善有关做法的基础上继续承包。新一轮的承包，都要签定书面承包合同，承包期限按有关法律规定执行。对已经续签承包合同，但不到法定承包期限的，经履行有关手续，可延长至法定期限。农户不愿意继续承包的，可交回集体经济组织另行处置。

对目前仍由集体统一经营管理的山林，要区别对待，分类指导，积极探索有效的经营形式。凡群众比较满意、经营状况良好的股份合作林场、联办林场等，要继续保持经营形式的稳定，并不断完善。对其他集中连片的有林地，可采取“分股不分山、分利不分林”的形式，将产权逐步明晰到个人。对零星分散的有林地，可将林木所有权和林地使用权合理作价后，转让给个人经营。对宜林荒山荒地，可直接采取分包到户、招标、拍卖等形式确定经营主体，也可以由集体统一组织开发后，再以适当方式确定经营主体；对造林难度大的宜林荒山荒地，可通过公开招标的方式，将一定期限的使用权无偿转让给有能力的单位或个人开发经营，但必须限期绿化。不管采取哪种形式，都要经过本集体经济组织成员的民主决策，集体经济组织内部的成员享有优先经营权。

14. 加快推进森林、林木和林地使用权的合理流转。在明确权属的基础上，国家鼓励森林、林木和林地使用权的合理流转，各种社会主体都可通过承包、租赁、转让、拍卖、协商、划拨等形式参与流转。当前要重点推动国家和集体所有的宜林荒山荒地荒沙使用权的流转。对尚未确定经营者或其经营者一时无力造林的国有宜林荒山荒地荒沙，也可按国家有关规定，提供给附近的部队、生产建设兵团或其他单位进行植树造林，所造林木归造林者所有。森林、林木和林地使用权可依法继承、抵押、担保、入股和作为合资、合作的出资或条件。积极培育活立木市场，发展森林资源资产评估机构，促进林木合理流转，调动经营者投资开发的积极性。

要规范流转程序，加强流转管理。认真做好流转的各项服务工作，及时办理权属变更登记手续，保护当事人的合法权益。在流转过程中，要坚决防止出现乱砍滥伐、改变林地用途、改变公益林性质和公有资产流失等现象。要切实加强对流转后应当用于林业建设资金的监督管理。国务院林业主管部门要会同有关部门抓紧制定森林、林木和林地使用权流转的具体办法，报国务院批准后实施。

15. 放手发展非公有制林业。国家鼓励各种社会主体跨所有制、跨行业、跨地区投资发展林业。凡有能力的农户、城镇居民、科技人员、私营企业主、外国投资者、企事业单位和机关团体的干部职工等，都可单独或合伙参与林业开发，从事林业建设。要进一步明确非公有制林业的法律地位，切实落实“谁造谁有、合造共有 ”的政策。统一税费政策、资源利用政策和投融资政策，为各种林业经营主体创造公平竞争

的环境。

16. **深化重点国有林区和国有林场、苗圃管理体制改革。建立权责利相统一，管资产和管人、管事相结合的森林资源管理体制。**按照政企分开的原则，把森林资源管理职能从森工企业中剥离出来，由国有林管理机构代表国家行使，并履行出资人职责，享有所有者权益；把目前由企业承担的社会管理职能逐步分离出来，转由政府承担，使企业真正成为独立的经营主体，参与市场竞争。国有森工企业要按照专业化协作的原则，进行企业重组，妥善分流安置企业富余职工。国务院林业主管部门要会同有关省、自治区、直辖市人民政府和国务院有关部门研究制定具体改革方案，报国务院批准后实施。

深化国有林场改革，逐步将其分别界定为生态公益型林场和商品经营型林场，对其内部结构和运营机制作出相应调整。生态公益型林场要以保护和培育森林资源为主要任务，按从事公益事业单位管理，所需资金按行政隶属关系由同级政府承担。商品经营型林场和国有苗圃要全面推行企业化管理，按市场机制运作，自主经营，自负盈亏，在保护和培育森林资源、发挥生态和社会效益的同时，实行灵活多样的经营形式，积极发展多种经营，最大限度地挖掘生产经营潜力，增强发展活力。切实关心和解决贫困国有林场、苗圃职工生产生活中的困难和问题。加快公有制林业管理体制改革，鼓励打破行政区域界限，按照自愿互利原则，采取联合、兼并、股份制等形式组建跨地区的林场和苗圃联合体，实现规模经营，降低经营成本，提高经济效益。

17. **实行林业分类经营管理体制。**在充分发挥森林多方面功能的前提下，按照主要用途的不同，将全国林业区分为公益林业和商品林业两大类，分别采取不同的管理体制、经营机制和政策措施。改革和完善林木限额采伐制度，对公益林业和商品林业采取不同的资源管理办法。公益林业要按照公益事业进行管理，以政府投资为主，吸引社会力量共同建设；商品林业要按照基础产业进行管理，主要由市场配置资源，政府给予必要扶持。凡纳入公益林管理的森林资源，政府将以多种方式对投资者给予合理补偿。要逐步改变现行的造林投入和管理方式，在进一步完善招投标制、报账制的同时，安排部分造林投资，探索直接收购各种社会主体营造的非国有公益林。公益林建设投资和森林生态效益补偿基金，按照事权划分，分别由中央政府和各级地方政府承担。加快建立公益林业认证体系。

六、加强政策扶持，保障林业长期稳定发展

18. **加大政府对林业建设的投入。**要把公益林业建设、管理和重大林业基础设施建设的投资纳入各级政府的财政预算，并予以优先安排。对关系国计民生的重点生态工程建设，国家财政要重点保证；地方规划的区域性生态工程建设投资，要纳入地方财政预算；部门规划的配套生态工程建设投资，要纳入相关工程的总体预算。森林生态效益补偿基金分别纳入中央和地方财政预算，并逐步增加资金规模。以工代赈、农业综合开发等财政支农资金，也要适当增加对林业建设的投入。对重点地区速生丰产用材林基地建设和珍贵树种用材林建设中的森林防火、病虫害防治和优良种苗的开发推广等社会性、公益性建设，由国家安排部分投资。逐步规范各项生态工程建设的造林补助标准。随着重点国有林区改革的逐步深入，有关地方政府要承担起原来由森工企业承担的社会事业投入，国家给予必要支持。

19. **加强对林业发展的金融支持。**国家继续对林业实行长期限、低利息的信贷扶持政策，具体贷款期限可根据林木的生长周期由银行和企业协商确定，并视情况给予一定的财政贴息。有关金融机构对个人造

林育林，要适当放宽贷款条件，扩大面向农户和林业职工的小额信贷和联保贷款。林业经营者可依法以林木抵押申请银行贷款。鼓励林业企业上市融资。

20. **减轻林业税费负担。**继续执行国家已经出台的各项林业税收优惠政策，并予以规范。按照农村税费改革的总体要求，逐步取消原木、原竹的农业特产税。取消对林农和其他林业生产经营者的各种不合理收费。改革育林基金征收、管理和使用办法，征收的育林基金要逐步全部返还给林业生产经营者，基层林业管理单位因此出现的经费缺口由财政解决。

七、强化科教兴林，坚持依法治林

21. **加强林业科技教育工作。**要重视林业科学基础研究、应用研究和高新技术开发，提高林业的科技创新能力。重点研发林木良种选育、条件恶劣地区造林、重大森林病虫害防治、防沙治沙、森林资源与生态监测、种质资源保存与利用、林农复合经营、林火管理与控制及主要经济林产品加工转化等关键性技术。抓好林业重点实验室、野外重点观测台站、林业科学数据库和林业信息网络建设。林业重点工程建设与林业技术推广要同步设计、同步实施、同步验收。深化林业科技体制改革，国家在扶持基础性、公益性林业科学研究的同时，积极推动非公益性科学研究和技术推广走向市场。鼓励林业科研单位、大专院校和科技人员，通过创办科技型企业、建立科技示范点、开展科技承包和技术咨询服务等形式，加快科技成果转化。要加强林业技术推广服务体系建设，稳定科技工作队伍。对林业科学研究、新技术推广和新产品开发等方面有突出贡献的单位和个人，要给予重奖。完善相关政策，推动林科教、技工贸相结合。积极推进林业标准化工作，建立健全林业质量标准和检验检测体系。不断加强林业科技领域的国际合作。根据林业建设特点，建立各类林业人才教育和培训体系。切实加大对林业职工的培训力度，提高林业建设者的整体素质。

22. **加强林业法制建设。**加快林业立法工作，抓紧制定天然林保护、湿地保护、国有森林资源经营管理、森林林木和林地使用权流转、林业建设资金使用管理、林业工程质量监管、林业重点工程建设等方面的法律法规，并根据新情况对现有法律法规进行修订。加大林业执法力度，严格森林和野生动植物资源保护管理，严厉打击乱砍滥伐林木、乱垦滥占林地、乱捕滥猎野生动物等违法犯罪行为，严禁随意采挖野生植物。加强林业执法监管体系，充实执法监督力量，改善执法监督条件，提高执法监督队伍素质。加强林业法制教育和生态道德教育，为执法人员依法办事创造良好的社会氛围和执法环境。

八、切实加强对林业工作的领导

23. **各级党委和政府要高度重视林业工作。**要充分认识加强林业建设对实施可持续发展战略、全面建设小康社会的重要性和紧迫性，将其纳入国民经济和社会发展规划，做到认识到位，责任到位，政策到位，工作到位。各有关部门要认真履行职责，密切配合，支持林业发展。根据加快林业发展的需要，强化林业行政管理体系，加强各级政府的林业行政机构建设。建立完善的林业动态监测体系，整合现有监测资源，对我国的森林资源、土地荒漠化及其他生态变化实行动态监测，定期向社会公布。健全林业推广和服务体系，乡镇林业工作站是对林业生产经营实施组织管理的最基层机构，要充分发挥政策宣传、资源管护、林政执法、生产组织、科技推广和社会化服务等职能和作用。林业行业要继续发扬艰苦奋斗、无私奉献的精神，为促进林业发展再立新功。

24. **坚持并完善林业建设任期目标管理责任制。**要合理划分中央和地方政府在林业建设方面的事权。

中央政府领导全国林业工作，主要负责制定林业法规、政策和国家林业发展规划，指导和协调解决全国性或跨省、自治区、直辖市的重大林业和生态问题，帮助地方加快林业发展。各级地方政府对本地区林业工作全面负责，政府主要负责同志是林业建设的第一责任人，分管负责同志是林业建设的主要责任人。对林业建设的主要指标，实行任期目标管理，严格考核、严格奖惩，并由同级人民代表大会监督执行。各级地方党委组织部门和纪检监察机关，要把责任制的落实情况作为干部政绩考核、选拔任用和奖惩的重要依据。国家林业重点工程建设，要坚持规划落实到省、任务分解到省、资金分配到省、责任明确到省的管理制度。工程建设的进展情况，要定期检查，定期通报。建立重大毁林案件、违规使用资金案件和工程质量事故责任追究制度，对违反规定的，要严格追究有关领导人的责任。

25. **动员全社会力量关心和支持林业工作。**各级工会、妇联、共青团和民兵、青年、学生组织及其他社会团体，要发挥各自作用，动员社会各界力量，投身国土绿化事业。人民解放军和武警部队为保护森林、绿化祖国作出了重要贡献，要继续发扬优良传统，积极承担造林绿化任务。要大力加强林业宣传教育工作，不断提高全民族的生态安全意识。中小学教育要强化相关内容，普及林业和生态知识。新闻媒体要将林业宣传纳入公益性宣传范围。

各地区各部门要紧密团结在以胡锦涛同志为总书记的党中央周围，高举邓小平理论伟大旗帜，认真贯彻“三个代表”重要思想，动员和组织全国人民，积极投身林业建设的伟大事业，为把我国建设成为山川秀美、生态和谐、可持续发展的社会主义现代化国家而努力奋斗!

中共中央 国务院
关于全面推进集体林权制度改革的意见

中发[2008]10号

(2008年6月8日)

新中国成立后，特别是改革开放以来，我国集体林业建设取得了较大成效，对经济社会发展和生态建设作出了重要贡献。集体林权制度虽经数次变革，但产权不明晰、经营主体不落实、经营机制不灵活、利益分配不合理等问题仍普遍存在，制约了林业的发展。为进一步解放和发展林业生产力，发展现代林业，增加农民收入，建设生态文明，现就全面推进集体林权制度改革提出如下意见。

一、充分认识集体林权制度改革的重大意义

（一）集体林权制度改革是稳定和完善农村基本经营制度的必然要求。集体林地是国家重要的土地资源，是林业重要的生产要素，是农民重要的生活保障。实行集体林权制度改革，把集体林地经营权和林木所有权落实到农户，确立农民的经营主体地位，是将农村家庭承包经营制度从耕地向林地的拓展和延伸，是对农村土地经营制度的丰富和完善，必将进一步解放和发展农村生产力。

（二）集体林权制度改革是促进农民就业增收的战略举措。林业产业链条长，市场需求大，就业空间广。实行集体林权制度改革，让农民获得重要的生产资料，激发农民发展林业生产经营的积极性，有利于促进农民特别是山区农民脱贫致富，破解“三农"问题，推进社会主义新农村建设。

（三）集体林权制度改革是建设生态文明的重要内容。建设生态文明、维护生态安全是林业发展的首要任务。实行集体林权制度改革，建立责权利明晰的林业经营制度，有利于调动广大农民造林育林的积极性和爱林护林的自觉性，增加森林数量，提升森林质量，增强森林生态功能和应对气候变化的能力，繁荣生态文化，促进人与自然和谐，推动经济社会可持续发展。

（四）集体林权制度改革是推进现代林业发展的强大动力。林业是国民经济和社会发展的重要公益事业和基础产业。实行集体林权制度改革，培育林业发展的市场主体，发挥市场在林业生产要素配置中的基础性作用，有利于发挥林业的生态、经济、社会和文化等多种功能，满足社会对林业的多样化需求，促进现代林业发展。

二、集体林权制度改革的指导思想、基本原则和总体目标

（五）指导思想。全面贯彻党的十七大精神，高举中国特色社会主义伟大旗帜，以邓小平理论和“三个代表”重要思想为指导，深入贯彻落实科学发展观，大力实施以生态建设为主的林业发展战略，不断创新集体林业经营的体制机制，依法明晰产权、放活经营、规范流转、减轻税费，进一步解放和发展林业生产力，促进传统林业向现代林业转变，为建设社会主义新农村和构建社会主义和谐社会作出贡献。

（六）基本原则。坚持农村基本经营制度，确保农民平等享有集体林地承包经营权；坚持统筹兼顾各方利益，确保农民得实惠、生态受保护；坚持尊重农民意愿，确保农民的知情权、参与权、决策权；坚持依法办事，确保改革规范有序；坚持分类指导，确保改革符合实际。

（七）总体目标。用 5 年左右时间，基本完成明晰产权、承包到户的改革任务。在此基础上，通过深化改革，完善政策，健全服务，规范管理，逐步形成集体林业的良性发展机制，实现资源增长、农民增收、生态良好、林区和谐的目标。

三、明确集体林权制度改革的主要任务

（八）明晰产权。在坚持集体林地所有权不变的前提下，依法将林地承包经营权和林木所有权，通过家庭承包方式落实到本集体经济组织的农户，确立农民作为林地承包经营权人的主体地位。对不宜实行家庭承包经营的林地，依法经本集体经济组织成员同意，可以通过均股、均利等其他方式落实产权。村集体经济组织可保留少量的集体林地，由本集体经济组织依法实行民主经营管理。

林地的承包期为 70 年。承包期届满，可以按照国家有关规定继续承包。已经承包到户或流转的集体林地，符合法律规定、承包或流转合同规范的，要予以维护；承包或流转合同不规范的，要予以完善；不符合法律规定的，要依法纠正。对权属有争议的林地、林木，要依法调处，纠纷解决后再落实经营主体。自留山由农户长期无偿使用，不得强行收回，不得随意调整。承包方案必须依法经本集体经济组织成员同意。

自然保护区、森林公园、风景名胜区、河道湖泊等管理机构和国有林(农)场、垦殖场等单位经营管理的集体林地、林木，要明晰权属关系，依法维护经营管理区的稳定和林权权利人的合法权益。

（九）勘界发证。明确承包关系后，要依法进行实地勘界、登记，核发全国统一式样的林权证，做到林权登记内容齐全规范，数据准确无误，图、表、册一致，人、地、证相符。各级林业主管部门应明确专门的林权管理机构，承办同级人民政府交办的林权登记造册、核发证书、档案管理、流转管理、林地承包争议仲裁、林权纠纷调处等工作。

（十）放活经营权。实行商品林、公益林分类经营管理。依法把立地条件好、采伐和经营利用不会对生态平衡和生物多样性造成危害区域的森林和林木，划定为商品林；把生态区位重要或生态脆弱区域的森林和林木，划定为公益林。对商品林，农民可依法自主决定经营方向和经营模式，生产的木材自主销售。对公益林，在不破坏生态功能的前提下，可依法合理利用林地资源，开发林下种养业，利用森林景观发展森林旅游业等。

（十一）落实处置权。在不改变林地用途的前提下，林地承包经营权人可依法对拥有的林地承包经营权和林木所有权进行转包、出租、转让、入股、抵押或作为出资、合作条件，对其承包的林地、林木可依法开发利用。

（十二）保障收益权。农户承包经营林地的收益，归农户所有。征收集体所有的林地，要依法足额支付林地补偿费、安置补助费、地上附着物和林木的补偿费等费用，安排被征林地农民的社会保障费用。经政府划定的公益林，已承包到农户的，森林生态效益补偿要落实到户；未承包到农户的，要确定管护主体，明确管护责任，森林生态效益补偿要落实到本集体经济组织的农户。严格禁止乱收费、乱摊派。

（十三）落实责任。承包集体林地，要签订书面承包合同，合同中要明确规定并落实承包方、发包方的造林育林、保护管理、森林防火、病虫害防治等责任，促进森林资源可持续经营。基层林业主管部门要加强对承包合同的规范化管理。

四、完善集体林权制度改革的政策措施

（十四）完善林木采伐管理机制。编制森林经营方案，改革商品林采伐限额管理，实行林木采伐审批公示制度，简化审批程序，提供便捷服务。严格控制公益森采伐，依法进行抚育和更新性质的采伐，合理控制采伐方式和强度。

（十五）规范林地、林木流转。在依法、自愿、有偿的前提下，林地承包经营权人可采取多种方式流转林地经营权和林木所有权。流转期限不得超过承包期的剩余期限，流转后不得改变林地用途。集体统一经营管理的林地经营权和林木所有权的流转，要在本集体经济组织内提前公示，依法经本集体经济组织成员同意，收益应纳入农村集体财务管理，用于本集体经济组织内部成员分配和公益事业。

加快林地、林木流转制度建设，建立健全产权交易平台，加强流转管理，依法规范流转，保障公平交易，防止农民失山失地。加强森林资源资产评估管理，加快建立森林资源资产评估师制度和评估制度，规范评估行为，维护交易各方合法权益。

（十六）建立支持集体林业发展的公共财政制度。各级政府要建立和完善森林生态效益补偿基金制度，按照“谁开发谁保护、谁受益谁补偿”的原则，多渠道筹集公益林补偿基金，逐步提高中央和地方财政对森林生态效益的补偿标准。建立造林、抚育、保护、管理投入补贴制度，对森林防火、病虫害防治、林木良种、沼气建设给予补贴，对森林抚育、木本粮油、生物质能源林、珍贵树种及大径材培育给予扶持。改革育林基金管理办法，逐步降低育林基金征收比例，规范用途，各级政府要将林业部门行政事业经费纳入财政预算。森林防火、病虫害防治以及林业行政执法体系等方面的基础设施建设要纳入各级政府基本建设规划，林区的交通、供水、供电、通信等基础设施建设要依法纳入相关行业的发展规划，特别是要加大对偏远山区、沙区和少数民族地区林业基础设施的投入。集体林权制度改革工作经费，主要由地方财政承担，中央财政给予适当补助。对财政困难的县乡，中央和省级财政要加大转移支付力度。

（十七）推进林业投融资改革。金融机构要开发适合林业特点的信贷产品，拓宽林业融资渠道。加大林业信贷投放，完善林业贷款财政贴息政策，大力发展对林业的小额贷款。完善林业信贷担保方式，健全林权抵押贷款制度。加快建立政策性森林保险制度，提高农户抵御自然灾害的能力。妥善处理农村林业债务。

（十八）加强林业社会化服务。扶持发展林业专业合作组织，培育一批辐射面广、带动力强的龙头企业，促进林业规模化、标准化、集约化经营。发展林业专业协会，充分发挥政策咨询、信息服务、科技推广、行业自律等作用。引导和规范森林资源资产评估、森林经营方案编制等中介服务健康发展。

五、加强对集体林权制度改革的组织领导

（十九）高度重视集体林权制度改革。各级党委、政府要把集体林权制度改革作为一件大事来抓，摆上重要位置，精心组织，周密安排，因势利导，确保改革扎实推进。要实行主要领导负责制，层层落实领导责任。建立县(市)直接领导、乡镇组织实施、村组具体操作、部门搞好服务的工作机制，充分发挥农村基层党组织的作用。改革方案的制定要依照法律、尊重民意、因地制宜，改革的内容和具体操作程序要公开、公平、公正。在坚持改革基本原则的前提下，鼓励各地积极探索，确保改革符合实际、取得实效。要加强对领导干部、林改工作人员包括农村基层干部的培训，强化调度、统计、检查、督导和档案管理工作。要严肃工作纪律，党员干部特别是各级领导干部，要以身作则，决不允许借改革之机，为本人和亲友谋取私利。要健全纠纷调处工作机制，妥善解决林权纠纷，及时化解矛盾，维护农村稳定。

（二十）切实加强和改进林业管理。各级林业主管部门要适应改革新形势，进一步转变职能，加强林业宏观管理、公共服务、行政执法和监督。要深入调查研究，认真总结经验，加强工作指导，改进服务方式。推行林业综合行政执法，严厉打击破坏森林资源的违法行为。要加强森林防火、病虫害防治等公共服务体系建设，健全政府主导、群防群治的森林防火、防病虫害、防乱砍滥伐的工作机制。建立科技推广激励机制，加大培训力度，实施林业科技入户工程。加强基层林业工作机构建设，乡镇林业工作站经费纳入地方财政预算。

（二十一）努力形成各方面支持改革的合力。集体林权制度改革涉及面广、政策性强。各有关部门要各司其职，密切配合，通力协作，积极参与改革，主动支持改革。各群众团体和社会组织要发挥各自作用，为推进集体林权制度改革贡献力量。加强舆论宣传，努力营造有利于集体林权制度改革的社会氛围。

集体林权制度改革是农村生产关系的重大变革，事关全局、影响深远。我们要紧密团结在以胡锦涛同志为总书记的党中央周围，高举中国特色社会主义伟大旗帜，以邓小平理论和“三个代表"重要思想为指导，深入贯彻落实科学发展观，解放思想，坚定信心，开拓进取，扎实推进集体林权制度改革，为夺取全面建设小康社会新胜利作出新的贡献。

中共江西省委　江西省人民政府
关于加快林业发展的决定

赣发[2004]5 号

（2004 年 2 月 12 日）

林业是生态建设的主体，又是一项重要的基础产业，在促进经济社会可持续发展中有着十分重要的作用。为贯彻落实《中共中央、国务院关于加快林业发展的决定》（中发[2003]9 号），加快我省林业发展，现作如下决定。

一、加快林业发展是我省经济社会可持续发展的必然要求

1．**我省林业建设成效显著。**改革开放以来，省委、省政府先后组织实施了“灭荒”造林、“在山上再造一个江西”和“跨世纪绿色工程”等林业发展战略，特别是 1998 年以来，国家实施积极的财政政策，启动了长江防护林工程、退耕还林工程等一批国债项目，有力地推动了我省林业的发展，实现了森林面积、蓄积量“双增长”，森林覆盖率达到 59.7%，居全国前列，生态状况显著改善。商品林业基地建设稳步推进，林业产业逐步壮大，林业经济增长较快。林业在维护生态安全、调整农业和农村经济结构、扩大城乡就业、增加农民收入等方面发挥了重要作用。

2．**林业改革和发展的任务仍很艰巨。**我省森林资源较为丰富，但低产林、针叶林面积大，森林资源质量较低，整体生态功能脆弱；林业产业规模小，起点低，结构不合理，缺乏主导产业和龙头企业，林业经济实力不强；林业改革相对滞后，产权不清晰，管理体制和经营机制难以适应形势发展的需要；森林资源保护管理工作有待进一步加强，乱砍滥伐林木、乱垦滥占林地、乱捕滥猎野生动物、乱采滥挖野生植物等违法现象时有发生；林业基础设施建设和林区群众文化生活相对落后，林业职工和林农群众收入增长缓慢。总之，我省林业仍然处于森林资源恢复和发展阶段，林业改革和发展的任务仍然十分繁重。

3．**加快林业发展是我省经济社会发展的战略选择。**林业承担着生态建设和林产品供给的双重任务。全面建设小康社会，实现“生产发展、生活富裕、生态良好”的社会文明发展目标，必须有发达的林业作支撑。我省山区、丘陵区面积大，林业的地位和作用尤为突出。在贯彻可持续发展战略中，要赋予林业以重要地位；在生态建设中，要赋予林业以首要地位；在山区综合开发中，要赋予林业以基础地位。全省上下要进一步统一思想，按照“既要金山银山，更要绿水青山”的要求，把加快林业发展作为调整农村经济结构、解决“三农”问题、建设“三个基地、一个后花园”的一项重要工作来抓，在不断加强生态建设的同时，利用山区特有的生态优势和资源优势，加大综合开发力度，努力培育新的农村经济增长点，促进全省经济社会可持续发展。

二、加快林业发展的指导思想、基本思路和奋斗目标

4. 指导思想。以邓小平理论和“三个代表”重要思想为指导，深入贯彻党的十六大精神，围绕全面建设小康社会这个中心，坚持生态效益优先原则，全面实施林业分类经营，努力建设比较完备的森林生态体系和比较发达的林业产业体系，最大限度地满足社会对林业日益增长的多种需求，促进全省经济和社会的可持续发展，为江西在中部地区崛起作出更大的贡献。

5. 基本思路。今后一个时期林业发展的基本思路是，坚持“一个提高，两个调整，三个搞活”。即:坚定不移地把林业工作的着力点放在提高森林资源的质量上，下大力气调整林分结构和林业产业结构，千方百计搞活用工制度、搞活森林资源、搞活经营机制。按照这一基本思路，调整林业战略布局，将目前正在实施的各项林业工程系统整合为鄱阳湖流域生态防护林体系工程、野生动植物保护及自然保护区工程、以速生丰产用材林为主的林业产业基地工程等三项林业重点工程，其中鄱阳湖流域生态防护林体系工程，包括退耕还林工程、长江珠江防护林工程、防沙治沙工程、中德合作造林项目、绿色通道工程、平原绿化工程、小型生态公益林项目、森林生态效益补助资金试点项目等。实施重点工程带动战略，集中力量建设好上述三项林业重点工程，以此带动全省林业大发展。

6. 奋斗目标。通过实施林业分类经营，严格保护、积极发展、科学经营和持续利用森林资源，用 20 年左右时间，在全省基本建成布局合理、结构稳定、功能齐备、管理高效的森林生态体系和规范有序、集约经营、结构合理、富有活力的林业产业体系，使我省林业在全国率先跨入可持续发展的新阶段。力争到 2010 年，全省森林覆盖率达到 62%，活立木蓄积量达到 5 亿立方米，森林质量明显提高，“五河”流域的水土流失得到有效治理，重点地区的生态问题基本解决，林业经济年增长速度保持在 13%以上，林业产业实力显著增强。到 2020 年，全省森林覆盖率稳定在 63%左右，活立木蓄积量达到 7.5 亿立方米，森林质量进一步提高，生态状况步入良性循环，实现山川秀美，林业经济年增长速度保持在 10%以上，林业综合实力位于全国前列。

三、巩固和加强生态建设

7. 着力抓好重点林业生态工程建设。抓住国家实施林业重点工程的有利时机，着力抓好鄱阳湖流域生态防护林体系工程的实施，采取封山育林、低产林改造、疏林补植、造林、抚育等多种途径，保护和恢复森林植被，改善鄱阳湖流域的生态状况，减少各类生态灾害。认真实施野生动植物保护及自然保护区工程，切实保护好野生动植物资源、湿地资源和生物多样性。

8. 深入开展公民义务植树运动。认真落实《江西省公民义务植树条例》，建立健全义务植树登记制度和考核制度，提高适龄公民履行义务的覆盖面。不断丰富和完善义务植树的形式，抓好义务植树基地的规划和建设，落实管护措施，提高义务植树的成效。将公民义务植树与推进城市绿化美化有机结合起来，大力发展城市林业，精心打造一批花园城市、园林城市。

9. 认真落实部门造林绿化责任制。进一步明确部门和单位绿化的责任范围，落实分工负责制，着力抓好绿色通道工程建设。公路部门负责对国道、省道和县、乡公路的绿化；铁路部门负责管内铁路的绿化；水利部门负责水利工程的绿化；城市建设部门负责城镇绿化。高速公路的绿化要纳入工程建设范围，与工程建设同步规划、同步施工；机关、学校、工厂、矿区的绿化，由各单位自行负责。各级绿化委员会要加强对部门和单位落实绿化责任制的监督检查和考核。

四、大力发展林业产业

10．加快商品林基地建设步伐。抓住国家加快建设以速生丰产用材林为主的林业产业基地工程的机遇，充分发挥我省的自然资源和区位优势，建设集约化经营的商品林基地，大力发展珍贵用材林、优质工业原料林、名特优经济林和其他商品林，增加林产品的有效供给。建设商品林基地要与培育龙头企业有机结合起来，龙头企业要按照产业化经营的要求，以市场为导向，组建利益共享、风险同担的产业经济共同体，以带动基地建设和农民增收。木竹加工企业，必须建立与其加工规模相适应的工业原料林基地。

11．提升林产工业发展水平。实施扶强限劣战略，鼓励和支持以森林资源精深加工为重点的人造板业、木竹制浆造纸业、家具制造业、林产化工业，延长产业链，提高资源利用率，实现多次增值。新上林产工业项目应坚持高起点、高科技、高效益、低消耗、低污染的原则，严格控制木竹粗加工项目。对现有林产加工企业进行清理整顿，选择一批基础较好、带动力强的骨干企业列入各级农业产业化龙头企业给予重点扶持，淘汰生产工艺落后、资源利用率低、环境污染严重的小造纸、小松香、湿法纤维板、小型木材加工项目。

12．综合开发非木质森林资源。加快森林公园和自然保护区建设，依托林区特有的水文、气候和自然景观资源优势，大力发展生态旅游业。在不破坏森林资源和环境的前提下，经批准允许在自然保护区实验区和生态公益林区进行生态旅游产业开发。进一步拓展林业产业发展领域，充分利用山区非木质资源，发展森林食品、森林药材、苗木花卉、野生动物驯养繁殖等新兴产业。

五、继续深化林业改革

13．积极推进林业分类经营。对公益林业和商品林业，实行不同的管理体制、经营机制和政策措施。公益林业按公益事业进行管理，以政府投资为主，吸引社会力量共同建设。凡纳入公益林管理的森林资源，由政府以多种形式对投资者给予合理补偿。公益林建设投资，按照事权划分，分别由各级政府承担。商品林业按基础产业进行管理，主要由市场配置资源，经营者自主投入、自主经营，政府给予必要扶持。

14．深化林业产权制度改革。依法严格保护林权所有者的财产权，维护其合法权益。对已经核发林权证的，要切实维护其法律效力；权属明确尚未核发林权证的，要尽快核发；对权属不清或有争议的，要抓紧明晰和调处，尽快核发权属证明。已经划定的自留山，由农户长期无偿使用，限期绿化，不得强行收回。自留山上的林木，一律归农户所有。分包到户的责任山，要保持承包关系的稳定。上一轮承包到期后，可以继续承包。新一轮承包要签订书面承包合同，承包期限按有关法律规定执行。农户不愿意继续承包的，可交回集体组织另行处置。目前仍由集体统一经营管理的山林，要采取租赁、承包、招标、拍卖等形式，明确经营主体，落实经营责任。积极培育活立木市场，加快推进森林、林木、林地使用权和林木所有权的流转。国家和集体所有的林木和林地的转让，必须经过法定评估机构进行资产评估；不论采取何种转让方式，都要坚持公开招标、民主决策，引入竞争机制，增加转让的透明度，国有和集体经济组织内部的成员享有优先经营权。属于个人或外商等非公有制所有的林木，流转时可由双方自行商定价格，自行转让。认真做好森林资源流转的各项服务工作，及时办理权属变更登记手续，保护当事人的合法权益。

15．加快推进国有场圃改革。按照林业分类经营的要求，逐步将国有林场分别界定为生态公益型林场和商品经营型林场，并对其内部结构和运营机制作相应调整。生态公益型林场以保护和培育森林资源为主要任务，按从事公益事业单位管理，所需资金按行政隶属关系由同级政府承担。采取国家收购、资源置换等形式，使非国有公益林向生态型国有林场集中。商品经营型林场和国有苗圃实行企业化管理，按市场机制运作，自主经营，自负盈亏。比照地方国有企业改革政策，加快国有场圃改制步伐，妥善分流现有职工，逐步建立以劳动合同制为基本形式的劳动用工制度和以按劳分配为主、各种生产要素参与分配的收入分配制度，搞活经营机制，降低经营成本，提高经营效益。

16. 进一步加大森工企业改革力度。按照建立现代企业制度的要求，采取靠大联优、兼并重组、整体或分块出售、先租后售等方式，吸引各类资本参与森工企业改制，发展股份制和民营经济，增强企业活力。对资不抵债的特困企业，条件成熟后依法实施破产；对企业现有职工，采取退养、协保、安置补偿等形式依法解除劳动关系。

六、放手发展非公有制林业

17. 全方位扩大林业开放。鼓励农户、城镇居民、科技人员、私营企业主等一切非公有制投资主体单独或合伙参与林业经营。尤其要进一步加大招商引资力度，努力扩大林业利用外资规模，鼓励外商投资成片开发荒山荒坡，建立商品林基地，发展林产品加工业。积极开展林业对外合作与交流，充分利用国内外两个市场、两种资源，加快林业发展。

18. 拓宽非公有制林业发展领域。国家和集体所有的商品林，可通过改制形式流转给个人经营，也可采取承包、拍卖、租赁等方式面向社会招标经营。公益林经营也可以引进民营机制，实行公有民营。各项林业重点工程建设，都要引入竞争机制，鼓励非公有制投资主体通过招标承包等形式参与建设。

19. 加强对非公有制林业的指导和服务。全面落实“谁造谁有，合造共有”的政策，在项目准入、资金扶持、税费和资源利用政策等方面，给予各种所有制林业经营主体平等待遇，为非公有制林业营造公平竞争的环境。加大非公有制林业的信贷扶持力度，放宽贷款条件，扩大面向林农的小额贷款和联保贷款，允许以林木抵押申请银行贷款。积极引导和扶持各种专业合作组织，为非公有制林业提供科技、产品营销等社会化服务，培育、规范林产品和林业生产要素市场，依法规范和搞活林产品流通，禁止对木竹和其他林产品实行地方保护和限价经营，充分发挥市场在资源配置方面的基础性作用。加强对林业专业户的技术培训，提升非公有制林业的发展水平。

七、进一步完善和落实林业政策

20. 加大林业建设的财政支持力度。各级林业主管部门及其事业单位的行政事业经费，必须纳入同级财政预算，确保及时足额拨给。取消现行的森工行业管理费，各级森工行业管理部门的事业费由同级财政部门通过预算予以安排。加大对公益林业建设和林业基础设施建设的投入，确保森林防火、森林病虫害防治、林地和野生动植物保护、林业科研和技术推广等经费纳入各级政府公共财政预算，并优先安排。以工代赈、农业综合开发、扶贫开发、农业产业化等财政支农资金，在投资渠道和管理原则不变的前提下，要统筹安排，向林业建设倾斜。国家林业重点工程中，国家规定地方应配套的，各级政府必须按要求予以解决。对各种社会造林，各地应视财力给予适当补助。设立森林生态效益补偿基金，专项用于地方公益林的建设和管理。森林生态效益补偿基金纳入各级财政预算，并逐年增加资金规模。

21. **完善和落实林业税费政策。**各类企事业单位种植林木、生产林木种子和苗木，以及从事林产品初加工取得的所得，暂免征企业所得税。2000 年以后新建的商品林基地，育林基金由经营者自提自用，专项用于基地建设。取消林业保护建设费、自然保护区管理费，取缔乡镇管理费等各种名目的乱收费，减轻林业经营者负担。严禁以各种名义平调、挤占、挪用林业专项资金。

22. **调整林木采伐利用政策。**对人工用材林，经营者可以自主编制森林经营方案，其采伐限额根据森林经营方案确定的合理年森林采伐量制定。在采伐限额编制单位内，人工用材林年采伐限额本年结余的，经省林业主管部门批准，可以结转下年使用。个体造林 1000 亩、企业造林 2 万亩以上的，可根据需要申请实行林木采伐计划单列。人工用材林抚育间伐生产的木材，胸径小于 10 厘米的，不纳入木材生产计划管理。对人工短轮伐期工业原料林，其采伐限额不足的，从省预留限额中解决或向国家申请解决。在非林地上营造的商品林，经营者要求采伐的，县级以上林业主管部门应当保证其采伐限额和木材生产计划，依法发放林木采伐许可证。毛竹林的采伐，按国家批准的采伐限额执行，不再下达年度生产计划。

八、实施科教兴林战略

23. **加强林业应用技术的研究。**按照“产、学、研”结合的原则，加强林业基础和应用技术研究，提高林业科技创新能力。尤其要加强现有林业实用技术的组装配套，加大对林木良种培育、造林经营模式、非木质资源开发利用等实用技术的研究，积极开展森林认证工作，建立健全林业质量标准和检验检测体系，推进林业标准化工作。加强林木种质资源保护和林木良种繁育基地建设，提高林业生产的良种使用率。

24. **抓好林业科技成果的推广应用。**加大林业科技推广的资金投入，进一步完善林业科技推广服务体系，选择一批先进实用林业科技成果进行重点推广。实施林业科技帮扶工程，大力推进林农技术员“绿色证书”工程，着力培养和扶持一批林业开发大户。抓好林业科技试点示范工作，建立一批高标准的林业科技示范园区和科技示范点，以点带面，推动科教兴林工作不断深入。

25. **充分调动林业科技人员的积极性。**根据林业建设需要，加强各类林业人才教育培训基地建设，抓好林业人才培养工作。鼓励各类林业科技人员以创办科技型企业、建立科技示范点、开展科技承包和技术咨询服务等方式参与林业建设。凡申请离岗从事林业开发的各类专业技术人员，经主管部门批准，3 年内保留身份，期满后可办理辞职手续，也可回原单位安排工作。各级政府都要设立林业科技发展基金，重点支持林业科研与开发、科技成果转化与新技术推广应用、林业标准化建设，并对在这些方面做出突出贡献的单位和个人给予表彰和奖励。

九、坚持依法治林

26. **加快林业地方性法规立法步伐。**抓紧制定生态公益林保护、湿地保护、古树名木保护、商品林经营管理、森林资源转让、林地登记管理等地方性法规、规章，并根据林业发展的新形势，对现有林业法规、规章和政策措施进行修订和完善。进一步加强林业法制宣传教育，增强全社会依法保护森林的责任意识，为林业发展执法创造良好的法制环境。

27. **加大林业执法力度。**加强林业执法队伍建设，理顺执法管理体制。乡镇林业工作站是最基层的林业管理机构，要充分发挥政策宣传、资源管护、林政执法、生产组织、科技推广、社会服务等职能和作用；

加快木材检查站的标准化建设，强化木材流通管理；完善森林公安双重领导和内部管理体制，加强森林公安派出所规范化建设；认真落实森林防火责任制，加强森林病虫害防治工作，严格控制外来有害生物的传入。积极开展林业行政综合执法试点工作，整合林业行政执法力量，形成执法合力。加强林业执法人员的资格培训，坚持持证上岗，全面推行林业行政执法责任制、评议考核制和过错责任追究制，进一步规范林业行政执法行为。充实执法监督力量，改善执法监督条件，强化执法队伍的监督管理。适时开展“严打”专项整治行动，严厉打击乱砍滥伐林木、乱垦滥占林地、乱捕滥猎野生动物、乱采滥挖野生植物等各类破坏森林资源的违法犯罪行为。切实贯彻保护耕地的基本国策，严禁占用基本农田建立商品林基地。

十、切实加强对林业工作的领导

28. **各级党委和政府要高度重视林业工作。**加快林业发展，事关全省经济和社会发展全局。各级党委、政府要充分认识林业在全面建设小康社会中的重要作用，切实加强对林业工作的领导，做到认识到位、责任到位、政策到位、工作到位。要根据加快林业发展的需要，进一步加强各级政府的林业行政机构建设，完善林业管理体系，强化林业管理职能。各地各部门要加强协调，密切配合，认真履行职责，共同做好工作，支持林业发展。

29. **认真落实林业建设任期目标责任制。**各级政府对本地区的林业工作全面负责，政府主要负责同志是林业建设的第一责任人，分管负责同志是主要责任人。对林业建设的主要指标实行任期目标管理，严格考核，严格奖惩，并由同级人民代表大会监督执行。林业建设任期目标责任制的落实情况，作为领导干部政绩考核、选拔任用和奖惩的重要依据。具体考核办法由省委组织部、省纪委、省监察厅、省人事厅、省林业厅共同制定。

30. **动员全社会力量关心和支持林业工作。**加快林业发展是全社会的共同职责，必须坚持“全社会办林业”的方针，进一步加强林业宣传和生态道德教育工作，普及林业和生态知识，提高全社会的生态安全意识。中小学教育要充实林业和生态建设的相关内容。新闻媒体要将林业宣传纳入公益性宣传范围，通过多形式、多层次的宣传教育，营造全社会关心、支持林业的良好氛围。各级工会、妇联、共青团和民兵、青年、学生组织及其他社会团体、人民解放军和武警部队，要发挥各自作用，动员社会各界力量投身林业建设事业，形成全社会办林业的格局。

中共江西省委 江西省人民政府 关于深化林业产权制度改革的意见

赣发[2004]19号

（2004年8月27日）

改革开放以来，我省林业建设取得了长足的进步。但是，随着改革开放的不断深入和社会主义市场经济体制的逐步完善，我省林业发展深层次问题日益显现，特别是占全省林地面积85%的集体山林，存在归属不清、权责不明、利益分配不合理、林农负担过重、经营机制不活、产权流转不规范等问题，制约了林业生产的发展和林农增收。为进一步激活林农参与林业建设的积极性，促进林业生产力的发展，根据《中华人民共和国农村土地承包法》、《中华人民共和国森林法》和《中共中央国务院关于加快林业发展的决定》，结合我省实际，现就深化全省林业产权制度改革提出如下意见:

一、改革的指导思想、目标要求和原则

（一）指导思想: 以邓小平理论和“三个代表”重要思想为指导，树立和落实科学发展观，坚持“多予、少取、放活”的改革方针，进一步明晰林地使用权和林木所有权，放活经营权，落实处置权，保障收益权，调动广大林农和社会各方面参与林业建设的积极性，保护好森林资源和生态环境，促进全省经济社会全面、协调、可持续发展，加快农村全面奔小康步伐。

（二）目标要求: 做到“五个确保”。即: 确保林农的合法权益得到有效落实; 确保林农负担明显减轻; 确保林区乡村组织和林业部门的正常运转; 确保森林资源总量增长和生态环境改善; 确保林区社会稳定;

（三）总的原则: 实行“四个坚持”。即:

坚持权益平等。集体山林属集体经济组织内部成员共同所有，应通过均股、均山、均利等形式，使每个村民平等享有集体山林的权益。

坚持尊重历史，保持林业政策的连续性。本次改革是对林业“三定”的进一步规范和完善，不得借改革之名打乱重来，重新分配。对改革中出现的问题，应当按照有关法律、法规或通过协商方式予以解决，确保林区社会稳定。

坚持公开、公平、公正，尊重群众意愿。在改革中要做到内容、程序、方法、结果公开，公平竞争，公正操作，充分尊重大多数群众的意愿，确保广大群众的知情权、参与权、决策权和监督权。

坚持因地制宜，形式多样。各地可根据本地实际情况，因地制宜，自主选择改革的形式和方法，不搞一刀切。

二、改革的主要内容

（四）明晰产权。林业产权的范围包括：森林、林木的所有权或者使用权和林地的使用权，不包括林地的所有权。明晰集体林的产权主要采取以下七种形式：

1. 自留山稳定不变。继续实行“生不补、死不收”、长期无偿使用、允许继承的政策。被集体以行政手段收归统一经营的自留山，大部分群众强烈要求归还的，应当归还农户经营；自留山、责任山已“两山并一山”的，若多数群众有要求，允许按原状予以区分；林业“三定”时未划定自留山的，大多数群众要求划定自留山且集体山场条件允许的，可按当时政策补划自留山。

2. 已分包到户的责任山稳定不变。承包限期30-70年，山上林木归责任山主所有，承包期内允许继承；面积、四至不清楚的，在进一步明晰的基础上，完善承包合同；被集体以行政手段收归统一经营的，群众要求以责任山形式承包经营的，应当恢复原状。

3. 落实“谁造谁有”。自留山和责任山抛荒后，由集体收回统一组织造林的，要落实“谁造谁有”政策，在稳定自留山和责任山使用权不变的前提下，所造林木可由集体与农户协商确定分成比例，集体分成比例应不低于70%。林木采伐后，林地的使用权归还农户。

4. 家庭承包经营。对集体统一经营的山林，可按人口折算人均山林面积，以户为单位划片承包经营，或自由组合联户承包经营。

5. “分股不分山，分利不分林”。对集体统一经营且群众比较满意的山林，经村民会议或村民代表会议讨论通过，可以继续实行集体统一经营。但要将现有林地、林木折股分配给集体内部成员均等持有，明确经营主体，财务单独核算，收益70%以上按股分配。

6. 有偿转让经营。可将现有山林评估作价，通过公开招标租赁、拍卖等方式转让给集体经济组织内部成员，或内部自由组合，联户承包，或其它社会经营主体承包。转让费按年计收，70%以上由集体内部成员平均分配，剩余部分用于林业发展和公益事业。

7. 稳妥处理已经流转的集体山林。对已经流转的集体山林，凡程序合法、合同规范的，要予以维护；对群众意见较大的，要本着尊重历史、依法办事的原则，妥善处理。集体山林流转收益70%以上应平均分配给本集体经济组织内部成员。

无论采取何种形式，都要召开村民会议或村民代表会议，经村民会议三分之二以上成员或村民代表会议三分之二以上代表同意，并依法完善或补签林地承包（流转）合同，换发林权证书。

国有（含国乡联营，下同）山林，要稳定权属。国有林场山林可以按照有关法律、法规、规章的规定，经职工代表大会讨论通过，由内部职工竞标承包，或吸引社会法人、自然人以资金、技术、管理等方式入股实行股份制经营，或者向社会公开转让。

（五）减轻税费。实行“两取消、两调整、一规范”。

取消木竹农业特产税，由此形成的缺口，由财政通过转移支付解决。取消市、县、乡、村出台的所有木竹收费项目。

调整育林基金平均计费价格。将定向培育的工业原料林、10厘米以下间伐材计费价格调整为每立方米180元，其它商品材每立方米360元。标准竹每根征收育林基金1元。调整集体林育林基金分成比例。省、市共让利7%，全部补助给乡镇，即省、市、县（市、区）、乡（镇）四级分成比例为8%：15%：70%：7%。

规范增值税、所得税征收范围。从事木竹生产的单位和个人自产自销的原木、原竹取得的收入，依法免征增值税，暂免征收所得税。

（六）放活经营。木竹采伐指标分配实行公示制，林木采伐许可证由林木所有者直接申请，领证时预交育林基金。

毛竹和10厘米以下间伐材不纳入生产计划管理，由县级林业主管部门按照省批准下达的采伐限额控制，符合条件的即申即批。对成过熟的人工用材林、定向培育的工业原料林，在限额内优先解决，符合条件的即申即批。

加强对公益林、库区水源涵养林的采伐管理。公益林中的阔叶树和自然保护区内的林木严禁采伐。对公益林的毛竹要科学经营，经批准允许进行抚育和更新性质的采伐。

打破木竹垄断经营和地区封锁，允许林权所有者自主销售木竹。各级政府和有关部门不得制订任何限制林权所有者自主经营的政策措施，已经制订的必须坚决取消。

在搞活经营的同时，各级林业部门要加强对森林资源的监管，严肃查处在林业产权制度改革中出现的乱砍滥伐，破坏森林资源的行为。

（七）规范流转。充分尊重承包经营者的主体地位。山林是否流转以及流转的方式由经营者自主决定，任何组织和个人不得强迫或者阻碍流转。凡自愿流转的，要依法签订流转合同，办理林权变更手续。已经流转但手续不完备的，应当补充完善。

集体经营山林的转让，应经村民大会或村民代表会议三分之二以上成员同意。国有森林资源的转让，必须经林业主管部门审核后，报同级国有资产管理部门批准，依法采用拍卖、招标方式进行，并在依法设立的产权交易机构中公开进行。

山林流转必须遵循下列原则：有利于保护、培育和合理利用森林资源；有利于保持水土，保护和改善生态环境；自愿、平等、合法；不得改变林地的性质；不得损害国家、集体和社会公共利益。

三、改革的范围

（八）改革的范围主要是县级以上人民政府区划界定的商品林。权属有争议的山林，暂不纳入本次改革范围。县级以上人民政府区划界定的公益林，不列入本次改革范围，但应换发林权证。

（九）强化权属有争议的山林和公益林的监管。对权属有争议的山林，各地应积极做好调处工作，在争议未解决之前，任何一方都不得进入争议地从事除森林防火之外的其他林事活动。公益林要纳入公共事务管理，建立森林生态效益补偿制度，补偿资金按照政府投入与受益者合理承担相结合的原则多渠道筹集。已纳入国家公益林补助资金试点范围的公益林，要保持稳定，补助资金按国家有关规定执行。从2005年起，启动省级生态公益林补助项目，由省财政每年安排1000万元资金，用于生态公益林的保护和管理。市、县财政也应根据财力，每年安排一定数额的公益林补助资金。

四、改革的步骤

（十）为确保林业产权制度改革的稳步推进，2004年第四季度至2005年上半年选择部分县先行试点，2005年下半年全省推开，力争用两年左右的时间全面完成改革任务。

第一阶段：宣传发动，开展培训。通过各种形式广泛宣传林业产权制度改革的意义和改革政策，发动广大群众踊跃参与和支持改革。同时逐级组织业务骨干进行培训，使参与改革的各级工作人员和基层干部都成为林业产权制度改革的“明白人”。

第二阶段：调查摸底，制定方案。由县（市、区）组织开展调查摸底，制定改革方案，报设区市政府批准，同时报省林业产权制度改革领导小组办公室备案。各乡镇改革方案根据已批准的县（市、区）改革方案制定，并报县政府批准。各集体经济组织的改革方案经村民大会或村民代表会议讨论通过后，经乡镇政府审核，报县政府批准。

第三阶段：组织实施，确权发证。由各行政村组织人员核实山林权属、面积和四至界线，并将结果张榜公布，二榜定案，然后由集体经济组织与林农补签林地承包合同书，并将权属落实情况造册，连同与林农签订的合同书一并报乡镇政府审核，乡镇政府汇总后报县政府登记，核发林权证书。

第四阶段：检查验收，总结完善。加强对改革实施情况的跟踪调查，及时解决改革过程中出现的新情况、新问题。改革工作基本结束后，由各级林业产权制度改革领导小组组织对改革工作进行逐级检查验收。

五、相关配套改革

（十一）加快林业体制改革，实行政企、政事分开，减人减事减开支。国有场圃和森工企业兴办的加工项目和第三产业，可以采取承包、租赁、拍卖等形式搞活经营。特别困难的国有林场，通过资产变现、流转山林、木竹税费减免筹措的资金，要确保用于改制和缴交社会养老保险，不得挪作他用。允许以林木价值折股，以股权置换职工身份。有旅游资源的国有林场，要通过建立森林公园等途径积极发展森林旅游。坚决清理林业部门超编和借用人员，分流富余人员，调整支出结构，节减费用开支。

（十二）转变林业管理职能，提高服务质量和办事效率。强化林业社会化服务管理，将森林防火、森林病虫害防治、造林规划指导、林权登记、市场信息化服务等纳入公用事业管理，提高服务水平。要减少审批环节，改进工作作风，提高服务质量和办事效率。对符合即申即批条件的采伐申请，应即时办理采伐许可证，其它林木采伐申请原则上应在10个工作日内办结。要向社会公布举报电话，畅通基层反映问题的渠道，凡群众举报经核实无误的，要按照有关规定对责任人进行处理。

（十三）确保林业部门和乡镇组织正常运转。林业部门的行政事业经费必须纳入同级财政预算，确保及时足额拨给。对林业部门过去遗留的债权债务，要会同财政、金融等部门，摸清底数，逐步解决。乡镇政府因改革形成的经费缺口，主要通过发展经济和精简机构、减少人员开支等途径加以解决，省财政通过转移支付适当补助。

（十四）建立健全林农负担监督机制。对涉及林农负担的各种收费项目进行全面清理整顿，向社会公布现行涉及到林农的所有收费项目、标准和收取办法。要抓紧建立健全林农负担监测、信访举报、检查监督、案件查处等各项工作制度，严肃查处各种乱收费和加重林农负担的行为。

（十五）建立健全林业服务体系。金融部门要加大对林业信贷的投放力度，积极开展森林资源资产抵押贷款试点，对林农发展生产给予必要的小额贷款支持。各地要建立和规范木竹交易市场、林权流转市场等中介服务，推动林业行业协会和林农合作组织的发展，鼓励公司带基地、基地连农户的经营形式，努力拓宽农民进入市场的渠道。

六、加强领导，确保改革取得成功

（十六）统一思想，切实加强对改革工作的领导。各级党委、政府要从全局和战略高度，充分认识深化林业产权制度改革的重要性、艰巨性和复杂性，把它作为解决“三农”问题的一件大事来抓，层层落实领导责任制，党政一把手负总责，分管领导具体抓。省、市、县都要成立林业产权制度改革领导小组，并设立专门办事机构。乡镇也要成立林业产权制度改革办公室。各级都要抽调精干人员集中到林改办工作，由财政安排相应的工作经费。要加强调查研究，不断总结改革经验，及时发现和解决改革中出现的新问题。林业部门要积极当好参谋，搞好服务。财政、税务部门要落实林业行政事业经费，做好转移支付，规范税费征收等工作。其他部门也要积极支持，主动配合，形成合力，共同搞好这项改革。

（十七）严肃纪律，规范操作。林业产权制度改革涉及广大林农的切身利益，必须做到公开、公平、公正，决不允许暗箱操作，损害群众利益。各级干部特别是领导同志，要严肃纪律，带头执法，廉洁从政，决不允许利用职权为亲友在改革中捞取好处。在改革过程中，必须坚持按政策办事，不允许违背政策另搞一套，各级领导干部尤其要以身作则，带头执行政策和纪律。

（十八）高度重视维护森林资源管理秩序和社会稳定工作。各地要认真汲取过去一些地方因分山到户、放松管理而出现乱砍滥伐的历史教训，把防止乱砍滥伐、纠纷械斗，维护森林资源管理秩序贯穿于改革的全过程，决不可掉以轻心，麻痹大意。要高度重视群众来信来访工作。各级林业部门要安排专门力量接待和处理群众来信来访，对林农反映突出的问题，要派得力干部及时进行调查处理，决不可置之不理或久拖不决。各级领导要深入第一线主动发现问题，及时采取措施，把矛盾化解在基层，解决在萌芽状态，决不能互相推诿扯皮，酿成事端。在改革中发生乱砍滥伐、纠纷械斗重大案件的，要追究领导责任。要通过努力，杜绝群体事件和纠纷械斗的发生，把上访和越级上访减少到最低限度，以稳定的社会环境确保改革顺利进行。

（十九）进一步强化林业管理职能。深化林业产权制度改革，对林业管理提出了新的更高的要求，各级政府和有关部门要根据改革发展的需要，进一步稳定和加强林业管理队伍建设。对林业工作站、木材检查站等林业基层执法单位，要严格实行收支两条线管理，妥善解决人员编制，基层站所的人员工资和工作经费必须纳入同级财政预算给予保障，以保证其正确履行职能，公正执法。要完善森林公安双重领导和内部管理体制，参照省委赣发[2004]11 号文件，将森林公安纳入公安专项编制，森林公安局主要领导由同级林业部门副职或党组（党委）成员担任，森林派出所定为副科级单位。

（二十）建立森林资源培育和发展激励机制。省、市两级要从收取的育林基金中提出一定比例用于国家和省林业重点工程配套；县级林业部门要对未享受项目资金补助的造林，按每亩 50 元予以补助，营造阔叶树的，补助标准还应适当提高。省政府每年对造林前十名的先进县（市、区），每 5 年对达到条件的林业生态建设先进县（市、区）进行表彰。

（二十一）切实保护森林资源，不断改善生态环境。各地必须严格执行国家有关森林资源保护管理的法律法规，坚持采伐限额管理制度不动摇，对木竹继续实行凭证采伐、凭证运输、凭证经营加工制度。加强重点保护野生植物采挖利用管理，严格审批制度，适当提高野生植物保护费征收标准。加大林区专业扑火队伍和生物防火林带建设，充分发挥基层林业工作站在保护管理森林资源中的职能作用。要搞好木材检查站区域调整，建立以固定检查为主、流动检查为辅的木材运输检查体系，强化木材流通管理。要积极推进林业行政综合执法试点工作，建立林业执法分片包干责任制，依法严厉打击破坏森林资源的违法犯罪活动，巩固林业产权制度改革成果，保护我省良好的生态环境。

江西省人民代表大会常务委员会
关于加强森林资源保护和林业生态建设的决议

（2005 年 12 月 1 日江西省第十届人民代表大会常务委员会第十八次会议通过）

江西省第十届人民代表大会常务委员会第十八次会议听取并审议了省人民代表大会环境与资源保护委员会《关于开展 2005 年环保赣江行活动情况的报告》。会议同意这个报告，并就加强我省森林资源保护和林业生态建设作出决议。

会议认为，改革开放以来，我省各级人民政府和有关部门高度重视森林资源培育和保护工作，实施了一批林业生态保护和建设工程，全省森林面积、活立木蓄积量和森林覆盖率逐年增加，林业工作取得了可喜成绩。但我省森林资源总量不足、质量不高、生态功能下降的状况并未根本改变，林业生态形势日益严峻。按照党的十六届五中全会关于全面落实科学发展观的“六个必须”，以及“加快建设资源节约型、环境友好型社会，大力发展循环经济，加大环境保护力度，切实保护好自然生态，认真解决影响经济社会发展特别是严重危害人民健康的突出的环境问题，在全社会形成资源节约的增长方式和健康文明的消费模式”的要求，针对我省森林资源保护和林业生态建设中存在的突出问题，依据《中华人民共和国森林法》和《中共中央国务院关于加快林业发展的决定》及有关法律法规，特作如下决议：

一、充分认识加强森林资源保护和林业生态建设的重要性和紧迫性

森林是陆地生态系统的主体，是维护国土生态安全的屏障，是经济社会可持续发展的战略性资源。江西是我国南方重点林区之一，在贯彻落实科学发展观、建设资源节约型和环境友好型社会、实现人与自然和谐发展、推进江西在中部地区崛起的战略中，林业具有不可替代的基础性地位和作用。随着工业化、城镇化的加快，人口的增长，以及人们消费水平的提，森林资源保护和林业生态建设与经济社会发展的矛盾日益突出，主要表现在：有的地方领导干部没有坚持科学发展观，对生态环境盲目乐观，危机意识不强，片面追求一时的经济增长忽视森林资源保护和林业生态建设，特别是法律意识淡薄，干预林业执法，致使破坏森林资源的违法犯罪活动得不到应有的查处；有的不顾当地森林资源的承受能力，盲目上马木竹加工项目，导致加工企业过多过滥，给森林资源带来严重破坏，使森林资源总量不足的供需矛盾更加尖锐；有的过量采伐天然阔叶林，导致森林的生态功能下降，涵养水源减少，生物多样性受到严重损害，使森林资源质量不高的问题更加突出；有的非法侵占林地，致使林地面积逐年减少，等等。各级政府要认真贯彻落实党的十六届五中全会精神，坚持科学发展观，树立正确的政绩观，把思想统一到党中央关于林业发展要由以木材生产为主向以生态建设为主的历史性转变上来，按照省委提出的“既要金山银山，更要绿水青山”、“绿水青山就是金山银山”的发展思路，加强森林资源保护和林业生态建设，正确处理生态保护和建设与经济发展、局部利益与全局利益、眼前利益与长远利益的关系，增强紧迫感、责任感和使命感，进一步加

强领导，强化措施，落实责任，切实保护森林资源，不断改善生态环境，实现森林资源的永续利用，为促进全省富民兴赣大业、建设和谐平安江西提供良好的生态保障。

二、实施天然阔叶林禁伐政策，建立森林生态效益补偿机制

天然阔叶林是森林中最基础、最核心的部分，其生物多样性最丰富、结构最稳定，涵养水源、保持水土、净化空气等生态功能最完备。为使我省濒临枯竭的天然阔叶林得以休养生息，从2006年1月1日起，对全省按国家标准划定的生态公益林区域范围内的阔叶林实行全面禁伐，并逐步扩大全省其他区域天然阔叶林禁伐和天然阔叶次生林封育面积。对容易造成水土流失的坡耕地有计划地实施退耕还林。要积极引导群众营造薪炭林，大力发展沼气，改善农村燃料结构。要在不同自然地带的典型森林生态地区、珍稀濒危野生动植物分布区、具有特殊保护价值的天然林区、重要湿地区域以及赣江、抚河、信江、饶河、修水五大河流及其主要支流源头等重点生态地区设立自然保护区，使全省自然保护区面积在“十一五”期间达到并力争超过全国平均水平。风景名胜区、森林公园要切实搞好森林资源保护，不得超过森林资源和生态环境的承受能力搞旅游开发。在保护和封育天然阔叶林的同时，积极鼓励各地大力营造人工阔叶林和针阔混交林，逐步改变我省人工造林针叶纯林化的状况，不断增加全省阔叶林的比重，提高森林质量。各级政府和有关部门要在涉林项目和资金的安排上，向营造阔叶林倾斜。

建立森林生态效益补偿机制，是保护和建设生态公益林的一项根本措施。特别是全省林业产权制度改革后，建立生态公益林补偿基金尤为迫切。各级政府必须根据《中华人民共和国森林法》和《中共中央国务院关于加快林业发展的决定》中关于“建立森林生态效益补偿基金”的有关规定和“谁开发谁保护、谁受益谁补偿”的原则，加快建立森林生态效益补偿机制。生态保护和建设是政府公共财政投入的重要方面，要加大生态效益补偿的财政转移支付力度，逐步使我省生态公益林补偿与国家生态公益林补偿同步到位。要通过多种渠道筹集生态公益林补偿资金，水电、旅游、矿山、水利等生态效益的直接受益单位，应当从其经营收入中提取一定比例的资金，用于生态公益林的保护、建设以及对生态公益林所有者的补偿。要建立健全生态环境损害经济赔偿制度，提高生态补偿能力。

三、调整林产工业布局，加快工业原料林基地建设

用材料的消耗量不能大于其生长量，是林业建设的一项重要原则，也是林业可持续发展的基本要求，林产工业布局必须合理。县级以上人民政府应当根据当地用材林资源状况，结合“十一五”规划的制定，编制森林资源利用总体规划。新上林产工业项目，必须符合当地森林资源利用总体规划，并按有关规定审批。省人民政府应当组织相关部门，对现有林产工业企业进行全面清理整顿，依法关闭一批技术落后、污染严重、消耗大的小型企业，在全省形成低投入、低消耗、低排放和高效率的节约型林产工业发展格局。现有企业要限期完成原料林基地建设任务，大力发展平原林业，尽快实现原料基本自给。木材加工企业特别是大中型企业，要建立与其生产规模相适应的工业原料林基地，加快实现“林—纸”、“林—浆”、“林—板”、一体化经营的步伐；今后新上林产工业项目必须先建原料林基地后办厂。企业采伐林木后，必须按照有关规程规定对采伐迹地进行及时更新，凡未及时更新或者更新不符合要求的，暂停审批该企业的采伐，直至其完成更新造林为止。要切实加强松树采脂管理，严禁全林采割松脂。

四、严格林业执法，切实保护和管理好森林资源

保护森林资源是《中华人民共和国森林法》赋予各级政府的一项重要职责，也是林业执法的主要内容。各级政府要建立健全领导干部保护森林资源目标责任制，加强森林资源监管，对乱砍滥伐森林、乱捕滥猎野生动物、乱采滥挖珍稀野生植物的违法犯罪活动予以坚决打击。要坚持并完善森林限额采伐制度，坚持凭证采伐、凭证运输和凭证经营加工木竹，对无证采伐、非法运输、无证收购和无证经营加工木竹的违法行为，要坚决依法查处。对破坏自然保护区和森林公园资源的违法行为要依法严惩。要加强对大树移植的管理，严格控制大树运输出省。要加强森林植物检疫工作，严格防范外来危险性林业有害生物侵入我省，防止省内危险性林业有害生物扩散。要落实森林防火行政领导负责制，加强野外火源管理，强化森林火灾预防预警机制建设，积极预防森林火灾的发生。要切实加强林地保护管理，与土地利用总体规划相衔接，制定林地利用总体规划，实行林地利用总量控制。进行基础设施建设、开采矿产资源等，应当尽可能少占林地，确需征收、征用的，必须经林业行政主管部门依法审核同意后，再按照土地管理的有关规定办理建设用地审批手续。未经林业主管部门审核同意的，其审批无效，并应追究有关责任人的责任。

五、加强林业队伍建设，提高林业行政执法能力

认真贯彻落实国务院发布的《全面推进依法行政实施纲要》，深化林业行政执法体制改革，加快建立权责明确、行为规范、监督有效、保障有力的林业行政执法体制。按照“相对集中行政处罚权”的要求，进一步推进林业行政综合执法改革，整合执法力量，形成执法合力，不断提高林业部门依法行政的能力，做到“执法有保障、有权必有责、用权受监督、违法受追究、侵权须赔偿”。各级政府要认真落实国务院办公厅（2005）42号《关于解决森林公安及林业检法编制和经费问题的通知》精神，进一步理顺森林公安管理体制，积极推进森林公安队伍的正规化建设。森林公安编制统一纳入政法专项编制序列，森林公安经费列入各级财政预算。省政府在安排中央财政对地方一般性转移支付时应当考虑森林公安。为遏制高速公路非法运输木材，防止我省大量木材非法外流，省人民政府要采取有效措施，妥善解决高速公路木材运输检查问题。要根据实际需要，调整全省木材检查站的布局，建立以固定检查为主、流动检查为辅的木材运输检查体系，对无证运输木材的，除依法对货主实施处罚外，还应依法追究承运人的法律责任。要切实加强基层林业工作站、木材检查站、森林病虫害防治（检疫）站、野生动植物保护管理站和森林消防专业队伍建设，不断增加基层站所有的基础设施建设投入，改善工作条件，完善执法手段，确保队伍稳定。要加强林业执法队伍的自身建设，做到严格执法、文明执法，进一步强化森林资源源头管理，切实解决林业执法不作为和乱作为的问题。

六、加强林业法制建设，提升林业生态建设的整体水平

增强各级领导干部的法制观念和生态忧患意识，是加强森林资源保护和林业生态建设的根本之举。要建立健全行之有效的森林资源保护和林业生态建设监管体系，尽快完善地方性林业法规和规章，为森林资源保护和林业生态建设提供更加有力的法律保障。各级人大要加大林业执法检查的力度，实施有效的法律监督和工作监督。要充分发挥人大代表的作用，组织人大代表深入基层进行视察和调研，对林业生态建设和保护提出有针对性的建议、批评和意见。各级政府发改、经贸、财政、林业、环保、建设、国土、交通、水利、科技、旅游等部门，应各司其职，密切配合，齐抓共管，形成合力，不断提升我省森林资源保护和林业生态建设的整体水平。

七、加强宣传教育，形成全社会参与林业生态保护和建设的新风尚

保护森林资源、改善生态环境是全社会的共同责任，必须动员方方面面的力量参与。要按照建设和谐社会的要求，结合公民道德建设，进一步加大森林保护和林业生态建设的宣传教育力度，普及林业和生态知识，提高全社会的生态建设、生态安全和生态文明意识。要依法坚持和完善义务植树制度，积极引导全社会植树造林。各级教育行政部门要加强各级各类学校学生的生态知识教育和文明素质培养。宣传、旅游、文化、新闻、出版等部门要结合各自的职能，加大森林资源保护和林业生态建设的宣传力度，利用多种形式积极宣传森林资源保护和林业生态建设的重大意义，宣传保护森林资源、改善生态环境的先进事迹和典型经验。各级工会、妇联、共青团及其他社会团体要发挥各自的作用，动员社会力量参与森林资源保护和林业生态建设，在全社会形成“保护森林就是保护人类”、“珍惜环境就是珍惜生命”的良好舆论氛围和社会风尚，为积极推进我省社会主义新农村建设进程，确保我省走上生产发展、生活富裕、生态良好的文明发展道路尽职尽责，作出应有的贡献。

八、省人民政府应当根据本决议，制定保护森林资源、加快林业生态建设的实施办法，使本决议的各项规定得到全面实施。

江西省人民政府

关于印发江西省森林资源保护激励暂行办法的通知

赣府发[2006]5号

（2006年4月5日）

各市、县（区）人民政府，省政府各部门:

现将《江西省森林资源保护激励暂行办法》印发给你们，请认真贯彻执行。

江西省森林资源保护激励暂行办法

第一条 为进一步贯彻落实中共中央、国务院《关于加快林业发展的决定》(中发[2003]9号)，激励各地加大森林资源保护力度，提高森林资源质量，不断改善生态环境，促进全省经济社会的可持续发展，特制定本办法。

第二条 本办法适用于省确定的70个林业重点县（市、区）。

第三条 从2005年开始，省对林业重点县（市、区）森林资源保护情况，每3年进行一次综合考评，对生态环境保护好、森林资源稳定增长和木材采伐量增长幅度相对较小的县予以表彰奖励。具体考评工作由省林业厅、省财政厅组织实施。在考评过程中，坚持公开、公平、公正的原则；坚持培育保护和合理利用并重的原则；坚持精神鼓励和物质奖励相结合的原则；坚持科学合理，严格考核，简便易行的原则。

第四条 省对森林资源保护取得优异成绩的单位采取以下激励措施:

（一）对每3年一次综合考评获得前10名的县（市、区）进行通报表彰，并将获奖的县（市、区）及有关责任人作为全国或全省林业系统评先重点推荐对象。

（二）省财政每年安排不少于1000万元的专项转移支付资金，用于奖励森林资源保护先进县（市、区）。

（三）省林业厅每年从长防林、森林防火、森林病虫害防治、贫困林场扶贫等项目资金中筹集1000万元，用于安排获奖县（市、区）林业项目，并将获奖县（市、区）列入“十一五”规划林业重点工程实施县。

第五条 先进县（市、区）的考评按以下指标和计分方法进行:

（一）考核期末商品材实际采伐量比上期末减少的数量和幅度。

（二）考核期末活立木总蓄积量比上期末增加的数量。

（三）考核期末林分亩平蓄积量。

（四）考核期末森林覆盖率。

（五）考核期末生态公益林面积。

（六）考核期末非木质资源林业产值比上期末增长的数量和幅度。

上述六项考核指标总分为100分，其中第二项为25分，其余五项均为15分。各单项考核指标的得分按该指标在全省的排名确定。先进县（市、区）按六个单项考核指标的累计得分择优产生。

第六条 考核前3年内，有下列情形之一的县（市、区），一律不得参加考评:

（一）曾出现过严重乱砍滥伐和超限额采伐的;

（二）林业项目资金管理使用出现严重违规违纪的;

（三）发生重特大森林火灾和重大森林病虫害除治不力的。

第七条 已获奖县（市、区）在获奖后3年内，如出现本办法第六条 情况之一的，将视情况轻重扣减下年度奖励资金，直至取消奖励资金。

第八条 考核期末次年的4月底以前，由各设区市林业局、财政局联合上报所辖县（市、区）参加考评的有关情况和基础数据。

第九条 各参加考评的县（市、区），应保证所上报材料的完整性和真实性，凡弄虚作假或通过其它不正当手段获取奖励的，一经查实，除撤销奖励、追回资金、进行通报批评外，还将取消下一期参加考评的资格。

第十条 省林业厅、省财政厅按照本办法有关规定，对各设区市报送的参加考评县（市、区）的有关情况和基础数据进行复核，根据综合考核分数提出获奖名单，制定奖励方案报省政府审批。奖励方案报经省政府批准后，由省林业厅、省财政厅将考评情况通报全省。

第十一条 奖励先进县（市、区）的省财政转移支付资金，主要用于森林资源保护支出；奖励的林业项目资金，必须严格按项目建设的有关要求管理使用。

第十二条 本办法由省林业厅、省财政厅负责解释。

江西省委办公厅 江西省政府办公厅
转发《江西省林业产权制度改革领导小组关于推进林业产权制度配套改革的意见》的通知

赣发[2006]39 号

各市、县（市、区）党委和人民政府，省委各部门，省直各单位，各人民团体:

经省委、省政府同意，现将《省林业产权制度改革领导小组关于推进林业产权制度配套改革的意见》转发给你们，请认真贯彻执行。

中共江西省委办公厅

江西省人民政府办公厅

2006 年 9 月 8 日

江西省林业产权制度改革领导小组关于推进林业产权制度配套改革的意见

（2006 年 8 月 31 日）

2004 年 8 月以来，各地认真落实《中共江西省委、江西省人民政府关于深化林业产权制度改革的意见》（赣发[2004]19 号），全面推进以“明晰产权、减轻税费、放活经营、规范流转”为主要内容的林业产权制度改革，取得了显著成效。随着改革的深入，林业发展面临了许多新情况、新问题，迫切需要采取综合配套措施加以解决。为进一步巩固和发展林业产权制度改革成果，逐步建立保护森林资源、加快林业发展、促进林农增收的长效机制，根据《中共中央、国务院关于加快林业发展的决定》（中发[2003]9 号）以及有关法律法规的规定，结合我省实际，现就推进林业产权制度配套改革提出如下意见。

一、基本原则和目标要求

1. 基本原则。一是稳定林权原则。把保护林权、保障林业经营者的合法权益作为配套改革的一项重要内容，防止大规模流转森林资源造成林农失山失地。二是发展产业原则。大力扶持发展科技含量高的特色林业产业，以产业的兴旺发达带动整个林业的大发展，实现林农增收。三是保护生态原则。配套改革的各项措施都必须以保护和发展森林资源为前提，不断提升林业的生态功能，促进全省经济社会的全面协调可持续发展。四是综合配套原则。林业产权制度配套改革不能“单打一”，必须以“五统五放”为重点，从建立“六大体系，一个中心”入手，构建统分结合的林业管理和运行机制。五是稳步推进原则。配套改革要从实际出发，从改革最关键的环节入手，稳步推进，确保改革取得预期成效。

2. 目标要求。改革的总体目标是，建立规范有序、权责明确、运转高效、保障有力的新型林业管理体制和运行机制。具体目标是，建立“六大体系、一个中心”。即：建立森林资源管理体系、林业产业体系、林业投融资体系、林业科技人才服务体系、林业政策法规体系、林业保障体系和林业产权交易中心。

3. 时间安排。2006 年下半年选择 30 个重点县（市）先行试点，2007 年上半年全省推开，力争用一年左右的时间基本完成配套改革任务。

二、建立森林资源管理体系

4. 统一公益林管理，放活商品林经营。生态公益林不得进行商品性采伐，“五河”源头和生态区位重要地区的公益林，要采取严格的保护措施，有条件的地方要尽快划定自然保护区或保护小区。要按照“谁受益谁补偿”和事权划分的原则，建立森林生态效益补偿机制，将生态公益林补偿资金纳入各级政府财政预算，随着财力的增长逐步达到规划面积和标准定额。要坚定不移地放活商品林经营。对非林地上种植的杨树、泡桐等速生树种，取消采伐计划管理，允许经营者自主采伐，凭林业主管部门出具的采伐证明办理放行手续。

5. 统一“三防”管理，放活造林营林。林业“三防”体系建设属于政府职能，必须实行统一管理。要加强森林火灾综合防控能力建设，森林资源较多的县（市、区）要抓紧组建森林专业消防队，所需经费纳入地方财政预算。加强森林病虫害防治工作，完善病虫害预测预报网络，严格森林植物检疫，严防有害生物传入我省。强化林政资源管理，严厉打击乱砍滥伐等破坏森林资源的违法犯罪活动。充分尊重林农在经营林业中的主体地位，造什么林、怎样造，由林农自主决定。

6. 统一资源流转管理，放活木竹交易。要按照《江西省森林资源转让条例》的有关规定，切实加强对森林资源流转的统一管理。当前，各地应以稳定林权为主要任务，积极引导林农正确处理眼前利益与长远利益的关系，不要急于流转山林；确需流转的，要引导其进入产权交易中心公开交易，防止因信息不对称而损害林农利益；林农一次性转让山林的面积，一般控制在其拥有山林面积的 50%以内，防止林农因过快过多流转山林而造成失山失地。要坚决打破垄断经营和地区封锁，保障木竹及其产品自由流通。特别是一些地方以保护招商引资企业为名出台的限价定向收购木竹的“土政策”，必须坚决予以废除。

7. 统一采伐管理，放活社会化服务。各地要坚决执行森林限额采伐制度，确保森林的生长量大于消耗量，实现森林资源可持续经营。改革林木采伐指标分配制度，实行采伐指标分配到户和两榜公示，严禁层层截留指标，更不得将采伐指标切块分配给木竹加工企业。采伐林木时，由林权所有者凭所分配的采伐指标直接向乡镇林业工作站提出申请，由林业工作站审核并报县林业局审批后，直接向其发放林木采伐许可证。森林资源资产评估、造林和采伐作业设计、木竹检量、林业科技服务等社会化服务职能，要从政府职能中剥离出来，交由社会中介组织或林业协会承担，并实行有偿服务。

8. 统一林业规划，放活林业投融资。林业发展必须坚持统一规划、保护优先、开发有序。各地要按照建设“绿色生态江西”的要求，科学制定林业发展规划，严格按规划组织实施，实现生态效益和经济效益的协调发展。大力推进林业投入主体多元化，按照“谁投资、谁所有、谁受益”的原则，进一步放宽准入政策，降低投资门槛，吸引更多的社会资金投入林业。

三、建立林业产业体系

9. 积极培植发展商品林。在符合土地利用总体规划的前提下，加快以工业原料林为主的商品林基地建设，大力发展平原造林。力争到2010年，新建、改造高标准集约经营工业原料林基地1200万亩，培育珍贵树种和大径级用材林100万亩，提高商品木材的有效供给能力。

10. 大力发展竹产业。实施毛竹产业“2151工程”。重点选择20个县、100个乡镇发展毛竹丰产林基地，培育50个年销售额达5000万元的龙头企业，力争到2010年实现毛竹产业年产值100亿元。

11. 大力发展以油茶为主的名特优新经济林。实施油茶产业“1155工程”。培育10个年产值超亿元的油茶龙头企业，带动1万户油茶专业户，建成油茶丰产林基地500万亩，力争到2010年全省油茶产业年产值达50亿元。新建森林食品和森林药材基地350万亩。

12. 积极发展苗木花卉业。重点扶持20户规模5000亩以上的苗木花卉专业户，建立南昌、九江、赣州、萍乡、鹰潭等地花卉苗木交易市场，带动花卉苗木基地建设。到2010年，建设苗木花卉基地50万亩，实现苗木花卉产业年产值50亿元。

13. 大力发展森林旅游业。充分利用我省丰富的森林和人文景观，以森林公园、自然保护区为重点，着力打造武夷山、九连山等森林旅游品牌，构建全省森林旅游网络体系。到2010年，实现森林旅游年产值160亿元以上。

14. 发展以木材精深加工为主的林产工业。实施“扶优限劣”战略，重点扶持一批人造板、家具制造、木竹浆造纸龙头企业，鼓励发展松香、松节油、活性炭及其精深加工产品。引导企业加快工业原料林基地建设，力争用3—5年时间，使全省大中型木竹加工企业的原料自给率达到60%以上。

15. 完善林业产业发展政策。充分利用省级农业产业化龙头企业的扶持和奖励政策，重点扶持10-20家省级林业产业化龙头企业。建立健全各级林业产业行业管理机构，明确管理职能。按照“大、强、新、特”的林业产业发展要求，制定并实施好产业规划，优化产业结构，强化行业管理，提高服务水平。

四、建立林业投融资体系

16. 完善生态保护和产业建设投入机制。合理确定公共财政投资范围，合理划分事权，推动市、县公益林补偿资金的落实。建立责、权、利相统一的公益林投资体制，对生态效益的直接受益单位，应当从其经营收入中提取一定比例的资金，用于生态公益林的保护、建设以及对生态公益林所有者的补偿。建立健全生态环境损害经济赔偿制度，提高生态补偿能力。开展非国有公益林赎买试点工作。鼓励和引导社会资本向林业流动，鼓励多种经济成份参与森林培育、林产品加工和非木质资源开发。

17. 构建林业信贷平台。加大对林业的小额信贷支持力度，抓紧制定出台林权抵押贷款相关政策及操作管理办法，启动林权抵押贷款业务，积极探索灵活多样的林权抵押贷款模式。建立林业担保制度，制定林业担保办法，鼓励以龙头企业、林业大户为主体组建林业股份制担保公司，解决林农申请林业贷款担保难的问题。建立森林保险制度，积极参加森林火灾等相关保险业务，切实保护林业经营者的利益。

18. 拓宽林业投融资渠道。抓好林业重点工程项目储备库建设，积极争取国家投资。加强与金融机构的协作，争取林业中长期贷款和优惠利率。大力培育以中介机构为主体的林业信用服务体系，满足林农小额信贷的需要。加强与世界银行、亚洲开发银行等国际金融机构的沟通，积极开展碳汇贸易，加大招商引资力度，吸引省外、境外资金参与我省林业建设。

五、建立林业科技人才服务体系

19. 开展实用技术研究。加强与国际、国内科研机构的联系与合作，引进吸收先进技术。充分发挥科研机构、大专院校的优势，建立林业科技成果数据库、林业高级专家库，开展林业实用技术研究，实现林业科技资源共享。

20. 强化科技信息服务。及时掌握林业经营者对林业科技的需求，充分运用电视、广播、报纸、网络、专家热线等媒体，发布林业信息，推广先进实用技术。通过召开林业科技成果与实用技术推介会、送科技下乡、组织“林业院士江西行”等活动，对林农进行林业科技培训与帮扶。

21. 加强科技人才队伍建设。启动林业科技人才“百千万工程”，重点培养一批林业科技带头人、中青年林业科技专家、林业科技专业户，形成专业齐全、学科齐备的科技人才队伍。设立林业科技人才培养基金，大力引进和培养林业科技急需人才。与大专院校建立长期的人才供求关系，鼓励大专院校毕业生下基层锻炼，充实林业基层力量。

22. 加快林业标准化建设。制定林业标准化建设规划，健全标准化体系，大力推广和实施林业标准化生产。成立林产品质量检测鉴定机构，启动林业标准化示范工程，建立标准化示范基地。强化知识产权保护，推动林业专利申报工作。

23. 建立林业科技奖励制度。对在林业科学研究、技术创新、成果转化、科技帮扶、技术推广等方面作出突出贡献的科研单位、专家、科技人员进行奖励，激发科技人员的创业意识。

六、建立林业政策法规体系

24. 加快林业地方立法步伐。抓紧制定《江西省森林条例》和《江西省公益林管理办法》《江西省森林公园管理办法》《江西省商品林管理办法》等林业法规规章；尽快启动《江西省森林防火条例》《江西省山林权属争议调解处理办法》以及自然保护区和野生动植物保护管理的地方性法规规章修订工作。进一步完善林业政策。抓紧研究制定森林资源资产评估、林权抵押贷款、天然阔叶林禁伐、林业重点工程管理、营造林补助等相关政策措施。

25. 全面推行林业综合行政执法改革。进一步理顺林业行政执法管理体制，切实解决林业执法体制不顺、职能交叉、各自为政问题。总结林业综合行政执法改革试点经验，全面推开林业综合执法改革。坚持林业执法人员凡进必考、先培训后上岗制度，加强执法队伍管理，提高执法人员素质。

26. 加强林业执法监督。全面推行林业行政执法责任制，严格界定执法机构、执法人员的执法权限和责任，推行行政执法公示制，建立错案责任追究和侵权赔偿等责任制度。进一步完善监督机制，制定林业执法监督办法，建立案件评价督查制度、案件审理制度和规范性文件备案审查制度，切实加强林业主管部门内部的层级监督及执法机构内部的自我监督。

七、建立林业保障体系

27. 落实林业公共经费保障。公益林补偿、森林防火、森林病虫害防治、林业科研和技术推广、森林资源监测与管理等经费必须纳入各级政府公共财政预算，并优先安排；公益型林场的人员和工作经费应当全额纳入同级财政预算；国家规定的林业重点工程配套资金，应在同级财政预算中落实。

28. 加快林业内部改革。加快国有林场改革，力争2007年底完成生态公益型林场和商品经营型林场的区划界定工作。核定生态公益型林场编制，确保经费纳入财政预算。商品经营型林场要积极推行企业化管理，自主经营，自负盈亏。按照内部消化为主、多渠道就业的要求，鼓励分流人员从事森林旅游、苗木花卉、加工养殖等经营活动。允许通过资产变现、流转山林等措施筹措改制资金，妥善安置职工；允许在双方自愿的基础上，以林地林木作价折抵职工应享有的经济补偿金。各地要会同财政、金融等部门摸清国有林场债权债务，积极有效地处理债权债务，防止国有资产流失。加大对国有林场道路、水电、通讯和职工危房改造等基础设施的投入力度，改善生产生活条件。加快制定森工企业改革的指导意见，采取重组、联合、兼并、租赁、股份合作、承包经营等多种方式，积极盘活存量资产，吸引社会资本参与企业改制。各地要会同财政、劳动保障、金融等部门，妥善协调处理银行债务，建立和完善企业职工养老保险制度。

29. 完善内部管理制度和激励机制。深化林业行政事业单位人事制度改革，理顺和转变管理职能，引入竞争淘汰机制，精简机构和分流富余人员，减人减事减开支。开展干部轮岗交流和竞争上岗，建立健全干部选拔、评价、任用、监督制度，加强各级林业部门领导班子和干部队伍建设。加强林业行政管理人才、专业技术人才、经营管理人才队伍建设，提高林业管理和服务水平。

30. 建立领导干部林业建设任期目标责任制。各地要按照《中共中央、国务院关于加快林业发展的决定》要求，建立领导干部林业建设任期目标责任制及其考核办法，实行定期考核，严格兑现奖惩。林业建设任期目标责任制的落实情况，要作为领导干部政绩考核、选拔任用和奖惩的重要依据。

八、建立林业产权交易中心

31. 搭建林业产权交易平台。有条件的地方可以建立林业产权交易中心，为林业产权交易提供报务。经县以上价格行政主管部门批准，林业产权交易中心可以向森林资源产权出（转）让方收取一定的交易管理费用。

32. 规范林业产权交易秩序。森林资源的流转应当在林业产权交易中心依法公开进行。国有和集体森林资源的流转，必须严格执行《江西省森林资源转让条例》的规定，按程序报有关主管部门审批。产权交易中心要利用全省林业信息网络，及时发布林业产权、木竹产品交易等供求和价格信息，做到公开、公平、公正交易。

33. 搭建森林资源资产评估平台。森林资源资产评估机构是社会公证性服务机构，实行自主经营、自负盈亏，独立承担法律责任。森林资源资产评估机构从事森林资源资产评估业务不受地区、行业、经济所有制形式限制，实行有偿服务。进行森林资源资产评估，必须具有3名以上森林资源资产评估专业技术人员，从事森林资源资产评估人员应具备从业资格。

34. 搭建木竹检量中介服务平台。木竹检量属社会中介组织，实行有偿服务。从事木竹检量的从业人员必须参加省级林业主管部门组织的业务培训，经考试合格后方可从事木竹检量业务。

35. 开通林权登记管理窗口。受同级林业行政主管部门委托，负责办理林权证初始、变更登记和动态管理，建立林权管理档案及信息查询系统，提供林权档案材料查阅、抄录和复制等服务。

36. 开通林业综合服务窗口。受同级林业行政主管部门委托，负责依法核发林木采伐、野生植物采集、野生动物驯养繁殖许可证以及动植物检疫证，办理木竹及林产品运输证，承办征收和使用林地、林木种苗生产经营、木竹经营加工许可的初审，依照国家和省有关规定征收林业规费。林业产权交易中心要收集、整理有关林产品的宣传资料和信息，进行实物展示。同时，要配备具有一定法律素质和专业素质的人员，为林业经营者提供科技和法律咨询服务。

37. 建立木竹及林产品交易市场。根据资源状况和流向，建立木竹和林产品储运、加工、交易集散地。鼓励和支持各类投资主体通过新建、兼并、联合、加盟等方式，建立二级木竹交易市场，实行连锁经营，为企业和林农搭建公平、公正的木竹交易平台。

九、切实加强对配套改革的组织领导

38. 提高认识。推进林业产权制度配套改革，不仅是林业产权制度改革的重要内容，而且是巩固林改成果的根本保证。各级党委、政府要从全局和战略高度，充分认识林业产权制度配套改革的重要性、紧迫性和长期性，把推进配套改革作为事关林业改革与发展的一件大事来抓，进一步统一思想，加强领导，扎实工作，确保改革取得实效。

39. 规范操作。林业产权制度配套改革关系到广大林农的切身利益，关系到林业的长远发展，必须认真部署、精心操作。各地要按照配套改革的总体要求，制定切实可行的实施方案，确定具体的改革目标、步骤和工作要求。各县（市、区）的配套改革方案报设区市政府批准，同时报省林业产权制度改革领导小组办公室备案。

40. 落实责任。市、县两级林改领导小组要加强对配套改革工作的领导，党政一把手负总责，分管领导具体抓，层层落实责任制，明确责任人。各级林业产权制度改革领导小组办公室要加强调查研究，认真总结改革经验，及时解决改革中遇到的新情况、新问题。林业部门要积极当好参谋，搞好服务。财政、金融、国有资产管理、科技、法制、人事、劳动和社会保障等相关部门要主动配合，积极支持，形成合力，共同推进林业产权制度配套改革。

江西省人民政府
全面深化林业产权制度改革的意见

赣发[2007]11号

（2007年6月27日）

2004年9月以来，省委、省政府认真贯彻落实《中共中央 国务院关于加快林业发展的决定》，在全省开展了以“明晰产权、减轻税费、放活经营、规范流转”为主要内容的林业产权制度改革，取得了显著成效。今年4月，温家宝总理亲临我省视察工作，对我省林业产权制度改革取得的成绩给予了充分肯定，并就进一步深化林权制度改革作了重要指示。为认真贯彻落实温总理重要指示精神，全面深化我省林业产权制度改革，特提出如下意见。

一、抓住机遇，深入推进林业产权制度改革

各级党委、政府要组织广大党员和干部群众，认真学习温总理视察江西林改时的重要指示，进一步统一思想，提高对深化林业产权制度改革重要性和必要性的认识，增强紧迫感、责任感和使命感。要把学习贯彻温总理重要指示与贯彻落实省第十二次党代会精神紧密结合起来，与实施“生态立省、绿色发展”战略和推进全民创业结合起来，把林权制度改革作为我省新农村建设特别是发展山区经济的重要抓手扎扎实实向前推进。各地要采取多种有效形式，深入基层，进村入户，进一步宣讲中央关于加快林业发展的重要指示精神，宣讲温总理的重要指示精神，使之家喻户晓，深入人心，成为我省全面深化林权制度改革的强大精神动力。

二、攻坚克难，确保如期完成林权制度主体改革扫尾任务

各地要认真总结发证工作经验，分析原因，在此基础上进一步加大工作力度，采取领导包片、分工负责、定期调度、明查暗访、跟踪督查等措施，加快发证进度，提高发证质量。要围绕“8月底之前完成林权证发放任务”的目标，采取“倒计时”的方法安排好各项工作，确保把林权证发到林农手中。当前，尤其要抓好与周边县（市、区）的接界拼图工作，认真排查山林权属纠纷，并加大调处力度，妥善化解矛盾，尽可能使有争议山林尽早确权发证。各地要按照属地管理、分级调处的原则，建立领导责任制，落实山林纠纷调处责任。因纠纷调处不力而出现大规模群体上访或者引发林区乱砍滥伐的，将追究有关领导的责任。

三、规范管理，积极培育林业产权交易体系

要加快林业产权交易中心建设，力争到今年底全省林业产权交易中心达到40个以上。要加强产权交易中心的管理，规范交易和收费行为，依法保护产权交易双方的合法权益。要进一步完善森林资源资产评估，培养一批森林资产评估师，依法、科学、公正地评估森林资源。要健全林业产权交易市场信息采集和联网

发布系统，建立林产品价格及供求信息综合发布平台，逐步实现全省林业产权联网交易。

四、拓宽渠道，加大金融对林业的支持力度

全省金融机构要积极稳妥地开展林权抵押贷款等金融服务，抓紧建立和完善林权抵押贷款办法，简化贷款手续，降低融资成本。加大农户联保和小额贷款力度，积极支持林业产业龙头企业和商品林基地建设，不断开发适应林业生产特点的金融产品。要采取政府扶持、市场运作的方法，加快组建林业担保公司，为林业企业和林农贷款提供担保服务，探索建立“银行信贷+商业保险”的运作机制。林业主管部门对林权抵押贷款要做好林权证合法性和真实性的确认，在抵押贷款期间未经抵押权人同意，不得发放林木采伐许可证，不予办理林权变更手续。对贷款到期后无法还贷，且经招标拍卖仍无法变现的抵押林木，符合采伐条件的，林业主管部门要合理安排采伐指标。要按照政府引导、政策支持、市场运作、林农自愿、稳步推进的原则，将林业保险纳入我省即将建立的政策性农业保险制度，重点推进森林火灾保险业务，尝试开展森林病虫害保险业务，所需保费政府负担不少于30%，个人负担不超过70%。今年在部分县试点，力争明年在全省铺开。

五、积极引导，大力发展新型林业合作组织

加快林业“三防”体系建设，加快组建林业“三防”协会。要强化乡村两级组织在保护森林、发展林业、维护林区稳定中的重要职责，坚决制止涉林乱收费反弹。积极引导农民在自愿的基础上，以资金、技术等生产要素为纽带，组建新型林业合作经济组织和经营实体，提高林业经营的组织化程度。工商行政管理部门要积极支持林业合作经济组织依法登记，取得法人资格，登记时不得违法收取任何费用。各级林业主管部门要组织开展林业合作经济组织示范点建设，指导和帮助合作经济组织制定和完善规章制度，使之逐步走上规范化的轨道。要加大对林业合作经济组织的扶持力度，在信贷融资、采伐指标分配、科技服务等方面给予适当的倾斜。

六、保护优先，完善森林生态效益补偿制度

按照《江西省森林条例》的有关规定，建立“以政府投入为主、森林生态效益直接受益单位补偿为辅”的公益林补偿机制。从2008年起，省财政逐步提高地方公益林补助标准，力争到2010年补助标准达到每亩10元。市、县财政也应创造条件建立森林生态效益补偿制度。水电、旅游、矿产等生态效益的直接受益单位，应从其经营收入中提取一定比例的资金，用于生态公益林补偿。鼓励各地以森林资源入股方式参与新建水电站和旅游区的开发，积极探索建立江河下游地区对上游地区森林生态效益进行补偿的机制。要加大生态公益林建设力度，鼓励林权所有者搞好火烧迹地更新和林中空地的补植套种，提高公益林的防护功能。除自然保护区核心区、缓冲区和生态脆弱区域外，允许生态公益林林权所有者科学合理地利用林地资源和森林景观资源，发展种养业和森林旅游业；公益林中的毛竹和人工针叶纯林，经省林业主管部门批准，可以进行抚育和更新性质的采伐。要加大林业行政执法力度，坚决预防和制止乱砍滥伐、非法运输木材等违法行为。

七、兴林富民，加快现代林业建设步伐

各地要根据资源优势和产业基础，着力培植一批年产值超亿元的林业产业龙头企业。就全省而言，重点是做强做优油茶、毛竹两大特色产业。要鼓励农民充分利用林地资源，进行立体开发，发展中药材、食用菌、特色养殖业等林下产业以及平原地区杨树种植业，增加农民收入。从今年起至2010年，省政府每年筹措5000万元（其中省财政3000万元，省林业厅2000万元）设立林业发展专项资金，采取担保、贴息等方式，重点支持油茶、毛竹等特色林业产业发展和龙头企业建设工业原料林基地等林业建设项目。要按照产业规划和资源的承载能力，对全省木材加工企业进行一次清理整顿，通过重新审核发证，关闭一批资源消耗大、环境污染重、经济效益差的小型木材加工企业。要重视和加强林业科技工作，积极开展江西现代林业战略研究与规划，明确全省林业发展的战略布局和发展重点，完善林业发展政策措施。要加大油茶丰产、竹腔施肥等先进林业实用技术的推广力度，举办多种形式的林业科技成果推介会，送科技下乡，让更多的林农掌握林业科技知识，提高经营水平。

八、转变职能，理顺林业管理体制

进一步加强林业机构和队伍建设，强化职能，理顺关系，改进林业管理方式，逐步构建以管理、执法、服务为主的林业管理新体制，把林业管理的重点转到宏观指导、依法行政和提供服务上来。各地要十分重视和加强林权管理，建立健全林权登记管理机构，行使林权证发放、林权登记、林地承包合同管理、林权抵押登记、山林权属纠纷调处等职责，所需人员从林业部门内部调剂解决。要健全林权档案管理制度，对林权实行动态管理，妥善保存林权变动过程中形成的各种材料，为林业经营者提供林权信息查询服务。要按照精简、统一、高效的原则，积极推进林业行政执法体制改革，逐步实现由分散执法向集中执法转变。执法人员和办案经费纳入本级财政预算，严格实行“罚缴分离”、“收支两条线”管理。要主动转变职能，建立林业社会化中介服务机构，引入市场竞争机制，加快森林资源评估、伐区设计、木竹检验等中介机构建设，鼓励和引导组建专业化的林业行业协会，加强行业自律和权益保护，为林农提供方便、高效、优质的服务。

九、总结典型，大力宣传林改经验

我省林业产权制度改革工作起步较早，为全国集体林权制度改革作出了积极探索。要把挖掘、培育、总结和宣传林改典型作为当前的一件大事来抓，由各级党委宣传部门牵头，文化、教育、林业等部门共同参与。要把总结、宣传典型与推动林改工作有机结合起来，积极培育林改示范乡、示范村、示范户，多层面、多角度、多形式地反映林改中涌现出来的先进典型和感人事例，进一步营造全面深化林业产权制度改革的氛围。

十、真抓实干，加强对林权制度改革工作的领导

各级党委、政府一定要把贯彻落实温总理重要指示、全面深化林业产权制度改革作为推动当前农业和农村工作，实现科学发展、和谐发展的一件大事来抓，继续坚持党政主要领导负总责、分管领导具体抓、有关部门配合参与的工作机制。要建立和完善林改目标责任制，健全监督检查机制，层层落实责任，为深化林权制度改革工作提供强有力的组织保障。林业部门要切实当好党委、政府的参谋和助手，加强协调，狠抓落实。农工、政法、宣传、纪检、发展改革、财政、金融、保险、科技、国土、工商、电力、水利、旅游等有关部门要根据各自的职责，主动配合和支持林业部门的工作，各司其职，各负其责，形成合力，把我省林业产权制度改革工作不断推向深入。

中共江西省委 江西省人民政府 关于全面推进造林绿化“一大四小”工程建设的意见

赣发[2008]12 号

（2008 年 9 月 23 日）

为贯彻“生态立省、绿色发展”战略，不断提升我省绿化水平，省委、省政府决定，从今年起在全省实施造林绿化“一大四小”工程。即确保实现到 2010 年全省森林覆盖率达到 63%这个大目标；抓好城市、乡镇、农村以及基础设施、工业园区等四个方面的绿化工作。现提出如下意见:

一、充分认识全面推进造林绿化“一大四小”工程建设的重要意义

1. 全面推进造林绿化“一大四小”工程建设，是贯彻落实科学发展观、推动全省科学发展的重要内容。坚持走生产发展、生活富裕、生态良好的文明发展道路，是深入贯彻落实科学发展观的重要内容。实施造林绿化“一大四小”工程，有利于优化城乡人居环境，提高人民生活质量；有利于增加木材等林产品供给，促进林业产业和地方经济发展；有利于倡导绿色生活，建设生态文明，推动全省加快发展、科学发展、可持续发展。

2. 全面推进造林绿化“一大四小”工程建设，是提升造林绿化水平、树立我省生态品牌的重要举措。近年来，通过实施“造林灭荒”和集体林权制度改革，全省生态建设取得显著成绩，青山绿水已成为江西的优势和品牌。但山区森林质量不高，城镇、村庄、公路沿线等平原绿化水平较低，是当前我省造林绿化和生态建设的薄弱环节。加之今年初的雨雪冰冻灾害，给我省森林资源和生态建设造成了较大破坏，灾后恢复林业生态的任务十分繁重。必须突出重点领域和薄弱环节，进一步加强对造林绿化工作的组织领导，完善造林绿化扶持政策，加快恢复、保护和建设青山绿水，切实做到在发展中加强保护，在保护中加快发展，实现生态与经济的双赢。

3. 全面推进造林绿化“一大四小”工程建设，是巩固集体林权改革成果、加快新农村建设的重要途径。我省实施集体林权制度改革以来，林业经营机制进一步放活，全社会造林护林积极性充分调动，有力地促进了山区农民增收和经济社会发展。进一步巩固和扩大林改成果，将林改的理念从山区引入平原，用抓林改的措施推动造林绿化“一大四小”工程建设，对于加快平原绿化进程，促进平原林业产业发展，增加农民收入，培育农村经济新的增长点，加快建设社会主义新农村具有十分重要的意义。

二、指导思想和基本原则

4. 指导思想。以邓小平理论和“三个代表”重要思想为指导，深入贯彻落实科学发展观，坚持“生态立省、绿色发展”战略，以保护绿色生态优势、实现63%森林覆盖率、促进林农增收为总体目标，在加强山区绿化的同时，重点推进县城和设区市政府所在地、乡镇政府所在地、农村自然村闲置地以及基础设施、工业园区等裸露地绿化，用三到五年时间提升我省造林绿化整体水平，为加快绿色生态江西建设，实现江西崛起新跨越作出新贡献。

5. 基本原则。——坚持政府主导，部门配合。造林绿化“一大四小”工程建设由各级政府负总责，科学制订规划，明确部门职责，全力推动造林绿化工作。

——坚持重点突破，整体推进。在抓好山区造林绿化的基础上，重点推进城镇所在地，村庄、农田和江河渠道，高速公路、铁路、国省道、县乡村公路等交通沿线，以及工业园区和矿山的造林绿化。

——坚持因地制宜，注重实效。山区绿化要大力发展乡土树种和珍贵阔叶树种；城镇绿化坚持乔灌草相结合；交通干线绿化要着力抓好两侧林相改造和宜林路段林带建设；其他平原地区要大力发展经济效益较好的速生丰产林和经济果木林，努力实现生态景观效益和经济效益的统一。

——坚持明确主体，落实利益。实行“谁绿化谁所有、谁投资谁受益、谁经营谁得利”，落实造林主体，维护造林经营者的合法权益。

——坚持政府扶持，多方筹资。建立和完善造林绿化财政补助制度，整合相关支农资金和部门资金，实施项目带动，增加公共投入。创新造林绿化机制，建立多元化造林绿化投融资体系。

——坚持义务植树，专业造林。组织适龄公民认真履行植树义务，提高尽责率。鼓励发展多种形式的民营林场和专业造林公司，提高造林专业化水平和社会化程度，确保造林成效。

三、总体目标和建设任务

6. 总体目标。力争全省造林绿化3年初见成效，5年有明显变化。

到2010年底，全省森林覆盖率达到63%，沙化土地得到基本治理，重点地区生态状况明显改善；城镇绿化档次不断提高；公路、铁路两侧及江河渠道沿岸可绿化部分基本绿化，高速公路、铁路、国省道沿线乡村全面绿化；初步实现农田林网化；工业园区基本绿化，各类废弃矿山、矿渣山、尾矿库实现复绿，杜绝土地裸露。

到2012年，全省森林覆盖率稳定在63%，全省整体生态状况步入良性循环；城镇绿化水平明显提高；乡村绿化明显改善；公路、铁路两侧及江河渠道沿岸基本建成生态效益和经济效益并重的绿化带；农田林网控制率达到90%以上；工业园区全面绿化；矿区森林植被恢复率达到35%。

7. 建设任务。全面推进“一大四小”工程:

“一大”，即确保实现到2010年全省森林覆盖率达到63%。采取人工造林、低产林改造、阔叶树补植补造、封山育林、小流域综合治理等措施，加强受灾森林恢复，改善林分结构，提高森林质量。规划到2010年，全省新增造林面积1000万亩，完成灾后损毁林地重造133万亩、补植补造191万亩，完成迹地更新141万亩；针阔混交林和阔叶林比重达到30%以上，林分亩平蓄积提高到4.2立方米/亩。到2012年，受灾森林基本得到恢复，林分亩平蓄积提高到5.0立方米/亩，针阔混交林和阔叶林比重达到35%以上。

"四小"：一是设区市和县城所在地绿化。抓好县城以上城市周边防护林带建设，搞好城区绿化美化，提高城市居民生活质量，形成富有生机和活力的城市绿化体系。到2010年，全省设区市城市和县城建成区绿化覆盖率分别达到40%和35%，绿地率分别达到36%和30%，人均公园绿地面积达到10平方米。到2012年，全省城市绿化覆盖率和绿化质量稳步提高，初步建立多树种合理搭配、多层次绿化美化、管理科学的城市绿地系统。

二是乡镇政府所在地绿化。结合乡镇发展规划，以绿化美化为中心，全面改善乡镇绿化状况和人居环境。到2010年，全省乡镇所在地绿化覆盖率达到15%，绿地率达到10%。到2012年，全省乡镇所在地绿化覆盖率达到20%，绿地率达到15%。

三是农村自然村绿化。结合新农村建设，充分利用农村房前屋后的闲置地，因地制宜选择绿化树种，发展速生树种风景林、经济果木林等，改善农村居住环境，增加农民收入。抓好农田林网建设，结合土地整理、造地增粮富民工程、农业综合开发高标准农田建设等项目，在田边、路边、渠边、沟边栽植速生丰产林、经济树种或乔木，形成农田林网或林带，改善农区小气候，促进粮食等农产品稳产高产。到2010年，全省新农村建设试点村、交通干线沿线可视范围内乡村全面绿化，已实施土地整理和园田化改造的农田全面完成林网建设。到2012年，全省村庄绿化覆盖率达到35%以上，初步建成比较完善的农田林网体系。

四是基础设施、工业园区和矿山绿化。以高速公路、铁路、国省道、市县级干道两侧和江河渠道沿岸为主体，抓好通道绿化。到2010年，已建和新建高速公路、铁路宜林路段绿化率达到85%以上，国省道干线绿化率达到80%，县乡公路绿化率达到80%，江河渠道绿化率达到60%。到2012年，已建和新建高速公路、铁路宜林路段全面绿化，绿化档次达到国内先进水平；国省道干线绿化率达到100%，县乡公路绿化率达到85%，江河渠道绿化率达到80%，初步形成集景观效益、生态效益、经济效益和社会效益于一体的绿色廊道。现有城市建设项目要基本实现绿化，城市改建、扩建、新建项目必须按规定抓好附属绿地建设，做到同步施工、同步验收。大力开展工业园区绿化美化和矿山复绿。到2010年，工业园区绿化覆盖率达到35%以上，重要铁路、高速公路沿线和设区市城市可视范围内矿山全面实现复垦复绿。到2012年，全面建成生态工业园区，全省矿山地质环境综合治理率、土地复垦率分别达到50%以上和30%以上。

四、制定和完善政策措施

8. 落实绿化用地。各级政府要将绿化用地纳入土地利用总体规划，统筹安排解决。现有公路、铁路、江河渠道、库区等建设工程绿化未达标需要增加绿化用地的，由当地政府协调解决。新建、改扩建公路、铁路、城市建设等工程项目的绿化用地，应与工程建设一同规划征用。鼓励农民利用空闲土地大力发展经济林。

9. 搞活用地机制。鼓励村组集体经济组织通过公开招标、拍卖、租赁等方式，对集体所有的机耕道、沟渠堤路以及滩涂地等可绿化用地进行依法流转，吸引能人和大户投资造林绿化，落实造林绿化主体，保证造林绿化成效。

10. 整合绿化资金。林业重点工程优先用于交通沿线的山地和平原绿化；交通、铁路部门要落实公路、铁路绿化建设经费，新建和改扩建公路、铁路绿化经费要纳入工程预算，同步施工、同步验收；国土、建设等部门应按规定从土地出让收入和城市维护费中提取绿化资金，城镇新建和改扩建项目附属绿地建设经费要纳入项目预算；在实施农业综合开发、土地整理、扶贫开发、水土保持、水利工程、新农村建设等项目时，要落实造林绿化资金。

11. 动员全社会广泛参与。各地各部门要认真落实《江西省公民义务植树条例》，每年组织城镇、农村适龄公民和机关、团体、企事业单位干部职工参加义务植树。未按时完成当年义务植树任务的，按规定标准向承担义务植树任务的单位收缴绿化费。机关和财政补助的事业单位应缴的绿化费，由同级绿委办组织收缴；逾期未足额缴纳的，由绿委办提供有关情况，委托同级财政部门直接划转代征；工矿企业应缴的绿化费，委托同级地方税务部门代征，具体征收办法由省绿化委会同省财政厅、省地税局等部门制定。各类矿山开发须缴纳生态恢复保证金，用于矿山植被恢复。大力开展“身边增绿”、“绿色扶贫”、“绿色养老”、“绿地认种认养”、“自愿捐工资”等活动，鼓励社会各界投入造林绿化。积极探索建立从直接受益单位和地区征收生态效益补偿费的机制，多渠道筹集造林绿化和森林保护资金。

12. 建立财政激励机制。2008年至2010年期间，省、县两级财政按8:2的比例，每年安排平原造林苗木专项资金，用于购买平原造林苗木；对县（市、区）承担的20%苗木经费，次年省财政将按照林木成活率对县（市、区）给予同比例奖励。具体奖励办法由省财政厅会同省林业厅另行制定。

13. 完善配套服务政策。建立林业机械补贴制度，鼓励发展造林公司，转变传统造林方式，全面禁止炼山造林。对购买育苗、整地、抚育、防火、防病虫害等林业生产机械的，纳入省财政安排的农机具补贴范围。加大财政对森林病虫害防治、森林防火基本装备和能力建设的支持力度，对重点林业村安排村级防火转移支付补助资金。完善生态公益林财政补偿政策，不断提高生态补偿能力。进一步扩大林业保险品种，加大财政对森林火灾保险的支持力度。为加快灾后毛竹资源恢复，对明后两年由于林农少砍毛竹，由此而减少的林业部门的育林基金收入，省财政安排转移支付给予适当补助。

14. 改革采伐利用政策。各级政府要按照“谁造谁有”的原则，依法及时给造林经营者颁发林权证。农民个人在房前屋后和自留地上营造的林木，允许继承和转让。对在非规划林地上营造的杨树、泡桐等速生商品林，允许经营者自主选择采伐方式和年龄，由当地林业部门核实采伐地点、数量、树种并办理采伐手续；在保证道路每侧保留1行树木的前提下，允许对其他绿化树木进行分期分批采伐。在苗圃内培育的绿化大苗，允许在省内移植和运输。继续对符合税法规定的企业从事农林项目免征或减征企业所得税。适当延长林业信贷期限，简化信贷手续，建立农民林业小额贷款和林权抵押贷款扶持机制。

15. 发展社会造林。认真落实《中共中央、国务院关于加快林业发展的决定》和《中共江西省委、江西省人民政府关于深化林业产权制度改革的意见》，鼓励科技人员、机关和企事业单位干部职工单独或合伙投资造林绿化。鼓励造林经营者通过林业产权交易平台进行林地林木流转。

16. 发展林业产业。积极鼓励工商业和社会资本投资造林绿化，着力培育一批造林大户和龙头企业。省内木材加工企业要根据年度木材消耗量，建立与加工能力相适应的原料林基地。鼓励各地采取“公司＋农户＋基地”的经营模式，建立企业出种苗、林农出林地、利益共享、风险共担的造林绿化利益联结机制，促进工业原料林基地建设。大力扶持发展毛竹、油茶、杨树、泡桐、光皮树等重点林业产业，培植大型林业龙头加工企业。大力发展乡村森林旅游业。

17. 加强林业科技服务。各级林业部门要加强科学技术研究，大力选育林木良种和经济速生树种，推广农林复合经营的先进实用技术和造林模式。发展“订单育苗”，加快林木良种和绿化苗木基地建设，满足造林绿化需要。加强对造林、森林病虫害防治和森林防火实用技术的研究与推广。

五、切实加强组织领导

18. 全面落实领导责任制。各级党委、政府和各有关部门务必拿出“造林灭荒”时期的决心和办法，实行全社会发动、城乡联动，加强领导，周密部署，制定方案，强力推进。各级政府对造林绿化“一大四小”工程建设全面负责，政府主要领导为第一责任人，分管领导为主要责任人。要层层签订责任状，切实把造林绿化目标任务分解到市、县、乡、村和山头地块，把责任落实到各级各部门，一级抓一级，层层抓落实。省政府将造林绿化“一大四小”工程建设任务完成情况，纳入对市、县政府六项考核评价体系，并将造林绿化考核分值从原来的 12 分增加到 20 分。

19. 科学编制工程建设规划。各地各有关部门要根据工程建设总体目标和建设任务，因地制宜，科学编制造林绿化“一大四小”工程建设规划，落实年度造林绿化任务。省林业厅要抓紧会同省直有关部门，组织编制全省造林绿化“一大四小”工程建设规划和年度任务，报省政府审定下达。省交通厅、省建设厅、省国土资源厅、省农业厅、省水利厅、省中小企业局、省农业开发办、南昌铁路局等部门，要根据建设规划和部门职责，做好专项规划，抓好任务落实。

20. 明确部门职责分工。完善造林绿化协作机制，进一步落实部门责任。林业部门要充分发挥组织、协调、指导和服务作用，协助有关部门抓好造林绿化规划设计、种苗供应和技术保障服务工作，抓好农田林网的规划布局和组织实施。交通、公路部门负责公路边沟以内的绿化，落实绿化建设种苗费。铁路部门负责省内铁路排水沟以内的绿化，落实铁路绿化建设种苗费。农业部门负责抓好交通沿线两侧果业带建设，协助林业部门做好农田林网建设的规划布局和组织协调。水利部门负责重点水利工程设施范围内可绿化区域的绿化，搞好江河渠道绿化带建设。建设、中小企业部门要以中心城镇、工业园区裸露地绿化为重点，不断扩大绿化面积，提高绿化品位。国土资源部门负责指导绿化用地的规划、协调以及全省土地开发整理项目和各类废弃矿山、矿渣山、尾矿库等的复绿。各级工会、共青团、妇联和民兵、青年、学生组织及其他社会团体、驻赣部队，要发挥各自作用，积极参与造林绿化事业。纪检、监察机关要加强对造林绿化工作违纪违规行为的查处。审计部门要加强对造林绿化资金使用的监督检查，确保资金使用效益。要建立健全部门协商和信息共享机制，及时研究解决造林绿化工作中的困难和问题。

21. 加强检查考核。对各地各有关部门造林绿化“一大四小”工程建设工作进展情况，省里将组成督查考核组进行不定期督查和年度检查考核，督查和考核结果通报全省。对年度任务完成较好的市、县和省直部门，以及在实施造林绿化“一大四小”工程中作出突出贡献的人员，省政府将予以表彰；对按期完不成任务的地方和部门，扣减年度六项考核分值，并在全省给予通报批评。具体考核办法由省林业厅会同省财政厅、省人事厅另行制定。

22. 深入开展宣传教育。各级宣传部门和新闻单位要将造林绿化纳入公益性宣传范围，充分利用广播、电视、报纸、网络等新闻媒体，广泛宣传造林绿化的重要意义和目标任务，提高全民造林绿化意识。要大力宣传造林绿化先进人物和典型事迹，充分调动社会各界参与造林绿化活动的积极性，在全社会营造浓厚的造林绿化氛围。

江西省人民政府
关于深化林业产权制度改革的若干意见

赣府发〔2009〕23号

（2009年8月27日）

各市、县（区）人民政府，省政府各部门：

为了贯彻落实《中共中央国务院关于全面推进集体林权制度改革的意见》（中发〔2008〕10号）和中央林业工作会议精神，巩固林权制度主体改革成果，加快推进配套改革，建立促进林业发展和林农增收的长效机制，现提出如下意见：

一、巩固主体改革成果，赋予农民长期稳定的林地承包经营权

1. 稳定和落实林地家庭承包经营基本政策。林改中已明晰到户的山林，要保持长期稳定不变，依法保护承包经营权人的合法权益，发包方不得随意调整、变更、解除承包合同，不得干涉承包方的生产经营活动。林改时采取“分股不分山”、现在农民要求承包到户的，应当分山到户。林地确权不到位或者林权证尚未发放到户的，要抓紧确权并将林权证尽快发放到户，任何组织和个人不得扣留。已发放的林权证存在差错的，要及时予以纠正。高度重视和加快跨市、跨县“插花山”的确权发证工作，对权属明确、界址清楚、符合登记发证条件的，林地坐落地县级人民政府要及时受理登记，并发放林权证。因山林流转或征占用林地等原因发生林权变更的，要依法办理变更、注销登记。各级要建立健全林权登记管理机构，确保林改机构不撤、队伍不散，承担起林权管理日常工作。要切实加强林权档案管理，健全档案查询系统，确保林权档案资料完整、准确、规范、安全。

2. 妥善处理林权流转遗留问题。按照“尊重历史、兼顾现实、注重协商”的原则，稳妥处理林改前流转的山林。对合同期内的联营山林，要保持权属关系稳定，同时协商完善联营合同，维护农民利益。对联营以来一直未进行人工造林的荒山荒地，应当归还给原集体经济组织或林农。对采取转让方式流转的山林，受让方应将不少于70%的政策性让利补偿给原山林所有者，确保林农利益落到实处。切实加强林权流转的监督管理，国有和集体森林资源流转必须在产权交易中心公开进行，禁止私下协议流转。农民个人流转山林的，可不进行资源评估。对在产权交易中心公开流转的山林，林业主管部门在采伐指标安排上要给予适当倾斜。要建立健全林权流转管理和承包合同仲裁制度，制定全省统一的林权流转合同示范文本，规范林权登记管理，确保林权流转依法、规范、有序。

3. 切实加大山林权属争议调处力度。认真开展山林纠纷排查，按照争议的难易程度分类制定调处方案。争议双方有调处意愿的，要尽快组织调处。对跨行政区域的山林权属争议，由双方政府成立跨界争议联调小组，充分依靠群众，发挥民间调解机制的作用，努力把矛盾化解在基层。建立领导接访和干部下访制度，对“疑难”争议，实行领导包案调处，落实调处责任，维护林区稳定。各市、县人民政府要设立山林权属争议调处日常办事机构，配备专职人员，安排专项经费开展调处工作。省人民政府将在适当时候组织对部分跨省、跨设区市的林权争议进行重点调处。

4. 严格防止垄断经营和乱收费反弹。各地、各部门要认真落实赣发〔2004〕19号文件精神，不得采用行政手段搞木竹垄断经营和压级压价收购，严禁违规出台或变相设立涉林收费项目，切实巩固林权制度改革成果。要严格执行省纪委、省监察厅《关于严肃林改工作纪律的通知》（赣纪发〔2007〕13号）要求，凡涉及林农收费行为，都必须公布收费项目、收费标准和收费依据，接受群众监督。要按照省发改委《关于确定全省林业服务收费项目及标准的复函》（赣发改收费字〔2009〕1212号）规定，切实规范森林资源调查规划设计、林业产权交易、木竹检量、森林资源资产评估等服务项目收费。要严肃工作纪律，落实领导责任，对群众反映的垄断经营和涉林乱收费行为，发现一起，查处一起，决不姑息。

二、加大政策扶持力度，全面推进林权制度配套改革

5. 组建省级林业产权交易所。在保留6个试点县和4个林业重点县林业产权交易中心的基础上，将其他县（市、区）林业产权交易中的招、挂、拍环节纳入当地公共资源交易中心进行，原有的产权交易机构以会员制形式进行整合，共同组成全省林业产权交易体系。与此同时，依托信息化手段加快林业有形市场和无形市场建设，组建全省统一、辐射周边省市的区域性林业产权交易所，搭建市场交易、信息发布、政策咨询、中介服务、市场监管和投融资平台；整合林权咨询、评估、抵押贷款、担保等服务项目，健全市场交易规则、收费标准和信息发布等制度，有效形成资源变资本、资本有序进出的林业资本运作平台。具体办法由省林业厅另行制定。

6. 加快林业投融资平台建设。按照“依法依规、产权明晰、保护权益、发展产业、规避风险、良性发展”的要求，采取政府扶持、民间参与、市场运作的模式，组建省级林业投资公司或江西林业产业投资基金，参与江西涉林企业的股份制改造，扶持林业龙头企业做强做大。建立造林、抚育、保护、管理投入补贴制度，从2009年起，开展造林苗木、森林抚育补贴试点。积极整合全省国有林场、苗圃等森林资源，推进森林资源资本化运营，加快林业产业建设。

7. 推进政策性森林保险。加大政策性森林保险宣传力度和财政对森林保险的支持力度，切实做好中央森林保险保费补贴试点工作。对纳入国家和省级补偿的生态公益林，森林火灾保险实行全省统保，所需保费补贴由中央和省财政安排。建立公益林防火责任机制，实行以奖代补，对上年度未出险公益林的所有者给予奖励，提高林农的森林防火责任意识。按照“政府引导、政策扶持、市场运作、林农自愿”的原则，积极推行商品林综合自然灾害险和森林火灾险两种投保方式，由林业经营者自主选择参保，对自愿参保的由财政给予适当补贴。具体办法由省林业厅商省财政厅、江西保监局、中国人保财险江西分公司另行制定。

8. 完善林权抵押贷款政策。全省金融机构要加强和改进林业金融服务，全面落实中国人民银行、财政部等五部委《关于做好集体林权制度改革与林业发展金融服务工作的指导意见》，积极开办林权抵押贷款、林农小额信用贷款和联保贷款业务，增加林业信贷投入。稳步推进农户信用评价和林权抵押相结合的免评估、可循环小额信用贷款，简化贷款手续，5万元以下贷款凭林权证免予评估；将林业贷款期限最长延长至10年；符合条件的林权抵押贷款，其利率应低于信用贷款利率，小额贷款借款人实际承担利率不超过基准利率的1.2倍。省财政每年安排专项资金，对林权抵押贷款进行贴息，并对发放林权贷款业绩突出的金融机构予以奖励。建立健全林业担保体系，鼓励各类担保机构开办林业融资担保业务，对以林权抵押为主要反担保措施的担保公司，担保倍数可放大到10倍。继续做强省级林业担保公司，通过增资扩股、税收优惠等政策扶持，壮大省级林业担保公司实力。省财政将继续加大对江西赣林担保有限公司的注资力度。

9. 改革林木采伐管理制度。非林业用地上营造的林木、苗圃地内人工播种或扦插繁育的苗木不纳入采伐限额管理。森林采伐限额按公益林和商品林两大类编制，不分起源和消耗结构。商品林采伐类型由五类简化为主伐、抚育伐和其它采伐三类；在一个采伐限额执行期内，年度采伐指标有节余的，可结转以后各年度使用。取消集体林主伐年龄限制，采伐由蓄积量、出材量双项控制改为由蓄积量单项控制。将原来由林业工作站承担的伐前、伐中、伐后全过程管理，改为由森林经营者自主管理，林业部门提供服务和监督。按照商品林资源所占份额和分类排序的原则，公正合理分配采伐指标，确保经营者的林木处置权和收益权。

10. 健全生态公益林补偿机制。进一步完善生态公益林补偿办法，视财力情况逐步提高生态公益林补偿标准。加快建立责、权、利相统一的公益林补偿投资体制，选择部分市、县开展森林生态效益受益者补偿试点，探索从水电、旅游、矿产等生态效益直接受益单位筹集公益林补偿资金的有效办法，提高公益林补偿能力。允许生态公益林林权所有者依据《江西省生态公益林管理办法》的有关规定，进行抚育和更新性质采伐。

11. 扶持林业专业合作组织建设。按照自愿原则，引导林农以资金、技术等生产要素为纽带，组建林业专业合作社、家庭林场、股份制林场、“三防”协会等林业专业合作组织，提高林业生产组织化程度。鼓励和引导林业龙头企业采取“公司＋合作组织＋农户”等模式，与林农建立新型合作关系，发展适度规模经营和集约经营，实现企业与林农互利双赢。加大对林业合作组织的扶持力度，优先解决信贷额度和贷款贴息。对达到一定经营规模的林业专业合作组织，优先解决采伐指标，支持安排林业项目。省财政从财政支持农民合作组织专项资金中统筹安排，支持林业合作组织示范点建设。

12. 加强乡镇专业扑火队伍建设。各重点林区乡镇都要建立20人的半专业扑火队，与村级护林防火联防队相结合，保持人员相对固定，配备必要的扑火机具，加强扑火技能培训，提高就近处置森林火灾的能力。省财政对达到建设要求的乡镇半专业扑火队装备建设给予一定的补助，市、县财政也应给予适当补助。

三、大力发展林业产业，促进农民增收致富

13. 加快推进造林绿化“一大四小”工程建设。按照鄱阳湖生态经济区建设的总体要求，坚持以通道绿化为重点，加快城市、乡镇、农村自然村以及其它基础设施、工业园区、矿山绿化步伐。鼓励和引导各地大力发展以杨树、泡桐、桉树、光皮树等为主的速生丰产林和工业原料林基地，全面落实经营主体，坚持栽大苗，不栽无主树，切实提高造林成活率。加快培育平原林业产业，促进农民增收。有效整合林业资源，精心组织实施长防林、珠防林、血防林等林业重点工程项目，进一步巩固退耕还林成果。

14. 大力发展林业特色产业。根据我省资源优势和产业基础，重点做强做优油茶、毛竹两大特色产业。省财政从2010年起，将加大对油茶、毛竹产业的扶持力度，重点扶持油茶良种繁育基地、高产油茶示范基地、国家高产油茶基因库基地建设和油茶、毛竹深加工产品开发。加大油茶丰产、毛竹低改、竹腔（兜）施肥等先进实用技术推广力度。建立毛竹产业发展绿色通道，简化采伐和运输查验环节。积极发展生物质能源、林产品精深加工、苗木花卉、森林旅游等产业，促进资源增长和农民增收。

15. 着力培育林业产业化龙头企业。引进各类社会资本和先进技术，大力推进油茶、松香、毛竹、人造板等中小企业的兼并、重组，通过整合林业项目、贷款贴息、品牌扶持、技术研发、基地建设、人员培训等措施，扶持一批辐射面广、带动力强的龙头企业。鼓励科研单位、大专院校、科技推广部门和科技人员，采取技术咨询、入股、转让等形式参与林业产业化经营。着力培育2-3家省级林业龙头企业上市，带动林业产业升级和产业集群建设。

16. 加快林区基础设施建设。各级政府要将林区基础设施建设纳入当地经济和社会发展总体规划。各级发改、建设、交通、电力、通信、广电等部门要把林区道路、供水、供电、通信、广播电视等基础设施建设纳入本行业发展规划，统筹安排，加大投入，切实改善林区群众生产生活条件；各级民政部门要将国有林场纳入自然灾害救助体系。要认真抓好国有林场危旧房改造项目，制定相关优惠政策，积极筹措配套资金，逐步改善国有林场职工生产生活条件。

各地、各有关部门要把贯彻落实中央林业工作会议精神，深化林权制度配套改革，作为落实科学发展观、促进农业发展和农民增收的一件大事来抓，进一步加强领导，落实责任，广泛发动，形成全民动手、全社会办林业的良好局面，为实现“生态立省、绿色发展”战略做出新的更大的贡献。

江西省人民政府
关于加快油茶产业发展的意见

赣府发[2010]11号

（2010年3月25日）

各市、县（区）人民政府，省政府各部门:

为认真贯彻落实《国务院办公厅关于促进油料生产发展的意见》（国办发〔2007〕59号），把油茶产业建设成为我省推进农业产业化和促进农民增收致富的一个新兴支柱产业，现提出如下意见:

一、充分认识加快油茶产业发展的重要意义

（一）茶油具有很大的市场需求和发展空间。油茶是优质木本油料树种，茶油是世界公认质量最好的食用油之一，其不饱和脂肪酸、亚麻酸和维生素E含量都高于橄榄油，对促进人的身体健康非常有益，被联合国粮农组织列为重点推广的健康型食用油。随着人民群众绿色健康消费需求的日益增长，茶油广泛受到城乡消费者的青睐，国内外市场供不应求。此外，作为绿色、环保、安全的油茶产业，油茶产品还广泛应用于工业、医药、日用化工等领域，具有很高的综合利用价值。

（二）我省发展油茶产业的有利条件和不利因素同在。我省具有2300多年的油茶栽培历史，是油茶原生区和全国主产区，现有油茶林面积1100万亩，常年茶油产量5万吨，面积和产量均居全国第二。全省有3200万亩适宜种植油茶的丘陵岗地，光照充足，雨量充沛，近年来特别是林业产权制度改革以后，广大农民发展油茶产业的积极性空前高涨，油茶良种选育、栽培技术、生产加工等均形成了一定的发展势头。但由于长期以来缺乏科学规划、油茶品种混杂、资金投入不足、经营机制不活、精深加工不够等原因，全省油茶林单产较低，综合效益不高，资源优势没有转化为经济优势。各地各部门要充分认识发展油茶产业在满足人民生活需求，维护粮油生产安全，缓解耕地压力，调整农业产业结构，促进农民增收致富中的重要作用，抓住当前难得的发展机遇，切实加强组织领导，科学规划，加大扶持，完善机制，依靠科技，不断提高油茶经营水平和综合效益，促进全省农村经济发展和农民增收致富。

二、牢牢把握油茶产业发展的基本原则和目标

（一）基本原则。坚持因地制宜、科学规划，重点布局在70个丘陵岗地面积大的县市区（其中鄱阳湖生态经济区28个县市区）；坚持政府引导、市场运作、政策扶持，调动广大调动农民、大户和企业参与油茶开发的积极性；坚持科技创新、强化管理，大力推广新品种、新技术，促进油茶产业高产、优质、高效；坚持新造为主、新造与改造相结合，稳步推进高产油茶林基地建设；坚持基地化发展与产业化经营相结合，延伸产业链，提升油茶精深加工水平，提高油茶产业附加值，带动农民增收致富。

（二）发展目标。加快新建、扩建油茶良种采穗圃和育苗基地，3 年内全省油茶良种采穗圃达到 4000 亩，年产良种穗条 7000 万枝，年出圃良种苗木 1 亿株以上。到 2020 年，全省油茶林总面积达到 2100 万亩，其中新造高产油茶林 1000 万亩，逐步改造现有油茶林 1100 万亩，年产茶油 60 万吨；大力开展茶油及其副产品精深加工，重点培育省内 1－2 家油茶加工龙头企业上市，新建 10 个规模在 5000 亩以上的油茶产业科技园，实现油茶产业年综合产值 350 亿元，把油茶产业培育成我省继脐橙产业之后又一个支柱产业。

三、大力实施油茶产业发展科技创新

（一）推进油茶生产良种化。加快国家油茶种质基因库建设，广泛收集保存国内外油茶优良品种，大力开发高产油茶新品种，推动油茶种质创新。加快高产油茶良种采穗圃建设，大力培育油茶良种壮苗，实行定点育苗、定向供苗。新建或扩建 2-3 个组培实验室，建立油茶良种快速扩繁体系，实现高产油茶种苗规模化、工厂化生产。大力推广无性系育种、杂交育种、诱变育种、倍性育种等现代技术，培育出 5-10 个产量高、品质优、抗性强的新品种。严格加强种苗市场监管。今后，新造油茶林坚持使用经国家或省审定认定的亩产 50 公斤以上的高产油茶品种，禁止使用实生苗造林，严厉打击生产和销售假冒伪劣苗木的违法行为，维护油茶种苗市场秩序。

（二）推动油茶生产集约化。认真实施国家现代农业油茶项目，油茶重点县每年建设不少于 1 万亩、重点乡镇不少于 2000 亩的高产油茶林示范基地，力争用 5 年左右时间，在 40 个重点县建成 500 万亩高产油茶基地。鼓励和引导省内油茶加工企业建立与加工能力相适应的原料林基地。依托国家和省级油茶研发中心，开展油茶园艺化高效栽培技术研究，抓好高产油茶栽培实用技术的组装配套。抓好高产油茶示范基地、示范户和示范企业建设，辐射带动农民推广新品种，学习新技术，提高经营管理水平。加强科技推广体系建设，通过送科技下乡、举办培训班、现场指导、远程科普、开办林农夜校等形式，向广大林农、种植大户和企业推广油茶良种良法。从 2010 年开始，依托省高产油茶培训基地，每年培训林农和技术人员 5000 人。

（三）促进油茶生产产业化。制订产业发展政策，将油茶产业列为全省重点支持的农业优势产业。大力扶持油茶产业龙头企业，加快企业技术改造和工艺设备更新，鼓励企业重组，培育油茶企业上市，提升市场竞争力。启动实施科技创新“六个一”工程油茶重大科技专项，开展茶油新产品以及保健、护肤、皂素、活性炭等副产品研发，使茶油精深加工率达到 80%以上。围绕油茶良种选育、栽培和生产加工，制定涵盖产前、产中、产后的油茶生产标准体系，引导农民、大户和企业按标准组织生产。建立油茶质量检验检测中心，严格市场准入，防止低水平重复建设，确保油茶产品质量安全。实施名牌发展战略，按照“统一品牌、商标各异”的办法，以“江西山茶油”的统一品牌形象，加强对外宣传，创造江西油茶产品知名品牌，提高产品影响力和市场占有率。加强油茶新品种、著名商标和地理标志产品保护。

四、不断探索油茶产业发展模式

（一）鼓励农民大力种植油茶。巩固林权制度主体改革成果，切实维护农民对油茶林地的合法承包经营权。培植油茶种植大户，发挥示范带动作用。大力发展油茶协会，鼓励农民通过专业协会或合作社开展联户种植，实行品种、育苗、管理、采摘、销售“五统一”，所得收益按照股份或协议分配，提高农民生产组织化程度和规避市场风险的能力。

（二）实行多形式联合开发。充分尊重农民意愿，鼓励和引导广大农民通过林地入股、企业投资开发、利润分成等方式，开展油茶原料林基地建设，或者企业依照协议对农户种植高产油茶给予资金和技术扶持，农户将茶籽销售给加工企业，实现利益共享。积极鼓励通过招商引资等方式，吸引外资及其它社会资金参与油茶产业的开发。

（三）支持油茶加工企业规模开发。鼓励和支持企业通过招投标、租赁等方式，依法取得集体或个人所有的连片丘陵岗地、荒山荒地的林地使用权，实行规模种植和开发，提高集约经营水平。企业劳动用工应考虑主要从当地聘请，增加属地农民务工收入。引导企业在油茶良种使用、精细栽培管理、精深产品研发等方面加大投入，建立油茶产业科技园，实现资源培育基地化、经营管理集约化、生产加工一体化。

五、加大油茶产业发展的扶持力度

（一）建立政府投入引导机制。从2010年起，省财政设立油茶产业发展专项资金，扶持全省油茶产业的发展，重点用于高产油茶良种苗木繁育基地、高标准油茶林示范基地建设等。各有关部门要认真贯彻落实《国家发展和改革委、财政部、国家林业局〈关于印发全国油茶产业发展规划（2009-2020）的通知〉》（发改农经〔2009〕2812号）要求，在积极争取国家支持的基础上，按照“统筹规划、相对集中、用途不变，渠道不乱、各负其责、各记其功”的原则，整合退耕还林及其后续产业项目、造林绿化“一大四小”工程、土地整理、农业综合开发、扶贫、农业产业化、以工代赈、水土保持、防火林带、科技创新等项目资金，大力扶持油茶产业发展。各市、县（区）也要结合本地实际，积极筹措资金，加大对油茶产业发展的扶持力度。

（二）落实信贷支持和税收优惠政策。各级金融机构要积极为油茶企业并购重组提供贷款支持，财政优先给予贷款贴息。中央和省用于支持林业发展的贴息贷款，优先支持油茶产业发展。建立面向广大农民、种植大户的油茶小额贷款扶持机制，加快推行高产油茶林林权抵押贷款，对以“公司＋农户”形式新造高产油茶基地的企业，优先给予贴息贷款扶持。认真落实增值税暂行条例及农民专业合作社有关税收政策的规定，对农业生产者销售的自产茶籽，农民专业合作社销售本社成员生产的农业产品，以及增值税一般纳税人生产销售由茶籽进行粗加工制成茶籽油及茶籽粕等副产品；对从事油茶新产品的选育、油茶林的培育和种植、油茶籽的采集和粗加工的企业；对油茶企业开发新技术、新产品、新工艺发生的研究开发费用；对经认定的油茶高新技术企业等，都要认真落实有关税费减免或优惠政策。

（三）完善林业相关配套政策。对新造高产油茶林基地的林地使用权流转，林业部门优先办理林权变更登记。郁闭度0.3以下、林相差的低产低效林分，可通过改造新造成为高产油茶林，林业部门应优先批准林木采伐，并安排采伐指标。各级林业部门要免费为林农、大户、企业提供油茶经营技术培训，开展技术咨询服务，提高油茶经营者素质。

六、加强对油茶产业发展的组织领导

为加强对全省油茶产业发展的组织领导，省成立了由省政府分管领导任组长的江西省油茶产业发展领导小组，领导小组办公室设在省林业厅，具体负责全省油茶产业发展的组织协调和日常管理工作。各市、县（区）也要成立相应的组织领导和办事机构，切实加强组织领导和协调，保护和调动各方面的积极性，帮助解决有关方面的困难与问题，确保这项工作的顺利开展。财政、发改、农业、林业、水利、科技、国土资源、扶贫、农业开发、质监、工商、税务、金融等部门要同心协力，密切配合，形成工作合力，确保各项政策措施落实到位，共同推动油茶产业发展。新闻媒体要大力宣传油茶产业发展的政策、技术和典型，宣传油茶产品，为油茶产业发展创造良好环境。

林业大事记

江西省林业大事记

（2000 年-2009 年）

2000 年

2 月 29 日 省领导舒惠国、黄智权、钟起煌、步正发等及省直机关干部、武警官兵共 300 多人来到南昌县富山乡万亩沙山参加全民义务植树劳动。

3 月 1 日 横峰县发现台松副长蛎蚧为害。属江西省首次发现。这种害虫主要危害树种有湿地松、火炬松、马尾松、黑松、长叶松、华山松等。

3 月 3 日 遂川县、宜春市被国家林业局命名为中国名特优经济林油茶之乡。

3 月 6 日 省委副书记步正发，省委常委、省委农工委书记彭崑生到省林业科学院考察工作。

3 月 23 日-24 日 全省地市林业局长会议在南昌市召开，副省长孙用和到会讲话。

4 月 4 日 经国务院批准，省级井冈山自然保护区晋升为国家级自然保护区。

4 月 18 日 省绿化委员会第十九次全体(扩大)会议在南昌市召开，省绿化委员会主任、副省长孙用和到会讲话。

5 月 8 日 江西省自然保护区管理办公室更名为江西省野生动植物保护管理局。更名后其原有编制和级别均不变。

5 月 14 日 省委书记舒惠国、省委常委、省委农工委书记彭崑生到省林业科学院考察工作并讲话。

5 月 19 日 江西省林业厅重点工程稽查办公室成立，与江西省林业基金管理站合署办公。

6 月 20 日 省委组织部任命严金亮同志为中共江西省林业厅党组书记。

6 月 21 日 省委组织部任命吴志清为省林业厅巡视员。

6 月 24 日 省政府任命严金亮同志为江西省林业厅厅长。

6 月 29 日 江西鄱阳湖国家级自然保护区管理处更名为江西鄱阳湖国家级自然保护区管理局。更名后，其原有单位性质、级别、内设机构和编制均不变。

7 月 2 日 省委书记舒惠国到省林业科学院所属的南昌树木园考察工作。

8 月 10 日 省政府任命龙远飞、魏运华为省林业厅副厅长，许青龙、陈金生任省林业厅助理巡视员。

8 月 31 日 全省地市林业局长会议在南昌市召开。副省长孙用和出席会议并讲话。

8 月底 德兴市刨花板厂依法破产工作结束。共注销不良资产 2000 多万元，207 名职工解除原有身份，并得到妥善安置。这是江西省森工系统第一家实行破产的国有企业。

9月12日-14日 全国森林公安和森林防火工作会议在南昌市召开，国家林业局副局长马福、公安部部长助理杨焕宁和副省长孙用和等出席会议并讲话。

9月28日 省政府办公厅明确江西省林业厅职能配置内设机构和人员编制。省林业厅机关内设办公室、造林经营处、林政资源保护管理处、政策法规处、计划财务处、科学技术与国际合作处、人事教育处等7个职能处(室)，以及江西省绿化委员会办公室、江西省人民政府森林防火总指挥部办公室，直属机关党委、老干部处、纪检组(监察室)；省林业厅机关行政编制50名，纪检监察编制4名，专项编制1名，为老干部服务的单列编制5名；核定省绿委办、省森林防火办事业编制15名。

11月16日 省林业厅、省公安厅、省工商行政管理局联合决定，自即日起至2001年2月28日止，在鄱阳湖区和沿湖的星子、永修、新建、余干、波阳等11个县以及共青城，开展保护越冬候鸟专项整治活动。

11月23日 省政府与中国林业科学院在南昌市签订科技合作协议。省委书记舒惠国，国家林业局党组成员、中国林科院院长江泽慧出席签字仪式并分别致辞。省领导钟起煌、孙用和、江国镇等出席了签字仪式。

12月8日 日本驻华使馆、香港绿化中国基金会向赣州市植树绿化捐款仪式在北京人民大会堂举行。共捐款860万日元(约100万元人民币)，用于帮助建设赣港绿化工程龙南绿化基地——武当镇石下村，计划植树造林总面积134公顷。全国人大常委会副委员长布赫、全国政协副主席万国权，日本驻华使馆公使杉本信行等出席捐款仪式。

2001年

2月24日 省绿化委员会向全省倡仪的营造“世纪纪念林”活动启动仪式在南昌举行。省委书记舒惠国等省、市领导和机关干部共400余人，在湾里区招贤镇聂城村种下了“世纪纪念林”的第一批树。

3月19日-20日 全省林业局长会议在南昌召开。省委书记舒惠国出席会议并讲话，强调林业要在生态经济建设中有大作为。

5月23日 江西列为2001年全国退耕还林还草试点省。

12月7日 省委书记孟建柱为绿化委员会办公室编辑出版的《绿色丰碑》一书作序。

6月1日-9月10日 省林业厅、省公安厅在全省范围内组织开展严厉打击破坏森林和陆生野生动物资源、危害林区治安违法犯罪的“百日严打”专项斗争

2002年

1月30日 省政府在南昌召开全省林业会议，传达全国林业厅局长会议精神，部署2002年林业工作。副省长孙用和出席会议讲话。

3月12日 省政府在南昌召开全省森林生态效益补助资金试点启动工作电视电话会议，副省长孙用和

出席讲话。

4 月 26 日 省政府同意将达到林业用地面积占国土总面积 50%以上，森林覆盖率 50%以上、活立木蓄积量 200 万立方米以上等指标之一的崇义、遂川等 70 个县（市、区）确定为省重点林区县，其他的为一般林区县。

6 月 1 日 省委书记孟建柱在省林业厅《关于国家林业局领导来江西调研林业工作情况的报告》上批示："林业工作很重要，是实现可持续发展的基础性工程，望林业战线的同志们继续解放思想，加大建设、保护力度、创新工作机制，调动各方的积极性，为林业事业的繁荣作出更大的贡献。国家林业局领导的几条意见都很好，望在工作中认真贯彻落实。"

7 月 2 日–14 日 省人大常委会副主任彭崑生率江西省林业考察团赴美国、加拿大考察访问。

7 月 29 日 省九届人大常委会第 31 次会议通过《江西省林木种子管理条例》，自 2002 年 9 月 1 日起正式实施。

8 月 28 日 江西首家林业科技示范区——江西省德兴林业科技示范区在德兴市正式成立。该项目总投资 1 千万元，营造林总规模 1650 公顷，建设期限 10 年。

10 月 1 日–6 日 全国政协人口资源环境委员会副主任、国家林业局党组成员、中国林业科学院院长江泽慧到江西考察参观江西省首届花博会等。省委常委、省委秘书长陈达恒、省人大常委会副主任张海如、副省长孙用和等先后陪同考察。

12 月 25 日 江西省历史上规模最大的保护鸟类专项行动——"候鸟行动"以全面告捷结束。

2003 年

1 月 19 日 省十届人大第一次会议上，省林业厅党组书记、厅长严金亮当选十届全国人大代表。

2 月 21 日 省委书记孟建柱，省长黄智权等省领导到南昌市高新开发区艾溪湖参加义务植树活动。

3 月 5 日–9 日 省委副书记、省纪委书记傅克诚深入赣州市会昌等 9 个县（市、区）考察退耕还林工作。

3 月 27 日 省政府在南昌召开全省退耕还林责任落实工作会议，副省长危朝安出席会议并讲话。

3 月 21 日 省委书记孟建柱在全省领导干部会议上强调，"既要金山银山，更要绿水青山"。

9 月 24 日 省委副书记、常务副省长吴新雄批示：从维护江西人民的根本利益出发，对利用林木资源的项目必须严格控制和管理，使省委提出的既要金山银山，更要绿水青山的方针得到完全的落实。

11 月 10 日 鄱阳湖创造有记录以来全球鹤数量新高。第四届环鄱阳湖越冬候鸟调查中发现世界珍贵鸟类，白鹤 4004 只，再次改写国际鹤类基金会关于全球白鹤数量的"定论"。

11 月 27 日 省人大常委会审议通过《江西省鄱阳湖湿地保护条例》，自 2004 年 3 月 20 日起施行。

2004年

1月4日 宜春市人民政府在全省首创森林火灾举报奖励制度。

2月12日 省委、省政府出台《关于加快林业发展的决定》。

2月13日 省十届人大第二次会议选举严金亮（省林业厅党组书记、厅长）为省人大常务委员会委员。

2月17日 省政府森林防火总指挥部召开紧急会议，部署全省森林防火工作，副省长危朝安讲话。

2月18日-4月10日 全省森林公安机关组织开展侦破森林火灾案件大会战，共查处各类森林火灾案件1460起，处理违法犯罪人员1540人。

2月26日 全国十大绿化女状元评选揭晓，江西省南昌市湾里区农妇李兰英榜上有名。

2月28日 省领导孟建柱、黄智权、王君、傅克诚、吴新雄等与省、市机关干部、驻赣官兵共800余人到新建县溪霞镇桃花村参加春季义务植树，共栽种杜英、枫香等6000余棵。

3月20日 《江西省鄱阳湖湿地保护条例》正式实施。

3月21日-25日 中央农村工作领导小组副组长徐有芳一行到江西视察工作。副省长危朝安、省林业厅厅长严金亮等陪同。

3月31日 省十届人大常委会第八次会议决定任命刘礼祖为江西省林业厅厅长。

3月31日 省十届人大常委会公布施行修改后的《江西省公民义务植树条例》。

4月28日 省政府令第129号公布修改后的《江西省木材运输监督管理办法》，自2004年7月1日起施行。

4月 九连山国家级自然保护区发现国际濒危物种、国家一级重点保护野生动物—金斑喙凤碟。

4月 赣州市成立我省第一个设区市专业森林消防大队。

5月2日 省林业厅厅长刘礼祖向省委书记孟建柱汇报赴浙、闽学习考察情况。孟建柱同意省林业厅关于开展和切实搞好林业产权制度改革的三点建议。

5月9日 副省长危朝安听取省林业厅党组书记严金亮、厅长刘礼祖关于组团赴浙闽学习考察林业工作的情况汇报。

5月25日 省林业厅在南昌举行“山上办绿色银行”专家论坛，出席论坛的有省内外专家学者张齐生、汤庚国等10余人。省人大常委会副主任孙用和、副省长危朝安出席论坛并讲话。期间，省委书记孟建柱、副省长危朝安等会见了张齐生、汤庚国一行。

6月2日 在鄱阳湖区鄱阳县乐家村、包家村发现东方白鹳（国家一级重点保护动物）育雏巢址3处，共8只，其中4只成鸟、4只幼鸟。这是鄱阳湖区首次记录到东方白鹳的繁殖活动，也是迄今为止中国发现的纬度最低地带的东方白鹳繁殖种群。

6月6日 省委书记孟建柱与副书记彭宏松研究工作时指出，林权制度改革很重要，它的意义绝不亚于税费改革，并提出由彭宏松负责林改工作。

6月7日-8日 省委、省政府在南昌召开全省林业工作会议，省委书记孟建柱、省长黄智权、国家林业局副局长雷加富讲话，副省长危朝安作《贯彻落实<决定>，兴办“绿色银行”，着力推进我省林业可持续发展》的工作报告，省委副书记彭宏松作会议总结，省人大常委会副主任彭崑生、省政协副主席倪国熙出席会议。

6月7日-10日 国家林业局副局长雷加富带领有关司局长共11人到江西省考察林业工作，并出席江西省林业工作会议。

6月30日 《江西省野生动植物资源保护管理暂行办法》和《江西省鄱阳湖保护区候鸟保护规定》公布施行。

7月22日-23日 全省森林旅游工作会议在靖安县召开，会议研究制定了《全省森林旅游发展规划》，要求把江西建设成为森林旅游大省。省人大常委会副主任彭崑生、副省长孙刚和省林业厅厅长刘礼祖出席会议并讲话。

7月23日 省政府决定成立“江西省鄱阳湖湿地保护协调小组”，组长危朝安，副组长刘礼祖、许苏卉、孙晓山、赵泽华。

8月9日-11日 省委副书记彭宏松在省林业厅厅长刘礼祖陪同下到上犹、崇义、大余县就集体林业产权制度改革进行调研。

8月23日 省委办公厅、省政府办公厅发出通知，确定崇义、铜鼓、遂川、黎川、武宁、德兴、浮梁等7个县（市）为全省林改试点县。

8月27日 省委、省政府印发《关于深化林业产权制度改革的意见》。

8月28日 省委、省政府在南昌召开全省林业产权制度改革工作会议。省委书记孟建柱对深化林业产权制度改革工作提出要求，省长黄智权、省委副书记彭宏松讲话，省人大常委会副主任钟家明、省政协副主席金异出席会议，副省长危朝安作总结讲话。

9月1日 根据省委、省政府的统一部署，全省林业产权制度改革试点工作全面启动。

9月13日 省委、省政府成立“江西省林业产权制度改革领导小组”，组长彭宏松，副组长危朝安、胡幼桃、严金亮、刘礼祖，办公室设在省林业厅，办公室主任刘礼祖，副主任郭家、蔡玉峰。

9月16日 全省工业原料林基地建设工作会议在南昌召开。副省长凌成兴，省林业厅厅长刘礼祖、副厅长魏运华出席会议并讲话。

9月21日 省政府森林防火总指挥部、省林业厅在南昌举行江西省森林消防专业队演练现场会。这是江西有史以来举行的首次演练。副省长、省森林防火总指挥部总指挥危朝安到会观看并讲话。

9月25日 省十届人大常委会第十一次会议审议通过并颁布施行《江西省森林资源转让条例》，这是建国后江西省制定的第一部关于森林资源转让的地方性法规。

9月28日 日本政府贷款江西造林项目实施启动会议在南昌召开。这是第一次在江西省实施的日本政府贷款林业项目，也是江西省有史以来最大的林业利用外资项目。副省长危朝安、省财政厅厅长胡幼桃、省林业厅厅长刘礼祖等出席启动会议。

11月8日 南昌市青山湖区湖坊村森林防火队成立。这是全省首支村级森林防火队。

12月8日-9日 国家林业局副局长祝列克一行在江西省林业厅厅长刘礼祖陪同下到井冈山市、遂川县等地视察林业工作。

2005年

1月1日 省政府决定，从2005年起，启动省级生态公益林补助项目，由省财政每年安排1000万元资金，用于生态公益林保护管理工作。

1月7日 全省林业工作现场会在黎川县召开，副省长危朝安、省林业厅厅长刘礼祖等出席会议并讲话。

1月10日 环鄱阳湖区第六届越冬候鸟调查结束，今冬候鸟共82种315353只。

1月11日 省委副书记、省长黄智权在省政府秘书长魏小琴等陪同下到铜鼓县排埠镇永丰村视察林改工作。

2月16日 省委书记孟建柱在全省农村工作会上提出："希望在山，潜力在水，重点在田，后劲在畜，出路在工"的20字农业发展思路，并提出了具体要求。

2月22日 省编委办公室批准成立"江西省林业厅防沙治沙管理办公室"（赣编办文[2005]20号）。

3月31日-4月1日 省委书记孟建柱和省委常委、省委秘书长陈达恒在省林改领导小组副组长、省林业厅厅长刘礼祖等陪同下到遂川县视察林改工作。

4月3日 省领导孟建柱、黄智权、王君、彭宏松、钟起煌等同省、市400余名机关干部、驻赣官兵、当地群众一起，到南昌市红谷滩新区卧龙山进行春季义务植树活动，共栽种2000余棵桂花树。

4月13日-15日 国家林业局副局长雷加富一行7人在江西省委副书记彭宏松、省林业厅厅长刘礼祖等陪同下调研江西省林改和林业工作。

4月14日 省林业厅召开新闻发布会，公布江西省"十五"期间森林资源调查结果，全省森林资源出现"六个增长"的态势，即林业用地面积增长1.15%，有林地面积增长1.69%，森林覆盖率增长0.35%，达到60.05%，活立木总蓄积量增长21.95%，竹林面积增长10.92%，立竹株数增长9.61%。

4月15日 中国林学会、江西省林业厅联合在南昌举办"希望在山"院士论坛。出席论坛的有张新时等6位院士、江西省领导孟建柱、彭宏松、胡振鹏及省、市林业部门干部共200多人参加论坛。同日，江西省人民政府在南昌举行聘请8位院士（沈国舫、张新时、王明庥、马建章、张齐生、蒋有绪、冯宗炜、宋湛谦）为省人民政府林业顾问仪式，副省长胡振鹏为受聘院士颁发聘书并致辞。

4月16日 省委、省政府在南昌召开全省林业产权制度改革工作会议。省委书记孟建柱、省长黄智权、省委副书记彭宏松、省人大常委会副主任彭崑生、副省长危朝安、省政协副主席倪国熙和国家林业局副局长雷加富等出席会议。

4 月 30 日 国务院决定授予资溪县林业局长张国文为“全国先进工作者”、上饶县董田乡苗木种植户林远泉为“全国劳动模范”称号。

4 月底 崇义、铜鼓、遂川、德兴、浮梁、武宁、黎川等 7 个县（市）林改试点工作经省检查验收组实地检查验收合格，胜利结束。

6 月 1 日-2 日 省政府副省长危朝安到莲花县调研林改工作。

6 月 24 日 省林业厅、省高级人民法院、省人民检察院、省公安厅联合召开全省“绿色旋风二号”行动电视电话会议，部署开展打击非法占用林地、盗伐滥伐林木、非法运输和收购木材等违法犯罪行为。同日，省绿化委员会召开第 23 次全体成员会议。副省长、省绿化委员会主任危朝安讲话，省军区副司令员卢立银、省林业厅厅长刘礼祖、副厅长魏运华出席会议。

6 月 28 日 省委书记孟建柱、省委副书记彭宏松、副省长危朝安等到省林业科学院进行调研工作。

7 月 3 日-7 日 国家林业局副局长张建龙一行到井冈山、崇义、上犹、遂川、靖安等县市考察与调研林业产权制度改革工作。

7 月 22 日 省政府任命詹春森为省林业厅助理巡视员。

8 月 6 日 全省森林防火指挥长培训班在南昌举办，副省长、省政府森林防火总指挥部总指挥危朝安讲话。

8 月 23 日-24 日 省政府副省长危朝安到铜鼓、宜丰两县视察林改工作。

8 月 25 日-9 月 28 日 省林业厅、省文联、省作协组织省内外 30 位作家，分两批到 7 个林改试点县（市）开展“和谐创业，富农兴赣”江西林改采风创作活动，创作出 28 篇共 20 多万字的文艺作品，编辑出版江西林改文学作品集：《希望在山》。

8 月 31 日 经省政府审定，省林业厅公布新的《江西省重点保护植物名录》，其中列入一级保护植物有 4 种，二级保护植物有 27 种，三级保护植物有 120 种。

9 月 22 日-23 日 全省林业产权制度改革座谈会在吉安市召开。省委副书记、省林改领导小组组长彭宏松，副省长、省林改领导小组副组长危朝安出席会议并讲话。

10 月 26 日-27 日 全省营造林工作现场会在宜春市召开，会议代表参观了高安、宜丰、万载等地的造林现场，省委副书记彭宏松、副省长危朝安出席现场会并讲话。

10 月 28 日 江西省首家林业产权交易中心—铜鼓县林业产权交易中心挂牌成立。

11 月 18 日 省林业厅、省农村信用社联合印发关于开展林权证抵押贷款试点工作的通知（赣林资字[2005]278 号），决定从 2005 年 10 月至 2006 年 5 月在崇义、铜鼓、遂川、德兴、浮梁、武宁、黎川等 7 个县（市）进行林权证抵押贷款试点工作。

12 月 1 日 省十届人大常委会第十八次会议作出《关于加强森林资源保护和林业生态建设的决议》，对天然阔叶林实施禁伐政策，建立森林生态效益补偿机制。

12 月 21 日-24 日 中共中央党校教育长、教授李兴山一行 3 人在省林业厅厅长刘礼祖陪同下到井冈山、吉安、青原、武宁、宜丰、铜鼓等县（市、区）考察林改工作。

12月23日 国家林业局审查批准龙南县九连山、黎川县岩泉、上饶县碧云峰、景德镇市枫树山、浮梁县瑶里等5处为国家级森林公园。

12月27日 省委书记孟建柱在省林改领导小组报送的《关于全省林业产权制度改革工作质量检查情况的通报》上批示："林权制度改革很重要，它对建立林农增收的长效机制，建设社会主义新农村都具有重要的意义，务请各地在总结前一段工作的基础上，努力寻找工作的薄弱环节，加强领导，落实相关政策，把这一改革善始善终抓好"。

12月28日 江西省首家林业要素市场-遂川林业要素市场正式成立并开业。

12月31日 省委决定，刘礼祖同志任省林业厅党组书记（赣委[2005]202号）。

2006年

1月5日 全省"绿色旋风行动"总结表彰电视电话会议在南昌召开，省委常委、省委政法委书记舒晓琴、副省长危朝安、国家林业局森林公安局副局长张萍、省林业厅厅长刘礼祖等出席。

1月7日 国家林业局副局长赵学敏一行在江西省林业厅厅长刘礼祖陪同下到鄱阳湖国家级自然保护区、武宁县视查工作，省委书记孟建柱会见赵学敏一行。

1月8日 全省湿地保护和自然保护区建设工作会议在南昌召开，国家林业局副局长赵学敏，副省长危朝安，省林业厅厅长刘礼祖等出席并讲话。同日，赵学敏为全国湿地保护宣教鄱阳湖培训基地暨江西省湿地保护宣教中心揭牌。

1月10日 经调查，鄱阳湖区越冬候鸟达105种近73万只，创历史新高。

1月26日 省政府任命毛赣华为省林业厅助理巡视员、胡跃进为省林业厅总工程师（副厅级）。

2月7日 省林业厅召开全厅副处级以上干部大会，厅党组书记、厅长刘礼祖就干部轮岗交流和民主推荐选拔干部问题作讲话。

2月12日 中央党校《理论动态》杂志刊登中央党校教育长，教授李兴山等三人调研组报告《我国农村改革的又一次重大突破—江西林业体制改革调研报告之一》全面系统地介绍了江西林改的客观要求、主要内容、初步成效和重大意义与启示。

2月15日 全国政协常委舒圣佑等到遂川县视察林业产权制度改革工作。

3月1日 省领导孟建柱、王君、傅克诚、佘欣荣、钟家明、胡振鹏等与省市400余名机关干部、驻赣官兵和当地群众一起到南昌市红谷滩新区卧龙山参加春季义务植树劳动，共栽种木莲等2000余棵。

3月5日 中共中央政治局常委、国家副主席曾庆红在参加全国"两会"江西代表团讨论时，赞扬"江西林权制度改革为林农办了一件大好事"。

4月6日-9日 国家林业局副局长张建龙率领检查组到江西检查森林防火工作，副省长熊盛文会见了检查组一行。

4 月 19 日 省林业厅、省高级人民法院、省人民检察院、省公安厅联合召开全省严厉打击破坏森林资源违法犯罪专项整治行动（代号："绿剑行动"）电视电话会议，副省长熊盛文，省林业厅厅长刘礼祖讲话。"绿剑行动"从 4 月 20 日开始至 12 月 31 日结束。

4 月 21 日 省政府决定成立江西省林业有害生物防控工作指挥部，副省长熊盛文任指挥长，刘礼祖、赵泽华任副指挥长。

4 月 21 日-23 日 全国野生动植物保护协会秘书长工作会议在井冈山市召开，国家林业局副局长赵学敏，江西省人大常委会副主任朱英培，江西省林业厅领导刘礼祖、龙远飞、王兵等出席会议。

4 月 27 日-28 日 省委书记孟建柱在省委常委、赣州市委书记潘逸阳陪同下视察崇义县林改工作。

5 月 17 日-18 日 全省林业产权制度配套改革现场会在崇义县召开，省委副书记彭宏松，省林业厅领导刘礼祖、龙远飞等出席会议并讲话。

5 月 19 日 全省林业产权制度改革表彰暨配套改革动员大会在南昌召开，省委书记孟建柱、省长黄智权对林改工作提出要求，省领导彭宏松、陈达恒、朱英培、熊盛文、雍忠诚、王清葆，国家林业局副局长张建龙，省林业厅厅长刘礼祖等 1100 余人出席会议。

5 月 19 日-28 日 全国政协副主席、致公党中央主席罗豪才率致公党中央考察团到宜春、赣州、吉安、九江等市山区、丘陵、平原地区就"林业发展与社会主义新农村建设"进行调研。

5 月 22 日 国家林业局副局长祝列克一行到鹰潭市视察林业工作。

5 月 24 日-25 日 国家林业局党组成员、中央纪委驻国家林业局纪检组组长杨继平一行到兴国县调研林业发展与社会主义新农村建设工作。

5 月 25 日 国家林业局副局长张建龙一行到泰和县视察林业工作。

6 月 26 日 省编委办批准成立"江西省生态公益林管理办公室"，与省林业工作总站合署办公（赣编办文〔2006〕98 号）。

7 月 3 日 省绿化委员会第 24 次全体会议在南昌召开，副省长、省绿化委员会主任熊盛文出席并讲话。

7 月 30 日-8 月 4 日 人民日报等 8 家中央新闻媒体记者组成采访团到崇义、遂川、安福、井冈山等县（市）采访林业产权制度改革情况。

8 月 23 日-25 日 中共中央政治局委员、国务院副总理回良玉在江西省委书记孟建柱、省长黄智权等陪同下到新干县、泰和县视察林业产权制度改革工作

8 月 24 日-25 日 全国集体林权制度改革现场经验交流会在江西省井冈山市召开。中共中央政治局委员、国务院副总理回良玉出席并作重要讲话，国家林业局局长贾治邦主持会议并作会议总结，中共江西省委书记孟建柱致辞，江西省人民政府副省长熊盛文作经验介绍。

9 月 1 日 江西省森林防火预警监测总站工程开工庆典在南昌市红谷滩新区举行，省委常委、南昌市委书记余欣荣，省林业厅厅长刘礼祖等出席，刘礼祖讲话。

9 月 6 日-10 月 5 日 省林业厅与省人民广播电台合作开播“985 林农课堂”节目，邀请相关林业专家，通过电台讲解林业实用技术。

9 月 26 日 国家林业局、江西省人民政府共同举办的科技为林改服务暨江西林业科技周活动在南昌举行。国家林业局党组成员、中国林业科学研究院院长江泽慧，省委副书记彭宏松等参加了系列活动。

9 月 26 日-27 日 国家林业局党组成员、中国林业科学研究院院长江泽慧一行在省委副书记彭宏松，省委常委、省委宣传部部长刘上洋等陪同下到南昌、新余等地进行调研。

9 月 28 日-10 月 10 日 江西省第二届花卉园艺博览交易会在南昌市举办。国家林业局党组成员、中国花卉协会会长江泽慧出席开幕式并致辞，江西省领导孟建柱、黄智权、陈达恒、孙用和、熊盛文、雍忠诚等出席开幕式。

9 月 30 日 建设部公布“国家园林城市”命名名单，宜春市、景德镇市榜上有名，这标志着江西省“国家园林城市”零的突破。

9 月 30 日 全省森林资源连续清查第六次复查工作至 9 月底圆满结束。此次复查的固定样地调查合格率达 95%以上，质量等级达“优”，遥感判读样地正判率达 90%以上。

10 月 8 日 省编委办批准成立“江西省林业厅湿地保护管理办公室”，属厅属处级事业单位，与江西湿地宣传教育中心合署办公（赣编办文〔2006〕144 号）。

10 月 10 日 国家林业局副局长祝列克一行到九江市视察林业有害生物防治工作。

10 月 11 日-12 日 全国油茶产业发展现场会在南昌召开，国家林业局副局长祝列克，江西省人民政府副省长熊盛文，江西省林业厅厅长刘礼祖出席会议并讲话。

10 月 17 日 经省编委办批复同意，省木材检查管理总站更名为“江西省木材流通监督管理局”（赣编办文〔2006〕149 号）。

11 月 2 日 江西鄱阳湖被世界生命湖泊网接受为中国唯一的正式成员。

11 月 10 日 省政府召开全省冬季造林暨林业有害生物防控工作电视电话会议，副省长熊盛文、省林业厅厅长刘礼祖出席并讲话。

12 月 16 日 中共江西省第十二次代表大会闭幕，省林业厅党组书记、厅长刘礼祖当选为省委委员。

12 月 27 日 国家林业局批准赣州市峰山、资溪县清凉山、武宁县九岭山等 3 处为国家级森林公园，总面积 25399.18 公顷。至此，全省国家级森林公园达 36 处，跃居全国第一位。

2007 年

1 月 22 日-4 月 9 日 武警内蒙古森林总队 158 名官兵首次进驻江西执行“北兵南用”跨区森林防火执勤任务。

1 月 22 日 省委副书记、代省长吴新雄，副省长洪礼和到高安市大城镇古楼村视察高产油茶示范基地和林网示范点建设情况。

2 月 3 日 省林业科技实验中心成立。

3 月 8 日 省委书记孟建柱、省长吴新雄等在省林业厅厅长刘礼祖陪同下到国家林业局走访，国家林业局贾治邦局长听取江西省林业工作情况汇报。

3 月 22 日 省领导孟建柱、吴新雄、王宪魁、傅克诚、彭宏松等和省、市 1000 余名机关干部、驻赣官兵和当地群众到南昌高新区艾溪湖森林湿地公园参加春季义务植树活动。

3 月 29 日 吴新雄省长到省林业厅视察指导工作。

4 月 3 日 全省严厉打击破坏森林资源违法犯罪专项整治行动（代号“绿剑二号行动”）电视电话会议在南昌召开，副省长熊盛文到会讲话。

4 月 6 日 国务院批准江西省官山省级自然保护区晋升为国家级自然保护区。

4 月 20 日 中共中央政治局常委、国务院总理温家宝在江西省委书记孟建柱、省长吴新雄等陪同下到武宁县罗坪镇长水村视察林业产权制度改革工作。温总理指出，今天一天，我最大的收获是林权制度改革。我把这项改革看作是与改革开放初期土地承包制一样，具有同等重要的意义。我希望江西走在前面，把这项工作做好，就如同当年的小岗村一样。同日，全国林业血防工程建设现场会在南昌召开，国家林业局副局长祝列克，副省长胡振鹏，中国林科院首席科学家彭振华，省林业厅厅长刘礼祖等出席会议。

4 月 23 日 《江西现代林业发展战略研究与规划》项目启动仪式在南昌举行。全国政协人口资源环境委员会副主任江泽慧，省领导陈达恒、熊盛文，省林业厅厅长刘礼祖等出席。

4 月 27 日 省人大常委会与省林业厅联合举行《江西省森林条例》新闻发布会。

4 月 29 日 国家林业局与江西省委、省政府在北京召开座谈会，研究贯彻落实温家宝总理视察江西林业产权制度改革工作时的重要指示精神。国家林业局领导贾治邦、雷加富、祝列克、张建龙，国家发改委副主任欧新黔，财政部副部长廖晓军，国务院研究室副主任李炳坤以及中央宣传部、中央农村工作领导小组有关部门负责同志，省领导孟建柱、陈达恒、熊盛文，厅领导刘礼祖等出席会议。

4 月 30 日 省、市、县三级林业视频会议系统正式开通运行。

6 月 1 日-2 日 全省林业产权制度配套改革工作会议在南昌召开，省领导孟建柱、吴新雄、陈达恒、朱英培、熊盛文、倪国熙，国家林业局副局长雷加富出席。

6 月 18 日 国家发展和改革委员会主任马凯到泰和县调研林业产权制度改革工作。

6 月 23 日-30 日 中央宣传部和国家林业局组织人民日报、新华社、中央人民广播电台、中央电视台等 20 家中央新闻媒体，赴赣采访林业产权制度改革。

6 月 27 日 省委、省政府印发《关于贯彻落实温家宝总理重要指示全面深化林业产权制度改革的意见》（赣发[2007]11 号）。

7 月 1 日 中央和省级生态公益林补偿资金全部纳入财政“一卡通“管理，实行财政统一管理，一户一卡。

7月25日 省委副书记王宪魁到省林业厅视察指导工作。

8月7日 省编办批复同意将江西省森林病虫害防治站、江西省森林植物检疫站合并更名为江西省林业有害生物防治检疫局。

9月27日 省委书记孟建柱到武夷山国家级自然保护区视察。

11月7日 省编办批准成立江西省林业生态文化建设管理中心、江西省航空护林站。

11月19日 国家林业局批准新余市仰天岗孔目江湿地公园为国家湿地公园。

11月20日 中民民用航空总局、江西省人民政府联合在南昌召开中国民航完成对江西飞播造林10周年纪念大会。国家民航总局副局长王昌顺，国家林业局副局长李育材，省领导凌成兴、熊盛文等出席大会。

12月8日 省航空护林站在南昌昌北开发区蛟桥镇双岭村山火现场实施吊桶灭火，航空护林灭火首战告捷。

2008年

1月4日 全国首部反映江西林业产权制度改革历程的电影故事片——《踏界》在遂川县开机。

1月7日 国家林业局批准设立横峰县岑山国家森林公园、上饶县五府山国家级森林公园、南丰县军丰山国家级森林公园。

1月11日 江西林业产权交易联网信息发布系统正式启用。

1月12日 罕见的特大冰雪灾害肆虐江西全省，低温雨雪天气持续20多天。全省99个县的森林普遍受灾，林业直接经济损失达377.2亿元，全省林业损失惨重。

1月18日 省领导弘强、史文清率春节慰问团走访慰问驻赣森林武警部队官兵，省林业厅厅长刘礼祖陪同慰问。

1月22日 省编委办批准省林业厅利用外资项目办公室增挂“江西省林木生物质能源管理办公室”的牌子并明确其职责。

1月28日 省林业厅成立防范灾害性雨雪天气应急指挥部，并召开全省林业系统防冻救灾工作电视电话会议。

2月3日 省政协主席傅克诚到省林业厅视察林业防冻救灾工作。

2月15日 全省林业工作暨灾后重建动员大会在南昌召开，省领导陈达恒、省林业厅厅长刘礼祖出席会议。

2月16日 省委副书记王宪魁到新干、泰和两县视察指导林业灾后重建工作。

2月22日 省领导陈达恒在省林业厅厅长刘礼祖陪同下到萍乡市调研林业灾情，指导林业灾后重建工作。

2月26日 财政部、国家林业局下发拨江西林业灾后重建补助资金1.16亿元。

3月5日 省长吴新雄发出致各设区市主要领导及各市、县、乡镇长和村委会主任的森林防火公开信。

3月6日 省委书记苏荣对我省森林防火工作作出重要批示。

3月10日 省委书记苏荣，在省委常委、省委秘书长陈达恒和省林业厅、省财政厅、省发改委等负责同志陪同下走访国家林业局。国家林业局局长贾治邦听取了江西林业工作和灾后重建情况的汇报。

3月11日-12日 国家林业局调研组到遂川县调查林业灾情。

3月20日-5月31日 江西省林业厅、省公安厅、南昌海关、省工商行政管理局在全省范围内联合开展集中打击破坏野生动物资源违法犯罪专项行动（代号：飞鹰行动）。

3月24日 省委书记苏荣、省长吴新雄等省四套班子带领干部群众千余人到省领导义务植树示范点——南昌高新区艾溪湖森林湿地公园参加春季义务植树活动。全省11个设区市、99个县（市、区）党政领导一把手都参加了当地绿化委员会组织的全民义务植树活动。同日，全省森林防火工作座谈会在南昌召开，省领导吴新雄、熊盛文出席座谈会。

3月28日 国家林业局副局长祝列克在省林业厅厅长刘礼祖陪同下到武宁、吉安两县视察林业工作。

4月1日 省十一届人大一次会议决定任命刘礼祖为江西省林业厅厅长。

4月2日 省林业厅在南昌召开全省林业抗灾救灾总结表彰电视电话会议，副省长熊盛文，省林业厅厅长刘礼祖等出席。

4月10日-8月21日 省林业厅开展了为期4个月的深入学习实践科学发展观活动试点工作。通过学习实践活动，建立完善了一批制度，解决了一些问题，促进了全省林业科学发展水平。厅学习实践活动得到了省委、国家林业局领导好评，并在省委、国家林业局学习实践活动交流大会上作了典型发言。

4月15日 省森林工业局与省内8家企业共同注资2000万元，组建江西省赣林担保有限公司。

4月25日-29日 重庆市副市长马正其率政府考察团来江西考察林业工作，副省长熊盛文会见考察团一行。

4月30日 全南县茅山林场大水坑分场场长黄荣智荣获“全国五一劳动奖章”。

5月8日 省委书记苏荣出席泰豪论坛发表“深化省情认识，加快江西发展”的主题演讲，首次提出江西造林绿化“一大四小”工程建设。

5月20日 省委书记苏荣到崇义县视察林业灾后重建工作。

5月20日 中国野生动物保护协会授予彭泽县“中国梅花鹿之乡”称号。

5月30日 国家林业局、教育部、共青团中央授予井冈山国家级自然保护区“国家生态文明教育基地”称号。

6月20日-22日 省林业厅、省公安厅在九江市召开全省森林公安“三基”工程建设现场会，省领导舒晓琴，省林业厅厅长刘礼祖等出席。

6月28日-7月4日 省委宣传部、省林业厅、中国野生动物保护协会联合主办“名人名家生态文化江西行”活动。中国野生动物保护协会会长赵学敏，中国作家协会副主席陈建功、张抗抗以及马建章、章仲锷等30余名作家、书画家应邀赴井冈山、遂川、婺源等地开展实地采风。

7月5日 省领导吴新雄、陈达恒、凌成兴到鄱阳湖自然保护区调研鄱阳湖生态环境保护，湿地保护等工作，省林业厅厅长刘礼祖等陪同调研。

7月6日 省长吴新雄在省林业厅厅长刘礼祖等陪同下到铜鼓县就林权制度配套改革工作进行调研。

7月10日 江西开通首个湿地官方网站——“湿地江西”。

7月15日-19日 省领导陈达恒率全省11个设区市党委或政府分管领导、林业局长，20个平原（半平原）县（市、区）党委或政府主要领导和省林业厅、省交通等有关部门负责人到河南省考察平原林业。

7月17日 全国首个速生丰产林协会—江西省速生丰产林协会成立。

7月22日-31日 省林业厅、省林改办组织3个验收组对全省18个风景名胜区、经济技术开发区的林业产权制度主体改革工作进行验收。

7月23日-8月12日 省林业厅完成全国林业发展区划江西省三级区划工作。

8月8日 省人事厅先后批准省退耕还林工作领导小组办公室、省森林工业局、省木材流通监督管理局、省林业工作总站、省林木种苗和国有林场工作总站、省林业有害生物防治检疫局、省野生动植物保护管理局、省林业厅林业工程稽查办公室等8个单位列为参照《公务员法》管理单位。

8月10日 省林业厅成立造林绿化“一大四小”工程建设领导小组及督导组。

8月11日-13日 全国人大常委会副委员长乌云其木格到庐山自然保护区视察。国家林业局副局长印红，省领导魏小琴，省林业厅厅长刘礼祖等陪同考察。

8月13日 省编委办批准省林业厅利用外资项目办公室增挂“江西省林木生物质能源管理办公室”的牌子。

8月22日 省林业厅行政审批服务办证大厅等8单位被国家林业局命名为全国林业系统首批文明窗口单位。

9月12日 省发改委批复同意在沪瑞、大广、景婺常、福银高速公路的玉山县梨园、定南县里猪塘，德兴市白沙关和黎川县沙塘隘等4个省级出口分别建设木材检查站。

9月19日 江西首架航空护林和人工增雨飞机抵昌。

9月23日 省委、省政府印发《关于全面推进造林绿化“一大四小”工程建设的意见》（赣发[2008]12号）。

10月5日 我国首家介绍林业生态文化建设门户网站—中国林业生态文化网在南昌正式开通。

10月6日 省委、省政府在南昌召开全省造林绿化“一大四小”工程建设动员大会。国家林业局局长贾治邦、副局长李育才，省领导苏荣、吴新雄、陈达恒、凌成兴、余欣荣、蒋如铭、朱张才、胡幼桃出席大会。

10 月 7 日 国家林业局局长贾治邦、副局长李育材到丰城白土镇岗霞村高产油茶产业基地，视察高产油茶产业发展情况。省领导苏荣、凌成兴，省林业厅厅长刘礼祖等陪同。

10 月 7 日-8 日 国家林业局副局长李育材在省林业厅厅长刘礼祖的陪同下，先后到官山国家级自然保护区、宜丰县黄岗乡潮溪村、宜丰县专业森林消防队检查指导森林防火工作和平原造林工作。

10 月 9 日 省政府决定从 2008 年起全省范围内免征毛竹育林基金。

10 月 11 日 我省正式组建武警森林警察部队。

10 月 17 日 鄱阳湖国家级自然保护区发现罕见候鸟——青头潜鸭 1100 只，凤头潜鸭 400 只。

12 月 10 日 省委副书记王宪魁到上饶县枫岭头镇考察高产油茶示范基地。

12 月 24 日-26 日 省委书记苏荣视察吉安市、遂川县、永新县和萍乡市莲花县造林绿化“一大四小”工程建设。

12 月 26 日 省委书记苏荣视察莲花县曼地亚红豆杉基地建设。

12 月 26 日 林业生态知识编入江西省义务教育地方课程通用教材《地杰人灵诵江西》，列为中小学生必修课。

12 月 30 日 国家林业局批准湘东区设立碧谭国家级森林公园。

12 月 30 日 省、市、县基层工作站四级联网的林业政务内网体系初步建立。

12 月 31 日 全省 11 个设区市，95 个县（市、区）的 500 个办证点启用林木采伐证和木材运输证网上办证系统。

2009 年

1 月 3 日 省委书记苏荣回复人民网网友时指出，生态环境好是江西最大的优势，最宝贵的财富，也是我们留给子孙后代不可多得的资源。

1 月 3 日-6 日 著名经济学家、清华大学国情研究中心主任胡鞍钢教授一行，在国家林业局经济发展研究中心主任周小舟陪同下，到江西调研林改和林业建设情况。省委书记苏荣，省委常委、秘书长赵智勇，省林业厅厅长刘礼祖会见胡鞍钢一行并进行深入交谈。

1 月 7 日 省政府办公厅转发省林业厅《关于开展全省森林资源二类调查工作意见的通知》。全省从 3 月至 12 月底开展第 6 次森林资源二类调查工作。

1 月 8 日 省委书记苏荣到江西高峰生态农林开发有限公司考察育苗工作。

1 月 9 日 省委书记苏荣在省委中心组专题学习会上指出，造林绿化“一大四小”工程是我省生态建设的重点工程，是山江湖工程的继续，今冬明春是推进这项工作的关键时刻。各地一定要从实际出发，注重实效，不搞形式主义，不摆花架子；一定要尊重农民的意愿、保护农民的利益，不搞强迫命令，不占用基本农田；一定要坚持标准，保证质量，切实做到没有落实造林经营主体的不栽，整地质量不达标准的不栽，造林后浇不上水的不栽，确保这项造福于民、惠及子孙的工程开好头、起好步。

1月14日 省质量技术监督局审议通过《杂种马褂木扦插繁殖技术规程》、《杨树扦插育苗技术规程》、《金边瑞香脱毒快繁技术规程》等3个江西省地方标准，于2009年5月1日起正式实施。

1月15日 省委书记苏荣就近期森林防火工作作出批示。

1月22日 省委常委、副省长陈达恒率省委、省政府春节慰问团到江西森林武警部队和航空护林机组慰问部队官兵和机组人员，省林业厅厅长刘礼祖、省政府副秘书长赵泽华等参加慰问。

1月25日 中共中央总书记、国家主席、中央军委主席胡锦涛视察井冈山，站在黄洋界上感慨地说："井冈山真是变化太大了，比我1993年来时林木要茂密多了，这说明你们造林绿化搞得好。要继续努力，让江西青山常在、绿水长流。"

1月30日 省委常委、南昌市委书记余欣荣到安义县视察造林绿化"一大四小"工程建设。

2月1日 省委书记苏荣，省委副书记、省长吴新雄和省领导王宪魁、傅克诚等到南昌市红谷滩新区卧龙山风景区与省市机关干部、武警官兵、各界群众一起开展新春植树团拜活动。

2月4日 省委书记苏荣在《省林业厅关于当前造林绿化"一大四小"工程建设情况的报告》上作出重要批示："实事求是地说，'一大四小'造林绿化工程栽的大树多，进展快，质量好，超出预想。特别是县、乡基层干部组织得力，任务落得实，工作抓得实，产权明确，要特别感谢他们。同时，也应该看到这一工程的艰巨性，完成荒山宜林地大面积造林任务难度并不大，关键是完成"四小"工程任务难度大。"一大四小"造林绿化工程是"山江湖"工程的继续，是鄱阳湖生态经济区建设四大工程之一，利在当代，功在千秋。要坚持不懈地抓下去，使'绿色生态江西、和谐平安江西、富裕文明江西'在我们担任领导期间得到巩固、得到发展，使人民群众永远享受一流的空气、一流的水质、一流的生态、一流的人居环境变成现实，这是历史赋予我们的使命，是人民的期待。希望全省上下继续努力，科学规划，精心组织，确保质量，栽一棵活一棵，加强保护，提高成活率，坚决做到一年有模样，三年完成任务。"

2月5日 国家林业局正式批复宜春市为"国家现代林业建设示范市"。这是江西唯一的"国家现代林业建设示范市"，也是全国8个示范市之一。

2月5日 省长吴新雄、省委常委、副省长陈达恒就近期防火工作作出批示。

2月6日-7日 省政府在新余市召开全省造林绿化"一大四小"工程建设流动现场会，省委常委、副省长陈达恒出席会议并讲话，省林业厅厅长刘礼祖主持会议。

2月8日 省委常委、省军区政委王清葆，省军区司令员彭水根率领1500余名官兵到樟树清江基地参加植树造林活动，省林业厅党组书记、厅长刘礼祖参加活动。

2月8至17日 江西首次开展中华秋沙鸭越冬种群分布地和数量专项调查。总共记录到中华秋沙鸭越冬种群10群、255只，为全球迄今发现越冬种群最多的一次。

2月20日 省委决定罗勤同志任省林业厅党组成员。3月26日，省政府任命罗勤同志为省林业厅副厅长（试用期一年）。

2 月 25 日 省委书记苏荣在省委常委、秘书长赵智勇的陪同下到德兴市视察造林绿化“一大四小”工程建设情况，评价德兴市造林起点高、树种选择好、效果非常明显。

3 月 2 日 国家林业局驻福州专员办专员冯树青向省政府通报江西省 2009 年度森林资源监督情况。

3 月 20 日 国家林业局党组成员、驻国家林业局纪检组组长陈述贤，监察部驻国家林业局监察局局长樊德新一行 6 人来赣调研林改、林业落实扩大内需、党风廉政建设和预防涉林职务犯罪等工作。省林业厅厅长刘礼祖、驻厅纪检组组长李正生陪同调研。

3 月 24 日 省社会治安综合治理委员会决定授予省林业厅“2008 年度全省社会治安综合治理目标管理先进单位”和“2008 年度平安单位称号”（2006 年、2007 年均为全省平安单位）。

3 月 25 日 江西 2008～2009 年度航空护林秋冬春航（2008 年 9 月 19 日～2009 年 3 月 25 日）结束，期间实施航空护林飞行 147 架次，执行人工降雨飞行 25 架次，执行巡航飞行 68 架次。

3 月 25 日–30 日 中央驻赣新闻单位和省内主要新闻媒体组成的新闻采访团先后来到安义、永修、渝水、德安等 4 县（市、区）和抚州市、吉安市，对造林绿化“一大四小”工程建设典型作法和主要成效进行集中采访报导。

3 月 30 日 省政府召开全省造林绿化和森林防火工作电视电话会议，部署全省造林绿化和森林防火工作，省委常委、副省长陈达恒出席并讲话。

3 月 30 日 中国野生动物协会授予宜丰县“中国白颈长尾雉之乡”、铅山县“中国黄腹角雉之乡”荣誉称号。

3 月 31 日 我省保护鄱阳湖越冬候鸟专项整治行动（代号候鸟行动）结束（2008 年 10 月 20 日至 2009 年 3 月 31 日）。沿湖森林公安机关共出动警力 3093 人次，查处各类破坏候鸟资源案件 92 起，为国家挽回直接经济损失 200 余万元。

4 月 1 日 全省开通毛竹绿色通道。规定运输原竹、竹制成品、半成品持木材运输证在起运县（市、区）依法接受检查，省内木材检查站对竹材运输只验证，不检尺、不处罚，对出省竹材运输依法进行检查。

4 月 8 日 省政府印发《关于进一步精减省级行政审批事项的决定》，省级保留实施的林业行政许可项目 20 项，省级精减的林业行政许可项目 15 项，省级保留实施的林业投资项目审批项目 3 项，省级精减的林业投资项目审批事项 3 项，保留事项平均办理时限分别为 14 日和 22 日。

4 月 8 日–10 日 国家林业局副局长孙扎根一行在省林业厅厅长刘礼祖陪同下先后到省森林公安局、景德镇市调研森林防火、森林公安建设、林改及造林绿化“一大四小”工程建设等工作。

4 月 10 日 国家林业局批准我省崇义、武宁、遂川、安福、铜鼓、宜丰、德兴、铅山、贵溪、浮梁、分宜、进贤等 12 个县（市）为全国森林采伐管理改革试点县。

4 月 17 日–22 日 国家部委联合调研组生态环境组一行 13 人到鄱阳湖保护区，对我省提出的鄱阳湖生态经济区建设项目进行专题调研，副省长孙刚陪同考察，省林业厅副厅长罗勤陪同考察。

4 月 20 日–10 月 20 日 全省森林公安机关开展严厉打击破坏造林绿化“一大四小”工程建设违法犯罪

专项整治行动（代号“09 护绿行动”）。

4 月 21 日 省林业厅厅长刘礼祖荣获全国绿化委员会、国家林业局、中国绿化基金会联合评选的全国十大“生态中国贡献奖”。

4 月 21 日 省森林公安局升格为副厅级单位。

4 月 27 日 省林业厅、国家林业局宣传办、江西经典文化传媒有限公司联合拍摄的我国第一部以林改为题材的影片《踏界》，首映暨电影下乡活动在南昌启动。

4 月 27 日 省政协副主席汤建人，省政府秘书长谭晓林，省纪委副书记、省监察厅厅长汪毓华率全省推进廉政阳光工程建设暨深化政务公开工作经验交流会代表到省林业厅现场观摩政务公开和电子政务工作。

4 月 28 日 省政府在南昌召开全省造林绿化“一大四小”工程建设总结表彰大会。省委书记苏荣作出重要批示，省长吴新雄出席，省委常委、副省长陈达恒和国家林业局副局长李育材分别讲话，省人大常委会副主任蒋如铭、省政协副主席汤建人出席会议，省政府秘书长谭晓林主持会议。

4 月 28 日 省政府与各设区市政府签订《松材线虫病防治目标责任书》。

4 月 28 日-29 日 全国油茶技术指导会在南昌召开，国家林业局副局长李育材出席并讲话，各省（市、自治区）林业厅（局）有关领导、专家参加了会议。与会代表参观了丰城、新余及中国林科院亚林中心高产油茶基地和优良苗木繁育中心，邀请专家就油茶、种苗、栽培加工等进行授课。

4 月 29 日 国家林业局副局长李育材到江西省林科院视察工作，中国林科院院长张守攻、省林业厅厅长刘礼祖陪同。

4 月 29 日 省林业厅与国能生物发电集团有限公司达成开发生物质能源项目合作框架协议。

4 月 29 日 省委决定邱水文同志任省林业厅党组成员，省森林公安局政委。

5 月 2 日 全省第一支乡镇专业消防队在南丰县重点林区紫霄镇、大源乡建成，其中紫霄镇消防队 35 人，大源乡消防队 45 人，均由县森林防火指挥部统一调度指挥。

5 月 14 日 省政协副主席朱张才等一行到永丰县调研油茶产业发展情况。

5 月 14 日 省林业厅厅长刘礼祖到进贤、余干、鄱阳等 3 县视察鄱阳湖保护区新建保护管理站。

5 月 15 日 省林业厅成立林业改革发展处。

5 月 16 日 省政府第 20 次常务会议审议通过了《江西省生态公益林管理办法》，从 2009 年 8 月 1 日起正式实行。

5 月 18 日 省林业厅被评为全国社会治安综合治理先进集体。

5 月 19 日 中央农村工作领导小组办公室主任陈锡文、国家林业局副局长李育材在南昌召开林权制度改革座谈会。省林业厅厅长刘礼祖介绍了江西林改总体情况，省财政、金融、保险等部门负责人介绍了林改配套改革相关情况，有关市、县林业局负责人及企业代表、林农畅谈了参加林改工作的感受。

5 月 25 日 全省森林公安机关首次全警统一配发单警装备。

5 月 25 日 国家林业局副局长印红视察省林业厅湿地办和鄱阳湖国家级自然保护区，省林业厅副巡视员詹春森陪同。

5 月 27 日 省政府任命詹春森同志为省林业厅副厅长（列郭家之后），免去其省林业厅副巡视员职务。

6 月 4 日 省委书记苏荣对林业产权制度改革工作做出批示："全省集体林权制度改革的实践将载入历史。主导和操作此项改革的省、市、县、村干部，特别是主管的林业部门的干部功不可没。"

6 月 5 日-8 月 31 日 省林业厅、省公安厅部署在全省范围内开展严厉打击破坏森林资源违法犯罪活动专项行动（代号"绿盾三号行动"）。

6 月 11 日 省林业厅和省人民广播电台农村频率联合开办的《惠农直播室 · 林业版》节目正式开播。

6 月 12 日 省委常委、副省长陈达恒到石城县调研油茶产业发展。

6 月 12 日 全国人大常委会委员、全国人大环资委副主任委员曹伯纯、陈希明率自然保护区（域）立法调研组到鄱阳湖国家级自然保护区视察，省人大常委会副主任胡振鹏、省林业厅厅长刘礼祖陪同。

6 月 13 日 副省长史文清在省林业厅厅长刘礼祖陪同下到官山国家级自然保护区考察。

6 月 15 日 省林业厅厅长刘礼祖荣获人民网、绿色中国杂志社、绿色中国网络电视中心联合评选的"2008 绿色中国年度焦点人物"殊荣。

6 月 15 日 国家林业局副局长李育材在省林业厅厅长刘礼祖陪同下到省林科院调研油茶科技工作。

6 月 15 日-17 日 国家林业局党组副书记、副局长李育材，国家广电总局副局长胡占凡，总装备部少将饶顺和一行 8 人组成的中央党校省部级学员调研组到江西省三清山、婺源、景德镇开展生态保护和建设专题调研。省林业厅厅长刘礼祖，厅党组成员、省森林公安局政委邱水文陪同调研。

6 月 18 日 婺源县月亮湾自然保护小区发现 60 多只驻巢繁殖的黄喉噪鹛。这是我国特有的黄喉噪鹛婺源亚种最大野种群。

6 月 24 日 省编办批复同意江西省林业科技推广总站增挂"江西省林业科技培训中心"的牌子，省木材流通管理局增挂"江西省木材运输流动巡查执法总队"的牌子。

6 月 26 日 省林业厅直属机关党委被授予全省"先进基层党组织"荣誉称号。

6 月 30 日 省政协经济科技委员会、省林业厅在南昌召开发展油茶产业研讨会。省政协主席傅克诚和省委常委、副省长陈达恒出席研讨会并讲话，省政协副主席朱张才主持会议，省政协副主席李华栋，省委常委、省委农工部部长吕滨，省林业厅厅长刘礼祖和省发改委、财政厅、农业厅、工商局、质量技术监督局等单位领导，以及部分油茶生产市、县（区）政府分管领导，有关科研院所专家、学者参加会议。

7 月 3-4 日 省森林公安局在全省范围内组织开展打击高速公路非法运输木材的专项整治行动（代号：零点行动），查获违法运输木材车辆 39 辆、收缴各类无证木材 810 立方米、细木工板 5400 张、中纤板 2400 张、指接板 4920 张，涉案金额 170 万元。

7 月 13 日 省林业厅成立油茶产业发展办公室。

7 月 24 日 省委任命李晓浩同志任省林业厅党组成员、省纪委驻省林业厅纪检组组长。

8 月 1 日 国家林业局、教育部、共青团中央授予鄱阳湖国家级自然保护区、江西省共青城“国家生态文明教育基地”称号。

8 月 4 日 省委书记苏荣在省委秘书长赵智勇陪同下，第 5 次深入鄱阳湖区，就大力推进生态建设，努力实现绿色发展进行调研。

8 月 5 日 中国人民银行南昌中心支行、省财政厅、江西银监局、江西保监局、省林业厅联合印发《关于进一步深化我省集体林权制度改革，积极做好林业发展金融服务工作的实施意见》，提出进一步拓展林业发展融资渠道、提供金融促进林业发展保障、发挥保险保障功能、规范森林资源流转和有效防范信贷风险等。

8 月 5 日-6 日 省委常委，副省长陈达恒到安福县视察造林绿化“一大四小”工程建设和毛竹低改等林业工作。

8 月 11 日-18 日 省委常委、副省长陈达恒率江西省政府代表团到吉林省、北京市、内蒙古自治区考察林业建设和农业产业化工作。代表团实地考察了三省（市、区）通道绿化、城市绿化、自然保护区建设、森林资源保护与管理、林业产业发展、农业产业化运作等情况。省林业厅领导刘礼祖、魏运华、邱水文、李晓浩和省财政厅、省农业厅、省农业开发办、省农业发展银行等有关部门负责同志以及全省 11 个设区市党委或政府分管领导参加考察。

8 月 25 日 省林业厅、省财政厅、省保监局、中国人保财险江西分公司联合印发《江西省政策性林业保险试点实施方案》，对全省生态公益林实行财政统保。

8 月 27 日 省政府下发《关于深化林业产权制度改革的若干意见》，就巩固林权制度主体改革成果，加快推进配套改革提出 16 条指导意见。

8 月 27 日 国家发改委、国家林业局确定全国 100 个油茶示范林基地建设县，江西省 23 个县（市、区）被列入。至此，全省共有 43 个县（市、区）纳入国家油茶产业示范县建设。

8 月 27 日 奉新县、德兴市、信丰县、景德镇市枫树山林场和省林业科技示范林场被列为全国森林经营试点单位。

8 月 27 日-28 日 省委常委、省纪委书记尚勇视察官山国家级自然保护区。

8 月 28 日 省政府在南昌召开全省林业工作会议，省长吴新雄出席会议并讲话，省委常委、副省长陈达恒主持会议并讲话，省人大常委会副主任胡振鹏、省政协副主席朱张才出席会议。各市、县（市、区）党委或政府分管领导、林业局局长以及省直有关部门和单位负责人参加会议。

9 月 1 日 省林业厅与中国人保财险江西省分公司在南昌签订生态公益林森林火灾统保协议。副省长熊盛文出席签约仪式。江西成为全国第二个对生态公益林森林火灾保险实行全省统保的省份。

9 月 3 日-4 日 中国生物质能源生物发电集团有限公司分别与彭泽县、赣县人民政府签订建设生物质发电项目合同书，项目总投资 5 亿元人民币。在彭泽县、赣县各建一台装机容量为 30MW 的生物发电机组。

9月4日 南昌市委、市政府出台《关于“森林城乡、花园南昌”建设实施方案》，提出全力推进都市森林公园、都市绿化长廊、城乡森林板块、城郊生态绿化等“四大工程”建设。

9月22日 省长吴新雄到宜春市林业局走访慰问上世纪50年代全国造林绿化模范——祝铁民。

9月24日 省编委办同意“江西省林木种苗和国有林场工作总站”更名为“江西省林木种苗和林场管理局”，保留“江西省林木种苗质量监督检验站”的牌子，同时增挂“江西省森林公园管理办公室”的牌子。

9月25日 省委常委、省纪委书记尚勇到省林业厅进行专题调研。

9月26日 省森林防火预警监测中心举行大楼落成典礼。

9月27日 全省林业系统在南昌举办中华人民共和国成立60周年文艺汇演，省委常委、副省长陈达恒，省人大常委会副主任胡振鹏，省政协副主席陈安众与林业系统干部职工一起观看演出。

10月9日 省长吴新雄对森林防火工作作出重要批示:“近期天气干燥，请省防火办密切关注，切实加强森林防火工作。”同日，省委常委，副省长陈达恒批示:“吴省长的批示很重要。请省防火办立即电传各市、县防火办，并送市、县政府主要负责同志，切实抓好落实。结合我昨天在会上所作的防止森林火灾的部署一并落到实处。”

10月13日-16日 省政协副主席陈清华率省政协港澳委员33人到吉安市视察林改和造林绿化“一大四小”工程建设，并出席在井冈山拿山乡举行的省政协香港、澳门委员“一大四小”工程示范林揭牌仪式。

10月14日 省政协副主席朱张才到上高县视察造林绿化“一大四小”工程建设。

10月14日 东江源国家湿地公园、丰城药湖湿地公园、南丰傩湖湿地公园被长江湿地网络接收为网络新成员。至此，我省已有9个单位成为该网络成员。

10月20日 省林业厅、省公安厅联合下发《开展打击破坏鄱阳湖候鸟资源违法犯罪专项整治行动实施方案》。行动时间从2009年10月20日至2010年3月20日。

10月21日 吉安市在井冈山市拿山乡圹里村举行民兵森林灭火研究性演练。南京军区政委陈国令、副政委徐德学，省委常委、副省长陈达恒，省委常委、省军区政委王清葆，省军区司令员彭水根，省政府森林防火总指挥部副总指挥、省林业厅厅长刘礼祖现场观摩指导。

11月2日 省委、省政府在吉安召开全省造林绿化“一大四小”工程建设现场会。省委书记苏荣出席会议，省长吴新雄讲话，省委常委、副省长陈达恒主持会议并讲话，省委常委、省委秘书长赵智勇出席会议。

11月3日 省委常委、副省长陈达恒到遂川县视察林业要素市场。

11月5日 国务院三峡办主任汪啸风、副主任雷加富率考察组到鄱阳湖保护区考察湿地保护以及越冬候鸟栖息情况。

11月7日 我省整合53家县级林业产权交易所组建的全国第一家区域性林业产权交易所——南方林业产权交易所在南昌成立，国家林业局副局长祝列克和省林业厅厅长刘礼祖为交易所揭牌。

11月8日-9日 全国油茶产业发展现场会在南昌召开，省长吴新雄出席会议并致词，国家林业局局长贾治邦出席会议并讲话，国家林业局副局长祝列克主持会议，国家发改委、财政部、国家林业局以及油茶重点省的代表及部分油茶企业和种植大户代表参加会议。

11 月 16 日 十届省政协主席会议研究决定在江西开展“关注森林活动”，成立江西省关注森林组织委员会，省政协主席傅克诚任主任，省政协副主席刘晓庄任常务副主任，省政协副秘书长、人口资源环境委员会主任冷芬俊，省绿化委员会副主任、省林业厅厅长刘礼祖，省政协人口资源环境委员会副主任陈双溪，驻省林业厅纪检组组长李晓浩，省广电局副局长梁勇，省政协副秘书长、人口资源环境委员会专职副主任龚林儿任副主任。

11 月 16 日 省政府办公厅印发《关于开展创建生态园林城市活动的通知》，规定申报创建省级生态园林城市（县城）由省住房和城乡建设厅会同省环境保护厅、省林业厅等 部门组织专家进行评审。

11 月 20 日 省长吴新雄到进贤县就加快推进我省油茶产业发展进行专题调研，省委常委、南昌市委书记余欣荣，省政府秘书长、办公厅主任谭晓林，省林业厅厅长刘礼祖等陪同。

11 月 24 日-25 日 全国木材运输管理工作会议在南昌召开。国家林业局副局长张建龙出席会议并讲话。

12 月 1 日 省政府批复在全省设立 10 个森林植物临时检疫检查站和在现有 70 个木材检查站增挂森林植物临时检疫检查站的牌子，设立时限至 2010 年 12 月 31 日止。

12 月 14 日 副省长谢茹到铜鼓县江桥竹业有限责任公司对国家创新基金项目——计算机竹键盘产业项目进行调

12 月 23 日 全国政协人口资源环境委员会、全国绿化委员会、国家林业局、国家广播电影电视总局、中国绿化基金会、中华全国新闻工作者协会联合组织的关注森林活动 10 周年总结表彰大会在北京召开，江西省获 6 个大项共 27 个奖项，是获奖量最多的省份，其中江西省林业厅厅长刘礼祖获最高级别奖项——关注森林奖。

12 月 23 日 国家林业局同意江西省丰城药湖和南丰傩湖两处湿地公园纳入国家湿地公园试点。至此，我省已有 6 处湿地公园纳入试点。

12 月 30 日 省政府常务会议审议通过《江西省松材线虫病防治办法》，从 2010 年 3 月 1 日起正式实施。

中国统计出版社最新图书简目

(仅供参考,以最后出书为准)

统计资料

中国统计年鉴-2010
中国统计摘要-2010
国际统计年鉴-2010
2010中国发展报告
中国第三产业统计年鉴-2010
中国区域经济统计年鉴-2010
中国劳动统计年鉴-2010
中国社会统计年鉴-2010
中国城市统计年鉴-2009
中国建筑业统计年鉴-2010
中国人口和就业统计年鉴-2010
中国工业经济统计年鉴-2010
中国商品交易市场统计年鉴-2010
中国房地产统计年鉴-2010
中国能源统计年鉴-2010
中国民政统计年鉴-2010
中国贸易外经统计年鉴-2010
2010中国地区经济监测报告
中国科技统计年鉴-2010
中国农村统计年鉴-2010
中国农产品价格调查年鉴-2010
中国高技术产业统计年鉴-2010
中国教育经费统计年鉴-2009
中国农村贫困监测报告-2010
全国农产品成本收益资料汇编-2010
中国科学技术协会统计年鉴-2010
工业企业科技活动资料-2010
第二次全国残疾人抽样调查资料系列
中国棉花年鉴-2008/2009
中国城市(镇)生活与价格年鉴-2010
中国县（市）社会经济调查年鉴-2010
中国农村住户调查年鉴-2010（中、英文）
中国农村全面建设小康监测报告-2010
中国国内生产总值核算历史资料(1952-2004)
中国季度国内生产总值核算历史资料(1992-2005)
中国零售和餐饮业连锁企业统计年鉴-2010
大中型批发零售和住宿餐饮企业统计年鉴-2010
2005年中国1%人口抽样调查系列资料

2010年省级综合统计年鉴系列

北京 天津 河北 山西 内蒙古
辽宁 吉林 黑龙江 上海 江苏
浙江 安徽 福建 江西 山东
河南 湖北 湖南 广东 广西
海南 重庆 四川 贵州 云南
西藏 陕西 甘肃 青海 宁夏
新疆 新疆生产建设兵团

2010年市(县)级综合统计年鉴系列

天津滨海新区
石家庄 唐山 邯郸 太原 大同
长治 阳泉 晋城 朔州 晋中
运城 忻州 临汾 呼和浩特
包头 沈阳 大连 长春 吉林市
四平 延吉 哈尔滨 齐齐哈尔
黑龙江垦区 上海浦东新区
苏州 无锡 常州 徐州 南通
盐城 镇江 江阴 丹阳 杭州
宁波 绍兴 台州 舟山 温州
金华 嘉兴 衢州 安庆 福州
福州经济技术开发区
厦门经济特区 南昌 上饶
济南 青岛 潍坊 东营 郑州
洛阳 三门峡 南阳 武汉 宜昌
十堰 荆州 黄冈 长沙 广州
东莞 惠州 深圳 桂林 南宁
柳州 来宾 河池 海口 成都
贵阳 昆明 西安 庆阳 银川
乌鲁木齐 吐鲁番

“十一五”规划教材

非参数统计 医学统计学
概率论与数理统计 统计学
现代金融投资统计分析
多元统计分析 经济计量学教程
应用时间序列分析
统计指数理论及应用
统计数据处理概论
质量管理统计方法 社会统计学
多元统计分析实验
企业经营管理统计
市场调查与预测
统计学原理（非统计专业使用）
统计学:从数据到结论
国民经济核算教程(国民经济统计学)
概率论与数理统计(经济、管理类专业使用)

重点图书

新中国六十年
挑大学选专业2010—高考志愿填报指南
挑大学选专业2010—考研择校指南

部分林产企业
风采录

江西康达竹制品集团有限公司

Jiang xi kang da zhu zhi pin ji tuan you xian gong si

江西康达竹业集团，是我国竹地板行业集研发、生产、销售为一体，引领行业潮流的集团化龙头企业，目前集团公司拥有“通贵、康盛”两大品牌，产品涉足于竹地板、多层实木及强化地板三大类地面装饰材料，数百余种花色品种可供选择，满足不同品位的客户需求。

集团公司成立于1993年，总部设在素有“仙源灵境”、“江南竹乡”之美誉的江西奉新。集团总资产达1.8亿元、占地面积130000平方米、员工3000余人，中、高级管理人员41人、专业技术人员47人、市场销售人员100余人。旗下有六个公司，分别建立在国家最新评定的三十大“毛竹之乡”美誉的江西奉新、江西安福、湖南绥宁、广西兴安等地。拥有引领世界先进水平的成品生产流水线5条，年生产能力可达200多万平方米，公司并拥有年提供100万根优质竹材的基地3个，面积达3万余亩。

通贵地板第三代形象店

江西康达竹业集团是中国林产工业协会竹材专业委员会副理事长单位、中国林业产业协会常务理事单位、中国品牌竹地板企业联盟副理事长单位、江西省竹产业协会会长单位、江西省农业产业化经营省级龙头企业、中国竹地板消费白皮书起草单位之一、中国品牌竹地板企业联盟发起单位之一。2002年“通贵”、“康盛”牌竹地板在同行业率先通过ISO14024环境标志认证、ISO9001质量管理体系认证及欧盟CE认证。产品先后获得江西省重点保护产品、江西省名牌产品，江西省林产十大品牌产品，全国竹地板双十佳品牌产品，“通贵”连续九年被认定为江西省著名商标。

公司拥有庞大的营销网络、完善的市场管理、统一的专卖店设计、周到的售后服务。销售网络遍布全国二十七个省、市的五十多个大中城市，产品连续多年国内市场销量领先，并在2008年“通贵”牌竹地板被奥运场馆选用，且销往欧美、日韩等二十多个国家和地区。

地址：奉新县冯田工业区

电话：0795-4605266　4605555

网址：www.kondac.com

多层实木

江西卓茵园林景观工程有限公司

Jiang xi zhuo yin yuan lin jing guan gongcheng youxian gong si

江西卓茵园林景观工程有限公司成立于1993年，是集种苗生产销售、园林景观设计与施工、养护管理一条龙服务的综合性园林景观公司，具国家一级园林施工资质、市政公用三级施工资质、园林古建筑三级施工资质及城市园林规划乙级资质。

公司现注册资金2500万元，年产产值1.3亿元，苗木基地5000余亩，共培育各种规格花卉种苗150余种，年出圃850万株。已建立起完善的组织机构和经营管理制度，通过了ISO9001国际质量管理体系、ISO14001环境管理体系、OHSAS18000职业健康安全管理体系。现有固定员工153人，其中拥有园林、市政、建筑、水电、规划设计等高、中级工程技术人员51人，专业齐全，结构合理，软、硬件基础设施配套完善，同时拥有一支富有实践经验的高素质施工管理技术人员和施工队伍。

据不完全统计，卓茵公司十多年来共中标承建了110多项大中型景观工程的建设或设计，投资额超5.5亿元，共完成城市绿地建设超350万平方米，栽植不同规格苗木19000余万株，并有多项工程被评为国家、省部级优质工程或优秀设计，为园林城市建设和当地农村经济建设作出了积极贡献。目前，公司业务已拓展至北京、上海、广东、福建、江苏、安徽、浙江、湖北、云南等地。

“以人为本，人与自然和谐共存”是卓茵园林公司不懈追求的目标。面对未来，卓茵人有着更高更美好的前景：江西省首家“江西省花卉苗木大市场”正在建设中；集花卉苗木生产、观光、休闲、健身、娱乐为一体的“罗亭生态观光园”旅游开发项目正在筹划；多元化经营正在形成。

江西省南昌市中新幸福时光小区实景(获国家铜奖)

在各位领导关怀和同仁及客户的支持下，江西卓茵园林景观工程有限公司必将迎来更加辉煌灿烂的明天。

全国特色种苗基地简介

公司种苗基地位于南昌市湾里区罗亭镇，距市区28公里，105国道线旁，自然条件优越，集苗木、花卉、盆景生产、销售，科研、观光为一体，1985年开始起步建设，距今已有二十多年的发展历史。现有面积5000亩，员工56人，其中专业技术人员25人，共种养培育有150多个品种，年出圃苗木850万株，已形成规模化生产。基地规划合理，基础设施较完善，建有香樟示范园、桂花示范园、玉兰示范园、竹类园、松柏园、枫类景观树园及数十种花灌木种苗园。由于品种多、规格全、品质优良、观赏性强、特色鲜明，被评为“南昌市种养示范基地”、“全国特色种苗基地”、“南昌万亩花卉苗木农业标准化示范区”等荣誉称号，这是江西省首个达到国家标准的花卉苗木农业标准化示范区。

地址：南昌市洪城路6号国贸广场A区30层
电话：0791-6496363　6496343　6496565
网址：http://www.zyjg.net　邮箱：zyjgnet@163.com

青龙高科

润心 Run Xin™

晶粹™油茶籽油

DELUXE CAMELLIA OIL

DELUXE CAMELLIA OIL

珍稀好油　润心养身

青龙高科技股份有限公司

青龙高科技股份有限公司成立于1997年4月,为宜春市首家绿色食品、医药、生物制品、保健品等的研发、生产、销售为核心业务的民营高科技股份制企业,注册资金6321.4万元。依托我国南方丰富的油茶资源，润心十万有机油茶林基地，位于宜春 — 拥有中国唯一的专业油茶局的油茶之乡。百年树龄的油茶树，北纬26度油茶植被，海拔500m的温润气候，全年完美光照，近乎挑剔的天时地理，造就了润心天然、绿色、有机的油茶果。润心斥巨资全套引进欧盟尖端生产线，国内唯一 一家全套采用欧盟尖端设备的茶油企业。独家采用低温冷榨结合完美的欧盟软塔技术，严控高温时间的六脱工艺（脱去水、酸、胶、色、臭、脂）。全程物理压榨和提纯，保证茶籽油健康元素，确保反式脂肪酸含量低于1%,全面符合欧盟食用油健康标准，在国内善属首家。公司现为国家科技部“863”重大攻关项目承担单位和我国唯一的油茶产业化专项及示范工程项目单位，同时也承担了国家农业开发办“油茶综合开发项目”以及省科技厅“星火计划”项目，是我国油茶产业的重点企业、江西省龙头企业。

公司主导产品“润心”油茶籽油为省名牌产品，已获得了我国首张有机食品认证，并且先后通过了ISO9001：2000质量体系认证、HACCP认证（江西省首家）、AA级绿色食品标志认证和国家原产地标志保护注册，成为继“茅台”酒之后第二个通过系统五项质量认证的产品。 目前，公司销售网络已遍布上海、北京、江西、广东、江浙、福建、湖南、湖北、成都等大中小城市，产品在茶油市场占有率排名第一。

地址：宜春市经济开发区工业大道南大道 / 咨询热线：3289628 3280616 3289616

罗宾有限公司

Luo bin you xian gong si

罗宾有限公司是在原宜春中密度纤维板厂的基础上改制而成的中外合资企业。宜春中密度纤维板厂于2000年4月建成投产，机器设备全套引进德国Siempelkamp公司，设计年生产能力为50000立方米。2001年新加坡罗宾集团与江西省宜春市林业国有资产有限责任公司合资经营，外方占70%股份，中方占30%股份，公司名称为“罗宾有限公司”。2006年1月，罗宾有限公司建成第二条200000立方米中、高密度薄板生产线。机器设备全套引进当今世界最高水平的瑞典METSO公司连续压机生产线。厂区占地面积扩大到612亩，建筑面积增至80000平方米。至此，公司先后总投资达7.6亿元人民币，注册资本近2亿元，固定资产6.48亿元。

合资公司成立以来的经营状况良好，截止2009年6月底，中方收益15631.10万元，外方收益25816.33万元。共上缴增值税15223.21万元,剔除90%返还公司部份,国库余1522.32万元(根据2007年元月16日刘定明市长主持的罗宾有限公司税收征管协调会议精神:市国税返还罗宾公司增值税的90%,其中70%返还给罗宾公司,20%交给市财政)。再加上上缴所得税1685.32万元，地方税1372.70万元，地方留成部份返还公司736.05万元后，中方实得税收11043.18万元。

公司总资产59806.13万元，总负债22925.66万元，净资产36880.47万元，其中:实收资本19727.93万元,资本公积135.78万元,盈余公积1985.07万元,未分配利润15031.69万元。按持股比例，中方占30%,可分配11064.14万元；外方占70%，可分配25816.33万元。

公司自2000年4月投产以来，所生产的8--12毫米中、高密度地板基材，一直是国内地板厂之首选产品，其中E-1、E-2级中厚板系国内最高品质的产品，深受大型出口家具制造企业和人造板二次加工企业的欢迎，产品供不应求。研发投产的E-0级高密度薄板和防霉板，填补了国内空白。产品畅销北京、上海、广州、深圳、大连等几十个大中城市。

2008年,公司上下团结一致，先后战胜了市场原材料涨价、美国次贷危机、华尔街金融风暴带来的市场紧缩、产品价格下滑等一系列困难，在国内一些同行业关门歇业或倒闭的情况下，仍获得了较好的收益。全年生产纤维板271，276.53立方米，销售244，185.55立方米，实现销售额（含税）53，630.37万元，上缴税金3，621.73万元，实现利润（不含汇兑损益）3，918.89万元，实现利税（不含汇兑损益）7，540.62万元，可上缴财政642.40万元。

2008年，由国家林业局科学技术发展中心、中国林产工业协会主办，我们公司协办的“2008年中国纤维板行业科技发展论坛”在我们宜春隆重召开，并同期召开了中国林产工业协会纤维板专业委员会第四届会员大会，我们在大会上作了典型发言。

2008年，公司继被评为“江西省优秀企业”、“江西省100户重点企业”、“江西省农业产业化龙头企业”之后，又被评为“农业产业化国家重点龙头企业”。

2008年，公司获得美国PSI(Professional Service Industries, Inc)机构的加州空气资源委员会（CARB）认证，即我公司的产品可准许进入美国市场，同时准许使用我公司生产纤维板制造的家具进入美国市场，是首批准许进入美国市场的中国两家企业之一。

2009年04月，公司通过了由江西省环保部门组织的环保监测验收，并作出批复。赣环督字［2009］260号文《关于罗宾有限公司年产5万立方米中密度纤维板项目（一期）及年产20万立方米中密度纤维板工程（二期）竣工环境保护验收的批复》。

遵循可持续发展理念，公司自建厂之初即着手原料林基地建设。截止2008年春季造林，公司已投入资金2200多万元，与农村专业合作社、林场及农户合作造林32.86万亩，其中”四旁“植杨1110万株，折算面积22.2万亩。

地址：宜春市环城南路588号

电话：0795-3244267 3245630

网址：www.robina.cn

江西省金星木业有限公司

Jiangxi sheng jinxing mu ye youxian gongsi

江西省金星木业有限公司是中国装饰板行业龙头企业——德华兔宝宝装饰新材股份有限公司（股票代码：002043）的控股子公司。公司是江西省省级农业产业化龙头企业和省级林业龙头企业。总投资7000万元，注册资金1818万元，占地面积51800m^2，有工业原料林基地5万亩。是一家集造林、抚育、生产加工、自营进出口于一体的综合木材加工企业，主要生产高档细木工板和集成板，年产“兔宝宝”牌、“施佳”牌细木工板4万m^3。其中“兔宝宝”牌细木工板获中国名牌产品荣誉称号，“施佳”牌集成板获江西省名牌产品荣誉称号，“兔宝宝”商标被评为中国驰名商标。公司充分依托德华兔宝宝装饰新材股份有限公司连续多年全国产销量第一的规模优势，及与中国林科院、南京林业大学在人力资源、技术创新等领域的战略合作，和遍布全国的“兔宝宝”健康饰材专卖网络，积极实施创新经营，自2005年投产以来，公司各项经营指标连年大幅增长。利税超千万元。“小成靠智，大成靠德”，公司十分注重和谐发展，致力于将企业对政府、社会、环境、员工、消费者等利益相关者的责任融入到企业战略、组织结构和商业经营过程中，谋求多赢。公司积极引入循环经济理念，努力实施可持续发展，促进资源的综合利用，并主动引进并实施了苛刻的欧洲环保板材标准，让中国百姓的家居生活远离甲醛等有毒化合物侵害。全球经济一体化与中国经济的快速崛起，给木业带来巨大发展空间。公司将始终坚持以推进行业绿色进程为已任，致力于为全球用户提供高品质环保家居装饰产品的公司宗旨，向更高、更新的目标不断迈进。

地址：江西省遂川县工业园区创业大道8号

电话：0796-6234981　　传真：0796-6234981

E-mail:jinxingmuye-9188@163.com　　邮编：343900

江西飞尚林产有限公司

Jiangxi fei shang linchan youxian gongsi

江西飞尚林产有限公司隶属于飞尚集团的控股公司，公司注册资金为1亿3千万，下属飞尚林产泰和县分子公司，飞尚林产安福县分子公司，飞尚林产安义县分子公司，飞尚林产鄱阳县分子公司，飞尚林产九江市分子公司、飞尚林产九江永翔林产有限公司。形成一个集松香生产、销售、研发和松香树脂、松节油深加工产品的现代化股份制企业。江西飞尚林产秉承飞尚集团“创新、诚信、服务、效率”的理念，坚定奉行“以人为本、以德为先、以才为用”的人本理念，坚持“业绩导向、共同发展”的人力资源核心理念，为各类人才提供广阔的发展平台和持续健康的成长机会。

公司宗旨： 飞尚林产与合作伙伴紧密合作，致力于整合，开发森林工业资源，让世界享有我们奉献的环保，安全与绿色的产品。

企业使命： 秉承飞尚集团“实业兴邦，产业报国”的核心价值观，运用资本和实业双驱动杠杆，晋升成为国内细分行业的前三名。在3-5年内实现整体上市，为股东、员工和社会创造良好的价值。

飞尚林产拥有一支稳定的、成熟的、高素质的、能征善战的管理团队。飞尚林产管理团队汇聚各方精英，凭着超前的战略眼光、对未来准确的把握能力以及过人的商业勇气，在激烈的市场竞争中运筹帷幄，连创佳绩。飞尚林产的核心竞争力，就是管理团队不断超越自我、谋求创新，以最高效率创造新价值的能力。

地址：南昌市三经路204号

电话：0791-6801558　6801558　　网址：www.jxfeishang.com

江西晨鸣纸业有限责任公司

Jiang xi chen ming zhi ye you xian ze ren gongsi

江西晨鸣纸业有限责任公司是由山东晨鸣纸业集团控股的一家集制浆、造纸、热电和环保综合治理于一体的大型现代化造纸企业。由山东晨鸣纸业集团、南非SAPPI公司、韩国茂林制纸公司和国际金融公司共同投资兴建。注册资金1.72亿美元。位于南昌经济技术开发区内，厂区占地2000亩。

公司拥有一条年产35万吨轻量涂布纸生产线，总投资4.87亿美元，采用世界最先进的造纸工艺技术，主要设备来自芬兰、德国、奥地利、荷兰、美国等国，于2003年9月16日破土动工，2005年3月18日投入试投产，同年8月份正式投产。纸机从芬兰美卓引进，成纸幅宽7800mm，设计车速2000m/min，年产量35万吨。与之配套有日产550吨漂白热磨机械浆生产线和日产400吨废纸脱墨浆生产线各一条，均从奥地利引进，达到国际先进水平。2008年投资800多万元，新建日产300吨浆板生产线，采用机械浆为原料，进一步提高机械浆产能。

公司现已形成以轻涂纸、轻型纸、浆板为主导，环保纸、微涂纸、挂历纸等为补充的产品结构，产品质量达国际一流水平，通过了ISO9001质量管理体系认证。轻涂纸、轻型纸两大主导产品被江西省经贸委确定为省级新产品，国内市场占有率均位居前列，并出口海外20多个国家和地区，其中轻型纸还被泰国教育部确定为重点推广产品。公司被中华人民共和国海关总署列入进出口企业红名单，被南昌海关授予“AA类管理企业”，先后荣获中国优秀外商投资企业、江西省百强企业，江西省节能先进企业等荣誉称号。

用江西晨鸣轻涂纸印刷的精美画报

具有国际先进水平的年产35万吨轻涂纸生产线

地址：南昌市昌北经济开发区白水工业园

电话：0791-3951998　　3951889　　　网址：www.jxcmpaper.com.cn

江西怀玉山三达活性炭有限公司

Jiangxi sheng jinxing mu ye youxian gongsi jianjie

江西怀玉山三达活性炭有限公司，系新加坡三达集团于2007年在中国投入500万美元收购并改制的一家专注于活性炭研发，生产及销售的外商独资公司。公司前身“江西怀玉山活性炭（集团）有限公司”始建于1968年，公司目前拥有完整的三条活性炭生产线及十几家紧密合作企业，组成了强大的生产和服务网络。目前公司净资产5000多万元，厂区占地面积160多亩，员工300余人，年销售活性炭10000吨。

公司秉承“以优质产品开拓市场，以优质服务满足用户，以科学管理提高效益，以优良信誉促进发展”的经营宗旨，生产各种粉状活性炭和定型、不定型颗粒炭。先进的生产技术、严格的质保体系以及完善的服务网络，使我们赢得了全球范围的客户，成为可口可乐、百事可乐、罗盖特等著名企业的绿色合作伙伴，出口创汇居同行业前列。

地址：江西省玉山县城西工业园区怀玉山大道　　邮编：334711

电话：86-793-2571999　　销售热线：86-793-2571055　2571077

传真：86-793-2571066　　电邮：info@hysac.com　　网址：http://www.hysac.com

江西省贵竹发展有限公司

Jiang xi sheng gui zhu fa zhan you xian gong si

江西省贵竹发展有限公司创始于1998年9月，年产高级竹地板、竹家具等系列产品60万m^2，86%以上产品自营出口。以开发、科研、生产、进出口为一体的省级农业产业化龙头企业。

企业以多项国家专利成果为主导产业，市场潜力大、发展前景好，率先通过ISO9001国际质量管理体系认证、ISO14001环境管理体系认证。产品通过了欧盟CE认证。“贵竹”被认定为“江西省著名商标”。产品获中国建筑装饰博览会“优秀产品奖”、国际竹业博览会“金奖”等殊荣。产品远销日本、美国、法国、奥地利、俄罗斯等30多个国家和地区，赢得了国际市场的广泛赞誉。市场份额在同类产品中居前列，在全省同行业中出口创汇名列前茅，标志着公司的整体实力与素质的提升，同时，具备较强的可持续发展能力，2007年被国家农业部认定为“产品加工出口示范企业”，2009年被评为“江西省十佳农业企业”。

企业占地39600m^2、总资产9082万元、资产负债率46.4%、银行信用等级AA。公司充分发挥资本、技术、信息优势，以优良品质创企业特色、以特色产品创企业品牌、以品牌产品树企业形象、以敏捷、快速、高效追求最佳的社会和经济效益。形成产品科技化、策划市场化、经营规模化、管理专业化、产业一体化的新格局。

人类环保健康永远是贵竹事业的追求！

地址：赣州崇义县横水镇中营村
电话：0797-8371908 3816229
网址：www.greezubamboo.com

车间

整体竹家居

整体竹家居

江西飞宇竹业集团有限公司

Jiang xi fei yu zhu ye ji tuan you xian gong si

江西飞宇竹业集团有限公司，位于江西奉新县，始创于1996年，是江西竹家具、竹地板领军企业，林业省级龙头企业。年生产竹家具1万套，竹地板能力160万平方米。

公司引进了目前国际最先进的竹家具、竹地板制造设备，并全面通过ISO9001：2000质量体系认证，中国环境标志产品认证。生产的“春红”、“春红董氏”牌系列竹地板、竹家具产品先后被评为“江西省著名商标”；江西省“名牌产品”；中国建材企业管理协会和国家建材测试中心组织市场调查和产品检测，被评定为“绿色环保建材产品”；中国建筑装饰协会授予的“全国同行业绿色品牌”；“第十届新专利、新技术、新产品博览会金奖”；第五届中国竹文化节中国竹业博览会上被中国竹产业协会评为金奖；2009年竹地板、重竹古典家具获“国际（义乌）森林博览会金奖”；被国家工商行政管理总局公示为“全国守合同重信用单位”、“AAA企业”；全国消费者推荐2008、2009年中国竹地板“十大品牌”之一，并于业内率先通过欧盟CE认证。

2008年“春红”牌竹地板产品顺利铺进奥运场馆，“春红董氏”古典家具走进国际奥委会主席罗格办公室。2010年5月公司的竹家具与竹地板顺利入选上海世博会中国馆江西展厅。

地址：奉新县工业园区
电话：0795-4605690　4605711
网址：www.chzdb.cn

公司外景

生产线

成品仓库

江西南丰振宇实业集团有限公司

Jiang xi nan feng zhen yu shi ye ji tuan you xian gong si

江西南丰振宇实业集团有限公司，座落在“唐宋八大家”之一曾巩故里、“蜜桔之都”南丰县富溪工业园区，交通便捷。公司由林垂都于2000年12月创办，系江西省竹产业协会副会长单位和省商标协会理事单位，是一家集毛竹培育、精深加工、销售为一体的国家级重点龙头企业和省级农业产业化“双十”重点龙头企业。公司占地面积200余亩。

公司主营竹地板、竹凉席、竹垫、竹地毯、竹窗帘等五大系列产品，品种规格达一千多个。产品以其低碳环保、精致美观、经济实惠等优势在市场上独占鳌头，深受广大客户的青睐，不仅畅销全国各大中小城市，还远销日本、韩国、美国、意大利、西班牙、哥伦比亚、台湾及其他国家和地区，已成为中国竹制品行业中的佼佼者。

公司先后申请国家专利15项，已获批6项；高密度竹地板、天然青竹席两种系列产品被认定为江西省新产品；振宇牌竹凉席被认定为江西名牌产品；“恬馨及拼音”、“振宇”“振宇及图”三种注册商标被认定为江西省著名商标；2010年1月“振宇ZHENYU及图”被认定为中国驰名商标。

多年来，公司实施以“机制创新、技术创新、营销创新”为核心，以“争创世界名牌，争做竹制品行业的领跑者”为目标相融合的发展战略，使企业迅速发展壮大，成为全省最大的竹制品综合加工厂家。公司已于2002年取得自营进出口权，2006年通过ISO9001-2000管理体系认证，多次被评为全省“诚信企业”、“质量管理先进企业”、“十佳林业企业”、“优秀农业产业化龙头企业”，2009年被列为团中央“青年就业创业见习基地”，公司董事长林垂都为“全国五一劳动奖章”获得者，2010年被评为“全国重点龙头企业”。

地址：南丰县工业园区

电话：0794-3227080　3227085

网址：www.zhenyugroup.com

8001 重竹本色

车间

8005重竹黑胡桃

江西铜鼓江桥竹木业有限责任公司

Jiang xi tong gu jiang qiao zhu mu ye you xian ze ren gong si

“看似寻常最奇崛，成如容易却艰辛。”用唐宋八大家之一王安石的这句诗来描述竹键盘的问世历程或许再恰当不过了。江西铜鼓江桥竹木业有限责任公司原是一家竹地板品牌生产企业，为实现传统产业的升级换代，寻求更大的发展，公司花费了近4年的时间自主研发了的竹键盘、竹鼠标，是当前全球唯一的全竹型、环保型、科技型电子系列产品，并先后申报了18项国家专利。其中国家知识产权局已授权的发明专利1项，实用新型专利3项，外观专利1项，其余的全部已受理。它开启了以竹代塑的新时代，引领竹材进入电子信息产业新的科技环保革命。目前已建成了4条日产3000套、年产100万套的竹键盘、竹鼠标生产线。

公司占地100余亩，总部设在江西省铜鼓县城定江西路658号，注册资金1100万元，总资产1.2亿元，员工1000余人，其中工程技术人员50多人。

地址：铜鼓县定江西路658号

电话：0795-8726641　8690955

网址：www.jqzmy.com

竹键盘和竹鼠标

成型车间外

公司鸟瞰图

江西省崇义华森竹业有限公司

Jiangxi sheng bai yuan mu ye youxian gongsi

江西省崇义华森竹业有限公司位于崇义县，与湘粤毗邻。组建于1994年4月，历经16年的发展，已由原一条生产线，年产量4000m³竹胶合板模板，发展成五条生产线，年产2.2万m³竹胶合板模板，公司占地面积5.8万平方米，总资产7800多万元，建立毛竹林基地11200亩，其生产规模在江西省名列第一。

公司是江西省竹产业协会副会长单位，是中国模板协会理事单位、中国模板协会竹胶合模板专业委员会常务理事单位和参加修订国家建设部“竹胶合板标准”的成员单位之一，通过了ISO9001:2008质量体系认证。2008年被江西省林业厅评为全省十佳林业企业；2009被中国模板协会竹胶合板专业委员会评为竹胶合板模板行业“名牌企业”；2010年被江西省林业厅评为省级林业龙头企业。

公司生产的“华森王”牌竹胶合板模板产品质量位居全国之首。2006年、2009年连续被江西省工商行政管理局、江西省著名商标认定委员会评为江西省著名商标；2007年被江西省林业厅评为江西省林产知名品牌；2008年被江西省名牌战略推进委员会评为江西省名牌产品，是江西省竹胶合模板行业唯一获得省级“名牌产品”的厂家。

地址：崇义县横水镇鱼梁村
电话：0797-3268886 3268899
网址：www.huasenwang.com.cn

赣州华劲纸业有限公司

Jiangxi sheng bai yuan mu ye youxian gongsi jianjie

赣州华劲纸业有限公司系广西华劲集团股份有限公司下属子公司，2001年3月正式组建。公司占地面积近700亩，员工1300人，总资产7.5亿元，年销售收入5亿元，年创利税1.56亿元。公司以竹子为生产原料，主要生产“华劲”牌高白胶版印刷纸、彩色双胶纸等中高档文化用纸以及高级生活用纸，年产量6.5万吨，产品畅销华南、华中、华东等地。公司连续三年入选国家税务总局评选的“中国造纸及纸制品业纳税百强榜”；是江西省农业产业化重点龙头企业、江西省环保先进企业；赣州市纳税大户。通过ISO质量、环境管理体系认证。

目前，集团在江西赣州投资28.3亿元，建设年产34万吨文化、生活用纸项目，发展200万亩造纸原料速生丰产林基地，并成立了赣州华劲竹林发展有限公司。项目全部建成后，将成为全国最大的竹木混合浆生活用纸生产企业，并通过3-5年的时间，打造成为全国著名的生活用纸品牌。

地址:江西省赣州市水西桑园下168号
联系电话: 0797－8251388(总机)
传真:0797－8253018　　邮编:341000

公司速生丰产林基地

生活用纸后加工车间

江西绿海油脂有限公司

Jiang xi lu hai you zhi you xian gong si

创立于1987年的江西绿海油脂有限公司，20余年致力于油茶资源的综合开发利用，是我国茶油、茶粕骨干生产企业及重点出口企业，也是专业经营油茶产品的唯一一家农业产业化国家重点龙头企业，公司是中国食品土畜进出口商会会员，拥有自营进出口权。自1996年以来，产品出口美国、日本、东南亚、香港和台湾的国家和地区，累计出口创汇超过1000万美元，产品产销量、出口量和市场占有率位居全国特种木本食用油前列。公司的主导产品[绿海茶油]先后荣获“江西名牌产品”、“江西省著名商标”、“江西省同行业地产最畅销产品”，产品通过“国家地理标志保护产品”、“有机食品认证”、“QS质量安全认证”、“ISO国际质量体系认证”等众多权威认证。在未来3-5年内，公司将投入5000万元资金，建设高效、速生、丰产有机油茶林基地5000亩。

地址：江西省永丰县工业园区新区
电话：0796-2222711 2221600
网址：www.chinateaoil.com
邮箱：jxgsea@jxgsea.sina.net

中国驰名商标

得尔乐

CAMELLIA OIL

纯生态上品油茶籽油

江西春源绿色食品有限公司是中国健康食用油生产骨干企业，创立于1994年。公司座落在秀美的世界文化遗产—国家AAAA级风景区“三清山”周边玉山县金山工业园区内。公司拥有41万亩天然原生态野生油茶采集基地，犹如绿色黄金海岸绵延分布。百亩园林式工业园内，拥有世界领先的万吨精制油生产线：预处理车间、压榨车间、冬化车间、油茶籽深加工车间、10万吨灌装车间，严格执行ISO9001：2000质量标准的操作流程和工艺流程，通过完善的生产系统，将传统压榨技术+国际先进的高分子蒸馏技术+超临界生物萃取技术，将原生态茶油营养保持至最佳，也成就了合格率为100%的压榨一级山茶油。

中国驰名商标
得尔乐
CAMELLIA OIL
油茶籽油
压榨1级

江西春源绿色食品有限公司

江西山村油脂食品有限公司

Jiang xi shan cun you zhi shi pin you xian gong si

江西山村油脂食品有限公司位于我国著名的“将军县”——江西兴国县火车站工业区，成立于2003年9月，是江西省林业龙头企业、江西省扶贫龙头企业、江西省农业产业化省级龙头企业之一，公司本着“品质源于专业、细节成就完美”的企业精神，产品严格按照ISO9001：2008国际质量管理体系及有机食品要求进行生产、加工、销售，拥有自营进出口权。主导产品“山村”牌山茶油于2004年11月为世界客属第十九届恳亲大会唯一指定食用油，并先后被评为“江西省放心粮油”、“中国放心粮油”，被认定为“江西省著名商标”、“江西名牌产品”、“江西名牌农产品”，企业于2009年2月被赣州市人民政府授予“金融信用企业”，于2010年5月被认定为“江西省放心粮油示范企业”。

“山村不在遥远，乡情就在身边！”山村油脂食品有限公司真诚欢迎广大新、老客户惠顾。

地址：兴国火车站工业区　　电话：0797-5336699　5336368

网址：www.jxscyz.cn　www.jxsc.net　　邮箱：jxsc@21cn.com

江西恩泉油脂有限公司

Jiang xi en quan you zhi you xian gong si

江西恩泉油脂有限公司始创于1979年，是一家专门从事生产、销售茶油的专业性企业，并且是中国药用茶油生产商。

企业位于红色革命土地江西上饶风光秀丽、山清水秀的三清山山麓。公司拥有位于三清山山麓高海拔野生山茶树培育基地，国际领先的油脂生产线，领先的纯物理“低温压榨”工艺。企业拥有自营进出口权，产品远销美国、德国、日本、泰国、马来西亚等地。

经过历年来的不断努力发展，企业获得了“中国食品安全示范单位”“中国国际专利与名牌博览会金奖”“全省绿色(有机)十强品牌”“江西省重点培育和发展出口名牌”等称号；“315国家质量信得过产品”、“中国绿色食品博览会参展企业产品银奖”、“江西省著名商标”、“江西省名牌农产品”、“江西省重点保护产品”、“上饶市科学技术二等奖”“消费者信得过单位”、“油脂加工骨干企业”等荣誉称号，并通过了“IS9000质量体系认证”。

地址：上饶县湖村张家源

电话：0793-8464181　8491298

网址：www.enquan.cn

德兴市源森红花茶油有限公司

De xing shi yuan sen hong hua cha you you xian gong si

德兴市源森红花茶油有限公司创建于2005年，依托德兴优势油茶资源，从无到有，从小到大，发展成为一个集种植、生产、加工、科研、品牌营销为一体的现代油茶企业。公司现为省级农业、林业产业化龙头企业，“源森”牌茶油系列产品被评为“江西省著名商标”、“江西省著名农产品”，在国内市场享有很高的知名度，公司2009年产值达到8000万元。

公司建立了自有新造高产油茶林2600余亩，低改老茶林4000余亩（其中红花油茶林1200多亩），与农户联营老茶林23000多亩，逐步改造低产油茶林20000亩，并成立油茶专业合作社，带动德兴油茶产业发展，公司计划用5年时间建设万亩高产油茶基地。红花油茶作为德兴的优势油茶资源，已获得“国家地理标志”，为了将这一最高端油茶开发推广，经公司积极努力，中国林科院亚热带林业研究所、林业实验中心已与企业就将全国红花油茶选种、繁殖、推广中心落户德兴，签订项目合作协议正式启动红花茶油选种、繁殖等工作，建设高产红花油茶林基地，使之成为全国红花油茶唯一标准示范基地，为公司在红花油茶研究和生产上取得了先发位置。

地址：德兴市银鹿工业区

电话：0793-7505722　7505770

网址：www.yuasen.com.cn

景德镇市青原农林开发有限公司

Jing de zhen shi qing yuan nonglin kai fa you xian gong si

景德镇市青原农林开发有限公司是一家经济林种植开发的专业公司，于二00五年十二月份成立，注册资金500万元。公司拥有“长林”系列新品种油茶林6500亩，一个专业优质油茶采穗圃，一个优质油茶种苗圃。计划开发种植油茶10000亩，油茶采穗圃150亩，油茶种苗圃30亩和建一油茶产品加工厂，预计总投资3600万元。

公司有四个油茶种植基地，一个油茶种苗圃基地。有高级职称专业管理技术员6人，自有专业造林队，护林队兼职森林消防队各一支，是“景德镇市油茶科技研究示范基地”。是省级林业产业化龙头企业和市级农业产业化龙头企业，江西省油茶协会会员，在2010年度省油茶协会年会上，增选为副会长单位并兼任油茶协会种植专业委员会主任，主持协会种植产业工作。

目前各油茶基地油茶长势良好。从今年开始，基地油茶开始先后进入挂果收获期，新品种油茶丰厚而持久的经济效益已开始回报企业，并对本地区油茶林的种植推广产生积极的、明显的示范效应。

地址：景德镇市沿江西路117号

电话：0798-8397115 8397115

网址：www.114jxycw.com

大亚公司大门

大亚木业（江西）有限公司

Da ya mu ye (jiang xi) you xian gong si

大亚木业（江西）有限公司是国家500家重点企业之一，国家农业产业化重点龙头企业大亚科技集团有限公司和斯马特赛特国际有限公司投资4992万美元成立的中外合资经营企业，是江西省大型木材加工重点企业，2006年2009年江西省百家重点企业之一。

公司2003年7月动工建设，2004年7月30日竣工投产。位于江西省抚州市抚北工业园区，占地面积602亩，固定资产35076万元，现有员工370人，汇集了全国各地优秀的技术管理人员，其中具有中级职称以上22人，大中专学历以上180人。

公司的生产线是从欧洲引进的具有当代国际先进水平，目前也是亚洲最大生产线之一的中（高）密度纤维板生产线。公司生产的中（高）密度纤维板，原料主要是三剩物材、小径材和枝桠材，符合国家的产品政策。年生产能力现已达到20万方以上。产品应用领域较广，主要用于高档家俱板、地板基材、门板、电路板、精品包装板、鞋跟板等。

地址：抚州市抚北工业园区19号

电话：0794-8458511　8458799

网址：www.darepanel.com

生产车间

江西绿洲人造板有限公司

Jiang xi lu zhou ren zao ban you xian gong si

江西绿洲人造板有限公司位于江西省吉安市井冈山经济技术开发区，是由上海机电股份公司的下属企业上海绿洲实业有限公司于2002年7月投资设立的全资子公司。公司开业8年多来，以“科学发展观”思想为指导，坚持把“建一座工厂、造一片绿洲、富一方民众”作为江西绿洲公司建设和发展的企业宗旨，努力打造一个可持续发展、有社会责任感、给一方民众合理回报的一流公司。

江西绿洲公司占地面积27.95万平方米，员工400余人，注册资金1.2亿元，资产总额3.21亿元，固定资产1.65亿元。公司主导产品为“绿洲”牌中、高密度纤维板。建有4'×16'和6'×18'年产8万m³中高密度纤维板生产线各一条，设计能力为年产中、高密度纤维板16万立方米。公司具有进出口经营权，公司主导产品“绿洲”牌中高密度纤维板已被评为江西省名牌产品和江西省林产知名品牌。

地址：吉安市高新技术产业开发区

电话：0796-8402816 8402815

江西大自然人造板有限公司

Zhong ban jiang xi da zi ran

中国地板控股有限公司旗下“大自然”品牌以生产、研发、销售实木地板、实木复合地板、生态地板、强化木地板为主营业务，是实木地板国家标准起草单位，为专业生产地板产品的品牌企业。大自然品牌在地板领域长期保持领先地位，取得了令人瞩目的成就，拥有“大自然”、“第一空间”等六大品牌，其中“大自然”品牌价值高达91.87亿元，在刚刚出炉的“中国500最具价值品牌”排行榜中，大自然地板名列第89位，勇夺地板行业第一。

大自然地板以“热爱自然，造福社会”为企业宗旨，值得关注的是，大自然地板的“中国绿色版图工程”，截至目前已建立了7个生态林，公益植树造林绿化面积超过10万平方米，吸引了近5亿人次关注和支持环保事业。大自然地板积极将绿色文明理念贯彻产品研发中，推出新强化零碳地板，引领零碳生活潮流，在促进中国低碳经济转型、推动社会绿色文明变革进程中做出了突出贡献。

人造板后处理设备

人造板辊式输送平台

中板控股总部

地址：上饶经济开发区

电话：0793-8455888　8455890

网址：www.nature-cn.cn

江西艺竹实业有限公司

Jiang xi yi zhu shi ye you xian gong si

江西艺竹实业有限公司是成立于二00四年，以“成为中国新型高科技竹材料的开拓者”为己任。志在成为“中国及世界上最专业的竹材开发的高科技公司”的专业研发、生产新型竹材并将其广泛用于室内、外装潢，装饰等领域的公司。公司旗下现拥有“南昌普利”、“新建彩竹”、“高安朝阳”、“梅岭竹艺”以及“广东彩竹贸易”等多个分公司。分别分工基材制造，集成家具制造，工艺品生产及国内外市场开拓，营销等。

公司现主要业务内容为竹材研发，竹地板，竹制家具，竹制工艺品的生产，销售。在过去三年中，公司销售额和利润平均年增长达30%以上。拥有品牌加盟店和海外经销商二百余家。获国家发明、家用新型、外观等十五项专利权。拥有“艺竹”、“彩竹”、“艺竹大自然”、“中彩”等多项商标权。

公司将市场定位于国内及国际，中高端市场。在国内采取品牌加盟连琐的方法，在国外采取区域国际代理的模式来稳定销售市场。坚持“自主研发方式”的产品开发道路。

地址：南昌京山南路28号

电话：0791-5213837　5238892

网址：www.zgyzdb.com

江西省百源木业有限公司

Jiangxi sheng bai yuan mu ye youxian gongsi

江西省百源木业有限公司创建于2004年，位于中国最美的乡村婺源县生态工业园区。

公司主要生产和销售杉木细木工板和松木建筑模板，年产量分别达到60万张和30万张。占地面积约88000m²，其中建筑面积28000 m²，总投资近7514万元。其中土地、机械设备、厂房等固定资产3200万元。公司现有员工600余人，专业技术人员120余人。公司创办了百源林场，拥有12万亩原材料基地。

公司先后通过ISO90012006国际质量体系认证和中国环境标志产品认证（即“十环”认证）。公司生产的“金利源”牌细木工板荣获“中国著名品牌”，“万年树”牌荣获“江西省名牌”产品。公司是农业产业化省级龙头企业和林业省级龙头企业。

地址：江西婺源生态工业园
电话：0793-7410218　　7410212
网址：www.baiyuanwood.com

江西金安林产实业有限公司

Jiang xi jin an lin chan shi ye you xian gong si

办公大楼

江西金安林产实业有限公司系广东科茂林产化工股份有限公司的全资子公司，公司座落于国家井冈山经济技术开发区，成立于2002年，是以松脂为主要原料，精深加工生产松香、松节油、松香改性树脂等产品的高科技林产化工企业。生产的高性能松香改性树脂产品有JA100W、JA100L、424、146、128等10多个品种，2007年，公司又投资3500万元，在吉安县工业园西区兴建了《吉安科茂树脂有限公司》，生产萜烯树脂，产品主要有KT100、KT5100等品种。

公司以“一心一意做树脂，全心全意为客户”作宗旨，所有产品质量都达到国内领先水平，生产的高稳定性浅色松香改性树脂被评为“江西省新产品”，生产的萜烯树脂KT5100填补了国内一项空白，达到国际领先水平。产品广泛应用于粘胶、油漆、油墨等行业。现产品不仅远销广东、上海、北京、浙江等地，还出口台湾、日本、德国、菲律宾、阿根廷、哥伦比亚等国家，赢得了客户信赖。

公司以“为后石油时代人类社会提供优质的松树化学品”为目标，发扬“诚信、创新、专注、卓越”的精神，不断做大做强。近几年，公司被省评为“江西省民营科技企业”、“全省十佳林业企业”、“全省优秀农业龙头企业”和“江西省高新技术企业”。

地址：吉安市高新技术开发区
电话：0796-8402382　　8401496
网址：www.gzkomo.com

江西省丰城市荣丰活性炭有限公司

Jiang xi sheng feng cheng shi rong feng huo xing tan you xian gong si

江西省丰城市荣丰活性炭有限公司成立于1998年。公司注册资本400万元，2009年资产总值为900万元，厂区面积30亩，员工100人。年产‘荣丰’牌活性炭5000吨，产值3000万元。公司拥有进出口权，是中国木质粉状活性炭生产重点企业和出口骨干企业，是中国林化所活性炭研究院重点活性炭产品研究基地之一。

公司自成立以来，坚持走‘科技创新’之路。设备不断更新，工艺持续改进。经过十几年的努力，公司自主开发‘荣丰’牌高级环保味精专用活性炭，糖液专用活性炭，乳酸，柠檬酸，山梨酸专用活性炭。更为突出的是我公司自主研发的磷酸活性炭在医药中间体生产厂家的使用，为公司带来了良好的效益。我公司有能力承接特殊客户的特殊品种的研发和生产。满足了广大客户的不同需求，提高活性炭的使用效果，降低了广大客户的活性炭使用成本。赢得了国内外广大客户的信赖和好评。产品畅销全国各省，市，自治区，并出口欧，美，亚各洲和地区。拥有一大批长期稳定的客户群体。

公司奉行“诚信先行，不说最好，只有更好”的质量方针，信守“质量第一，诚信至上”原则。2004年通过ISO 14001：2004国际质量体系认证。质量不断提高。十几年来公司荣获宜春市政府“纳税大户”单位，省工商局“守信用，重合同”，“AAA企业”等殊荣。

随着国内外经济高速发展，活性炭市场需求量逐年上升。为了更好的稳定企业发展，我公司决定继续开发特殊功能的活性炭产品，以满足特殊要求的企业，确保企业更高收益。在不增加产量的情况下提高活性炭产品的附加值。争取成为我国粉状活性炭企业最好产品质量，最好市场价格，最好客户口碑的活性炭企业之一。

地址：丰城市杜市镇
电话：0795-6879635　　6879635
网址：www.rf0795.cn

玉山县三清活性炭厂

Yu shan xian san qing huo xing tan chang

玉山县三清活性炭厂，是上海三山炭业科技有限公司旗下的一家以科研开发为先导，集生产、贸易服务、工程应用于一身，致力于生产高端尖性炭产品的专业活性炭生产厂家。我厂位于世界自然遗产地三清山南面的玉山工业园区内，交通便利。工厂占地面积35000平方米，年产“三山”牌活性炭5000余吨，员工160人，其中工程技术人员19人。

本企业具有雄厚的技术实力，设有研中心，聘请国内活性炭行业著名的专家、教授为技术顾问。同时也是中国林科院林产化学化工研究所的科研基地。并与华东理工大学、南京林业大学等科研院校共同承担国家“863”、“948”等多项重大科研项目。

地址：江西玉山县城西工业园
电话：0793-2257088　　2257087
网址：www.actived-carbon.com
邮箱：info@sunson-ac.com

我们的产品选用木屑、果壳、椰壳、木炭等天然木质原料，采用磷酸法、氯化锌法及水蒸汽法，生产粉状、粒状、柱状等各类活性炭。产品品种齐全，性能各异，广泛应用于食品、医药、化工以及贵重金属提取诸多行业的脱色、提纯、精制、去味、去杂等。并针对客户的生产与工艺需求，生产与其相适应的特殊品种活性炭，全面满足广大客户的不同需求，并长期指导客户科学用炭，产品畅销全国各地，并出口欧、美、亚各国，拥有一大批长期稳定客户群体。

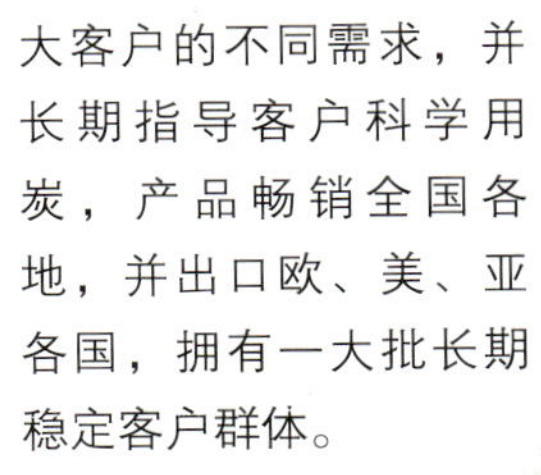

江西高峰生态农林开发有限公司

Jiang xi gao feng sheng tai nong lin kai fa you xian gong si

江西高峰生态农林开发有限公司是由中国500强企业之一的江苏阳光集团和全南县天龙公司组建的股份制公司。2009年4月被江西省林业厅评为全省十佳林业企业，2009年8月被评为市级农业产业化龙头企业，2010年5月被评为省级林业龙头企业。

公司以打造“三大基地”、形成“五大中心”为战略构想（即速生丰产林种植基地、中草药种植基地、果品种植基地，木材深加工中心、生物医药提取和中草药深加工中心、果品深加工中心、种苗花卉繁殖中心、生态旅游度假中心）,逐步形成以全南为中心，辐射周边市、县，建成100万亩的工业原料林基地，打造成为全国知名的农林业的龙头企业，六年后实现年销售收入10亿元。公司成立五年来，实现总投资2.1亿元，总资产达3.17亿元。林地经营面积已达到50万亩，森林覆盖率达到95%以上，林木蓄积量200万立方米；营造速生丰产林15万亩，开发种植高标准脐橙园、枇杷园3000亩；种植药用石蒜5000亩；投资3000万元、年生产能力3.5万立方米的木材深加工中心已建成投产；首期投入5000万元、占地面积15.6万平方米的苗木组培中心初具规模，2010年为“一大四小”造林工程提供优质苗木1500万株。

地址：全南县金龙大道20号
电话：0797-2605860　2608089
网址：www.gaofeng811.co.sonhoo.com

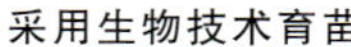
采用生物技术育苗

桉树林

马尾松中龄林

江西金乔园林有限公司

Jiang xi jin qiao yuan lin you xian gong si

江西金乔园林有限公司为股份制科技型企业，公司集“景观工程苗及园艺植物生产经营、园林绿化设计、施工与养护”为一体。

公司苗圃致力于专业化培育园林绿化景观工程苗，突出“大规模、大规格、多品种、高档次、低成本”生产思路，创造了“成活、成型、成本、成景、成品”生产理念，逐步形成了“常绿、落叶、彩色”中大规格乔木为主，辅以新型花灌木容器苗、地被、竹类等多种类生产格局，积极探索庭院园艺（养生）植物的生产与营运。公司现有高标准园林绿化景观工程苗培育基地6000余亩，拥有200余个品种。

地址：江西省南昌县黄马（温厚高速黄马出口）
电话：0791-5023124　5023124
网址：http://www.kingtree.cc
邮箱：eprime@vip.163.com

马褂木

紫玉兰

紫薇